高等院校服装专业教程

服装展示设计

赖传可　熊　炜　祝丽莉　编著

西南师范大学出版社

总序

　　人类最基本的生活需求之一是服装。在过去的社会中,人们对服装的要求更多是趋于实用性与功能性。随着人类文明的进步,科学技术的发展和物质水平的提高,服装的精神性已越趋明显。它不仅是一种物质现象,还包含着丰富的文化内涵——衣文化。随着服装学科研究的不断深入和国际交流的广泛开展,服装产业的背景也发生了巨大变化,服装企业对设计师的要求日益提高, 这也对高等教育服装专业教学提出了新的挑战。

　　高等教育的服装专业教学,其宗旨是培养学生的综合素质、专业基础和专业技能。教育部曾提出面向 21 世纪课程体系和教学内容改革的实施方案,为高等院校在教材系统建设方面提供了契机和必要的条件。新时期教育的迅猛发展对服装设计教学与教材的建设提出了更新的要求。

　　在西南师范大学出版社领导的大力支持下, 根据教育部的专业教学改革方案,江西省纺织工业协会服装设计专业委员会针对江西省各高等院校开办服装设计专业的院校多、专业方向多、学生多等现象,组织了江西科技师范学院、南昌大学、江西师范大学、江西蓝天职业技术学院、江西服装职业技术学院、南昌理工学院的一批活跃在服装专业教学第一线的中青年骨干教师编写此套教材。这批教师来自不同的院校,有着不同的校园文化背景,各自处于不同的教学体系,分别承担着不同的教学任务,共同编写了这套具有专业特色的系列教材。因此,此套教材具有博采众家之长的综合性特色。

此套教材,重点突出了专业素质的培养,以及专业的知识性、更新性和直观性,力求具有鲜明的科学性和时代特色,介绍并强调了理论与实践相结合的方法,其可读性强,且更贴近社会需求,更富有时代气息,体现了培养新型专业人才的需求。此套书适合作为高等院校服装专业的教材,也适合服装爱好者及服装企业技术人员使用。

　　此套教材能顺利出版,特别要感谢西南师范大学出版社的领导和编辑们,感谢所有提供图片和参考书的专家、学者的大力支持,感谢所有为编写此套书付出辛勤劳动的老师们,因时间及水平有限,丛书中疏漏及不尽如人意之处在所难免,恳请各位专家、同行、读者赐教指正。

中国服装设计师协会理事

江西省纺织工业协会服装设计专业委员会主任　　**燕平**

江西科技师范学院教授、硕士生导师

中国高等职业院校服装教材

服装展示设计

ZHONGGUO GAODENG ZHIYE
YUANXIAO FUZHUANG JIAOCAI

目录

第一章　展示设计概论　/　001

　　一　展示的概念与功能　/　002

　　二　展示的分类和发展　/　005

第二章　服装展示设计的要素　/　013

　　一　形式美原理在服装展示设计中的运用　/　014

　　二　服装展示空间基础　/　017

　　三　服装展示设计与色彩　/　018

　　四　服装展示设计与照明　/　025

　　五　服装展示中的人体工程学　/　033

第三章　服装展示设计的流程　/　039

　　一　服装展示设计的程序　/　040

　　二　服装展示设计的文案　/　041

　　三　服装展示设计的实施　/　043

第四章　服装展示设计的表达与基本技法　/　049

一　制图基础　／　050

二　图纸的绘制　／　053

三　服装展示道具设计　／　055

第五章　服装销售空间设计　／　063

一　店外设计　／　064

二　橱窗设计　／　067

三　店内设计　／　073

四　服装卖场的陈列设计　／　076

第六章　服装展览空间　／　081

一　服装展览的空间设计　／　082

二　服装展览会场的道具设计与选用　／　090

附图　／　095

参考文献　／　117

第一章 展示设计概论

了解展示的分类及演变发展,掌握展示的概念、本质、特征及展示设计应具备的基本素质。

一 展示的概念与功能

(一)展示的概念

　　展示,英文为 display,是拉丁语 Displicare 和 Displico 的组合,有"表现"、"被见"之意,是表示展现之类的状态行为。现代的展示设计是指在限定的空间范围和时间范围内,运用独特的艺术创意和科技手段,对空间进行再创造,并使其产生独特的空间氛围,完美展示展品,使展品与观众达到完美的沟通,这样的空间设计称为展示设计。

　　展示设计人员需具备市场营销、企划、立体造形、安排人潮流线等能力,并具备一定的水电知识,了解最新电子技术等。

　　展示设计是一种"配合演出"的设计,设计者在设计之前要先了解"被展示的物件或概念",找出要表达的主题,然后将"主题"通过展示空间和道具加以渲染、诠释而完成设计。展示空间和道具是否精彩不是最重要的,展品是否出彩才是重点。商业空间设计和会展设计属其中的分支。

　　商业空间设计的内容包括各类商场、专卖店、贸易展览会等商业销售空间的室内外环境规划、美化等设计工作,也包括室内商品陈列和各类附属促销品的摆设等工作。(图1-1)

图 1-1

　　1. 展示设计的意义

　　展示设计是一门综合艺术设计,是设计者通过运用平面规划、空间设计、灯光布景、色彩配置、电子媒体等手段创造出一个具有艺术感染力和个性鲜明的展示空间,将展品呈现给观众,使其快乐、轻松、完整地接受展品信息。因此,它的主体为商品。而展示空间是伴随人类的社会政治及经济阶段性发展逐渐形成的。在既定的时间和空间范围内,设计者运用艺术的设计语言,通过对空间与平面的创造,使其产生独特的空间范围,在设计中不仅含有解释展品、宣传主题的意图,还使观众能参与其中,达到完美沟通的目的,这样的空间形式,我们一般称之为展示空间。对展示空间的创作过程,我们称之为展示设计。从展示的终极目的来谈,展示效益是一切展示活动中追求的根本目的。

　　21世纪的今天,人类交流方式已发生了翻天覆地的变化,人们对于交流方式的期待也越来越高。传统的展示场所是交流产品和企业信息的基本需要，随着科技的不断发展和观念的转变，如何通过对空间的利用把信息以一种愉快的方式传递出去是展示设计者的重要课题。在现代展览中，参展者与消费者的互动获得了非常好的展示效果，目前以参展者为主角的展览模式必须改变，更多的空间与时间将交给消费者，消费者已经成为设计关注的焦点。

2. 展示在人类心理活动中的由来及特性

自然界中的动植物为达到某种目的，常常以表演、夸张、炫耀、示威等方式来传递信息。而人类更是这方面的行家里手，早期的涂鸦装饰、纹身，现代的服饰装扮和化妆造型等都在展示人的各种心理个性和心理需求。所以说心理展示在人类的心理活动中是与生俱来的一种本能。

3. 在未来的社会发展中，体验经济将占据越来越重要的地位，而展示空间给予观众的体验将是受众关心的焦点

图 1-2

图 1-3

"体验经济是人类经济形态继农业经济、工业经济、服务经济之后的第四台阶。消费和服务不再是机械的交易过程，消费场所成了剧场，消费者成了参与者和主要演员，体验为卖方提升了商品和服务的附加值。为买方带来了趣味、知识、想象力和值得记忆的审美体验……"（《体验经济》）

在展示设计中，设计师运用造型、灯光、色彩、文字、音乐、电子媒体、虚拟现实系统等手段，使传统的展示内涵得以极大地扩展和丰富，更注重设计主题带给观众的心理体验，更多地引导人们参与其中。这种在空间中的全方位体验是其他媒介无法获得的。也正是因为这一原因，使展示设计扮演了愈加重要的角色。(图 1-2、图 1-3)

(二)展示的本质

展示是一种有目的的行为，它的本质是一种传播活动，形式是一种时空艺术，主要作用于经济、文化领域。"展"即"看——被看——解决物品、事情的空间方式"；"示"即"指向——告知——传播物品、事情的信息"。展示是在一种步行、停留的状态下产生的视觉行为。

从信息传播的角度对展示进行理论分析,其注重的是沟通及桥梁的作用。

所有的展示都是一种交流,也自然符合信息交流的主要特征。1948 年美国学者 H.拉斯韦尔(H.D.Lasswell)在《传播在社会中的结构与功能》一文中提出了构成信息过程的五种基本要素,对信息活动的一般过程和要素进行了细致地研究和归纳。这五种基本要素为:

1)Who(谁)

2)Say what(说什么)

3)In which channel(通过什么渠道)

4)To whom(向谁说)

5)With what effect(有什么效果)

因为这五大要素的英文表述中都有一个以"W"开头的词,所以称之为"五 W"模式。这个模式并不复杂,它无非是说任何一个信息活动过程都由五个部分组成:信息传播主体,信息内容,信息传播渠道,传播对象和传播效果。以一个服装展销会为例,"谁"这个要素就是参展的厂家或经销商;"说什么"则是其推出的服装款式、面料及相关信息;"通过什么渠道"这个要素就是利用展厅或发布会等传播媒介对外传播自己的商品信息及形象;"对谁说"这个要素则是参展者的意图展示并与之交流的对象,即消费者或潜在的消费者,也就是参展商的目标群体;而"产生什么效果"这个要素则是目标客户群在参观展览后产生的消费效应。这五个方面或要素的组合,便构成了一个展示信息活动的传播过程。当然这样的划分方式有一定的局限。因为这是一种信息的单向直线运动模式,没有提供一条受众对信息产生反映后的反馈渠道。而现代展示更多地关注信息的反馈,这就使得客观存在不是一个静态的、链式的结构,而是一个循环往复、周而复始的动态的"环"。其中"链"的首与尾被反馈系统相连,即在厂家或经销商与消费者之间形成一个完整的回路,使得信息发送者发送的原始信息得到充实,并加强了这个"环"的紧密性。

图 1-4

(三)展示的特征

1. 真实性

展示活动一般都是通过实物展品作为展示的内容,因为通过实物展品能更加直观的显示展品的特性,比抽象的文字和图形更加具有说服力,观众通过眼看手摸能更好地有效判断和选择。(图 1-4)

2. 多维性

展示的场地、展具、展品、时间、观众都是展示设计中的基本元素。现代社会信息的交流虽因

图 1-5

图 1-6

图 1-7

因特网的发展已不受场地、时间、国度的限制,虚拟空间的展示技术也已日趋完善。但是,展示大厅的实物展示依然存在着必要性和它的生命力。在展示大厅可以直接触摸和感受展品,另外还能让人对产品的品牌理念有一个感性认识。而对于感受这一人体行为,真实的多维空间是再合适不过的了。(图 1-5)

3. 科学性与艺术性

展示设计的科学性不仅仅体现在运用最新的科技手段上,还必须能够综合运用各种信息传播、市场营销、电子工程等学科的知识。而展示设计的艺术性则表现在设计者必须以形式美法则对展示的空间与展品进行设计和陈列,摆脱那种随心所欲的简单堆砌,通过对受众和自身展品的深刻了解和认识,借助展示道具,通过构图、组合、配置来创造和谐统一、视觉效果完美的展示空间。任何艺术形式的发展潮流和科技的进步都可能对现代展示设计产生非常重大的影响。

4. 经济性

经济性是寻求企业与市场沟通的最有效手段。以服装展示为例,寻求一个客户,以展览形式获取的成本远低于其他形式。时装展示正成为现代都市中的一道新的风景线。观众得到的是全新的体验,而对于商家这是最具效率的推销形式,双赢的结果成为此类展示的最佳推动力。(图 1-6)

二 展示的分类和发展

(一)展示设计的分类

1. 以内容分类的有经济贸易展示、自然人文展示、命题性展示、专业性展示、综合性展示等;

2. 以形式分类的有博览会、展览会、博物馆陈列、科技中心、遗产中心、纪念中心、自然保护中心、橱窗展示等;

3. 以地区分类的有地区性展示、全国性展示、国际型展示等;

4. 以规模分类的有小型展示、中型展示、大型展示、巨型展示等;

5. 以时间分类的有临时性展示、短期展示、长期展示、永久性展示等;

6. 以活动方式方法分类的有固定展示、流动展示、巡回展示、可组装展示等。(图 1-7)

(二)展示的发展演变

1. 原始社会的萌芽

人类最早期的展示活动可追溯到远古时期,从原始人的绘身和纹身到图腾崇拜和宗教崇拜,在一定意义上来说,都是有目的的展示行为。古代的庙宇、祭坛、教堂实际上就是陈列偶像和其他宗教内容的场所,它既是展示和观赏宗教偶像和其他宗教内容的场所,又是祭祀或宗教活动的重要组成部分,而且,许多重要的宗教建筑本身就是一个完整的宗教式艺术品博物馆,从中可反映出宗教历史及宗教艺术的发展过程。古希腊奥林匹斯神殿内的"宝库(Treasurc)"收藏了各种战利品和艺术品,被现代人视作博物馆的雏形。

2. 封建社会商贸活动中的展示

当社会生产力进一步提高,以某种商业功利性为目的的展示可追溯到以物换物的上古时期,此时对商品的展示和辨别成为其活动的重要环节。这其中有意识地展示商品的质量便成为重要内容。这种交换促进了商品的生产和流通,逐渐形成了最早的商业环境——集市,在集市贸易上人们可以将各自的商品展示于一定的场所内,供人选购,甚至为这种展示制作一定的道具,如运用货架等来更好地陈列商品。中国是一个文明古国,最早在商周时代,就有专门从事商业活动的商人。宋代张择端的《清明上河图》更是以长卷的形式形象地为我们描述了一幅北宋年间东京汴梁经济发达、商业繁华的街市景观。

3. 部分世界博览会简况

1851年,伦敦举办了第一次世界博览会。其主体建筑物为"水晶宫"展厅(图1-8),采用了装配温室的方法修建,无论其材料、装配方式、陈列内容都开创了展示设计的多个先例。当时的英国社会最早进入产业革命,政治与经济都得到高速发展,被称为"世界工厂",为显示其工业强国地位,1851年在伦敦海德公园举办第一次世界博览会。这次展览受到当时许多重要人物的重视,它由英国艺术学会提出,维多利亚女王的丈夫阿尔伯特亲王任主席。它采用了园艺家约瑟夫·帕克斯顿的"水晶宫"设计方案,他在材料及构建方式上都对这一项目作了很大创新。大量采用钢铁和玻璃构造的"水晶宫"总面积达74000平方米,外形简洁明了,除了显示材料的本身

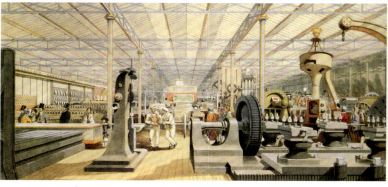

图1-8　伦敦水晶宫

Expoition universelle de 1900

质地外，没有任何多余的装饰，体现出一种工业生产的机械特点。在这次历时近 6 个月的展览中，吸引了 600 多万观众参观，盈利更是高达 21 万英镑。这样一种新颖的形式，打破了当时各生产国的固有封闭状态，使工业生产、设计与大众通过展览会这一形式得以交流互动，这对此后的现代展示概念产生了重大影响。在此之后的一百多年直到现在，历届世界博览会都成为当时先进材料、技术和理念的展示交流盛会，对人类进步起到了不可估量的重要作用。

这届世界博览会的成功举办，充分展示了英国的国力，开创了现代展示的先河，此后法国、美国等发达工业国家纷纷效仿举办了各种形式且规模宏大的国际展览会，并且都取得了显著成功。光法国就分别于 1855年、1867 年、1878 年、1889 年和 1900 年相继举办了五次大型世界博览会，而著名的埃菲尔铁塔就是 1889 年世界博览会的标志性建筑。（图 1-9）

图 1-9 法国　埃菲尔铁塔

在1893年的美国芝加哥世博会上，首次展示了通过交流发电机发电，使玻璃管制成的字母和图形通电发光。电和霓虹灯的使用使得本届世博会多姿多彩，也给此后的展示设计带来了一个全新的设计资源。（图1-10）

1958年在布鲁塞尔举办的世博会上，展示了标志性建筑"原子塔"，仿佛是一个外星生物盘踞在布鲁塞尔，"原子塔"是将铁分子放大了1651倍构成的建筑，塔身高达102米，由9个直径18米的圆球和直径3.3米、长26米的金属管组合而成。这一建筑每年都吸引着世界各地的人们前去参观。（图1-11）

1964年"迪斯尼"主题公园在纽约举办了世博会上的首次展示，主题公园内的游乐项目吸引了成千上万来自世界各地的儿童前来参观游乐。（图1-12）

图 1-10

图 1-11　布鲁塞尔　原子塔

图 1-12

　　2010年中国上海举办的世博会中,中国馆是本次世博会的标志性建筑。(图1-13)

　　由于世界博览会的作用和影响巨大,世界各国争相举办,但是众多的世界博览会也带来了不少的问题,参展国和参展商要应对太多的博览会,所以他们会对博览会做出取舍,这也给主办国造成很大损失。因此,许多国家认为有必要建立一套组织规章制度,改变当时的无序状态,在1928年11月22日签署了世界上第一个关于协调和管理世界博览会的建设性"公约",即1928年国际展览会巴黎公约,也称"国际展览公约"。明确了世界博

图1-13　中国馆

览会的举办周期和举办者、参展者的权利、义务。1939 年在巴黎成立了负责协调和管理世界博览会的国际组织——国际展览局,英文简称 BIE。

思考与练习

1. 简述展示设计的意义?

2. 依据世界博览会的发展历程简述举办世界博览会的意义?

第二章 服装展示设计的要素

了解服装展示设计的要素，重点掌握服装展示的人体工程、服装展示的照明方式和类型及展示中的设计色彩。

一　形式美原理在服装展示设计中的运用

展示艺术的美学效果是由建筑空间、形态、色彩、展示道具、展示物品、灯光、材质等要素共同构成一个完整的展示环境。展示艺术的美学原理包含：比例与尺度、对称与均衡、对比与调和、统一与变化、反复与渐变、节奏与韵律等。

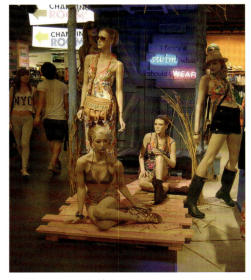

图 2-1

(一)比例与尺度

比例和尺度是两个相近的概念，都用于表示事物的尺寸和形状。它们所涉及的仅是大小、数量和程度之间的关系。在室内设计特别是展示设计的领域中，比例是相对而言的，它常常用于描述部分与部分或部分与全部的比率关系，或者是描述某一物体与另一物体的比率关系，例如 2:1、3:1 等。而尺度指的是物体和展示空间相对于其他对应物体的绝对尺寸或特性而言。这样的定义，使得在比例不发生变化的情况下，尺度却可以发生各种各样的变化。用通俗的语言来说，比例通常被说成是令人觉得舒服与不舒服的，而尺度则被说成大或小。对于展示家具的设计必须考虑尺寸、形状和重量的关系，这三者如果其中一样考虑不好，都会直接影响到展示场所的整体效果。需要注意的是没有任何一种简单的比例法则能够适用于所有的情况。相比之下，出自古希腊的"黄金分割"法则(1:1.618)可能是最好的了。它能够在大多数情况下给出一个让人满意的结果。另外，数学里面的等差数列、等比数列、调和数列等都是能够为大家所接受的美学比例关系。

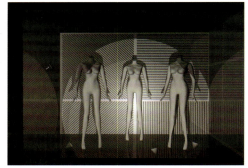

图 2-2

尺度，我们通常将其描述为大或小，就如我们在素描课程中，老师一般对某一物体会说这个画得稍微大了或者小了，这其实就是该物体对于场景中的其他物体而言，它的尺度出现了偏差。在服装展示环境的设计中更需要着重考虑到尺度的关系，因为服装展示的尺度更需要考虑到一个重要的因素——"人体的尺度"。人体尺度是以普通人的体貌特征为依据，并将这些特征与展示环境、形态、家具等进行比对，从而得到一个更加适用的展示设计方案。(图 2-1、图 2-2)

图 2-3

(二)对称与均衡

就如我们目前社会所倡导的和谐社会一样，其实它的出发点就是期望整个社会都能实现平等和均衡。而这种对称与均衡在自然界中只要细心观察就会发现是非常多的。在服装展示设计中使用对称的法则可以实现正统、端庄、高贵的特质。但是绝对对称使用多了，就会给人带来刻板的视觉感受，所以这时在对称结构中稍加调整，形成部分或细节的不对称，反而会造成一种活泼的效果。(图 2-3)

均衡就是在不对称的基础上演变过来的，在上下、左右等量但不等形的基础上稍加变化，使之发生活泼、生动

图 2-4

图 2-5

的视觉效果。实现均衡的关键在于掌握重心,即实现视觉上的平衡效果。体量一样、位置不同、重心在感知——这即是均衡。

(三)对比与调和

对比是用来表现展示各要素之间异同点、差异性的手段,由此实现视觉效果上的冲突和紧张感。在服装展示设计中,形体的大小、曲直、长短、多少、高低、动静、强弱、疏密等,都是对比的表现。对于展示的表现,各要素之间的对比是物质的形态、大小,也可以是物体的肌理质感等。在我国传统美学法则中的"粗中有细,巧中见拙,方中见圆,曲中有直,静中见动,刚柔相济",说的就是对比。

调和是在造型各要素的变化中使之有次序感,它着重体现在同质要素或接近要素之间的关系。对比和调和是相对而言的。对比有位置对比和间隔对比两种表现形式,位置对比作用距离接近,视觉效果强烈;而间隔对比作用距离远,是具有调和的因素在里面的一种表现形式。对比包含:量的对比,方向的对比,形状的对比。(图 2-4)

(四)统一与变化

统一与变化是相互矛盾的统一体,传统美学上有"多样化的统一"一说,在统一中求变化是展示设计的一条基本策略。在展示设计中,我们可以使用统一的色调、形态、材质等进行设计,务求获得观看者的快速识别,但是这个统一的缺点是单调、乏味,容易造成视觉疲劳。而保证大部分统一、局部进行变化,就可以很好地破除前面的缺点,使之有活力。

变化的目的是为了制造差异感,对展示的环境和家具产生丰富的、多元化的、强烈的、动人的、醒目的视觉感受,使得该展示方案能够与周围实现明确的区别,这是展示设计的追求。统一是相对变化而言的,是为了弱化或调和相互之间的矛盾,这意味着一种记忆的延续性,就像一些国际性服装的标识、标志一样,它们是具有相对的稳定的,变化频繁不容易与观展者产生共鸣。所以,统一的目的就是为了调和,在多样化的视觉要素中寻求调和的要素。(图 2-5)

（五）反复与渐变

反复是指相同或相近的实体要素反复出现，并由此形成统一的整体形象，具有连续、平和、单纯的视觉效果和节奏美感。反复分为单纯反复和变化反复两种意识形态。单纯反复是单一基本的重复出现，变化反复则是在反复的过程中有变化，这种变化即由两个或两个以上的视觉效果重复出现，并形成节奏性的韵律美感，但是变化不宜过多，过多容易造成混乱感。

渐变指的是相同或近似形象的连续递增或递减的逐渐变化，它既是有序排列，也是一种类似的形式统一。如果在对立的要素之间进行简便的过渡，两者的对立立刻就变得和谐、规律，形成视觉上的幻觉或递进感。这种处理手法在服装展示设计中常用于系列化的服装陈列、服饰品的展示等。另外，在渐变的过程中如果使用突变的处理手法，容易让人产生新奇、意料之外的感知效果。（图2-6）

图 2-6

（六）节奏与韵律

节奏与韵律原本是音乐与诗歌等具有时间特质的听觉艺术的用词，但是在展示设计中节奏反映的是视觉上某种元素有组织地出现并发生"反复"、"渐变"，使之出现高低、强弱的变化。在展示设计中通常表现为形态、色彩、材质的反复、相间、交错、重复变化的形式。（图2-7）

图 2-7

二 服装展示空间基础

　　随着物质文化水平的提高,人们已经不再局限于在专卖店或参加服装博览会、服装发布会等形式感受服装的发展趋势。随着服装展示活动的日趋丰富,使得不少国家和地区都建立了专门的集服装制作、销售、展示于一体的区域,这就为服装展示提供了良好的、更加宽广的设计平台。服装展示空间的设计包括平面与立体的空间形态,属于人为空间环境设计,借助于展示物、版面、色彩、灯光、展示道具等共同传递服装产品的信息,目的就是为了更好地推广和展示服装发展趋势。(图 2-8)

(一)服装展示空间的划分与限定

　　现代服装展示可分为室内展示和室外展示。室内空间的构造形式分为实体空间(范围明确,界限清晰,较强私密性,通过实体进行几何界定)、虚拟空间(范围含蓄,可通过不明确实体来形成空间感知,又称"心理空间")。室外还可以使用空间的闭合形式,划分为封闭空间、开敞空间;使用动与静的观点划分为动态空间和静态空间。

　　从展示空间的功能性设置来看又可限定为以下空间形式:外围空间、销售空间、信息空间、公共空间、互动空间、辅助空间。(图 2-9)

图 2-8

图 2-9

图 2-10

(二)服装展示空间的构成形态

简单地从构成形式来看,服装展示空间的构成分为总体空间和总体空间下的局部空间(也就是我们常说的母空间、母子空间)。

1. 总体空间构成形式(图 2-10)

不论是大型的服装博览会还是小型的服装发布会,首要任务就是对构成大环境的群体空间组合与动线进行规划和确定。这里主要指序列空间和组合式空间。

A、空间序列的构成:按照参展顺序、参观顺序构成的展示空间。条理清楚、秩序感强、动线明确。像服装博览会、服装发布会等就是用这种形式。

B、空间的组合构成:大型的展示场所划分为多个独立的小展区,这种划分自由、无主次之分,动线灵活多样不受拘束。适合大型的服装贸易展示会。

2. 局部展示空间构成形式

局部展示空间是整体展示空间的局部,着重在于对展示构成手法的研究和应用。局部空间的构成形式包括竖向空间构成和横向空间构成。竖向空间构成形式分为:叠加法构成、抑扬法构成。横向空间的构成形式分为:连续法构成、围隔法构成、渗透法构成。

而后现代的局部空间结构形式主要包括有机式、回归式、光控式、音乐式等形式。

三 服装展示设计与色彩

色彩是服装设计中除了款式以外最重要的设计内容,一件好的服装不但款式、面料非常重要,服装的色彩搭配也是很重要的。而服装展示的色彩对服装本身的色彩也是具有重大影响的,对此我们必须深入地了解色彩的设计依据以及服装展示设计的色彩设计。

（一）色彩设计依据

在服装展示设计中色彩起到了至关重要的作用，由于服装本身就具有色彩丰富的特质，所以在进行与服装设计相关的场景设计时，我们就更加需要关注色彩在其中的重要作用。要知道色彩是人的视觉要素之一，而要做好展示设计中的色彩设计就必须要了解色彩的基本原理。下面我们着重就色彩的设计依据来谈：

1. 色光：当波长为 400~700 毫微米左右范围内的电磁波刺激人的眼睛时，便能产生视知觉和色感，我们将其称之为可见光。不同的波长和周波数形成了不同的色彩。光呈水波或声波一样的传递方式，波长决定光色，振幅决定明度，振幅越大色光越亮。通过英国物理学家牛顿的研究，他发现当一束白光通过三棱镜时，会分解为并列排布的彩色灯带，而且这个过程是可逆的。（表1）

2. 色彩的混合：混合方式有三种：加光混合、减光混合、色彩的空间混合。（图 2-11、图 2-12）

A、加光混合：单色光是经过日光分解而成的光谱色，加光越多越容易被还原成白光，所以在服装展示设计中切忌多色光混合。

B、减光混合：就像我们在作水粉画时一样，多个颜色的明度低于混合色彩的明度，从而混合在一起形成不透明色。

C、色彩的空间混合：是指色彩的分离、并置在一起产生的相互影响，一定程度上产生视觉的混合，分为动态与静态的混合形式。

色相	波长（毫微米）
红 R	750~650
橙 O	640~590
黄 Y	580~550
绿 G	530~490
青 GB	480~460
蓝 B	450~440
紫 P	430~390

表 1

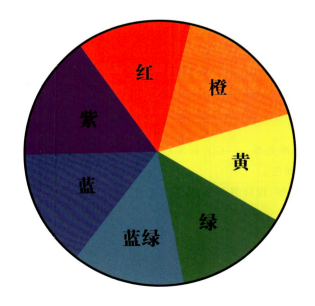

图 2-11 光带色环

图 2-12 蒙塞尔色环

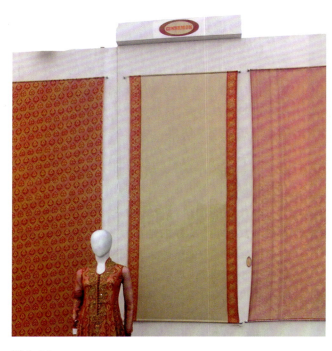

图 2-24

图 2-25

(三)色彩设计在服装展示中的作用

对于服装展示设计来说,色彩设计依展示空间的大小,分为宏观设计、中观设计、微观设计。

1. 服装展示色彩设计中的宏观设计

指整个服装展示色彩的总体设计,共包含以下两部分的内容:

A、场景使用统一的展示专用色与主调色。(图 2-24)

B、确定各展示区域之间的色彩关系。

2. 服装展示色彩设计中的中观设计

在服装展示空间的色彩设计应该在总体色彩设计的指导下进行设计,包括三个方面的内容:

A、标识符号系统的色彩,企业标准色的运用,形成服装品牌展示的识别性。

B、配合灯光照明的使用,辅助服装的展示,造成适宜的情调氛围。(图 2-25)

C、设计制作展示区域内道具色彩的统一性,便于突出服装的展示效果。

3. 服装展示色彩设计中的微观设计

以服装本身的色彩为总体要求,以展示区域内的各种物品的色彩为辅助。色彩既要统一又要求变化。从而使得展示具有良好的视觉吸引,突出展品的色彩、款式、质地等。(图 2-26)

图 2-26

四　服装展示设计与照明

光是能够引起视觉的电磁波,人眼在有光的条件下才能看见物体,并且在亮度达到一定要求的情况下才能辨析颜色。任何物体温度高于绝对温度(-273℃)时,就会发出不同波长的电磁波,通过仪器的测量能够测出它的能量值。在电磁波中只有小部分能够被人眼捕捉到,即波长380毫微米~760毫微米的电磁波,这个范围内的称为可见光。而不同的波长能使人感受到不同的色彩感觉,一般的光源都包含不同的波长,称为多色光。只含有单一波长的光称为单色光。

(一)服装展示照明的基本原理

1. 光源术语

光通量:又称"光流",符号F,指代单位时间内通过一定面积的光量。由于人眼对不同波长的光灵敏度不一样,所以人眼对色的感知也是不同的。不同波长在辐射量相同的情况下,人眼对黄绿光感觉最亮,长波的红光和短波的紫光感觉较暗。光通量的单位为光瓦,下一级单位为流明(lm)。光通量是光源射向各个方向的发光能量总和,是人眼所能感觉的光源的发光功率。

光强度:指光源发出光的强度,符号为I,单位坎德拉(cd),光源在一定范围内发出的可见光辐射强弱的物理量。

照度:表示被照物体表面上单位面积接受光通量的密度,符号E,单位勒克斯(lx),要注意的是照度与距离成反比。(表3)

亮度:指被视物在视线方向单位投影面上的发光强度,符号L。高亮度是产生眩光的原因,光强度不变的情况下,光面积越大,亮度越小。

眩光:在视野范围内发光体(或反射体)表面亮度过高时人眼感觉不适的耀眼感。眩光的强烈程度因与眼睛的角度不同而产生差异,眩光是可以损害视觉的。

光　源	单位照度的辐射强度[Mw/(㎡·lx)]
白炽灯泡	45
带红外线透过反射镜的灯泡	17
带红外线吸收膜的灯泡	33
荧光灯	10
荧光水银灯	12
金属卤化灯	10
高压钠灯	8
太阳光	10

表3

2. 材料的光学性质

由于光在传播时会遇到介质,所以入射光的一部分会被反射,一部分被介质吸收,一部分透过介质进入一侧的空间。依据能量守恒定律,这三部分的综合等于射入光通量。光在介质中的反射和透射出现的三部分取决于材料表面的光滑程度和材料内部的分子结构,一般来说分为以下三种类型:

A、定向光:通过介质的反射与透射后,它的分布立体角度没有发生变化,方向固定。(图2-27)

B、扩散光:入射光通量程度不同的分散在更大的立体角度范围内。

C、混合光:这类材料同时具有定向和扩散两种性质,即入射光通量分散在更大的立体角内,但是某一方向就有很大的亮度。

图2-27

3. 光源的种类

光是由电磁波和光离子辐射的能量,凡是发出一定波长范围电磁波的物体称为"光源"。光源分为自然光和人造光,有以下几种:

热辐射光源:通过热能激发的方式产生光。当物体被加热到400℃以上时可发出红光,随着温度的提升出现橙、黄、绿、蓝、青、紫各种色光。白炽灯就是依照这个原理制成的。

气体放电发光光源:放电管两侧装有电击,内部充入单一气体或金属蒸汽,两极通电时产生电弧放电发光。如:钠灯、霓虹灯等。

磷质发光光源:将一定波长的光转化为较长的波产生可见光,是通过紫外线照射发光的磷质来实现的。如:荧光灯、反光标志等。

场置发光光源:在金属表面喷涂发光的磷质材料,覆盖上经过化学处理的玻璃板,通过电流而释放能量发光的光源。

原子能发光光源:在中空的物体内部喷涂荧光粉,并填充放射性的同位素,使荧光粉受到辐射而发光。

化学发光光源:依据生物原理,将特定的化学成分按照一定比例进行综合,封闭在容器中,通过发生化学反应而发光,而且,发光的过程和其他光源不一样,它不释放热能,所以,称为冷光灯。

4. 服装展示设计的光色气氛

色温与气氛:人造光源由于光源材质和技术的不同,可产生不同的光色效果,而"色温"就是用来衡量光色效果和品质的。"色温"是指光源色的温度,色温越高光色越冷,色温越低光色越暖。在服装展示设计中的展示氛围与光色密不可分,我们可以利用"色温"的这种特性来营造各种展示氛围。(表4)

光 源	色 温 K	光 色	气氛效果		
天光、荧光灯	>5000	清凉(蓝白色)	冷的氛围		
白色荧光灯	3300~5500	中间(白)	爽快的氛围		
白炽灯	<3300	温暖(暖白色)	稳重的氛围		
光 源 特 色	色 的 效 果				
光源种类	Ra 的评价值	红	橙	黄	绿	青	肤色
白色	63	稍不明朗	不明朗	强调	不变	稍强调	不明朗
日光色	77	不明朗	稍不明朗	稍强调	不变	不变	稍不明朗
三波长发光型	84	稍强调	不变	不变	稍强调	稍强调	不变
高演色荧光灯	92	不变	不变	不变	不变	不变	不变
阳光灯	92	不变	不变	不变	不变	不变	不变
电灯泡		强调	强调	稍强调	带黄色调	不明朗	稍强调

表4

色温与亮度:色温与亮度的关系也能影响照明的质量。不同的光源对被照物体能产生不同的色彩效果,这种现象称为"演色性"。运用演色性高的光源能够忠实地体现展示物的固有色。特别是服装展示中,由于服装本身的颜色容易被灯光改变,所以我们在选用灯光时需要特别注意,不能选择那些会改变、影响服装本身色彩的灯光。(图2-28)

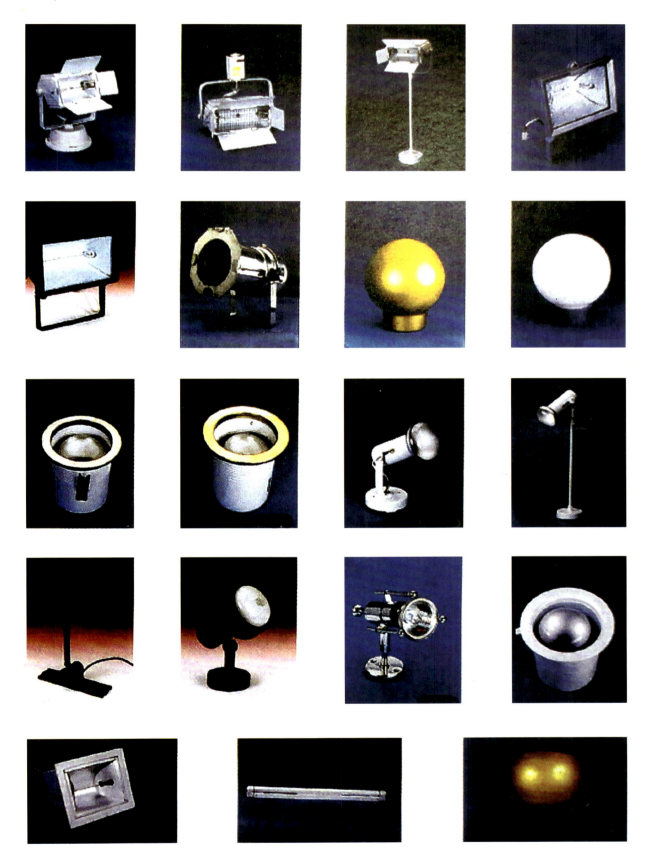

图 2-28

5. 服装展示照明灯具

展示照明的常用光源有：荧光灯、碘钨灯、高压汞灯、钠灯、低压卤素灯、霓虹灯、白炽灯、二极发光管（俗称 LED 灯）等。常用的照明灯具主要有吸顶灯、吊灯、镶嵌灯、投光射灯、轨道灯等各种类型和规格的灯具。

吸顶灯：固定在展厅顶棚的基础光源，分为嵌入式和浮凸式。灯罩的造型各异，可根据需要选定。灯泡的功率一般都在 40~150W 之间。（图 2-29）

吊灯：特点是装饰性强，关注度高。悬吊安装在空间的中心或重要位置上。（图 2-30）

图 2-29

图 2-30

镶嵌灯：安装在顶篷内，内装白炽灯或荧光灯，并用可以透光的材料遮蔽或镂空隔片遮挡，实现光源的漫射、透射效果。

投光射灯和聚光灯：展示中最为常见的灯具类型，特点是良好的聚光效果，光源显色性强。可随意调节照射范围、方向、位置。是展示中的重点照明形式，一般安装于墙面、板面、桁架、管架上。

导轨照明灯：将投光射灯或聚光灯安装在固定的导轨上，一般以一组的形式安装，能够较好地围绕较大范围的聚光，突出展品。（图 2-31、图 2-32）

图 2-31

图 2-32

(二)服装展示照明方式和类型

1. 服装展示照明类型

整体照明：能够将整个服装展示区域全部照亮的照明方式称为整体照明，又称基础照明。光照特点是分布均匀，亮度适当，照度一般不会太强。除某些区域有需要引导观众和疏导的功能区外，整体照明与展示区域的照明比为1:3。

局部照明：局部照明是以突出显示服装展品独特的材质、色彩、光泽为目的，显现服装的价值感为导向，吸引观众的视线，感染观众情绪，目的明确的照明形式，又称为重点照明。整体照明与局部照明相比，后者是前者的3~5倍，通过局部照明的高亮度将服装与背景区分开，形成强烈的立体感和质感。这种照明的最大特点是能提供更为集中的光线，以服装为中心营造气氛和意境。局部照明一般有三种表现形式：展柜照明、版面照明及展台照明。展柜照明一般采用在服装的陈列和人台展示上，自上而下给光俯视整个矮型的展柜。版面照明一般是为墙体（上面固定的服饰、饰品等）、宣传展板等垂直表面上进行照明，这种形式采用展区上方安装轨道射灯（聚光效果明显，突出展示物品）和在顶部安装带灯檐的荧光灯（光线柔和，适用于文字与图片）的方式。展台大多用来陈列实物，适用于服装配饰或面料等的展示，可以基于光照采用不同方向的照明形式：一种是采用主光、侧光相配合凸显展品立体感，一种用测逆光凸显展品的轮廓或强调整体效果。一般情况下灯光照明不均匀，方向上有侧重。（图2-33~图2-35）

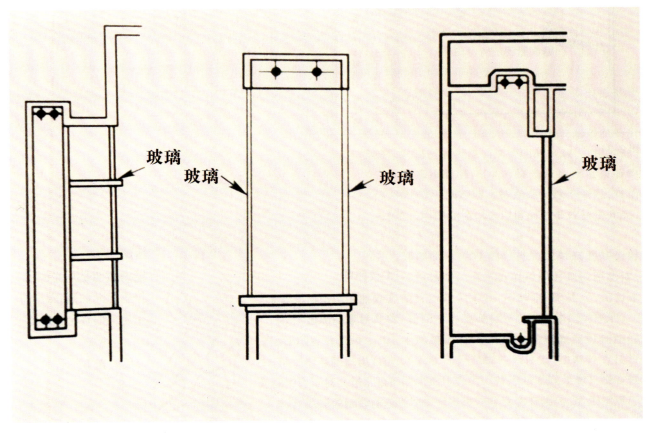

图2-33　几种展柜的照明方式

(三)服装展示照明的设计要求

1. 服装展示的照度要求

依照服装展示的需要,其照度值也是不同的,我们可以参看表。(表5)

2. 服装展示的亮度分布特点

在进行服装展示时,模特身上穿着的服饰、展台上陈列的饰品等等都是视觉的重心,因此应该是视野中最亮的地方,光源和灯具则不要吸引人的注意。我们使用局部照明的形式加强展示的服装,以突出其立体感、色彩感、质感。在展品的背景上我们一般采用柔和、低亮度、无光泽的照射光源。(图2-39)

服饰材质	照度
普通面料	150~300
金属饰品	750~1500
水晶、陶瓷质地	200~500
皮革面料	200~400
反光面料	100~260

表5

图2-39

3. 服装展示的反射与眩光

由于有些服饰本身的材质就具有较高的反射、折射的特性,因此在展示环境的设计中就要有意识地避免反射和眩光的产生,降低对服装和观众的干扰。

4. 服装展示的光源颜色

由于视觉的色适应作用,白天在日光照明时无论晴天、阴天,只要具有充足的亮度,物体本身的知觉色彩始终保持恒定不变。因此从光源颜色角度来说,天光是最理想的采光光源。但是由于服装展示的特点,大部分的服装展示与陈列都是在室内进行,所以人工布光的照明形式经常出现。为了保持服饰的固有色应选用显色性较好的光源。(图2-40)

图2-40

5. 服装展示的灵活性

由于服装展示除了店堂展示外,还有很多种展示形式,像服装发布会一类的属于周期段的临时租用场地展示,所以最好采用灵活的轨道光照、点射灯、普通照明的形式来配合,从而有效控制光通量。

6. 服装展示的安全保护性

在对有特殊要求的服装展示中,灯光的使用要考虑确保服装的安全,注意散热和避免超负荷供电造成的过压烧毁而引起的不必要的财产、人员损失。

五 服装展示中的人体工程学

人体工程学是 20 世纪 50 年代发展起来的综合性交叉学科，又称"人机学"或"工效学"。它以人体测量为基础，围绕人展开对视觉、运动及心理反映相关的研究，并确定相关的设计规范。从展示设计来说，人体工程学的最大作用在于将生理和心理的研究最大限度地融合到方案的设计之中，实现"舒适+效率+美学"的人体工程学研究的重心。展示设计中的人体工程学包含尺度、视觉、心理三要素，本书着重介绍尺度和视觉两点。(图 2-41)

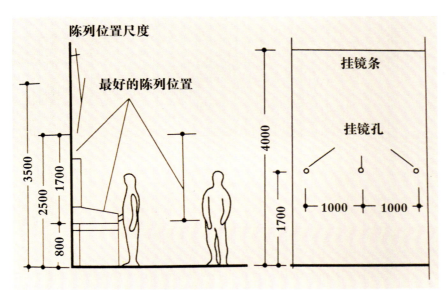

图 2-41　陈列位置示意(单位:mm)

(一) 展示中的尺度要素

从展示设计的特点上来分析，与尺度发生关系的主要是行走和观看，由此得出为了方便参观者，在方案的设计上就必须考虑展示空间的尺度、展示道具的尺度、展示物品的尺度等。那么以人体工学为标准进行组织、设计、陈列，人作为参与者，其活动范围与行为方式就构成了特定的尺度，成为衡量展示设计尺度的标杆。

1. 设定展示设计的基点

创造一个富有艺术感染力和艺术个性的展示环境，并将其展示内容展现给观展者，这是展示设计的目的。由此我们可以认定，展示设计中的展品、道具、灯光等是设计的对象、认识参观的主题。为此，我们在进行设计时，注意以下两个原则：(1) 引入某一单位尺寸标注的原则。把某一单位尺寸标准引入设计中，使之产生尺度间的比较，视为创造良好展示环境的首要原则。(2)重视设计与人自身的关系研究的原则。这项关系的研究是创造展示设计良好尺度把握的第二原则，一个好的展示设计在使用的过程中都会让人觉得很舒服，说明认定的尺寸与人体尺寸是相互协调、合理的。(图 2-42)

图 2-42

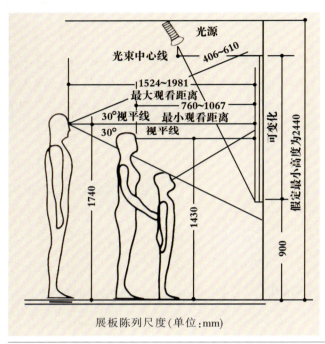

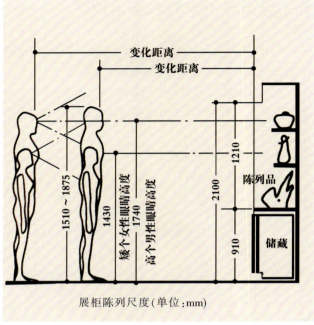

图 2-43

图 2-44

2. 人体动态和静态尺寸的测量(图 2-43)

展示环境的设计不能笼统地按照单一个体去进行考虑,这样的设计是不科学的。但是由于人和人的不同、乃至人种的不同导致测量的结果是各异的。对此我们可以考虑对特定的人群进行考察,从而发现其中的规律性。再者,由于人的本身特质造成了非静即动的特点,所以在人体尺度的测量过程中应该包括静态尺寸和动态尺寸。

静态尺寸:静态尺寸又称结构尺寸,是人处于静态状态下的标准尺寸数据。通过对立姿、坐姿、跪姿、睡姿四种姿态进行测量,这是基本尺度特征。(图 2-44)

动态尺寸:动态尺寸又称机能尺寸,是人处于各种动作或行使各种体能动作中的各部位尺寸,从而得到"动态立作业范围",与展示设计相关的主要是展示场地、通道、活动场所的容纳性。

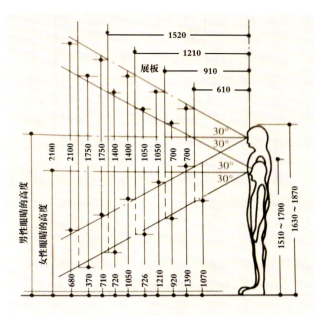

展品陈列与视野关系(垂直)

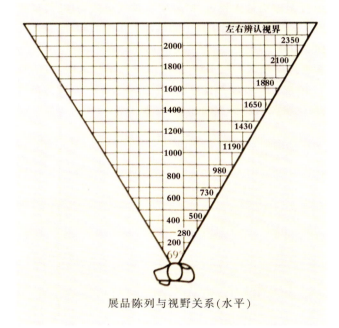

展品陈列与视野关系(水平)

图2-45

3. 展示设计中的基本尺度

在展示设计的人体工学知识中,最重要的就是以人为主体确定展示物的陈列密度和陈列高度。陈列的密度大小受到展示空间、展品大小、展示形式、展示物距、展品的陈列高度等影响。

陈列密度:陈列密度是指展示对象所占展示空间的百分比,密度过大容易造成参观者的堵塞,极易造成拥挤、紧张、疲劳的心理,影响了展示传达与交流的效果。陈列密度过小,除了降低了空间的使用效率,也容易造成展示区域空旷、贫乏的心理。所以围绕空间的大小和人体工学,科学合理地设定陈列密度能够为观者提供轻松、舒适的观展环境。(图2-45)

陈列高度:陈列高度是指展品或版面与参观者视线的相对位置。由于陈列的高度受到人体有效视角的限制,所以就垂直展示区域而言,常用高度是80~250CM的区域,最佳视域是身高水平线上20CM、以下40CM的水平区域。

(二)展示中的视觉要素

视觉是人类感知环境的重要手段,是人类最为重要的感知能力,在展示设计中信息的传递主要就取决于人的视觉因素。因此,要做好展示设计,就必须了解、掌握人的视觉特征。

1. 人的视觉特征

视野:视野特指人的头部和眼球处于固定状态下的有效视线范围或区域。包括一般视野和色彩视野。通常情况下人的视觉在1.5米左右(水平和垂直方向上),其分辨力最好。由此可以看出人的最佳视域是有限的。人对色彩的感知是因为光线的不同波长对眼球中的视网膜不同刺激产生的,人眼对颜色的感知称之为色觉。人眼对白色最敏感,其次是黄色和蓝色,而绿色的感知最小。色觉视野的范围与被视对象的颜色和其背景色差对比有关。

视角:视角指被视物体的两端点线投入眼球时的交角,与视距和所视物体两点距离有关。人的视角横向与纵向(或称为左右与上下)一般都在60度范围内。视角是确定展示设计中不同视觉形象、尺寸大小与尺寸标准的重要内容。

视距:指眼球到被视物体的距离。如果展示较大的物体那么视距就要大,展示较小的物体那么视距就要小,从而保证观展的效果。另外,需要注意的是,视距与照度成正比关系,亮度越高视距越大,反之则减小。

第三章 服装展示设计的流程

服装展示设计基本涵盖了整个展示活动的筹划、各阶段的设计过程及总体设计，重点掌握设计文案的制定及实施过程。

图 3-1

图 3-2

一 服装展示设计的程序

服装展示设计包括整个服装展示活动的筹划、总体设计及各阶段的设计过程，它基本上涵盖了整个展示活动过程。

(一)服装展示设计的前期工作

根据展示设计的一般规律，服装展示设计的前期工作通常包括以下几个方面：

1. 前期策划准备工作

前期策划工作实际上是整个服装展示活动的准备工作，包括了前期设想、筹备和组织工作，其中还包括资金筹集、广告营销、宣传推广等一系列的准备活动。（图 3-1）

2. 设计方案与文字脚本的确定

撰写展览的文字脚本，是服装展示设计的开始。

一个服装展示活动总脚本的内容： 包括展览的目的、展示的主题、展示的主要内容、展示的重点、展品与资料范围、展示地点、时间，以及对展示设计的艺术形式、表现手法和环境氛围的要求等。(图 3-2)

细目脚本： 要求每个部分的主副标题、文字内容、实物和图片、图表统计等。

3. 技术资料及设计依据的收集

为了保证展示设计的合理、预算精确和布展顺利，在进行展示设计之前，必须收集和掌握设计所涉及到的数据和技术资料。

(二)服装展示的总体设计阶段

服装展示设计的总体设计是在一个宏观的水平上对整体展览空间布局、艺术风格、品牌文化、整体形象及重点表达的方式进行设计，是一个规划性和对具体设计起指导性作用的设计活动。总体设计还是一个方案合作与沟通的阶段，与客户、专业技术人员的反复沟通协调，是设计方案的最终完成和成功的必要过程。

1. 总体设计的内容

合理的空间关系

展示造型的创意性

突出整体形象

表达品牌内涵

2. 艺术设计工作

艺术设计的过程始终贯穿在总体设计和单项
设计之中。艺术的总体设计涉及到整个展示活动
的总平面布局,展示空间的组织与变化,总体的色
调与各局部的色彩对比关系,统一的版式设计,照
明形式的确定,装饰形式的确定以及与展示有关
的其他项目,如 LOGO、POP、纪念品、票证等的设
计。(图 3-3)

3. 技术设计工作

技术设计工作是艺术设计的补充,也是整个
展览的技术保障工作。为了艺术设计的效果顺利
付诸实施,必须解决在艺术设计过程中提出的技
术上的要求,还必须用技术性的表达方式来进一
步陈述设计的意图,这项工作就是技术设计。

图 3-3

(三)展示设计实施阶段

设计图纸的完成并不意味着设计过程的完结。对于服装展示设计来说,图纸上的设计只是设计过程中的一
个环节,要将设计的意图完全变成现实,这中间还有一个施工、制作、安装、调试的过程。

二 服装展示设计的文案

展示设计文案是辅助设计师向展览商表达设计观念及过程的重要文字资料,它包括设计前期的设计策划
和设计完成时的设计报告两个部分。

(一)设计文案内容

1. 设计策划

设计策划包括了前期的调查和分析,并根据调查和分析的结果最终明确主题及内容,提出设计概念。策划
还有对展示文案的整理和表达的部分,这些工作的充分与否将影响到后期设计工作的进展。

2. 设计报告

设计报告是设计方案的最后总结和呈现,它记录着设计从立项到完成的整个过程,包括设计主题、设计资
料、分析市场调查、客户调查、展示实施地点的调查、空间分析、流线分析、三维草图及设计完稿等等。它是汇报
设计成果的方式之一。

(二)设计策划书写作

一本完整而切题的策划书,需要我们从一开始就认真对待。策划文本的撰写,实际上是展示设计的真正开
端,一次大型服装展示活动的文字脚本往往需要一段比较长的时间酝酿。一本完整的而切题的策划书,是作为
一次服装展示活动总体设计的方案,其准备工作是很有必要的。服装展览策划的内容包括:

1. 展览的目的

2. 展览的主题

(二)平面、立面及三维草图

服装展示设计的重点是依据前期策划的安排,从总体角度来安排每个展项的位置和面积。首先要保证的是整个展示活动的功能完整,区域划分合理,参观流线流畅,能够按展示的规律来安排和组织空间的变化。这一阶段的设计任务是从空间环境的角度来确定大的框架,并对主要展区或重点的展示项目有一定的构想。可以用一定比例的平面图来表达各个展区的分布及功能区域的位置,在总平面图的基础上,还要从以下几个方面进行有关的分析和评估。

1. 观众的参观流线的走向。

2. 公共空间、展示区域与主要交通路线之间的比例。

3. 各个展区或主要展品的观赏视线等。

这一阶段的成果,设计师可以用各类总平面图和平面分析的图示来表达,确定展区位置后,还应计算出相应的展区面积,作为深入设计时的参考依据。

服装展示空间的设计,首先必须以空间的变化和空间的形象来吸引观众,在形象上、结构上、色彩上要新颖,展示空间设计要有个性、有变化、有对比,同时还要完美地表现服装产品。展示空间关系的设计是展示设计的基础。这一阶段要对整个展示活动的整体艺术效果进行把握和推敲。设计的深化过程是将空间布置付诸实施,通过平面图、立面图对构造细节的表达和精确的尺寸表述,完成对服装展示设计空间内每个立面的设计。

在这一阶段必须对版面、展柜、展台、展架、模特等内容的详细造型、具体位置、明细尺寸、构造方式、采用材料等进行明确。一些技术方面的设计,如照明、多媒体、网络以及消防等设施也应当与相关的部门合作,并出具相应的技术图纸,如灯具分布图、电力配置图等。还有一些版面设计、标识设计等平面设计范畴的内容,也必须在这一设计阶段一并解决。这一深化过程所得到的成果应当是按照国家有关的规范绘制的内容详尽、数据准确的图纸,并通过有关部门的审核。通常图纸的绘制都会采用国家对建筑及室内设计制图的规范,在一些范围内也可以采用行业通用的标识符号来标明道具、灯具等内容。(图 3-8)

主要版面的内容、文字的形式、幅面大小、版面位置、制作材料等都应当在设计图纸中标示明确。有时为了更加直观地反映版面的设计效果和计算面积,可以按照参观的流线方向,按照比例将展示部位的立面展开表现。

当设计空间中出现一些构造特别复杂、制作难度较大的部位,除了用一般的平面、立面和剖面图来表达设计意图外,还可通过局部的三维草图表达相关内容。

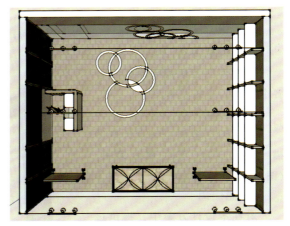
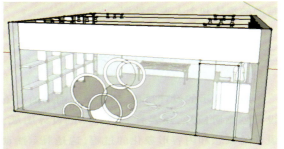
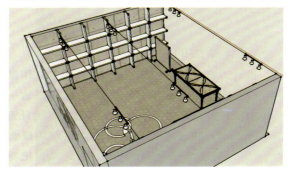
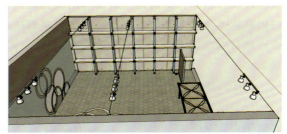
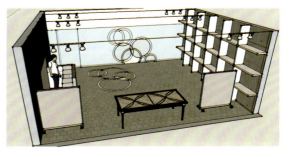

图 3-8

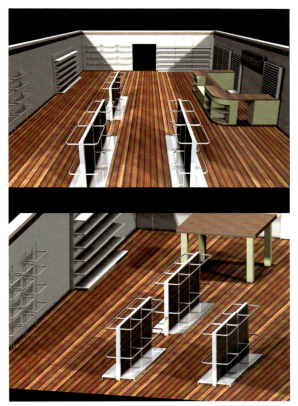

图 3-9

图 3-10

(三)效果图

效果图的表现是设计呈现的关键一步，一个好的角度和一个绘制精美的效果图会影响到整个设计的表现，效果图的表现手段一般有手绘和电脑写真两种。在电脑设计普及之前使用的是手绘效果图，有马克笔、彩色铅笔、水彩、水粉及素描等多种表现技法。随着电脑辅助设计技术的快速发展，电脑效果图的表现力越来越强，可以更加真实、方便地表现设计的材质及色彩，可以相对完整地模拟真实效果。

效果图是设计过程中的一个重要步骤，是最后呈现给业主的主要参考资料，不管使用什么表现手段，都关系到整个设计的成败，所以在表现上对设计应有一个通盘考虑，着重表现能够体现设计创意的主体空间及造型。(图 3-9、图 3-10)

(四)模型

在展示设计中，平面的形象无法让人直观地感受到空间的体量及结构，而模型是最直观的一种表现方式和手段，通过模型可以更加清晰地表达各个展区的空间关系，设计过程中如果辅以模型来考虑空间的结构和划分，可以使设计师的创意过程处于一个直观的三维环境氛围中，更利于对设计空间的穿插结构、造型体量的思考，及时地对设计进行调整。如果用电脑建立一个简单的三维空间模型，可从不同的角度来分析方案的得失。

在方案的呈现阶段，还可以用模型作为方案的表现手段，首先它从结构、空间、体量、材料、色彩，甚至光、电效果等几个方面对设计进行一定比例的直观体现，因此它有很强的空间表现力，业主可以更加直观地理解和观赏设计的成果。其次，正式模型对后期施工具有很大的参考价值。正式模型的制作方式很多，一般情况下有以下两种：一种是仅对展示设计的尺度比例、外形结构进行表现。因此对材料的要求比较单纯(模型卡纸、有机板、木质材料等)；第二种是在对尺度比例、外形结构表现的基础上加入对材质、色彩、光电的表现，真实地模拟方案的最终效果，还可以通过它改善方案和发现其中潜在的问题。

另外对一些展示的重点，设计上往往采用一些特殊表现手法来展示特定或重要的内容，如特殊模型、场景、模特、多媒体设备等。这些部分往往是设计上的重点。为配合特定内容的表现，需要用专门定制的方法来制作，而且这些展示的重点通常会采用一些专门技术和特种设备来达到特定的效果，因此在设计中必须针对这些部位作出详尽的设计。尤其是采用一些特殊设备的部位，如特殊的灯具、动力机械、大型屏幕及光电设备等，需要根据具体的设备要求进行设计，以保障设备在展示过程中能够正常运行。

(五)展示效果版式

一个服装展示活动的整个设计创意及过程最终都要以图面及图表的形式表现出来,这就是展示效果版式。它是展示设计完成的主要标志和最终成果。包括以下几个方面的内容:

1. 设计概念的陈述与说明。

2. 展示设计的空间总体规划及平面布局图。

3. 设计的各个立面图。

4. 三维效果图及展台、展架、展柜等局部效果图。

除了要展示以上这些内容以外,还要展示设计师要表达的文字和图片内容的平面设计效果。

对于设计师来说,完成了设计图纸并不代表完成了设计过程。对于展示设计来说,将设计的意图完全变成现实,中间还有一个施工、制作及安装、调试的过程。完成展示效果版式设计,只是设计阶段的结束。(图 3-10~图 3-12)

图 3-10

图 3-11

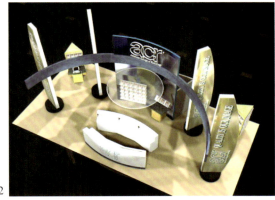

图 3-12

思考与练习

1. 展示设计的前期准备工作包括哪些内容？

2. 以某个品牌为案例，制作一份完整的展示设计文案。

第四章　服装展示设计的表达与基本技法

能运用展示设计的基本技法，充分表达服装展示设计。

一 制图基础

制图的过程是为了让设计者能够用直观的形象和符号将自己的设计意图表达出来，最大限度地将客户的要求充分表现的一种媒介，并使展示方案得以科学的施工。下面我们就绘图工具、几何制图、度量场地三个部分进行详细讲述。

(一)绘图工具

随着科学技术的发展和进步，计算机辅助设计已经取代了传统的手工制图。但是，学习和掌握徒手制图工具对于绘图技术的提高是非常有帮助的。绘图常用工具包括：

1. 尺：皮尺(用来度量较大场地的尺寸)、钢卷尺(用来度量一般场地的尺度和高度)、"T"型尺(一般用来在图纸上绘制场地线条)、三角尺(用来表现局部和较小位置的尺度)、比例尺(用来套用比例绘制不同比例的线条或距离);(图 4-1~图 4-3)

2. 曲线板：用于将不在同一直线或圆周上的点连接起来;(图 4-4)

3. 量角器：顾名思义用来度量或绘制不同的角;

4. 纸：草稿纸(即牛油纸)、描图纸(常称"硫酸纸",用于晒图,忌潮湿)、图画纸(用来绘制图纸或透视图)、颜色纸(利用其本身固有色来绘制透视图);

5. 笔：铅笔(常用 2B~6B,用来绘制细节图)、钢笔(用于绘制透视图)、签字笔(绘制草稿或带透视的草图)、水彩笔(用于绘制彩色或单色透视草图);

6. 墨水：为了避免被水浸开,建议使用防水绘图墨水;

7. 圆规：用来绘制圆形或椭圆;(图 4-5)

8. 描图板：塑料材质,协助绘制平面图;

9. 字体摹写板：用于写出工整的阿拉伯数字或常用的中文字符;

10. 擦片：在使用橡皮修正时可用来保护有用的线条;

11. 橡皮：修正错误,分为软橡皮和硬橡皮;

12. 砂纸擦板。

图 4-1 皮尺

图 4-2 钢卷尺

图 4-3 比例尺　　图 4-4 曲线板

图 4-5 圆规

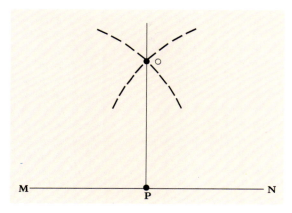

图 4-6

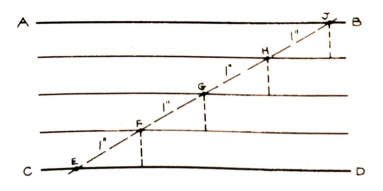

图 4-7

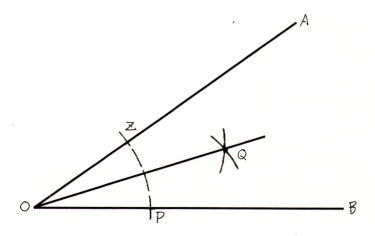

图 4-8

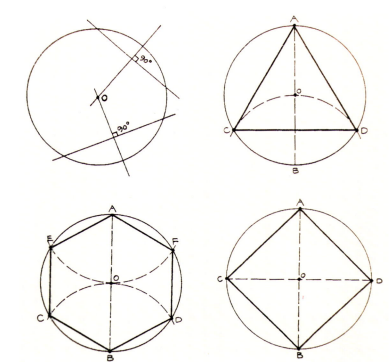

图 4-9

(二)展示设计中如何运用几何制图

使用几何方法作图是展示设计绘图中的基本练习方法之一。通过练习,绘图人员能够加深对各种几何图形绘制过程的了解,下面就针对点与线、线与圆弧的几何绘制方法进行分类讲析:

点与线

1. 等分线段。在线段 MN 上,以 M、N 点各为圆心,以相等并大于 MN 线段长度的 1/2 为半径做两弧交于 O 点,通过 O 点做垂直于 MN 的垂直线交于 P 点,则 P 点等分线段 MN。(图 4-6)

2. 在二平行线中做若干等距离的平行线。二平行线 AB、CD,要在两者之间画三条平行线,即用三条线等分两平行线的间隔距离。现假定 1″ 为长度单位,先在 CD 线上设定点 E,将尺子的 0 点与 E 点重合,使 4″ 的单位点与 AB 线相交得到 J 点,沿尺身轻画斜线,并将各单位点在斜线上 F、G、H,过以上各点做 AB、CD 的平行线,即将距离等分。(图 4-7)

3. 利用线的交点等分角。∠AOB,以 O 为圆心,任意长为半径画弧,截点 N、P,以 N、P 为圆心,相等或大于 1/2 ∠AOB 为半径,作二弧交于点 Q,将 O、Q 两点相连,即等分∠AOB。(图 4-8)

线与圆弧

1. 利用线的夹角确定圆心。在圆周上任意画两弦,并在弦上分别做等分垂直线,两垂直线的交点即是圆心。

2. 利用弧线等分圆(图 4-9)

A、分三等份:已知圆心 O,过圆心 O 做直径 AB,以 B 点为圆心,BO 为半径,画弧交于圆周 C、D,连接 AC、CD、DA,则△ACD 为等边三角形,三点将圆分为三等份。

B、分四等份:过圆心 O 做相互垂直的两条直径 AB、CD,则 A、B、C、D 四点把圆周分成四等份。

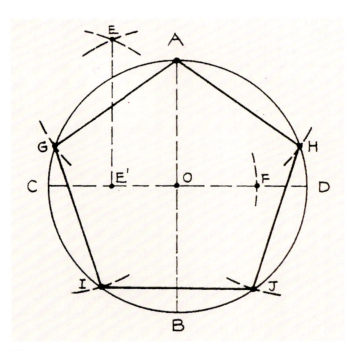

图 4-10

C、分五等份：过圆心 O 做相互垂直的两条直径 AB、CD，用线段平分法做弧交于 E，过点 E 向 CO 做垂线交 E′，以 E′为圆心，E′A 为半径画弧交圆周于 G、H，再以 G、H 各为圆心，AF 长为半径，画弧交圆周于 I、J，则 AGIJH 五点等分圆。（图 4-10）

D、分六等份：过圆心 O 做直径 AB，以 A、B 各为圆心，以 AO 或 BO 为半径，画弧交圆周于 E、F、C、D 各点，则 AECBDF 六点等分圆。

3. 用圆弧连接两直线（图 4-11）

A、用圆弧连接相互垂直的两直线：已知 AB 垂直于 AC，在 AC 上取点 P，以 P 为圆心，PA 为半径做弧与过 P 作 AC 的垂线 PO 相交于 O，过 O 向 AB 做垂线 OP′，又以 O 为圆心，OP 为半径，做圆弧 PP′，则圆弧 PP′将二直线平滑地连接起来。

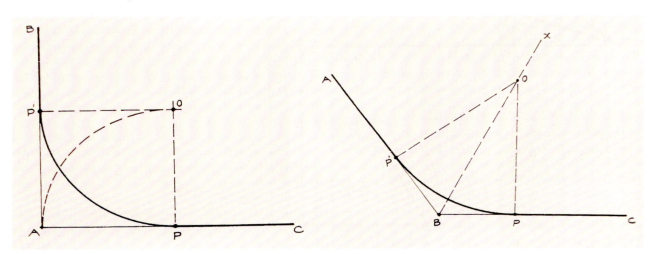

图 4-11

B、用圆弧连接任意交角的两直线：任意相交二直线 AB、BC，做∠ABC 分角线 BX，在 BC 上取一点 P，过 P 做 BC 垂线，并与分角线 BX 相交于 O，过 O 向 AB 作垂线 OP′，以 O 为圆心，OP 为半径，作圆弧接于 P′及 P 点，则 PP′把两直线连接。

（三）度量场地

为了保证方案的顺利实施，设计者必须在工作之初对场地进行考察，考察的重要一项就是对展示场地测量。这样做的目的有三：其一，后期绘图所用的尺寸都是通过实地测量得到的；其二，只有精确了场地的尺寸才能保证在施工时照图样进行；其三，有利于面积的测算，保证在预算和决算时能够精确控制材料的使用量；其四，设计者在测量过程能够在大脑中建立初步的立体空间形态，为后期的方案设计打下基础。

场地的度量最好要有三人,一人绘制平面结构的草图并记录测量数据,其他两人负责拉尺和用数码相机拍摄结构特殊的部位,方便以后绘制透视图。测量前要准备皮尺或钢卷尺、铅笔、纸张、量角器等。测量按照以下步骤实施:一、绘制粗略的平面图;二、先度量各部分的平面尺寸,这里要注意先测量总尺寸,再测量细部尺寸;三、对特殊部位除了测量仔细和拍照外,还要快速绘出立面图;四、现场核实测量细部尺寸的总和与总尺寸是否有误差,找出误差位置及时修正。

二 图纸的绘制

(一)平面图

1. 定义

平面图是由垂直光线所产生的物体的正投影的一种。简单来说,就是物体在垂直光线下,向水平面做正投影的结果,通俗地讲就是俯视图。(图4-12)

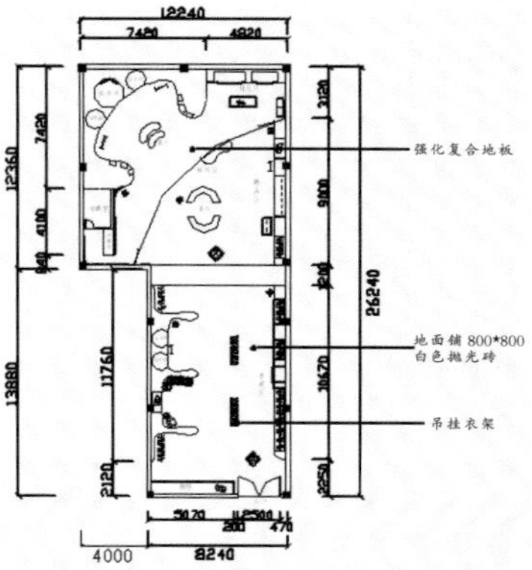

2. 作用

在展示设计中,展示场所的平面图设计是表现整个环境、构成面积大小的整体图,是进行后期各项设计工作的基础和依据。平面图主要体现空间的面积大小和内部结构的划分,空间中展示设施在结构内部的位置、本量大小等。

3. 内容

服装展示设计平面图由于展示环境的大小又分总平面图和平面图,总平面图表现的是整个服装展示区域的空间划分,它是相对于包含在其中小的展示区域而言的,所以它其中包含了参观顺序、展示朝向、围合界面的厚度等等;而平面图则指代小范围的展示材料的放置、大小等。平面图的尺寸标注要包含建筑空间的总体尺寸,各开间的局部尺寸、轴线符号、展示区域内家具物品等占有的空间尺寸、剖面图符号和详图索引符号。

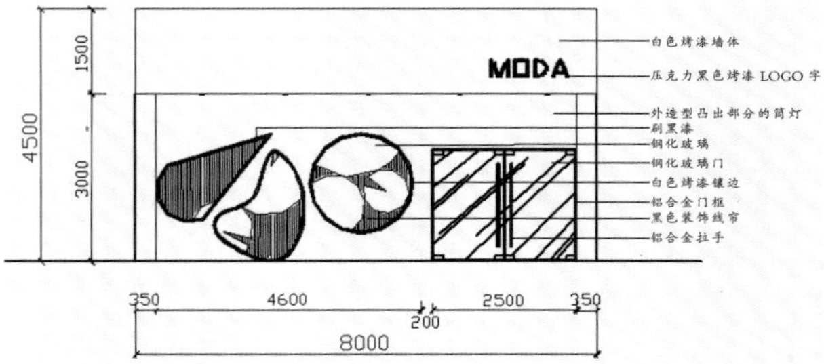

图4-12 平面布置图

图4-13

(二)立面图

1. 定义

立面图表现的是展示建筑及其内部区域的正立面投影图与侧立面投影图,并且按照各立面的朝向,将各投影面分为东、南、西、北立面图。(图4-13)

2. 作用

以直观的形式表现展示空间(区域)的尺度、形态、色彩、材质等方面的关系。

3. 内容

A、建筑物里面空间与展位空间的长宽高三者关系;

B、展示用具的尺寸、形态、饰面效果、材料及施工方法的要求等;

C、照明的方式、光源的位置;

D、各种标识、标牌、装饰物等。

而以上内容的表述离不开标注,所以在立面图的标注上还要注意以下几点:

A、总宽高尺寸；

B、各开间、柱的空间尺寸，层高尺寸，标高尺寸；

C、展示家具的高度和宽度尺寸；

D、展示家具的主要构造、造型的尺寸；

E、展品的高宽空间尺寸。

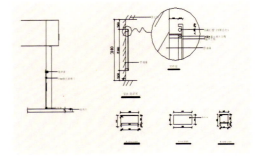

(三)剖面图

1. 定义：用来表达设计细部结构。（图 4-14）

2. 作用：用于展示物体内部结构、材料和施工方法。

图 4-14　门面剖面图

3. 内容：在所有的图纸中最能表述设计内部结构的图纸形式。它是对平面图、立面图的最好补充和完善。既然是补充和完善，那么在剖面图的绘制上要注意被剖建筑空间的外部尺寸和轴线符号及垂直方向的总体尺寸、标高尺寸、结构尺寸、索引符号的关联性。

(四)施工图

1. 定义

解决各细部结构、材料、尺寸、做法及构造关系的节点图。（图 4-15）

2. 作用

解决设计想法向实物的转变过程，告知施工人员如何施工的图纸。

3. 内容

由于设计的创新性，特别是在展示设计中，很多设计师会有很多独创性的设计方案，但是设计能否转变成实物，这就需要施工图这种图形语言来转述，所以，施工图除了会涉及平面图、立面图中常见的尺寸、结构、材质、物品图符等，最关键的还是表达特殊结构、特种造型、特殊材料的拼接等方面的施工工艺。

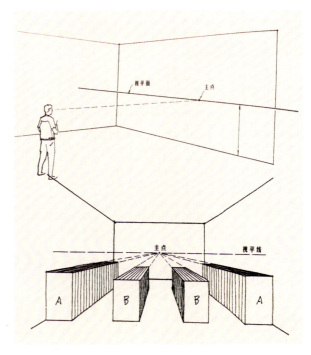

图 4-15

(五)透视效果图

1. 定义

使用透视原理，以写实绘画的手法在二维空间创造三维的视觉效果的图纸。

2. 作用

使用透视效果图能够更加直观地表达设计意图，将设计师对空间的理解通过透视原理，综合色彩、线条、注释等更加直观地表现在大家的面前。

3. 内容

透视的种类和成图方式较多，但对于展示空间的表达，主要是一点透视、两点透视、俯视图、轴侧图四种形式。下面着重对一点透视和两点透视的绘制方法做介绍：

一点透视：画面只有一个中心点，是使用最为广泛的透视方法，适用于对称空间，特点是具有很强的纵深

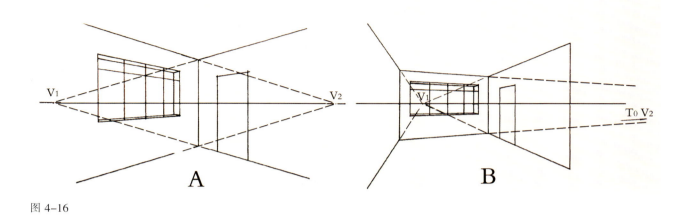

图 4-16

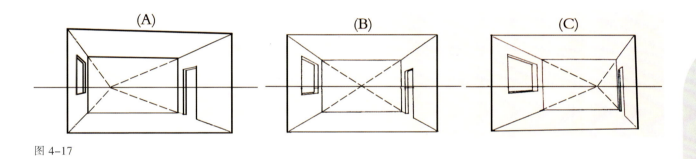

图 4-17

感,但是如果视平线上消失点的位置选择不恰当就会造成画面失真。(图 4-16)

　　两点透视(成角透视):画面中的墙面成角度,且与画面没有平行,有两个消失点但都与画面不远。两点透视的效果比一点透视来的自由、轻松,更接近人的视觉感受,所以在透视表现上用的最多。缺点是消失点选择不当也会出现画面失真,且更加变形。(图 4-17)

三　服装展示道具设计

　　在服装展示设计中,道具的设计是衬托服装的重要装置,而在大家的思想观念中好像服装展示就是与模特分不开,其实这种认识是极其错误的,因为随着科学技术的进步,服装展示在近几年都顺应科技得到长足的进步,大到服装博览会、服装季的发布会,小到服装专卖店的服装陈列都已经不能与过去同日而语。一些高科技的展示技术已经影响到像服装这种与人朝夕相关的行业中来,所以声光电等传统陈列式展示已经开始向多媒体技术、交互展示技术转变。随着技术的日新月异,展示的方式也会发生巨大的改变,设计师的设计效果也会随之产生更多的奇思妙想,但是,不管如何奇思妙想,展示的传统道具形式还是不会发生改变的。这在 2010 年世博会中各国建造的国家馆,行业、企业建造的展馆就不难看出。不管展架的材料由过去厚重结实的铁架发展到现今的又轻又结实的合金材料;还是展台由过去可以转动到现在全息立体化表现;更是展板由过去隔墙作用、宣传作用发展到现在多媒体交互展示等等,它只在于表现形式的多样化,其基本功能还是不会变化的,不论这个展区设计的如何与众不同,但它搭建起来的构建形式、材料、原理等还是有共同特性的。因此,我们要做好服装展示设计就必须对这些基本的展架、展台、展板、展柜等做深入地了解和学习。

(一)展架

1. 作用

展架是用来吊挂、承托展板或与其他部件共同组成展台、展柜及其他形式的支撑器械,也可以使用它直接构成隔断、顶棚及其它复杂的立体造型的器械,是现代展示活动中用途最广的道具之一。(图4-18~图4-21)

2. 材质

伴随着科学技术的进步,新材料、新工艺的使用使得展示装置的生产厂家制造出了各种不同规格、型号、用途的拆装式展架。这不仅能够高速便捷地搭建起屏障、展墙、格架、展间乃至于装饰性的吊顶,更可以构成展台、展柜及各种展示造型。这些展示道具主要使用强度高、重量轻的铝锰合金、不锈钢型材、工程塑料、玻璃纤维等材料来制造主要的龙骨件、接插件、夹件等,还用不锈钢、铝合金、工程塑料与橡胶等材料制作小的配件。

3. 结构体系

A、管件与连接件相配合组成拆装系统;

B、由网架与连接件组成的拆装系统;

C、由展板(或板状物)与连接杆构成夹连系统;

D、带有折叠部件的可整体折叠系统。

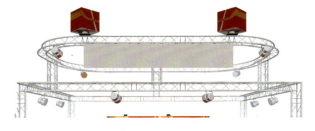
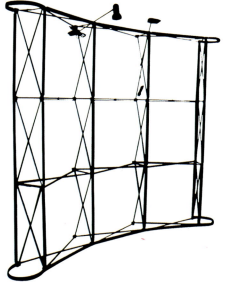
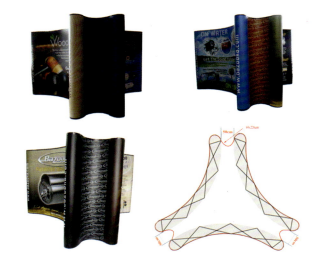

图 4-18

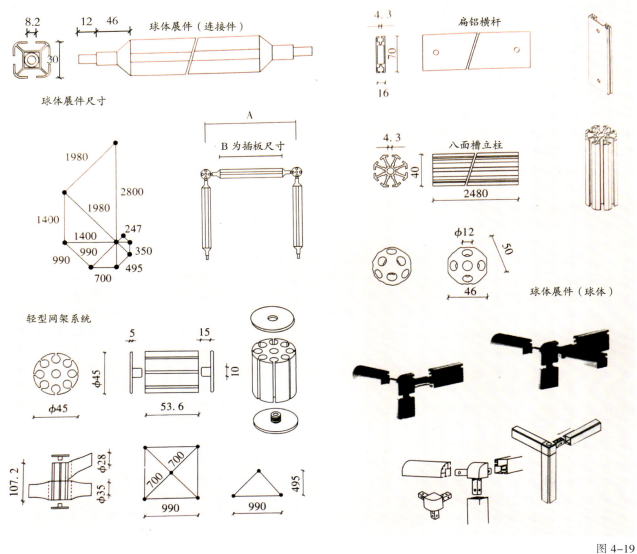

8.2
12   46
球体展件（连接件）
30

球体展件尺寸

4.3
70
16

扁铝横杆

1980
2800
1980
1400
1400   247
990   350
700   495

A
B 为插板尺寸

4.3
40
2480

八面槽立柱

φ12
50
46

球体展件（球体）

轻型网架系统

φ45
φ45
5   15
10
53.6

107.2
φ28
φ35
700   700
990
990   495

图 4-19

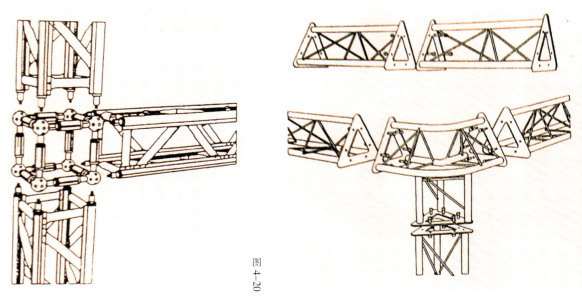

图 4-20

图 4-21

057

（二）展台

1. 作用：用以承托展示物品、模型、沙盘或其他装饰物的用具，是实物展示的重要设施之一。（图4-22~图4-24）

2. 规格：大型展台除了使用可拆装的组合展架，还可以使用一些标准化的小展台进行组合使用。小型展台一般为标准的几何形态，平面尺寸按照一定的模数化构成。（图4-25）

3. 展示需求：现代展示设计的一个重要特征就是在静态的展示过程中追求动态的展示效果。动与静的结合能够使整个展示过程、环境变得生动。因此，现在很多展示活动中，展台的动态展示成为展示的亮点，也是参观者最喜欢围聚的地方。随着经济水平的提高、科技的进步，越来越多的展会上不论展台大小，只要有条件，参展商都想让自己的展台成为集产品推介、顾客交互的最好平台。这就给展台的设计创新提出了更高的要求。

图 4-22

图 4-23

图 4-24

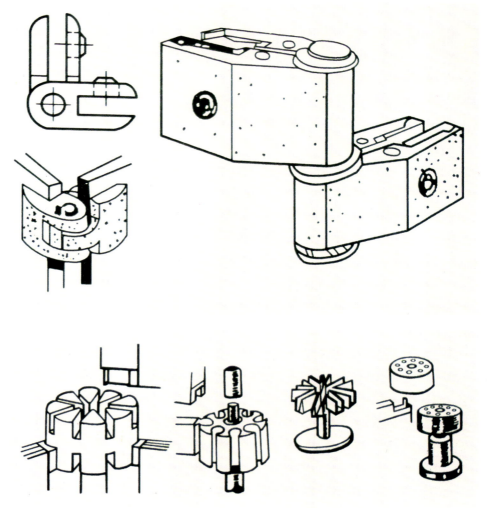

图 4-25

（三）展板

1. 作用

用以展示版面内容的隔墙、隔断、屏风等都可看作展板。随着 LED 技术推广，现在很多展板开始由不动的照片或宣传标语、口号等向色彩、亮度、内容版面展示多样化发展，以及现在出现的部分跨媒体的人机交互，都可以在展板上使用。可以实现小的展示区域、大的展示内涵的目的。(图 4-26)

2. 规格

不论是与展架相匹配的展板，还是按照展示空间的具体尺寸而专门设计的展板都遵循标准化、规格化的原则，依然按照模数化的关系进行布置。

3. 发展趋势

由于展区的隔间需要，展板作为隔墙的处理，在较长时间内都不会退出历史舞台，但是考虑到科技进步带来的新材料新工艺，展板将由传统的纯板材转变为由电脑控制、模块化组合的展示墙体。

图 4-26

(四)展柜(图4-27)

1. 作用

保护和凸显重要展品的道具。展柜按照展示的方式分为单面展柜、多面展柜、橱窗景箱、灯片灯箱等,也可以按照展柜的高低来划分。

2. 规格

一般展柜多以不锈钢、玻璃为主要材质进行组合并配以照明装置;还有特殊需要的展柜,如展示物品贵重,那么展柜还将兼具防盗的功能;有的需要恒温,还要考虑保温的要求等等。

3. 发展趋势

正如展板的发展一样,展柜也在发生改变,除了因为照明技术的进步带来的展柜的照明和色彩效果更加丰富外,展柜的展示效果也越来越丰富,由传统的封闭式展柜向体验式展柜发展。

(五)其他辅助设施

在展示设计中,依据不同的展示物品,就可能使用到各种不同的辅助设施。如服装展示常用的模特、胸架、衣架等,这都是需要单独定制的。随着展示设计的发展,设计师更加巧妙地处理人员流线,使得展示区域的界限越来越不明显,这就必然使设计师在考虑好动线的基础上,巧妙地使用一些特殊的展示设施来引导,从而避免展示区域出现混乱无章的场面。而这些都有可能脱离前面所说的展示道具,而制造出一些辅助的展示设施来进行帮助。(图4-28)

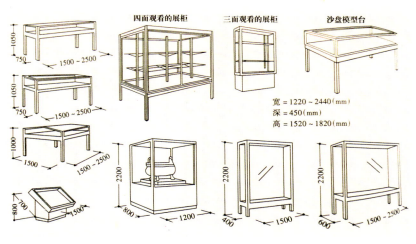

图4-27

主要展示道具常用尺寸参考值

道具类别		长(cm)	宽或深(cm)	高(cm)		备注
				H	h	
柜橱	立柜	60~200	40~150	180~240	40~80	通柜长度可延长
	平柜	120~150	70~150	80~120	60~80	
	展台	50~120	50~120	5~120		一般高40cm
屏障	屏风	200~240	10以上	180~300		
	隔板	100~240		240		一般用100cm拼接
栅柱	立柱	4以上	4以上	240		
	栏杆	柱中1.5~3.0	座中15~30	55~90		
	方向标	柱中5~10		160~220		
	广告牌		150以上	200以上		
标签	标题牌	80以上	厚2~4	30以上		
	卡片	5~20		2.5~12		
	价目卡	7~12 5~8				
公众用品	饮水台	120~140	75	140	75	
	污物箱	25~40	25~40	60左右		
	其他	椅、凳、沙发等同日用家具				

(H:总高,h:下沿至地间距)

图4-28

思考与练习

1. 谈谈场地度量需要注意哪些问题?

2. 结合投影现象与制图关系,思考三视图的形成与关系。

3. 如果让你为一个服装品牌做一个展示设计,你会采用哪些展示道具和陈列形式?

了解服装销售空间的基本要求,并能对其进行较好的陈列设计。

一 店外设计

店外装饰是指销售空间室外和周围的所有装饰工程。如店面装饰、招牌、灯箱广告和室外照明等等,都属于店外装饰。消费者对一个不相识商店的认识大部分是从外观开始的。销售空间室外设计的好坏,会直接影响顾客进店的数量。通常人们对店铺的认识是:店外装饰豪华大气、高贵典雅的店铺,其所经营的商品也一定高档优质;而设计平淡、装饰一般的店面,其销售的也将是质量、价格平平的商品。与商品不匹配、过于豪华或简陋的装饰,搭配不协调的布置,都将成为顾客消费选择的屏障。

店外设计主要包括外观设计、出入口设计、招牌设计、外部照明设计。

图 5-1

(一)外观设计

外观是店铺给人的整体感觉,通常可以体现店铺的档次,也能体现店铺的个性。从整体风格来看,可分为现代风格和传统风格。

时装已经渐渐成为时尚的代名词,现代设计风格的时装店外观可以起到引领潮流、传达时尚气息的作用。大部分时装店都会采用现代设计风格,这对大多数时尚感较强的消费者会具有激励作用。如果店铺是在繁华的商业区,那么附近的商业区域一般都是现代风格,这样就能与之达到和谐的效果。在当今时尚的潮流中,现代风格的店铺设计可以给人时尚、现代的视觉感受,通过店铺的外观设计体现服饰的潮流性。(图 5-1)

依据时装的风格不同,一些传统老店和经营典型民族风格的服饰店一般会采用民族传统风格的外观,这样的装饰可以给人直观的引导暗示和古朴的心理感受。如"渔"牌采用的就是与其产品风格一致的传统风格的店面装饰。还有一些影响中外的传统老字号,其外观装饰等都已在消费者心中形成固定模式,所以,用其传统的外观风格更能吸引顾客。倘若服饰店处于仿古街之类的商业区域,虽然经营的不是传统风格的服饰,但是应周边和环境的需要也可以采用传统的店面装饰。(图 5-2)

图 5-2

(二)出入口设计

在设计店铺出入口时,店铺的地理位置、营业面积、人流量、服饰特点等因素是设计的主要依据。如果设计过小,容易造成人流拥挤,发生危险;过大则会造成顾客稀少、生意冷淡的感受,从而影响了销售。在店铺的通道中,出入口是消费流的动力泵。优秀的出入口设计应该使顾客从入口到出口的流线合理,能方便轻松地浏览整个卖场。一个形状规则的店面,可将出入口设计在同侧,通过环形的流线方便顾客选购和移动,并方便进出。不规则的店面则需要因形状的不同而考虑其出入口和流线的设计,前提是店门的设计应当是开放性的,不要让顾客还没有进门就产生"幽闭"、"阴暗"的感觉,导致顾客放弃进入。(图5-3、图5-4)

图 5-3

图 5-4

(三)招牌设计

当店名取好以后,就要考虑招牌的设计。招牌的设计和安装,必须做到与周边环境和谐统一,又要独具特色,以吸引顾客的关注。招牌本身就是具有特定意义的广告,一个好的招牌设计和绝佳的设置位置,可以获得更多的关注度和辨识度。一流的招牌应配以一流的霓虹灯设计,这样不仅在夜幕降临时可以让顾客方便地找到店铺,更为重要的是可以让更多的潜在消费者发现和关注你的店铺。总的来说,招牌的设计和装饰应考虑招牌的形式、规格与安装方式,应力求多样化和与众不同。既要做到引人瞩目,又要与店面设计融为一体,给人以完美的外观形象。招牌的材质有多种:木质、石材、金属、亚克力、有机玻璃等,安装方式可以是直接镶在店

图 5-5

面门头上或装饰外墙上,也可以是直立或悬挂在店面之外。

招牌,有时能直接反映商店的经营内容和产品风格。一个形象或内容与经营内容相一致的招牌,可以增强招牌的感召力和对店铺的认知度。女装店应选择时尚感强且颜色醒目的招牌;男装店多以西服为主,较正式,则应选择庄重而沉稳的招牌;童装店则应选择活泼、有趣的招牌形式,并以跳跃的色彩吸引小朋友和家长的关注。(图5-5)

图 5-6

图 5-7

(四)外部照明设计

外部照明主要指外部装饰中人工光源的使用。通过外部照明不仅可以照亮店门和店前环境,还可以渲染气氛,烘托环境,增加店铺的吸引力和感染力。

人类视觉最为敏感的就是色彩,色彩是人类视觉中最响亮的符号。由于色彩具有的物理性质,即不同色彩有不同波长,因此,色彩会直接或间接地影响人的情绪、心理活动和形成不同的心理感受。如奶油色给人天真、可爱、朴实的感觉;黄色、橙色使人轻松、活泼;红色使人兴奋,给人以大胆、强烈的感觉;粉红色的浪漫气息浓厚;玫瑰色、淡紫色给人高雅、神秘、优美的感受;绿色则充满生机,寓意青春和希望;蓝色则给人带来轻松、凉爽的作用。色彩依色谱赤橙黄绿青蓝紫的顺序排列,强弱度依次由强转弱。(图 5-6)

1. 招牌照明

招牌在自然光不足时,可以通过霓虹灯、LED 灯、投射灯进行装饰照明。霓虹灯不仅能照亮招牌,增加店铺在夜间的美观性和辨识度,还可以用来营造氛围。霓虹灯可设计成各种形状,多种颜色。为了使招牌醒目,灯光颜色一般以单色和对比度较强的红、绿、白等为主,一定要效果醒目。还可以通过电脑控制灯光的闪烁频率和图形变化,这样动态的照明效果可以让招牌更活跃、更具有吸引力。(图 5-7)

2. 外部装饰灯照明

它是霓虹灯、LED 灯、大型投射灯的扩展运用。霓虹灯和 LED 灯一般安装在店门前的街道上或店面的墙壁上,主要起渲染、烘托气氛的作用。如许多店门拉起的灯网,有些甚至用多色灯网把店前的树装饰起来;再如,制成各种反映本店经营内容的多色造型灯,

图 5-8

装饰在店前的墙壁或招牌周围。大型投射灯则一般安装在店门前的地面、灯柱上,以照亮整个店面,形成独有的购物氛围和品牌内涵。(图 5-8)

图 5-9

二　橱窗设计

　　专业的橱窗陈列在欧洲已有一个多世纪的历史。人们很多时候习惯通过橱窗来了解店铺。因此，国外知名品牌对橱窗的设计都非常重视，不仅投入大量的资金，而且在陈列上也会做到一丝不苟。橱窗作为总体装饰的组成部分，是商店的第一展厅，消费者在进入商店之前，都会有意无意地浏览橱窗，橱窗是吸引消费者进店的第一步，所以，橱窗的设计与陈列对消费者购买情绪有重要影响。橱窗具有比电视媒体和平面媒体更加直观的展示效果，它的说服力和真实感、无声的导购语言、含蓄的导购方式，也是其他媒体无法替代的。

　　在一个优秀的橱窗中，可以反映一个品牌的特点、风格和文化内涵。在日趋激烈的服装市场，品牌的文化内涵已被越来越多的企业重视，而橱窗作为展示产品及传达品牌文化的终端窗口，它的作用已经显而易见并且将承载更多的内容。（图 5-9~图 5-11）

图 5-10

图 5-11

067

(一)橱窗布置方式

橱窗的设计，是为商品服务的，好的橱窗布置不但可以起到美化商品、引导潮流、促进消费的作用，还是吸引过往行人、点缀城市风景的艺术作品。橱窗的布置主要有以下几种方式。(图5-12)

1. 综合式橱窗布置

将各类不相关的商品综合陈列在一个橱窗内，以组成一个完整的橱窗广告。这样的橱窗布置因为商品之间差异较大，设计时一定要谨慎处理，不然很容易造成杂乱无章的感觉。还可以细分为横向橱窗布置、纵向橱窗布置、单元橱窗布置。(图5-13)

2. 系统式橱窗布置

在一些较大型的临街店铺中，橱窗面积通常较大，这样的橱窗可以按照商品的类别、系列、功能和色彩等因素，按照系统类别陈列在橱窗中。

3. 专题式橱窗布置

它是围绕一个主题或广告专题为中心，组织不同类型的商品进行陈列，向受众传达一个主题。可分为：

(1)节日陈列——以某一个节日为主题，将与该节日有关的素材运用到橱窗设计中，渲染节日气氛，暗示消费机会。如圣诞节前各个店铺都会以圣诞树、圣诞老人等装饰橱窗，并暗示(甚至明示)消费者抓住最佳的折扣购物时机；(图5-14)

(2)事件陈列——以某一事件或某项活动为主题，将与之关联的商品组合起来的橱窗设计。如品牌的诞生纪念日等；

(3)场景陈列——使用各种不同大小、性别、职业的服装以家庭或办公室等不同的特定场景为依据布置橱窗，通过情境诱发顾客的购买行为。

图5-12

图 5-13

图 5-14

图 5-17

图 5-18

图 5-19

(三)橱窗设计的要点

　　橱窗设计成功与否与商品的营销效果有直接关系，商店的条件和周围的环境都制约着橱窗设计的效果，在橱窗设计中有以下几个要点：(图 5-17)

　　1. 根据服装的特点来决定陈列的形式，准确地表达服装的特点。

　　2. 橱窗的展示要符合商品使用的逻辑和规律，避免出现反常和反逻辑的现象，以致引起消费者的反感。

　　3. 橱窗陈列所用的道具和配景物必须与展品的色彩、造型等方面协调，避免喧宾夺主。(图 5-18)

　　4. 橱窗陈列在设计上要注重"创意"，注重设计的"人格化"和情节性。(图 5-19)

　　5. 如果橱窗是开放式的，要注意处理好橱窗本身与背景的关系。(图 5-20)

图 5-20

图 5-21

图 5-22

图 5-23

三　店内设计

(一)店内设计类型及要求

店内设计指各类商场、专卖店等商业销售空间的商品陈列及促销广告等内容的设计。因为服装产品的特殊性，销售空间都是开放式的，室内的装修及商品陈列设计等内容应协调统一，采用与店内商品风格一致的陈列、展示方式。灯光照明、货架、货柜、展台、柜台等要方便顾客拿取，POP 的布置既要醒目又要与整个空间和谐。店内设计的格局与布置可直接影响商业竞争的成败。(图 5-21)

(二)店内设计要素分析

1. 流线的设计

流线又称动线，是指人们正常活动的线路。销售空间流线的设计的要点有以下几方面：

(1)商业空间中人流流线应设计为循环性结构，不能使流线中断，致使形成往返人流造成拥堵。(图 5-22)

(2)大型卖场在布置垂直交通时，要注意寻找最佳节点，使人流能自然、便利地上行、下行，自然分流。

(3)过长的商业流线会使人产生疲劳感，产生放弃浏览的念头，故"兴奋点"的合理布置就显得极其重要。将兴奋点布置于过长的流线中间、流线转角处，以及商业空间的过渡部位，起到一种调节顾客心理的作用。(图 5-23)

2. 照明的设计

对于销售空间而言，橱窗和环境照明是吸引顾客进入店中的第一步，我们的目的是要将服装销售出去，无论在货架上或货柜上、陈列柜中或展示环岛上，重点照明总是可

图 5-24

图 5-25

以将顾客的眼球吸引，因此说垂直面的重点照明和灵活的设计是非常重要的。销售空间中应在环境照明的基础上加上适当的重点照明，这样就可以获得很好的视觉效果。(图 5-24)

(1)照明的任务

A.为展示空间提供环境照明，方便顾客选购商品；

B.通过采用重点照明，引导顾客关注主力商品；

C.营造气氛，加强购物主题，诱发顾客的购买欲望。

(2)照明的设计流程

A.构思：构思因素包括建筑的结构、店铺的性质、产品的特点、品牌文化、预算计划以及业主的要求等。

B.布局：设定照明理念、依据空间设计进行灯光布局，以及各区域的界定。

C.照明设计：根据预算设定照明手法、区域照度以及灯具光源的选择等。

D.实施设计：通过照明软件进行照度计算，对灯具数量、照度进行确认和调整。

(3)照明设计中需注意以下几方面：

A.照明设计最为重要的一个作用是吸引视线，为了在众多商业空间闪耀光芒的时候能脱颖而出，必须采用一些特殊的照明方式和照具，如彩色 LED 灯、频闪灯以及激光灯等。(图 5-25)

B.在商业空间中，灯光的布置必须方便顾客的参观和选购，灯光照明要起到引导和照明的作用。

C.商业空间中，虽然少量多空间的灯光布置肯定比多量少空间的灯光布置效果更好，但是设计师还需要找到一个灯具数量与柔和度的平衡点。设计师可以采用显色性良好的光源，利用光源的色彩来调整空间效果。

D. 展示商品应主要考虑直立面的照明效果，在照明设计时要尽量避免过于集中的下射光，采用一些能够产生足够漫反射的下射光可以产生很好的垂直照明效果。

E.在环境照明的基础上，应对重点商品采用重点照明，以引起顾客的关注。

F.对于商业空间，还要求选用带有蓄电池的灯具作为应急备用照明。在消防、安防或正常电

图 5-26

图 5-27

源断电的情况下应急照明灯具能够自动点亮。

3. 展柜

展柜是服装店铺最重要的道具之一，设计师要采用多种表现形式和装饰手法来展示商品。展柜主要有以下三种布置形式：

贴墙式：贴墙式是沿墙面形状贴墙排列。（图5-26）

岛屿式：岛屿式是在卖场的中间独立而完整的展柜设置或由几个柜台围合而成。（图5-27）

自由式：根据设计的流线和商品的特征灵活布置，轻松随意的布置要避免凌乱。（图5-28）

图 5-28

四　服装卖场的陈列设计

借陈列之美，提高商品价值，是每个服装经营者的希望。在当今这样一个竞争激烈的市场环境下，为了吸引消费者的眼球，促进销售，经营者在每个细节上都力求与众不同。除了对店铺的设计、橱窗的造型等下足功夫外，更要在服装的陈列上标新立异，以求强烈的视觉冲击力，营造成一种独具特色的商业空间的销售环境，以独特的个性确立品牌形象，以争取更多消费群体，获取更大市场份额。因此，服装陈列也越来越受服装经营者的重视，成为服装展示设计中极为重要的环节。(图5-29)

图 5-29

陈列是以服装为主题，利用不同服装的款式、颜色、面料、特性等，通过综合运用各种艺术手法展示出来，突出服装的特色及卖点，吸引顾客的注意，提高和加强顾客对服装产品的进一步了解、记忆和信赖的程度，从而最大限度激发购买欲望。服装陈列作为服装展示设计的最后一环，应从以下几点入手：

(一)服装的陈列方式

就服装陈列来说，一般分为挂装陈列、叠装陈列和人台陈列。

1. 挂装陈列

挂装陈列可以分为正挂陈列和侧挂陈列。挂装陈列由前到后应依次由小码向大码排列、浅色向深色排列，挂装应整洁无折痕。(图5-30)

图 5-30　正挂陈列

正挂陈列：正挂陈列是将服装以正面展示的一种陈列方式。正挂能够展示服装的主要特点，可以上下装搭配展示，以强调产品的设计风格和搭配效果。正挂陈列通常可以在一个衣挂同时展示 3 至 6 套服装，不仅有展示的作用，还能起到一定的储存作用。正挂陈列还是一种方便顾客拿取和试装的陈列方式。

侧挂陈列：侧挂陈列是将服装呈侧向挂在衣杠上的陈列方式。这种陈列方式可以很好的保持服装的外型，并且取放方便，顾客在挑选时可以随意地取出多件进行比较和试穿。由于侧挂陈列的排列密度非常大，对卖场的利用率也是非常高的，所以大多数卖场都会采用这种陈列方式。但是侧挂陈列的最大缺点是不能够完整地展示服装，只有顾客将其取出才能看到服装的整体，所以侧挂陈列一般会和人台陈列、正挂陈列组合运用。(图5-31)

图 5-31　侧挂陈列

图 5-32 叠装陈列

2. 叠装陈列

叠装陈列是指将服装折叠成统一形状后再以大小、色彩、图案等顺序叠放在展柜或展台上的一种陈列方式。这种方式可以有效节约空间，增加销售空间展品的数量，并且能够较好地展示服装的局部特点，增加陈列的视觉趣味。叠装陈列的产品拆除包装后，要由外到里、由浅至深、由暖到冷、由小到大进行排列，春夏季服装每叠以 4 到 6 件为佳，秋冬季服装每叠以 3 到 4 件为佳。叠装陈列的缺点是无法全面地展示商品和容易产生折痕。（图 5-32）

3. 人台陈列

人台陈列是指把服装陈列在模特人台上，以人的穿着状态进行展示。人台陈列不但可以将服装进行完整配套展示，并能将服装的立体穿着效果和细节充分展示出来。当顾客看到穿着时尚大方、搭配合理的模特时，就像是亲身体验了产品一样，能够强烈激发部分顾客的购买欲。一般情况下，由人台陈列的款式通常销售量会高于其他单品的销售量，所以人台一般主要陈列当季的主推产品。人台陈列的缺点是占用面积较大，展示的服装穿脱不方便。（图 5-33）

图 5-33 人台陈列

(二)服装的陈列原则

服装产品必须依据销售空间的大小和产品风格来确定陈列方法,不同的陈列方式会有不同的展示效果。通常有按颜色陈列的,按照款式陈列的,也有按照主题陈列的,不管哪种陈列方式,都有它的利弊,我们只有遵循以下一些陈列的基本原则才能从整体角度安排好各个系列和风格的产品。(图5-34~图5-36)

1. 安全性原则

对于服装陈列而言,安全性主要体现在两个方面:一个是产品的安全,包括要保证展示道具的完好、稳固和产品的防损、防盗等;二是顾客的安全,包括要确保通道的畅通和顾客接触区不能有如未扣好的别针、凸起的钉子等可能对顾客造成伤害的尖锐物和其他安全隐患。

2. 方便性原则

方便性主要体现在顾客选购商品时,必须要让顾客方便观察、方便拿取、方便比较,并且还要方便试衣。如果陈列的商品给顾客造成任何一点的不方便,都有可能造成一个销售机会的流失。

3. 流行性原则

服装是流行时尚的主要载体,自然服装陈列应该根据流行趋势将最新的产品陈列在最醒目的位置,引领时尚的潮流,同时还应按照季节变化和流行的主题创新卖场布置,以此刺激顾客的消费欲望,产生购买行为。

4. 经济性原则

为了获得更高的销售回报,应该将品质好、价位较高的高利润率产品与畅销产品搭配销售。还可以将一些相关联的商品陈列在一起,获得连带销售的机会。

5. 整洁性原则

服装陈列时,必须保证陈列区域和人流通道的整齐、清洁,不能在展架、展柜、衣架等道具上出现锈迹、污渍和破损等,展示的商品必须干净、平整,并且不能陈列在地上。

图 5-34

图 5-35

图 5-36

思考与练习

1. 服装销售空间的设计内容有哪些？

2. 店内设计的要素有哪些？

3. 销售空间的陈列原则是什么？

图 6-1

图 6-2

了解服装展览空间的基本要求,并能对其进行全场的道具选用与空间的设计。

一 服装展览的空间设计

展示空间是一项综合平面与立体的空间形态设计,其构成基础来自于主题信息的传递与广告效应。表现为以占据一定的场所空间,通过实物陈列、版面、灯光、道具、音像、色彩等综合媒体手段有效地引导人们的心理与生理之诉求行为,属于人为空间环境的设计领域。

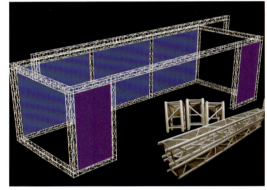

图 6-3

(一)展览空间的分类

服装展览空间一般包括综合展览和专题展览两大类。

服装的综合展览更强调公关作用,主办方通常是政府机构,各大部门,甚至是行业协会等专门机构,也可能是综合性的大型联合机构,亦或是实力雄厚的企业。这种展会常常规模较大,是全面展示形象的展示活动。(图 6-1、图 6-2)

服装的专题展览更强调的是企业的文化展示或是产品的主题信息的传递,主办方一般为生产企业、销售企业或是行业协会。这种展览通常规模不大,但是主题和目的非常明确。

图 6-4

服装展览空间的设计应注意以下内容:

(1)展架、展具的设计要便于拆装。(图 6-3)

(2)品牌独立的艺术形象。(图 6-4、图 6-5)

(3)强大的广告宣传。(图 6-6)

(4)安全、合理的流线设计。(图 6-7)

(5)功能完整的照明设计。(图 6-8)

(6)合理的功能布局和适宜的展品陈列。

图 6-5

图 6-6

图 6-7

图 6-8

（7）强烈刺激的展示氛围。

此外还要特别注意以下两个问题：

平面格局： 一个井然有序的参观线路会使观众在舒适安逸的心理状态下欣赏展品。服装展示的展板、展架多数依靠展馆建筑本身的界面，所以在结构支撑和构造上相对比较简单。对于特别贵重的服饰产品，需要依据它的价值和体量安排合适的参观距离。服装展览的空间不能像商场一样布置得琳琅满目，应该多留一些空间给观众，并且应给予观众充分的欣赏时间，在动态的展示区域内应安排座椅，让人轻松品味。（图 6-9）

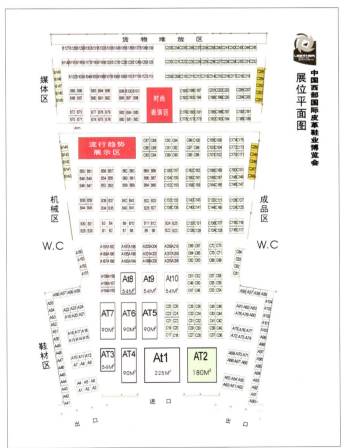

图 6-9

展示风格：服装展示在风格上是比较多变的，因为企业和品牌商业形象的需要和服装的时尚特征、服装展示空间还是不能像艺术品展览一样纯粹，往往掺杂着各种商业印迹和一些时尚的元素，服装的展示通常会采用一些特殊的设计和装置来刺激观众的视觉与心理，强化展示效果和强调参展企业的影响。但是在空间的整体设计上，还是要在"统一"之中，寻求重复、渐变、变异等各种形式上的变化。只要这些变化还归属于一个形态之下，那么这个空间就是和谐统一的。（图6-10、图6-11）

图6-10

图 6-11

(二)展览空间的构成

根据现代展示空间的功能要求,其展示空间的构成元素有外围空间:包括展馆上部空间和展馆周围地域空间两部分。展馆上部空间指展馆形象的延伸与扩展;展馆周围地域空间指展馆的门饰、旗饰、标饰等所占据的空间。

1.陈列空间

陈列空间是指各区域内、各场馆内、各空间内分层次陈列展品的空间,也称信息空间。

图 6-12

图 6-13

2.销售空间

销售空间是指穿插于展馆的销售点和定货、咨询洽谈处。(图 6-12)

3.演示交流空间

演示交流空间是指为使展示活动更加亲切、直观与真实而设置的空间。

4.共享空间

共享空间是大众使用和活动的区域,包括休息、饮水、交通、等候等空间。

5.服务与设施空间

服务与设施空间包括储藏空间、工作人员空间、接待空间、饮食空间等。

(三)展览空间的设计要求

1.空间功能

空间功能是满足展览陈列、演示、交流、贸易销售与人流组织等多种实际功能的需要。

这种设计不是将展馆平面作简单地区划与分配,即使进行平面区划与分配,也是大有讲究。空间利用是否合理,空间组合是否"顺理成章",摊位空间是否适用,赏析空间、陈列空间、过渡空间、公共空间等的尺度、力位、色彩、走势等,都须与之相适应。

2.空间心理

空间心理是达到功能要求的心理与情绪效果。如适于儿童玩具陈列的是有趣的、充满幻想的异形展出空间。严紧的、静谧的、暴露结构的展出空间,则有利于为科技展览制造凝思、遐想的心理环境与现代感。(图 6-13)

3.空间时效

空间时效既要有利于对展览空间充分有效地利用,又要符合经济的原则。尽量利用现成的组合式展示道具架构,以隔连出新颖的空间来,而不是轻易"大兴土木"地重新建造。

4. 空间审美

空间审美是有效的空间功能设计和适当的空间心理设计，是空间美感的基础。而空间的形象感、节奏感及其形式美感，则是空间审美的要素和形式。展览空间的审美设计，不求过多的变化，而求多样的统一；不求刺激，而求淡化；不求繁杂，而求简练。"空间消失"的境界，则是展览空间设计最高的审美水准。

(四)展览空间的设计方法

1. 平面计划

平面计划是展示空间设计的基础，是整体构思和设计定位的第一步，也是展示空间创意思维的出发点，具体实施展示平面计划时应注意以下五点：

以总体设计原则为前提，拟定总体平面设计方案。调查相邻展位的设计风格，如空间构成形式、道具的造型等，实现整体与局部间的互为烘托，协调一致。

功能空间配置与展品的陈列，应按总的平面规划次序以及展品本身的使用过程、生活流程和技术程序进行陈列。

展品的陈列顺序应体现动线的方向，展场一般依顺时针方向陈列和组织观众参观。(图6-14)

图 6-14

大型展品陈列应将陈列设置于地板面层之上，以方便配套能源或水源、气源的安装，并创造最佳的视域。对将要采用的道具结构形式、展厅的立面空间形象、不同展示空间之间的对比和联系、重点展品的陈列手法做到胸有成竹。

预测每天接待观众的最高数量。

平面设计的类型与展品、场地情况和观众多少有密切关系，主要有五种类型：

临墙布置法：临墙布置法也称线形布置法。采用这种类型布置的展品多为"一面观"或"三面观"的展品，适宜这种类型的场地多为进深窄、开口少的旧式厅室，方便动线的串联和并联。(图 6-15)

中心布置法：中心布置法是以居中心位置的特殊造型突出重点展品，展品多为"四面观"或成簇状，展出场地以正方形、圆形、半圆形、三角形等规则形状为主，位置居于多条动线交会之处的节点部位。(图 6-16)

图 6-15

图 6-16

087

二 服装展览会场的道具设计与选用

(一)展示道具的设计与选用原则

道具在展示活动中占有很重要的地位,它能够突出展品、烘托气氛,给人提供一个美好的展示环境。

大道具:大道具泛指构成展览摊位、可分隔空间和构成展区的大框架的道具。(图6-20)

中道具:中道具是指展位内、展台上陈列用的较大的道具。

小道具:小道具一般指特殊的小展架、小的装饰物或像POP一类的宣传物。(图6-21)

图6-20 大道具

图6-21 小道具

(二)常用展示道具设计

1. 在常用的展示道具设计中有展台和展柜

展台:展台是各种展品、实物、模型以及沙盘的展示介质之一。服装展台大致又分为静态展台、动态展台两种。

静态展台:静态展台是固定在展会中以平实的方式展出展品,如常见的台座式、箱套式都属于静态展台。(图6-22)

动态展台:动态展台通常具有旋转、摇摆、升降功能,在静态的展示过程中追求一种动态的表现。

展柜:展柜主要用于协助产品的宣传和展示,是展示设计中常用的展具之一。

展柜又分为高柜、矮柜、立柜式和桌柜,无论是哪个类型的展柜,通常根据展柜,将要应用的高度确定展柜的摆放位置和设计方案。

高柜

高柜通常将同一系列的多种展品分格纵向展示,主要靠墙放置或在展厅内独立放置,上部为柜膛,下部为柜腿或底座,长、宽、高的通常尺寸为70cm×180cm×200cm,底座或柜腿高于80cm。(图6-23)

图 6-22

图 6-23

图 6-24

矮柜

矮柜则主要将同一品牌的各种展品进行横向展示,主要有单坡面、双坡面和平顶面三种。

立柜式

立柜式是最常见的展柜类型,通常多为高立柜和中心立柜,垂直和水平构件上有槽沟,可插玻璃。

桌柜

桌柜通常有平面柜和斜面柜两种,斜面又有单斜面和双斜面之分,其中单斜面通常靠墙放置,双斜面则放置在展厅中央。

除展柜设计外,布景箱也是服装展示的方式之一。

布景箱

布景箱是只供一个方向观看,类似橱窗的龛橱式大展柜,内部可以设置各种场景,展品将呈现在一个情景之中,使展示更加生动。(图6-24)

2. 展架

展架是展示空间中,展墙、展板、展台、吊顶与屏风等展具的支撑结构器件,展架管件、接插件、夹件常用金属、塑料及橡胶等材料制成。

展架的材料

展示设计发展到现代,已开始使用各种拆装式和伸缩式的展架,这样可以方便地搭成屏风、展墙、格架、摊位以及装饰性的吊顶等,而且可以构成展台、展柜及各种立体空间造型。(图6-25)

展架的结构方式

从结构和组合的方式上看,展架体系可分为四大类,包括由管件联结件相配合组成的多种拆装式、由网架与联结件组成的拆装式、用联结件夹连展板的夹连系统以及可以卷曲或伸缩的整体折叠系统。

插接式

最初为简单的联结件,后来发展成为多向的接插头系统,其插头有一定的锥度或用弹簧卡口紧固,比较常用的是3通系统,用管件,镶板配合可以搭成各种展台。

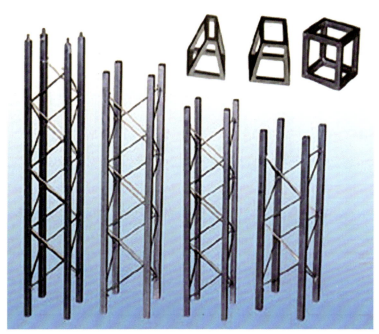

图 6-25

图 6-26

图 6-27

沟槽卡簧式

立柱原为四面槽的,后改进为八面槽式,机动性更强,横向的铝扁件上下有槽可镶板或玻璃,两侧有沟槽可挂展品,铝扁件两侧有锁件,可用螺丝刀拆装。(图 6-26)

球节螺栓固定式

球节螺栓固定式系统的连接球有多个棱面,每个面上有一个螺眼,管件的两端有套筒和可以移动的螺栓,螺栓旋入球节上的螺眼中固定。

栏杆:可以起到隔离展品与观众的作用,提醒观众爱护展品。

花槽:一般设在展板下或展台旁、屏风前,也可以独立放置。它能起到美化环境和烘托气氛的作用。

指示牌:它是视觉传达系统的一部分,它在展示环境中能起到引导参观者的作用。

标牌与招牌:多使用于单独摊位中,它不但能够招引参观者,还能分割空间。

灯箱:是展览会中常见的道具,由于光的特点和效果,所以被广泛采用。

展览会用家具:展览会用家具是当今展览会中比较重要的部分。它能够体现对参展者的关怀和爱护,休息用具可以减轻观众的疲劳。

小支架:一般展示微型展品,显示展品的精巧和使用的轻便。(图 6-27)

思考与练习

1. 什么是动线?

2. 服装展览空间设计应注意哪些问题?

3. 服装展览空间设计中平面设计有哪几种类型?

高等院校服装专业教程
服装展示设计
附图

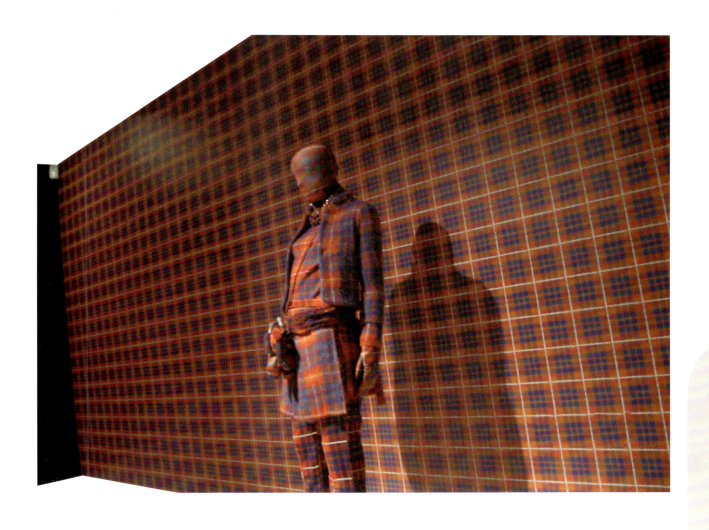

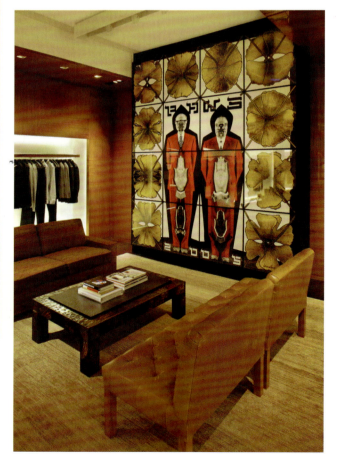

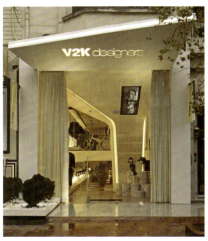

1.《店铺陈列》　　　　　　吴　飞　　　　　　　中国纺织出版社　　　　2004

2.《视觉营销》　　　　　　马大力　　　　　　　中国纺织出版社　　　　2003

3.《服装色彩学》　　　　　黄元庆　　　　　　　中国纺织出版社　　　　2008

4.《英国展示设计高级教程 》　〔美〕德尼 著,韩薇 译　　上海人民美术出版社　　2007

5.《展示工程设计》　　　　徐　力　　　　　　　上海人民美术出版社　　2006

图书在版编目(CIP)数据

服装展示设计/赖传可等编著. —重庆:西南师范大学出版社,2011.8

全国高等院校服装专业实用教材

ISBN 978-7-5621-5403-7

Ⅰ.①服… Ⅱ.①赖… Ⅲ.①服装—陈列设计—高等学校—教材 Ⅳ.①TS942.8

中国版本图书馆 CIP 数据核字(2011)第 156933 号

高 等 院 校 服 装 专 业 教 程
服装展示设计

编 著 者：赖传可 熊 炜 祝丽莉
责任编辑：王 煤
封面设计：乌 金 晓 町
装帧设计：梅木子
出版发行：西南师范大学出版社
　　　　　网址：www.xscbs.com
　　　　　中国·重庆·西南大学校内
邮　　编：400715
经　　销：新华书店
制　　版：重庆海阔特数码分色彩印有限公司
印　　刷：重庆长虹印务有限公司
开　　本：889mm×1194mm 1/16
印　　张：7.75
字　　数：223 千字
版　　次：2011 年 8 月第 1 版
印　　次：2011 年 8 月第 1 次印刷
书　　号：ISBN 978-7-5621-5403-7

定　　价：47.00 元

计算机应用基础

项目驱动式教程

（Windows 10+Office 2016）

主　审　邓春晖　蔡　沂

主　编　王素丽

副主编（按姓氏笔画排序）

姚锦江　邓丽娜　许　琦　阮石磊　李成炼

陈　放　黄海燕　赖晓杰　谭兆麟

 四川大学出版社

项目策划：蒋　玙
责任编辑：王　锋
责任校对：蒋　玙
封面设计：墨创文化
责任印制：王　炜

图书在版编目（CIP）数据

计算机应用基础项目驱动式教程：Windows 10+
Office 2016 / 王素丽主编． 一 成都：四川大学出版社，
2020.8
　ISBN 978-7-5690-3788-3

　Ⅰ．①计… Ⅱ．①王… Ⅲ．①Windows 操作系统—高
等学校—教材②办公自动化—应用软件—高等学校—教材
　Ⅳ．①TP316.7②TP317.1

　中国版本图书馆 CIP 数据核字（2020）第 123707 号

书名　计算机应用基础项目驱动式教程（Windows 10+Office 2016）
　　　　Jisuanji Yingyong Jichu Xiangmu Qudongshi Jiaocheng（Windows 10+Office 2016）

主　　编	王素丽
出　　版	四川大学出版社
地　　址	成都市一环路南一段 24 号（610065）
发　　行	四川大学出版社
书　　号	ISBN 978-7-5690-3788-3
印前制作	四川胜翔数码印务设计有限公司
印　　刷	成都市新都华兴印务有限公司
成品尺寸	210mm×285mm
印　　张	19.75
字　　数	583 千字
版　　次	2020 年 8 月第 1 版
印　　次	2020 年 8 月第 1 次印刷
定　　价	78.00 元

◆ 读者邮购本书，请与本社发行科联系。
　电话：(028)85408408/(028)85401670/
　(028)86408023　邮政编码：610065
◆ 本社图书如有印装质量问题，请寄回出版社调换。
◆ 网址：http://press.scu.edu.cn

四川大学出版社
微信公众号

目　录

第 1 章　计算机基础知识 ··· （ 1 ）
　项目一　认识计算机 ··· （ 1 ）
　项目二　计算机中的信息表示 ·· （ 7 ）
　项目三　计算机的组成 ··· （ 15 ）
　项目四　选购计算机 ··· （ 20 ）
　项目五　大数据和云计算 ·· （ 29 ）

第 2 章　Windows 操作系统 ··· （ 35 ）
　项目一　认识 Windows 10 ·· （ 35 ）
　项目二　Windows 10 操作系统的资源管理 ·· （ 49 ）
　项目三　Windows 10 设置 ·· （ 60 ）
　项目四　Windows 10 系统自带程序的应用 ·· （ 75 ）

第 3 章　Word 2016 文字处理 ·· （ 81 ）
　项目一　初识 Word 2016 ·· （ 81 ）
　项目二　Word 2016 排版 ·· （ 98 ）
　项目三　Word 2016 表格 ·· （ 150 ）
　项目四　Word 2016 长文档的排版 ·· （ 161 ）

第 4 章　Excel 2016 电子表格 ·· （ 173 ）
　项目一　初识 Excel 2016 ·· （ 173 ）
　项目二　工作簿的创建与编辑 ·· （ 176 ）
　项目三　函数公式 ··· （ 197 ）
　项目四　数据图形化 ··· （ 212 ）
　项目五　数据管理 ··· （ 221 ）

第 5 章　PowerPoint 2016 演示文稿 ·· （ 234 ）
　项目一　初识 PowerPoint 2016 ·· （ 234 ）
　项目二　演示文稿的创建与编辑 ·· （ 238 ）
　项目三　演示文稿的修饰 ·· （ 246 ）
　项目四　演示文稿的多媒体制作 ·· （ 253 ）
　项目五　演示文稿的动画设置 ·· （ 267 ）

第6章　计算机网络基础 ·· （280）

　项目一　计算机网络概述 ·· （280）

　项目二　Internet 应用 ··· （290）

　项目三　计算机网络安全 ·· （298）

第7章　多媒体技术基础 ·· （304）

　项目一　多媒体技术基础知识 ·· （304）

　项目二　多媒体软件及应用 ··· （308）

第1章　计算机基础知识

项目一　认识计算机

项目展示

本项目将介绍计算机的起源、发展、特点、应用领域及发展趋势。计算机的应用场景已遍及学校、企业及寻常百姓家，在各个领域都发挥着巨大的作用，促进着技术的发展及社会的变革。

支撑知识

1. 计算机概述

计算机是指包含运算器、控制器、存储器和输入输出模块的机器设备，而通用计算机的定义是一种可以进行高速的数值计算和逻辑计算，具有存储记忆功能，能够按照程序自动高速运行，能处理海量数据或控制其他设备的现代化智能电子设备。

本书所述的"计算机"，指的是个人通用计算机，也叫 PC 机，是一种大小、价格和性能适用于个人使用的多用途计算机，其中包括台式机、笔记本电脑和平板电脑等（见图 1-1-1）。

台式机

笔记本电脑

平板电脑

图 1-1-1　各种类型的个人通用计算机

　　计算机是 20 世纪技术最先进、应用最广泛的发明，无论是在人类的生产活动中，还是在各种社会活动中，甚至在社会的各个领域中，都发挥着极其重要的作用，并在应用中得到不断的发展，现已形成巨大的计算机产业，促进了全球的技术发展，由此引发了重大的社会变革。

　　自改革开放以来，我国计算机的应用越来越普遍、用户数量不断攀升、应用水平不断提高，其中表现得尤为突出的领域分别是互联网、通信和多媒体。计算机在我国的信息化发展中，已扮演着一个举足轻重的角色。

　　2．计算机的起源

　　在计算机的发展历史上，有两位重要的代表人物（见图 1-1-2）。英国人艾兰·图灵建立的图灵机（TM）理论模型，对人们认识数字计算机的一般结构、可实现性和局限性产生了深远的影响，他提出的定义机器智能的图灵测试，奠定了"人工智能"的理论基础，被称为人工智能之父。美籍匈牙利人冯·诺依曼提出了冯·诺依曼结构，即计算机命令采用二进制逻辑和程序存储执行，以及计算机由运算器、控制器、存储器、输入设备和输出设备五个部分组成，使具有"存储程序"的计算机成为现代计算机成熟的重要标志。

艾兰·图灵　　　　　　　　　冯·诺依曼

图 1-1-2　计算机发展历史上的代表人物

　　1946 年 2 月 14 日，为了满足计算导弹弹道的需要，美国奥伯丁武器试验场制造出世界上第一台电子计算机——"电子数字积分计算机"（Electronic Numerical Integrator And Computer，ENIAC），如图 1-1-3 所示。ENIAC 的成功研制代表着电子计算机时代的到来，具有划时代的意义。自此，计算机技术得到了飞速发展。

图 1-1-3　第一台电子计算机 ENIAC

3. 计算机的发展

随着电子元器件的优化和软件技术的进步，计算机的发展经历了更新换代，无论是外部结构还是内部软件，都在不断地革新，其主要的发展阶段如表 1-1-1 所示。

表 1-1-1　计算机的发展阶段

阶段	第一代	第二代	第三代	第四代
年代	1946—1958	1958—1964	1964—1971	1971—
主要器件	电子管、水银延迟、磁鼓、磁带	晶体管、磁芯、磁盘、磁带	中小规模集成电路、半导体存储器、高速磁盘	大规模和超大规模集成电路、半导体存储器、大容量磁盘和光盘
软件	机器语言、汇编语言	算法语言、FORTRAN、COBOL	操作系统、BASIC、Pascal 等	VC++、C 语言等高级程序设计语言
运算速度（每秒钟）	几千次至几万次	几万次至几十万次	几十万次至几百万次	几百万次至上亿次
特点	速度慢、可靠性差、体积庞大、功耗高、价格昂贵、维修复杂	体积小、重量轻、速度快、可靠性较高	体积小、功耗低、可靠性与运行速度高	体积更小、功耗更低、稳定性更高
代表产品	ENIAC、EDSAC、UNIVAC-Ⅰ	IBM 700 系列	IBM 360 和 PDP-11 等	个人计算机、工作站、服务器、巨型机、微型计算机等
应用领域	国防军事、科学计算	数据处理、工业控制	各个领域	各个领域

目前，随着微电子与存储电路、可植入电路、大数据、云计算及人工智能技术的发展与更新换代，计算机正在向第五代发展，它有望突破冯·诺依曼体系结构的瓶颈，将信息的存储、通信等结合在一起，不仅能进行数据的计算与处理，而且能形成学习能力和理解能力，向着高度智能化、量子化的方向发展。

4. 计算机的特点

随着计算机技术的高速发展，计算机的应用已从简单的数值计算扩展到数据处理、智能控制、图像处理与人工智能等领域。计算机的特点主要包括以下几个方面：

（1）运算速度快

运算速度快是计算机最关键的特点，也是衡量计算机性能的一个重要的指标，一般用每秒钟可执行加法的次数或执行指令的条数来衡量。当今计算机的运算速度可高达每秒万亿次，极大地提高了人们的工作效率，以往复杂的、计算量极大的数学问题或科学计算问题，能在较短时间内甚至瞬间解决。

（2）计算精度高

由于计算机具有独特的内部电路与数值表示方法，使其能计算的数字位数可达百位甚至更多，因此计算精度可达千分之几至百万分之几，有效地促进了尖端科学技术的发展。

（3）逻辑运算能力强

计算机执行二进制运算，除了可以进行数值运算，还可以进行逻辑运算。这使得计算机拥有判断、选择、比较等能力，可以解决自动控制、逻辑推理等问题。

（4）存储容量大

计算机内部有各种存储器，既能长久地存储程序代码与数据信息，也能临时存放各种运算过程中产生的数据，从而使计算机拥有"记忆"功能。随着存储芯片生产成本的下降以及存储技术的高速发展，计算机的存储容量越来越大，现已达到千兆数量级。

（5）自动化程度高

计算机是根据预先编写好的程序与数据进行工作，因此可以进行连续、自动甚至高强度的工作，既能减轻人们的工作量，又能提高工作的稳定性。

（6）性价比高

随着电子元器件与软件技术的发展，计算机自问世以来，无论是体积还是价格，都变得越来越容易被大众所接受，台式机、笔记本电脑等已是当今家庭不可缺少的普通电器之一。

5. 计算机的分类及应用领域

计算机的分类方式有很多种，按数据的处理方式可分为模拟计算机、数字计算机和模数混合计算机；按用途可分为通用计算机和专用计算机；按规模可分为巨型机、大型机、小型机和微型机；按采用的操作系统可分为单用户机系统、多用户机系统、网络系统和实时计算机系统；按内部字长可分为8位机、16位机、32位机和64位机等。现在主流的分类方式主要是按照用途和规模进行划分。

计算机按照用途分类如下：

（1）通用计算机

通用计算机的主体是我们普通大众使用的个人电脑，包括台式机、笔记本电脑、超极本等，它们功能丰富、适用性强，能安装并兼容各类应用软件，主要应用于家庭日常娱乐、学习和普通办公，高性能通用计算机也可进行图像处理、数据分析等工作。

（2）专用计算机

专用计算机一般指银行系统、军事系统和医疗系统等使用的计算机，主要是用于解决某些特定的问题或需要实现某些特定的功能。因此往往具有功能单一、结构简单、稳定性高、应用场合固定等特点，但又是最有效、最可靠、最快速和最经济的应用。

计算机按照规模分类如下：

（1）巨型机

巨型机也叫超级计算机，它使用通用处理器及UNIX或类UNIX操作系统，主要用于开展科学计算，在气象、军事、能源、航天、探矿等领域承担大规模、高速度的计算任务。超级计算机的处理器（机）一般有成百上千甚至数千个，其特点是运算速度最快、存储容量最大、功能最强、价格非常昂贵，并且拥有最强的并行处理能力。在结构上，现代超级计算机主要采用集群系统，更注重浮点运算的性能，可看作专门用于科学计算的高性能服务器。我国于1983年研制出"银河"系列超级计算机，目前已有"银河""神威""曙光""天河"等几大系列超级计算机，其中2016年面世的"神威·太湖之光"是当时全球最快的超级计算机。截至2019年，全球最快的超级计算机是美国的"Summit"，而我国的"天河二号"超算系统排名第四位（见图1-1-4）。

图1-1-4 "天河二号"超级计算机

（2）大型机

大型机是指大型的计算机系统，一般装在较大的机柜里，使用专用指令系统和操作系统，擅长非数值计算，有很高的稳定性和安全性，主要用于银行、电信、大数据等商业领域。国外生产大型机的企业主要有IBM和UNISYS，产品如IBM 4300；我国的大型计算机系统主要有"曙光"（见图1-1-5）、"神威"、"深腾"等系列。

（3）小型机

小型机规模小、结构简单，但通用性强、功能较多、维修方便、性价比高，一般用于工业、教育、企事业单位中，可用于科学计算、数据处理与自动控制等，如网络服务器、游戏服务器等都属于小型机（见图 1-1-6）。

图 1-1-5　"曙光"大型机

图 1-1-6　小型机

（4）微型机

微型机是由微处理器、存储器和输入输出设备等组成的小体积计算机，其灵活性好、价格低、使用方便，是目前发展最快、应用最为普及的计算机，广泛用于家庭、办公、学习、娱乐等社会生活中。日常使用的台式机、笔记本电脑、平板电脑、电脑一体机、掌上电脑等都属于微型机，而工作站属于高档微型机。随着近年来计算机技术的不断发展，现有很多微型机的性能已超过大、小型机。

6. 计算机的发展趋势

随着电子技术与网络技术的不断发展，计算机的发展已进入了一个全新而又高速的时代，未来计算机会向着巨型化、微型化、网络化与智能化等多个方向发展。

（1）巨型化

军事国防和科研教育等尖端科学技术领域的发展，对计算速度、存储容量、功能和稳定性都有很高的要求，因此必然促进计算机走向巨型化，这也是衡量一个国家科技发展水平和综合国力的重要标志。

（2）微型化

微型处理器、超大规模集成电路和微电子等技术的发展，使计算机的体积越来越小，同时也降低了成本，再加上计算机操作系统的稳定性与便捷性，促使计算机逐步微型化。另外，各种计算机的广泛应用，为人们提供了便捷的服务，也进一步促使计算机不断走向微型化。

（3）网络化

当今是一个网络互联互通的时代，不仅个人通用计算机，甚至各类工业设备、教育仪器、家用电器等，也将逐步接入网络。人们通过网络实现软件、硬件和数据资源的共享与处理，极大地扩大了网络的应用范围，提高了资源的利用效率，促使计算机向网络化发展。

（4）智能化

人工智能是未来科技的发展方向，现今的计算机基本上只是按照人们预先编写的程序运行，但随着模式与图像识别、大数据、深度学习等技术的不断发展，计算机的智能化和逻辑判断能力将得到进一步的提高，促使计算机具有逻辑思维判断能力，能自行学习思考，与人类进行沟通交流。目前，人工智能的最新技术已开始应用到一些领域，使计算机具备了感知、思考与判断等能力，如虚拟现实技术可让人产生身临其境的交互感觉。

另外，随着高性能计算技术的发展，新概念计算技术的研究正逐步兴起，未来将出现量子计算机、神经网络计算机、生物计算机、光计算机及纳米计算机等新型计算机。

项目实施

1. 掌握计算机的开、关机顺序。
2. 掌握正常开启和关闭计算机。

课后练习

1. 选择题

（1）个人通用计算机又称_____。

A. iPAD   B. 微机   C. 笔记本   D. PC 机

（2）目前计算机的主要结构是_____。

A. 图灵结构   B. 冯·诺依曼结构   C. 二进制结构   D. 存储结构

（3）我们一般按照_____将计算机的发展划分为四代。

A. 体积的大小   B. 速度的快慢   C. 价格的高低   D. 使用元器件的不同

（4）计算机的特点主要有运算速度快、逻辑运算能力强、计算精度高、存储容量大、_____。

A. 逻辑能力强   B. 逻辑运算能力强   C. 计算能力强   D. 算术运算能力强

（5）按_____分类，计算机可分为模拟计算机、数字计算机和模数混合计算机。

A. 工作原理   B. 性能和规律   C. 功能和用途   D. 控制器

（6）下列不属于计算机应用领域的是_____。

A. 金融理财   B. 过程控制   C. 科学计算   D. 计算机辅助系统

（7）个人计算机属于_____。

A. 微型机   B. 小型机   C. 大型机   D. 巨型机

（8）一般的中小企事业单位构建内部网络使用_____。

A. 微型机   B. 小型机   C. 大型机   D. 巨型机

（9）计算机的发展方向是微型化、巨型化、智能化和_____。

A. 功能化   B. 模块化   C. 系列化   D. 网络化

（10）我国的超级计算机主要有银河、天河、曙光、_____系列。

A. 神威   B. 神舟   C. 联想   D. 华为

2. 简答题

（1）简述计算机发展的四个阶段。
（2）结合身边有关计算机的应用，简述计算机在当中所起的作用。
（3）结合自己的专业，谈谈该专业与计算机发展趋势的关系。

项目二 计算机中的信息表示

项目展示

计算机存储和处理的数据信息都是以二进制数字编码形式表示的,本项目主要介绍计算机中不同数据的表示方式、计算机的存储单位、数制以及不同数制之间的转换。

支撑知识

1. 数制

数制,就是计数规则,也称"计数制",是用一组固定的符号和统一的规则来表示数值大小的方法。数制的表示方法主要涉及数码、基数和位权三个方面。

数码是表示基本数值大小的不同数字符号,例如我们日常生活中经常用到的十进制,它的数码就有 0、1、2、3、4、5、6、7、8、9 共 10 个,而二进制的数码就只有 0 和 1 两个。

基数是数制中允许选用的数码的个数,例如十进制的数码有 10 个,因此基数就是 10。

位权是某个位置上的 1 所代表的数值的大小,其值是以基数为底的幂,例如十进制数 828,从左边数起,位权依次是 100、10 和 1,也就是 10 的 2 次方、10 的 1 次方和 10 的 0 次方。

常用的数制主要有二进制、八进制、十进制和十六进制。

二进制(Binary,缩写为 B),常用在计算机和数字电路中,以 2 为基数,用数码 0 和 1 来表示,计数规则是逢二进一,借一当二。

八进制(Octal,缩写为 Oct 或 O),以 8 为基数,用数码 0、1、2、3、4、5、6、7 共 8 个数字表示,计数规则是逢八进一,借一当八。

十进制(Decimal,缩写为 Dec 或 D),以 10 为基数,用数码 0~9 共 10 个数字表示,计数规则是逢十进一,借一当十。

十六进制(Hexadecimal,缩写为 Hex 或 H),以 16 为基数,用数码 0~9 和字母 A~F(a~f)表示,其中 A~F 表示 10~15 这 6 个数,计数规则是逢十六进一,借一当十六。

表 1-2-1 为各数制之间的对应关系。

表 1-2-1　各数制之间的对应关系

二进制	十进制	八进制	十六进制
0000	0	0	0
0001	1	1	1
0010	2	2	2
0011	3	3	3
0100	4	4	4

二进制	十进制	八进制	十六进制
0101	5	5	5
0110	6	6	6
0111	7	7	7
1000	8	10	8
1001	9	11	9
1010	10	12	A
1011	11	13	B
1100	12	14	C
1101	13	15	D
1110	14	16	E
1111	15	17	F

2．不同数制间的转换

（1）二进制转十进制

不同数制数转为十进制数时，可按下述"按权展开"公式进行计算：

$$N_D = \sum_{i=-\infty}^{+\infty} K_i \times R^i$$

式中，i 代表数位，K 代表 i 数位上的系数，R 代表不同的数制，R^i 代表位权。

根据上式，二进制转为十进制的计算步骤是将每个数码与相应位置上的权值相乘，然后再求和。例如，将二进制数 1001.1010 转换为十进制数，根据"按权展开"公式，有如下计算过程：

$$N_D = 1 \times 2^3 + 0 \times 2^2 + 0 \times 2^1 + 1 \times 2^0 + 1 \times 2^{-1} + 0 \times 2^{-2} + 1 \times 2^{-3} + 0 \times 2^{-4}$$
$$= 8 + 0 + 0 + 1 + 0.5 + 0 + 0.125 + 0$$
$$= 9.625$$

（2）十进制转二进制

十进制正数转为二进制数，分两部分转换，整数部分采用"除 2 倒取余"法，小数部分采用"乘 2 取整"法，最后再加以合并。

例如，将正数 87.08 转为二进制数，其步骤如下：

整数部分：将 87 除以 2，取余数，直到不能整除为止，最后将余数逆序排列，得到 87 的二进制码为 1010111。

转换的步骤如图 1-2-1 所示。

小数部分：用小数 0.08 乘以 2，取出积的整数部分，再用积的小数部分继续乘以 2，再取出积的整数部分，如此下去，直到积的小数部分为 0 或达到所要求的精度。最后顺序将所有积的整数部分排列起来，得到 0.08 的二进制码为 000101（此处只保留小数点后 6 位）。

转换的步骤如图 1-2-2 所示。

因此，$(87.08)_D = (1010111.000101)_B$

八进制与十进制、十六进制与十进制之间的转换，可参考上述二进制与十进制之间的转换，只需将基数 2 换成对应的基

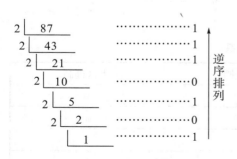

图 1-2-1　十进制整数转二进制数

数 8 或 16。

（3）二进制与八进制、二进制与十六进制之间的转换

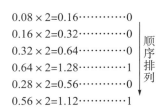

图 1-2-2　十进制小数转二进制数

由于 8 和 16 分别是 2 的 3 次幂和 4 次幂，所以二进制转换成八进制和十六进制的方法类似。二进制转八进制的方法是以二进制的小数点为分界点，向左（或向右）每 3 位转为 1 位，不足 3 位前面补 0；二进制转十六进制的方法是以二进制的小数点为分界点，向左（或向右）每 4 位转为 1 位，不足 4 位前面补 0。

例：将二进制数 1011010.01011 分别转为八进制数与十六进制数。

转换步骤分别如图 1-2-3 和图 1-2-4 所示：

$$(1011010.01011)_B$$
$$= \underline{001}\ \underline{011}\ \underline{010}\ .\ \underline{010}\ \underline{110}$$
$$\downarrow\quad\downarrow\quad\downarrow\quad\downarrow\quad\downarrow$$
$$=\ 1\quad 3\quad 2\ .\ 2\quad 6$$
$$= (132.26)_O$$

图 1-2-3　二进制转八进制

$$(1011010.01011)_B$$
$$= \underline{0101}\ \underline{1010}\ .\ \underline{0101}\ \underline{1000}$$
$$\downarrow\qquad\downarrow\qquad\downarrow\qquad\downarrow$$
$$=\ 5\qquad A\ .\ 5\qquad 8$$
$$= (5A.58)_H$$

图 1-2-4　二进制转十六进制

同样，八进制转二进制的方法是以八进制的小数点为分界点，向左（或向右）每 1 位八进制转为 3 位二进制；十六进制转二进制的方法是以十六进制的小数点为分界点，向左（或向右）每 1 位十六进制转为 4 位二进制。

例：将十六进制数 4E6 转换为二进制数。

转换步骤如图 1-2-5 所示。

八进制与十六进制、十进制与八进制、十进制与十六进制之间的互换，都可先换成对应的二进制，再换成八进制或十六进制，本书不再作详细介绍。

$$(4E6)_H$$
$$= \underline{4}\qquad \underline{E}\qquad \underline{6}$$
$$\downarrow\qquad\downarrow\qquad\downarrow$$
$$=\ 0100\quad 1110\quad 0110$$
$$= (010011100110)_B$$

图 1-2-5　十六进制转二进制

3. 计算机中的存储单位

在计算机等数字信息领域，信息的传输、运算、处理和存储都是采用二进制。信息存储单位有位、字节和字等，如图 1-2-6 所示，存储容量单位有 KB、MB、GB 和 TB 等。

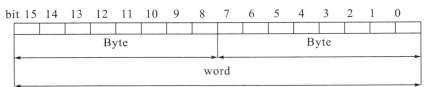

图 1-2-6　位、字节、字的关系

位：bit，缩写为 b，也称比特，是计算机中数据存储的最小单位，可以是 0 或 1。

字节：Byte，缩写为 B，计算机中数据的基本单位，一个字节通常为 8 位。各种信息在计算机中存储、处理至少需要一个字节。例如，一个英文字母占一个字节，一个汉字占两个字节。

字：word，两个字节称为一个字，汉字的存储单位是一个字。

字长：CPU 的主要技术指标之一，指的是 CPU 一次能并行处理的二进制位数，字长总是 8 的整数倍，通常 PC 机的字长为 16 位（早期）、32 位和 64 位。

在计算机领域，经常见到 KB、MB、GB 和 TB 等，这些存储单位都是基于字节换算的。

KB：$1\ KB = 2^{10}\ B = 1024\ B$；

MB：1 MB ＝ 2^{10} KB ＝ 2^{20} B ＝ 1024 × 1024 B；

GB：1 GB ＝ 2^{10} MB ＝ 2^{30} B ＝ 1024 × 1024 × 1024 B；

TB：1 TB ＝ 2^{10} GB ＝ 2^{40} B ＝ 1024 × 1024 × 1024 × 1024 B。

4. 计算机中数的表示

计算机中的数都是用二进制表示，称为机器数。机器数是有符号数，主要有原码、反码和补码三种表示方法。在计算机中，大多数机器数采用补码表示。

（1）原码

原码是在数值前面增加一位符号位，即最高位为符号位，正数为"0"，负数为"1"，其余位表示数值的大小，如：

$[+8]_{原}=$ 0000 1000

$[-8]_{原}=$ 1000 1000

由于第一位是符号位，所以有符号 8 位二进制数的取值范围就是

[1111 1111 ～ 0111 1111]

即

[−127～127]

（2）反码

反码的表示方法：

①正数的反码是其原码本身；

②负数的反码是在其原码的基础上，符号位不变，其余各位取反。

如：

$[+8]_{原}=[$ 0000 1000 $]_{原}=[$ 0000 1000 $]_{反}$

$[-8]_{原}=[$ 1000 1000 $]_{原}=[$ 1111 0111 $]_{反}$

（3）补码

补码的表示方法：

①正数的补码就是其原码本身；

②负数的补码是在其原码的基础上，符号位不变，其余各位取反，最后+1，也就是其反码+1。

如：

$[+8]_{原}=[$ 0000 1000 $]_{原}=[$ 0000 1000 $]_{反}=[$ 0000 1000 $]_{补}$

$[-8]_{原}=[$ 1000 1000 $]_{原}=[$ 1111 0111 $]_{反}=[$ 1111 1000 $]_{补}$

（4）实数的表示方法

在计算机中，实数用浮点数表示，存储时通常采用科学计数法的形式，即用一个尾数、一个基数、一个指数以及一个表示正负的符号来表达实数。比如 312.567 用十进制科学计数法可以表示为 $3.12567×10^2$，其中 3.12567 为尾数，10 为基数，2 为指数，实数的表示形式为

$$\pm m \times 2^{(\pm e)}$$

式中，m 为二进制纯小数，e 为指数（也称阶）。

根据上述表示方法，二进制实数的存储格式如下：

符号位	指数位	尾数

根据十进制转二进制的方法，312.567 的二进制表示为（小数位保留 12 位）

1 0011 1000 . 1001 0001 0010

用科学计数法表示为

0011 1000 1001 0001 0010 × 2^8

IEEE 标准规定，在计算机中存储二进制实数时，默认第一位是 1，因此可以舍去整数部分的 1，只存储后面的小数部分。对于指数位，因为是有符号的，IEEE 标准规定，浮点型的偏置量是 $2^8-1=127$，因此偏置量为 $127+8=135$，二进制就是 1000 0111。所以，312.567 在计算机中存储时表示如下：

符号位	指数位	尾数
0	1000 0111	0 1001 0001 0010

（5）BCD 码

在计算机及数字系统中，码制就是将若干个二进制数码（0 和 1）按照一定的规则排列起来表示某种特定的信息，也称为二进制代码。用 n 位二进制数可以表示 2^n 个不同的信息，给每个信息规定一个具体的二进制代码，这种过程称为编码。若需要编码时间（或信息）的个数为 M，则需要使用的二进制代码的位数 n 应该满足以下关系：

$$2^{n-1} < M < 2^n$$

比如我们要对 9 个十进制数进行编码，因为 $2^3 < 9 < 2^4$，所以它需要的位数 n 为 4。

常用的字符编码是二—十进制码，简称 BCD 码，用二进制数来表示十进制数中 0~9 共 10 个数码，即用二进制编码表示的十进制数。要表示 0~9 这 10 个数码，即待编码个数为 10，根据二进制编码规则，需要用 4 位二进制数，4 位二进制数共有 16 种组合，选择其中的 10 种组合来表示 0~9 这 10 个数码，每种方案就产生一个 BCD 码。各种常用的 BCD 码如表 1-2-2 所示。

表 1-2-2　各种常用的 BCD 码对照表

十进制数	8421 码	2421 码	5421 码	余 3 码	余 3 循环码
0	0000	0000	0000	0011	0010
1	0001	0001	0001	0100	0110
2	0010	0010	0010	0101	0111
3	0011	0011	0011	0110	0101
4	0100	0100	0100	0111	0100
5	0101	1011	1000	1000	1100
6	0110	1100	1001	1001	1101
7	0111	1101	1010	1010	1111
8	1000	1110	1011	1011	1110
9	1001	1111	1100	1100	1010

（6）计算机中非数值的表示

①字符编码：

在计算机中，所有的数值、文字、英文字母、符号等都必须转换为二进制形式，上面讲到的 BCD 码，就是一种数字字符编码。对于西文字符，使用最广泛的是 ASCII 码。

ASCII 是美国信息交换标准代码（American Standard Code for Information Interchange）的缩写，是基于拉丁字母的一套计算机编码系统，主要用于显示英文和其他西欧文字，为国际标准。ASCII 码使用指定的 7 位或 8 位二进制数组合来表示 128 或 256 种可能的字符。标准 ASCII 码也叫基础 ASCII 码，使用 7 位二进制数（剩下的 1 位二进制数为 0）来表示所有的大写和小写字母、数字

0～9、标点符号，以及在美式英语中使用的特殊控制字符，最高位（b7）用作奇偶校验位。后 128 个称为扩展 ASCII 码，许多基于 x86 的系统都支持使用扩展 ASCII 码。扩展 ASCII 码允许将每个字符的第 8 位用于确定附加的 128 个特殊符号字符、外来语字母和图形符号。

标准 ASCII 码如表 1－2－3 所示。

表 1－2－3　标准 ASCII 码

ASCII 值	控制字符	ASCII 值	控制字符	ASCII 值	控制字符	ASCII 值	控制字符
0	NUL	32	（space）	64	@	96	、
1	SOH	33	!	65	A	97	a
2	STX	34	”	66	B	98	b
3	ETX	35	#	67	C	99	c
4	EOT	36	$	68	D	100	d
5	ENQ	37	%	69	E	101	e
6	ACK	38	&	70	F	102	f
7	BEL	39	′	71	G	103	g
8	BS	40	(	72	H	104	h
9	HT	41	)	73	I	105	i
10	LF	42	*	74	J	106	j
11	VT	43	+	75	K	107	k
12	FF	44	,	76	L	108	l
13	CR	45	—	77	M	109	m
14	SO	46	.	78	N	110	n
15	SI	47	/	79	O	111	o
16	DLE	48	0	80	P	112	p
17	DCI	49	1	81	Q	113	q
18	DC2	50	2	82	R	114	r
19	DC3	51	3	83	S	115	s
20	DC4	52	4	84	T	116	t
21	NAK	53	5	85	U	117	u
22	SYN	54	6	86	V	118	v
23	TB	55	7	87	W	119	w
24	CAN	56	8	88	X	120	x
25	EM	57	9	89	Y	121	y
26	SUB	58	:	90	Z	122	z
27	ESC	59	;	91	〔	123	{
28	FS	60	<	92	\	124	|
29	GS	61	=	93	〕	125	}
30	RS	62	>	94	ˆ	126	~
31	US	63	?	95	—	127	DEL

②汉字编码：

汉字编码是计算机中为方便汉字输入而设置的代码，主要有交换码、输入码、机内码和字形码 4 种。

交换码，也叫国标码，创建于 1980 年，每个汉字有一个二进制编码，使用 2 个字节，在我国汉字代码标准 GB 2312—80 中有 6763 个常用汉字规定了二进制编码。代码表共有 94 个区，对应第一字节；每个区有 94 个位，对应第二字节，两个字节的值分别为区号值和位号值加 32（20H）。01～09 区为符号、数字区，16～87 区为汉字区，10～15 区、88～94 区是有待进一步标准化的空白区。GB 2312 将收录的汉字分成两级：第一级是常用汉字计 3755 个，置于 16～55 区，按汉语拼音字母或笔画顺序排列；第二级是次常用汉字计 3008 个，置于 56～87 区，按部首或笔画顺序排列。

区位码的区码和位码均采用从 01 到 94 的十进制，国标码采用十六进制的 21H 到 7EH（数字后加 H 表示其为十六进制数）。区位码和交换码的换算关系是：区码和位码分别加上十进制数 32。例如"国"字在表中的 25 行 90 列，其区位码是 2590，国标码是 397AH。

输入码，也称外码，是为将汉字输入计算机而设计的代码。汉字输入码种类较多，不同的输入码其输入的方法及按键次数、输入速度都不同。常用的输入码有流水码、拼音类输入法、拼形类输入法和音形结合类输入法几大类。

机内码，又称"汉字 ASCII 码"，指计算机内部存储、处理和传输汉字时所用的由 0 和 1 符号组成的代码。输入码被接收后就由汉字操作系统的"输入码转换模块"转换为机内码，与所采用的键盘输入法无关。机内码是汉字最基本的编码，不管是什么汉字系统和汉字输入方法，输入的汉字外码到机器内部都要转换成机内码，才能被存储和进行各种处理。

汉字机内码、国标码和区位码三者之间的关系为：区位码（十进制）的两个字节分别转换为十六进制后加 2020H 得到对应的国标码；机内码是汉字交换码（国标码）两个字节的最高位分别加 1，即汉字交换码（国标码）的两个字节分别加 80H 得到对应的机内码；区位码（十进制）的两个字节分别转换为十六进制后加 A0H 得到对应的机内码。

字形码，是点阵代码的一种，为了方便汉字的显示，把汉字按图形符号设计成点阵图。点阵图转换成相应的点阵代码，就可实现传输、处理及存储。用于显示的字库叫显示字库，一个汉字采用的点阵主要有 16×16、24×24、32×32 和 48×48 点阵。通过点阵，可以计算一个汉字点阵的字节空间，其计算公式为：

字节数＝点阵行数×点阵列数/ 8

因此，16×16 点阵的汉字，其字节空间就是 32 字节；32×32 点阵的汉字，其字节空间就是 128 字节。点阵码的表示形式如图 1-2-7 所示。

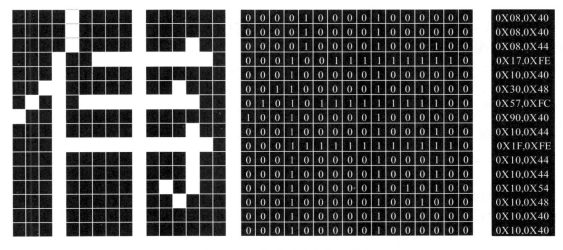

图 1-2-7　汉字点阵码表示形式

项目实施

1. 寻找生活中采用二进制、八进制、十进制、十六进制甚至其他进制的事物或例子，并讲述其工作原理或计数方法。

2. 列出你使用的计算机、U 盘、移动硬盘等存储器件的容量，并通过网络查找等方式，弄明白其参数特征。

3. 寻找生活中使用点阵的设备，并进行简单的说明。

课后练习

1. 选择题

（1）ASCII 码可以表示_____种字符。

A. 127   B. 128   C. 255   D. 256

（2）用八位二进制位可以表示的最大的十进制数为_____。

A. 256   B. 255   C. 1024   D. 512

（3）下列四个数，最小的一个是_____。

A. $(11011001)_B$ B. $(75)_D$ C. $(37)_O$ D. $(A7)_H$

（4）在一个非零无符号二进制整数右边加 3 个"0"，则新数的值是原数值的_____。

A. 8 倍   B. 4 倍   C. 3 倍   D. 1/8

（5）汉字国标码规定，每个汉字用_____个字节表示。

A. 1   B. 2   C. 3   D. 4

（6）2^{16} B 等于_____。

A. 32 G   B. 32 M   C. 64 G   D. 128 G

（7）_____用来描述计算机的运算精度。

A. 位   B. 字节   C. 字   D. 字长

（8）存储 16 个 24×24 点阵的汉字，需要的存储空间是_____。

A. 1152 K   B. 1152 B   C. 1.125 K   D. 1.125 M

（9）87 的补码是_____。

A. 0101 0111   B. 0101 1000   C. 0101 1001   D. 1010 1000

（10）−34 的补码是_____。

A. 1010 0010   B. 1101 1101   C. 1010 0011   D. 1010 1110

2. 计算题

（1）码制转换：

①631D=_____ 8421。

②572D=_____ 5421。

③（101100110）8421=_____ D。

④（1011001110）5421=_____ D。

（2）进制转换，并写出转换过程：

①将二进制数 10101001、110011.00101 转换为十进制数。

②将十进制数 829 转换为二进制数。

③将二进制整数 1011001101.1011001 转换为十六进制数。

④将十六进制数 1B5 转换为十进制数。

⑤将十进制数 650 转换为十六进制数。

⑥将八进制数 175 转换为十进制数。

项目三　计算机的组成

项目展示

本项目主要介绍计算机系统的组成。计算机系统由硬件系统和软件系统两大部分组成，硬件系统主要由运算器、控制器、存储器、输入设备和输出设备五个基本部分组成；软件系统主要由系统软件和应用软件两大类型的软件组成。

支撑知识

计算机硬件系统主要由各种电子与机械组成的计算机部件和设备构成，是计算机的物质基础，是看得见、摸得着的物理实体。计算机软件系统是指各种计算机程序及相关的文档和数据的集合，计算机程序是用程序设计语言编写的语句指令序列。

计算机没有安装任何软件时称为"裸机"，这时它是一台无用的机器，是无法工作的；而当计算机软件脱离计算机硬件时就失去了它运行的物质基础。这两者是相互依存，缺一不可的，共同构成一个完整的计算机系统。

现代计算机硬件系统主要采用冯·诺依曼结构，包括以下三个基本原则：

①由运算器、控制器、存储器、输入设备和输出设备五大部分组成；

②内部采用二进制逻辑；

③采用程序存储方式。

计算机系统的基本组成如图 1-3-1 所示。

1. 计算机硬件

计算机硬件的五大组成部分，分工明确、独立而又相互联系，共同组成计算机的硬件基础，它们在控制器的统一协调下有序地工作，结构如图 1-3-2 所示。在控制器的控制下，原始程序或数据经输入设备传输到存储器存储。当需要计算时，把程序指令送入控制器进行译码，再根据指令的操作要求向存储器和运算器发出存取或运算命令，接着把运算结果传输回存储器内，最后在控制器的输出命令下，通过输出设备输出计算结果。

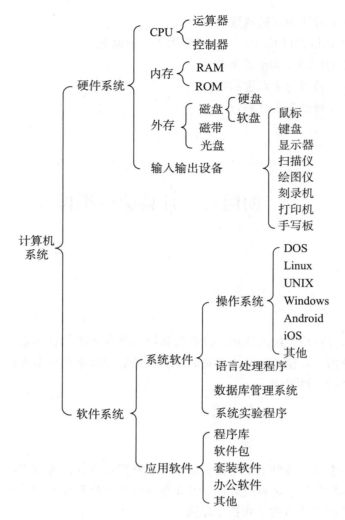

图 1-3-1 计算机系统的基本组成

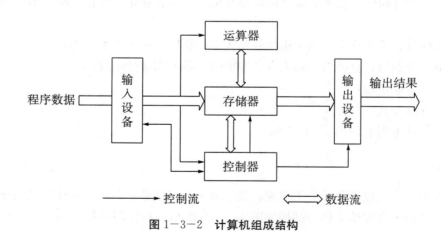

图 1-3-2 计算机组成结构

（1）运算器

运算器也称为算术逻辑单元 ALU（Arithmetic Logic Unit），其功能是完成算术运算和逻辑运算，即对数据进行加工处理。算术运算是指加、减、乘、除及它们的复合运算，逻辑运算是指"与""或""非"等逻辑比较和逻辑判断等运算。在计算机中，所有的运算最终都是转化为基本的算术运算与逻辑运算。

（2）控制器

控制器 CU（Controller Unit），是整个计算机的中枢神经，其功能是对程序规定的控制信息进行解释，从内存取指令和执行指令，并根据其要求进行控制，通过地址访问存储器、逐条取出选中单元指令，分析指令，调度程序、数据、地址，协调计算机各部分工作及对内存与外设的访问等。

运算器和控制器统称中央处理器，即 CPU（Central Processing Unit），它是整个计算机的核心部件，是计算机的"大脑"。它控制了计算机的运算、处理、输入和输出等工作。计算机系统中所有软件层的操作，最终都将通过指令集映射为 CPU 的操作。

（3）存储器

存储器（Memory），是计算机的记忆装置，其主要功能是存放程序、数据和各种信号等信息，并在需要时提供这些信息。

存储器主要采用半导体器件和磁性材料制成，一般可分为以下三类：

①只读存储器：

Read-Only Memory，简称 ROM，是一种只能读出而不能写入的半导体存储器，存储后的内容无法再改变或删除。ROM 结构较简单，所存数据稳定，断电后也不会改变，读出较方便，因而常用于存储各种固定程序和数据，如计算机启动用的 BIOS 芯片就是采用 ROM 作为存储主体。

②随机读写存储器：

Random Access Memory，简称 RAM，是既能读出又能写入的半导体存储器。可以随时读写，而且速度很快，主要存放运行的程序和待处理的数据，在程序执行期间被计算机频繁地使用，是唯一能与 CPU 交换信息的硬件，因此也叫内存。虽然内存的容量小，但存取速度快。

③外存储器：

外存储器是内存的延伸和后援，主要用于存放不活跃的程序和数据，外存的数据必须调入内存才可执行。外存储器主要有软盘、硬盘、固态硬盘（SSD）、闪存盘（优盘）、移动硬盘、移动存储器、光盘存储器等，此类储存器一般断电后仍然能保存数据。虽然外存的存取速度慢，但容量大，可以长时间地保存。

（4）输入设备

输入设备是向计算机内部传送信息的设备装置，是计算机与其他设备通信的桥梁，是用户和计算机进行信息交换的主要装置之一。它负责将数据、程序及其他信息等原始数据转换为计算机能够识别和处理的数据，再输入计算机内部进行存储、处理等。常用的输入设备有鼠标、键盘、摄像头、手写笔、扫描仪、各种阅读器等。

（5）输出设备

输出设备是将计算机处理后的数据传送到外部的装置，是计算机硬件系统的终端设备。它负责将计算机内部的信息转换成如图像、音频、数字、字符等人们所需要或其他设备能表现和识别的信息形式。常用的输出设备有显示器、打印机、绘图仪、音箱等。

输入设备和输出设备都属于计算机的外部设备，一般统称 I/O 设备（Input/Output）。

2. 计算机软件系统

按功能划分，计算机软件系统分为系统软件和应用软件两大类。

（1）系统软件

系统软件是指控制和协调计算机及外部设备，支持应用软件开发和运行的系统，是无须用户干预的各种程序的集合，负责调度、监控和维护计算机系统，管理计算机硬件协调工作，这样计算机使用者和其他软件就不需要顾及计算机底层每个硬件是如何工作的。

常见的系统软件主要有操作系统、语言处理程序、数据库管理系统和辅助程序等。

①操作系统：

操作系统是系统软件的核心，是最基本的系统软件，是计算机系统的控制和管理中心，管理计算机的硬件资源、软件资源和数据资源，使各种应用软件能方便、高效地工作（见图1－3－3）。有了操作系统，用户才能方便、灵活地使用计算机。从资源角度来看，操作系统具有CPU管理、作业管理、存储器管理、设备管理及文件管理5项功能。微机上常见的操作系统有DOS、UNIX、OS/2、Windows等。

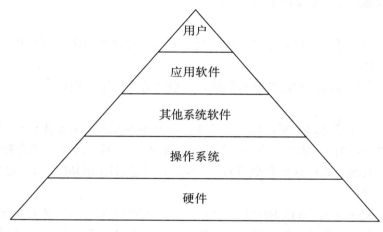

图1－3－3　计算机系统层次

②语言处理程序：

计算机只能直接识别和执行机器语言，因此计算机上运行高级语言程序就必须配备程序语言翻译程序，语言处理程序就是将其他计算机语言程序转换成机器语言程序。语言处理程序可分为三种类型，即汇编程序、编译程序和解释程序。通常将汇编语言及各种高级语言编写的计算机程序称为源程序，而把由源程序经过翻译（汇编或者编译）而生成的机器指令程序称为目标程序。

③数据库管理系统：

数据库管理系统是对计算机中所存放的大量数据进行操纵和管理的大型系统软件，用于建立、使用和维护数据库。数据库管理系统主要分为两种：一种是基于微型计算机的小型数据库管理系统，如Foxpro、Access和Oracle等；另一种是大型数据库管理系统。

④辅助程序：

辅助程序主要是帮助用户使用和开发软件的工具，也称为"软件研制开发工具"等，主要有工具软件、编辑程序、调试程序、装备和连接程序、诊断程序等。

（2）应用软件

应用软件既是各种程序设计语言，也是用程序设计语言编写的应用程序的集合，可以供用户使用。应用软件扩展了计算机硬件的功能，扩大了计算机的应用领域。应用软件分为应用软件包和用户程序。应用软件包是利用计算机解决某类问题而设计的程序集合，多供用户使用。用户程序的主体主要是软件，目的是满足用户对于不同领域、不同问题的应用需求。根据用途，较为普遍的应用软件主要有以下三类：

①办公软件：

办公软件是指面向办公用途的软件，可以进行文字处理、表格制作、幻灯片制作、图形图像处理、简单数据库处理等。随着社会信息化的发展，办公软件的应用范围越来越广，操作逐渐简单化与人性化，功能及应用也更加细化。办公软件极大地提高了人们的办公效率，也使各类数据资料的归纳整理变得更加方便准确。

②互联网软件：

互联网软件是部署在互联网架构上的应用程序，如各类浏览器、搜索引擎、通信软件、下载软件等。

③多媒体软件：

多媒体软件是指通过计算机，实现对图形、图像、动画和声音进行综合处理和控制，并能支持完成一系列交互式操作的应用程序，如各类媒体播放器、音视频编辑软件、计算机辅助设计等。

项目实施

1. 寻找你曾经使用过的各种输入输出设备，并讲述其应用场合及功能。
2. 列出你的计算机中正在使用的各类应用软件，并讲述其功能。

课后练习

1. 选择题

（1）下列关于操作系统的叙述中，正确的是_____。

A. 操作系统是源程序和目标程序的接口　　　　B. 操作系统是主机和外设的接口

C. 操作系统是用户和计算机之间的接口　　　　D. 操作系统是软件和硬件的接口

（2）下列叙述中正确的是_____。

A. 计算机安装 FORTRAN 语言后，一开机就可以用 FORTRAN 语言编写和执行程序

B. 计算机可以直接执行机器语言编写的程序，高级语言编写的程序必须经过编译

C. 硬盘上的数据可以直接被 CPU 读取

D. 应用软件就是自己编写的软件，系统软件就是买来的软件

（3）下列属于输入设备的是_____。

A. 扫描仪　　　　B. 绘图仪　　　　C. 刻录机　　　　D. 打印机

（4）既是输入设备又是输出设备的是_____。

A. 键盘　　　　B. 打印机　　　　C. 硬盘　　　　D. 显示器

（5）下列存储器按存取速度由快至慢排列，正确的是_____。

A. 主存＞硬盘＞Cache　　　　　　　　B. Cache＞主存＞硬盘

C. Cache＞硬盘＞主存　　　　　　　　D. 主存＞Cache＞硬盘

（6）计算机能按照人们的意志自动进行工作，最直接的原因是采用了_____。

A. 二进制数制　　　　　　　　　　B. 存储程序思想

C. 程序设计语言　　　　　　　　　D. 高速电子元件

（7）计算机的主存储器是指_____。

A. RAM 和磁盘　　　B. ROM　　　C. ROM 和 RAM　　　D. 硬盘和控制器

（8）根据传递信息的不同，系统总线分为数据总线、地址总线和_____。

A. I/O 总线　　　　B. 控制总线　　　　C. 外部总线　　　　D. 内部总线

（9）运算器的主要功能是进行_____。

A. 算术和逻辑运算　　B. 算术运算　　　C. 逻辑运算　　　D. 科学运算

（10）CPU _____直接访问存储在内存中的数据，_____直接访问存储在外存中的数据。

A. 能，也能　　　　B. 不能，能　　　　C. 只能，不能　　　　D. 不能，也不能

2. 简答题

（1）简述计算机硬件系统的组成结构，并分析各部分的主要功能。

（2）简述计算机软件系统的组成，并分析它们之间的关系。

项目四　选购计算机

项目展示

计算机硬件种类多样，性能各异，配置也千变万化，各种硬件的选购需要兼顾使用需求与经济预算。本项目主要介绍个人计算机的硬件组成部件、各硬件的作用和性能指标，以及如何选购计算机。

支撑知识

计算机硬件，是指计算机系统中所有的实体部件和设备，是可见、可触摸的。计算机硬件由很多组件构成，主要包括主机、输出设备和输入设备三大部分。在一台普通的计算机系统中，主机主要包含主板、中央处理器（CPU）、内存、电源、显卡、声卡、网卡、硬盘、软驱、光驱等硬件。主机中的最小系统包括主板（带集显）、CPU、内存、电源、硬盘5类硬件，缺一不可。

硬件按功能不同划分，可以分为主板、中央处理器、存储器（内存和外存）、输入设备和输出设备。

1. 主板

主板是整个电脑硬件系统的平台，负责搭载其他几种硬件。主板具有 AT、ATX、Micro ATX、BTX 等多种结构。常见的主板是 ATX 结构，它是采用印刷电路板（PCB）制造而成，主要有 4 层板与 6 层板，一般包含 CPU 插槽；北桥芯片、南桥芯片、BIOS 芯片三大芯片；前端系统总线 FSB、内存总线、图形总线 AGP、数据交换总线 HUB、外设总线 PCI 五大总线；软驱接口 FDD、通用串行设备接口 USB、集成驱动电子设备接口 IDE 等七大接口。图 1－4－1 所示为主板的基本布局。

主板是连接整个计算机系统各部分的中枢，提供各环节的接口和数据交换，主板的质量直接关系到系统的运行速度和稳定性，非常重要。主板的主要性能指标有以下 7 点：

①支持 CPU 的类型与频率范围；

②对内存的支持；

③对显卡的支持；

④对硬盘与光驱的支持；

⑤扩展性能与外围接口；

⑥BIOS 技术；

⑦UEFI 标准。

图 1-4-1　计算机主板的基本布局

2．CPU

中央处理器（Central Processing Unit，CPU）是一块超大规模集成电路，是计算机的运算核心（Core）和控制核心（Control Unit），如图 1-4-2 所示。它的功能主要是解释计算机指令以及处理计算机软件中的数据。按照其处理信息的字长可以分为 8 位微处理器、16 位微处理器、32 位微处理器以及 64 位微处理器等。

（1）CPU 的工作原理

在控制部件的协调和控制下，CPU 先从内存中读取指令，再分析指令，并根据指令协调各部件配合运算部件完成数据的处理，最后把处理结果输出或存入存储部件。

（2）CPU 的核心

图 1-4-2　CPU 外形

核心是 CPU 最重要的组成部分。CPU 所有的计算、接收/存储命令、处理数据都由核心执行。为了便于 CPU 设计、生产、销售的管理，CPU 制造商会对各种 CPU 核心给出相应的代号，这就是 CPU 核心类型。从品牌上分，CPU 主要分为 Intel 和 AMD 两种。Intel 又分赛扬、奔腾、至强、酷睿等，AMD 拥有闪龙、速龙、炫龙等。按核心的数量来分，通常分为单核处理器、双核处理器、四核处理器甚至多核处理器。

（3）CPU 的性能指标

计算机的性能在很大程度上由 CPU 的性能决定，而 CPU 的性能主要体现在其运行程序的速度上。影响运行速度的性能指标包括 CPU 的工作频率、Cache 容量、指令系统和逻辑结构等参数。主频也叫时钟频率，单位是兆赫（MHz）或千兆赫（GHz），用来表示 CPU 运算、处理数据的速度。通常主频越高，CPU 处理数据的速度就越快。缓存的结构和大小对 CPU 速度的影响非常大，缓存容量增大，可以大幅度提升 CPU 内部读取数据的命中率，以此提高系统性能。多线程技术则可以为高速的运算核心准备更多的待处理数据，减少运算核心的闲置时间。

（4）CPU 的接口

CPU 的接口主要有针脚式、引脚式、卡式、触点式等，目前的主流接口为触点式。

3. 内存

内存是计算机中的关键部件，负责与 CPU 进行数据交换。内存把运算数据调到 CPU 中运算，最后再传输到其他部件。因此，内存的运行也影响着计算机的运行。内存主要由内存芯片、电路板、金手指等部分组成。

（1）内存的类型

目前内存主要有 SDRAM、DDR SDRAM、RDRAM 等类型，主流是 DDR 内存条，价格低廉，性能出色，包括 DDR、DDR2、DDR3，而第 4 代 DDR4 也成为当今新一代内存的主流规格，如图 1-4-3所示。DDR4 最重要的特性是高频率和大带宽，每个针脚都可提供 2Gbps 的带宽。金手指触点数量方面，DDR4 内存有 284 个，且 PCB 层数相比 DDR3 更多。另外，3DS 技术是 DDR4 内存中最关键的技术之一，它使得 DDR4 的容量最高可达 128GB。

图 1-4-3　DDR SDRAM 内存种类

（2）内存的性能指标

内存的性能指标有容量、主频、时序、内存带宽、内存电压和传输标准等，其中最重要的是容量和主频。内存容量是指该内存条的存储容量，是内存条的关键性能参数，以 MB 作为单位，一般是 2 的整次方倍，内存容量上限一般由主板芯片组和内存插槽决定。内存主频和 CPU 主频一样，习惯上被用来表示内存的速度，它代表着该内存所能达到的最高工作频率。内存主频是以 MHz（兆赫）为单位来计量的。内存主频越高，在一定程度上代表着内存所能达到的速度越快。现在主流的 DDR4 内存的主频主要有 2133MHz、2400MHz、2666MHz、2800MHz、3000MHz 和 3200MHz。

（3）内存的接口

内存的接口类型主要有 SIMM、DIMM、RIMM 三种。

SIMM（单列直插存储模块）是一种两侧金手指都提供相同信号的 72 线的内存结构，体积小、重量轻，插槽上有防呆设计，插槽两端有金属卡子将它卡住，这是现今内存接口的雏形。其优点在于使用了标准引脚设计，几乎可以兼容所有的 PC 机。

DIMM（双列直插存储模块），体积稍大，每个引脚都是分开的，可以容纳更多的针脚，从而容易得到更大容量的 RAM。

RIMM（Rambus 直插式存储模块），性能更好，但价格昂贵，发热量较大，模块上都有一个很长的散热片。

4．硬盘

硬盘是电脑主要的存储媒介，负责将数据信息存储在存储材料上，或者将存储材料上的信息输出到计算机其他部件进行识别处理。目前大多数硬盘是固定硬盘，被永久性地密封固定在硬盘驱动器中。

（1）硬盘的类型

按存储介质分，硬盘有机械硬盘（HDD）、固态硬盘（SSD）、混合硬盘（HHD），见图 1-4-4。

机械硬盘主要由盘片、磁头、盘片转轴及控制电机、磁头控制器、数据转换器、接口、缓存等几个部分组成。机械硬盘中所有平行的盘片都安装在一个旋转轴上，每个盘片的存储面上都有一个磁头，在磁头控制器的控制下，磁头就可以快速地读取盘片上的数据。

固态硬盘是用固态电子存储芯片阵列制成的硬盘，是将控制单元芯片、存储单元芯片（FLASH、DRAM）、缓存芯片等集成在 PCB 板上组成。

按容量分，目前机械硬盘常见的有 500G、1TB、2TB、3TB、4TB、10TB 等，固态硬盘常见的有 120G、250G、500G 等。

另外，硬盘还可以按体积大小分为 3.5 寸、2.5 寸、1.8 寸等；按转数分为 5400rpm、7200rpm、10000rpm 等；按接口类型分为 ATA、IDE、SATA、SATAⅡ、SATA Ⅲ、SCSI、SAA 等。

机械硬盘　　　　　　　　　　　固态硬盘

图 1-4-4　机械硬盘与固态硬盘

（2）硬盘的性能指标

硬盘的性能指标主要有容量、转速、平均访问时间、传输速率和缓存等。容量越大，计算机能存储的数据就越多。硬盘的转速越快，硬盘寻找文件的速度也就越快，硬盘的传输速度也就得到了提高。硬盘转速以每分钟多少转来表示，单位为 rpm，rpm 值越大，内部传输速率就越快，访问时间就越短，硬盘的整体性能也就越好。缓存的大小与速度对硬盘整体性能的影响很大。当硬盘存取零碎数据时，需要不断地在硬盘与内存之间交换数据，零碎数据可以暂存在缓存中，减小系统的负荷，提高数据的传输速度。

机械硬盘与固态硬盘的性能对比如表 1-4-1 所示。

表 1-4-1　机械硬盘与固态硬盘性能对比

	机械硬盘	固态硬盘
结构	磁盘型，数据存储在磁盘扇区里	闪存颗粒，不存在任何机械部件
容量	较大	较小
读写速度	较慢	很快
功耗	较高	低
噪音	机械马达声音	无
重量	较重	轻
寿命	较长	较短
价格	较低	较高
数据恢复	一部分	难

5. 显卡

显卡（Video Card/Graphics Card）全称显示接口卡，又叫显示适配器，是计算机最基本的配置，也是最重要的配件之一，是计算机进行数模信号转换的设备，承担输出显示图形图像的任务。显卡接在主板上，它将计算机的数字信号转换成模拟信号再输出到显示器进行显示，同时显卡还具有图像处理功能，可以协助 CPU 工作，提高计算机整体运行速度。因此，在专业图形设计领域，显卡的作用非常强大。

显卡主要分为专业显卡和普通家用显卡两类，如图 1-4-5 所示。专业显卡主要应用于 CAD 平面设计、3D 作图等视频、图像处理的专业领域，专业性强，因此价格也非常昂贵。此外就是我们经常说的普通家用显卡。

专业显卡　　　　　　　普通家用显卡

图 1-4-5　不同种类的显卡

显卡的主要部件有处理器、内存、主板连接设备、监视器连接设备等。显卡一般分为集成显卡、独立显卡和核芯显卡。显卡的性能参数主要有核心频率、显存、显存位宽、显存容量、显存速度、显存频率和分辨率等。

6. 显示器

显示器（Display）通常也称为监视器，属于电脑的输出设备。它是一种将一定的电子文件通过特定的传输设备显示到屏幕上再反射到人眼的显示工具。根据制造材料的不同，显示器可分为阴极射线管显示器（CRT），等离子显示器（PDP），液晶显示器（LCD、LED）等，如图1-4-6所示。

阴极射线管显示器　　　　　　　　液晶显示器

图1-4-6　不同种类的显示器

7. 电源

电源是把220V交流电转换成直流电，并专门为计算机配件供电的设备，是为计算机各部件供电的枢纽。目前计算机电源大都是开关型电源。一个计算机电源主要由滤波器、保护器、整流电路、变压器、开关三极管、保护电路、功率因数较正电路和散热装置组成，主要分为ATX电源和BTX电源两大类，如图1-4-7所示。

8. 机箱

机箱的主要作用是放置和固定各计算机配件，起到承托和保护的作用。此外，计算机机箱还具有屏蔽电磁辐射和形成良好散热通道的重要作用。

机箱一般包括外壳、支架、面板上的各种开关、指示灯等。比较普遍的机箱类型是AT、ATX、Micro ATX和BTX-AT。ATX机箱是目前最常见的机箱，支持绝大部分类型的主板。Micro ATX机箱是在AT机箱的基础上为了节省空间而设计出来的，它比ATX机箱的体积要小一些。各种类型的机箱只能安装其支持类型的主板，一般不能混用，而且支持的电源类型也有差别，如图1-4-7所示。

电源　　　　　　　　　　　机箱

图1-4-7　电源和机箱

一般在选择计算机机箱时，首选因素是外观，但其实散热性能也是一个值得考虑的因素。良好的散热性能是一款优秀机箱的必备条件。散热性能主要表现在三个方面：一是风扇的数量和位置，二是散热通道的合理性，三是机箱材料的选材。

9. 鼠标

鼠标（Mouse），标准名称应该是"鼠标器"，是计算机的一种输入设备，也是计算机显示系统纵横坐标定位的指示器，因外观形似老鼠而得名。鼠标的使用是为了让用户对计算机的操作更加简便快捷，以此来取代键盘输入的烦琐指令。鼠标按其工作原理及其内部结构的不同可以分为机械式、光机式和光电式三种。根据鼠标与电脑主机的信号连接来划分，鼠标又分为有线鼠标和无线鼠标两种。有线鼠标按接口类型又可分为串行鼠标、PS/2 鼠标、总线鼠标、USB 鼠标（多为光电鼠标）四种。无线鼠标根据无线传输方式又可分为 27M、2.4G 和蓝牙鼠标，如图 1-4-8 所示。

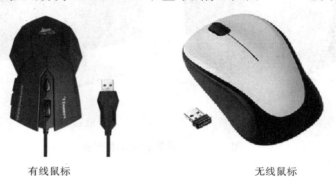

有线鼠标　　　　　　　　　　　　　　无线鼠标

图 1-4-8　各种类型的鼠标

10. 键盘

键盘是最常用、最主要的输入设备，通过键盘可以将英文字母、数字、标点符号等输入计算机中，从而向计算机发出命令、输入数据等。计算机键盘可以分为外壳、按键和电路板三部分。平时只能看到键盘的外壳和所有按键，电路板安置在键盘的内部。

键盘作为重要的输入设备，正从传统模式向多媒体、多功能和人体工程学方向发展。键盘有很多种分类方法，可按键数、功能以及接口类型等进行分类。按键数可分为 101、102、104、107 和多媒体键盘；按接口类型可分为 AT 接口、PS/2 接口和 USB 接口键盘；按键盘开关接触方式又可分为机械式、电容式、导电橡胶式和塑料薄膜式键盘，如图 1-4-9 所示。

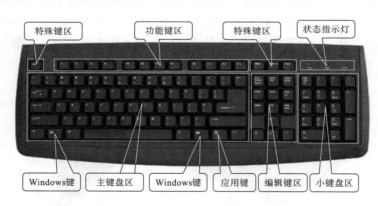

特殊键区　　功能键区　　特殊键区　　状态指示灯

Windows键　主键盘区　Windows键　应用键　编辑键区　小键盘区

图 1-4-9　标准 107 键键盘的布局

11. 光驱

光驱（Optical Disk Driver），是电脑用来读写光盘内容的设备，也是在台式机和笔记本电脑中比较常见的一个部件。随着网络及移动硬盘等的应用越来越广泛，光驱在计算机系统中的功能也渐渐弱化。光驱可分为 CD-ROM 驱动器、DVD 光驱（DVD-ROM）、康宝（COMBO）、蓝光光驱（BD-ROM）和刻录机等，如图 1-4-10 所示。

图 1-4-10　光驱与光盘

12. 音箱

音箱，主要围绕计算机多媒体设备使用，也可以用来连接手机等其他播放设备使用。计算机音箱主要有两种：一种是连体式便携计算机音箱，为单箱体；另一种是分体式计算机音箱，由多个箱体组成。很多蓝牙音箱、插卡音箱等增加了外接输入后就可以作为连体式便携计算机音箱。计算机音箱根据箱体个数的不同，可以分为 2.0 音箱、2.1 音箱、5.1 音箱，甚至 7.1 音箱，如图 1-4-11 所示。

13. 打印机

打印机（Printer）是计算机的输出设备之一，用于将计算机处理结果打印在相关介质上，如图 1-4-12所示。衡量打印机性能好坏的指标有三项：打印分辨率、打印速度和噪声。打印机的种类很多，按打印元件对纸张是否有击打动作，分为击打式打印机与非击打式打印机；按打印字符的结构，分为全形字符打印机和点阵字符打印机；按一行字在纸上形成的方式，分为串式打印机与行式打印机；按所采用的打印技术，分为柱形、球形、喷墨式、热敏式、激光式、静电式、磁式、发光二极管式等打印机，如图 1-4-12 所示。

图 1-4-11　音箱　　　　　　　　图 1-4-12　打印机

14. 扫描仪

扫描仪（Scanner），是利用光电技术和数字处理技术，以扫描方式将图形或图像信息转换为数字信号的装置，如图 1-4-13 所示。扫描仪通常用于计算机外部仪器设备，是捕获图像并将之转换成计算机可以显示、编辑、存储和输出的数字化输入设备。扫描仪可分为滚筒式扫描仪、平面扫描仪，以及近几年才有的笔

图 1-4-13　扫描仪

式扫描仪、便携式扫描仪、馈纸式扫描仪、胶片扫描仪、底片扫描仪和名片扫描仪等。

15. 计算机的选购

目前，个人计算机主要分为原装机和组装机两种。原装机又叫品牌机，一般由大型计算机生产厂商生产或组装，并且经过兼容性测试，有一个明确的品牌标识，原装机的品牌有戴尔、联想、惠普、苹果等。组装机又叫兼容机，是个人根据使用需求，自行购买计算机配件组装在一起，其配件一般也是大品牌公司生产。

原装机生产监督严格，质量可靠稳定，符合安全标准，售后服务完善，一般装有正版操作系统等软件。其缺点是价格较高，配置一般不尽如人意，搭配也欠灵活，后期更换升级比较麻烦。原装机比较适合对计算机配置性能要求不高的入门用户，也适合学校、政府、企事业单位等需要集中采购和希望售后服务完善的用户。

组装机的配件可以根据个人需要自行选购，也可以到配件市场现场组装，搭配灵活，可以根据使用需求配置，性价比高。其缺点是品质及稳定性无法确定，售后服务也较难得到全面的保障。组装机比较适合熟悉或精通计算机的专业用户，或对计算机的性能有特别需求的用户。

在选购计算机之前，首先要明确购买的目的和用途，再根据需求及预算确定购买原装机还是组装机，如果购买组装机，还要注意配置是否均衡合理，不要因预算有限而配置不当。另外，像主板、内存等关键配件，应尽量选用大品牌，同时不要盲目追新，要考虑配件的更新换代等。

项目实施

1. 列出你使用的计算机的各种硬件的性能参数，并简单描述计算机的整体性能。

2. 列出一个能满足图片和视频剪辑、动画处理的台式机配置清单，并讲述各种硬件的选择理由。

3. 列出一个能满足普通办公需求，同时又需要存储大量数据的笔记本电脑配置清单，并讲述各种硬件的选择理由。

课后练习

1. 选择题

（1）计算机 CPU 中"Pentium 4"和"Celeron"指的是_____。

A. 产地　　　　　　B. 生产厂家　　　　　　C. 频率代号　　　　　　D. 产品系列名称

（2）目前计算机中鼠标的分类主要有_____两类。

A. 电动式和机械式　　　　　　　　　　B. 光电式和半机械式

C. 光电式和机械式　　　　　　　　　　D. 电动式和半机械式

（3）目前计算机机箱类型最常用的是_____。

A. AT　　　　　　B. ATX　　　　　　C. BTX　　　　　　D. 微型机箱

（4）无须加装风扇的硬件是_____。

A. CPU　　　　　　B. 显卡　　　　　　C. 电源　　　　　　D. 内存

（5）主频是指计算机_____的时钟频率。

A. CPU　　　　　　B. 内存　　　　　　C. 显卡　　　　　　D. 硬盘

（6）目前，印刷质量好、分辨率高的打印机是_____。

A. 点阵打印机　　　　B. 针式打印机　　　　C. 喷墨打印机　　　　D. 激光打印机

（7）显示器显示图像的清晰程度主要取决于显示器的_____。

A. 品牌　　　　　　B. 类型　　　　　　C. 分辨率　　　　　　D. 尺寸

（8）下列选项中，不属于外存储器的是_____。

A. 硬盘　　　　　　B. 软盘　　　　　　C. 光盘　　　　　　D. ROM

（9）开机自检时，_____不存在或者错误时，计算机仍然会正常开机。

A. 键盘　　　　　　B. 主板　　　　　　C. 鼠标　　　　　　D. 内存

（10）选购计算机，应该以_____为标准。

A. 高价格　　　　　B. 高性能　　　　　C. 使用需求　　　　D. 新潮

2. 简答题

（1）简述原装机与组装机的不同之处。

（2）选购计算机时，应该注意什么？

项目五　大数据和云计算

项目展示

在互联网快速发展的今天，人们对大数据和云计算这两个热词感觉既熟悉又陌生。本项目主要介绍大数据和云计算的概念、应用及未来发展趋势。

支撑知识

1. 大数据

（1）大数据概述

对于大数据（Big Data），不同的研究机构有不同的定义。比较流行的定义有两种，一种是：大数据是一种规模大到在获取、存储、管理、分析方面大大超出了传统数据库软件工具能力范围的数据集合，具有海量的数据规模、快速的数据流转、多样的数据类型和价值密度低四大特征；另一种是：大数据是需要新处理模式才能具有更强的决策力、洞察发现力和流程优化能力来适应海量、高增长率和多样化的信息资产（见图1-5-1）。

简单来说，大数据就是海量资料和巨量资料，它

图1-5-1　大数据

具有四个特点（4V）：

①大量：

大量（Volume），也称海量，是大数据最显著的特点。随着信息技术的高速发展，数据开始爆发性增长，大数据的规模一直在不断变化，现今尚无一个具体的数值来划分大数据的界限。如此大规模的数据，迫切需要一种智能的算法、强大的数据处理平台和新的数据处理技术来有效统计、实时分析和高速处理，以便满足人们对大数据应用日益增长的需求。

②多样：

多样（Variety），是指大数据形式的多样性、来源的广泛性和应用的普遍性。只要是能统计的、能转换为计算机信息的和能产生作用的数据都可以成为大数据的基础数据。目前，最广泛、最贴近日常生活的就是各类网络平台上的推荐系统，例如淘宝、京东、云音乐、新闻等，这些平台先获取用户平时的操作日志，再进行分析，筛选出用户的爱好和阅读习惯，最后推荐用户喜欢的事物。无论是日志数据，还是商品、图片、视频等，都需要人工进行标注，最终转换成可分析处理的数据。

③高速：

高速（Velocity），主要体现在两个方面：一个是数据的产生非常迅速，另一个是数据的处理实时快速。现实互联网世界中，每时每刻都在产生海量的不同类型的数据资料，如何严格、及时和有选择性地分析和处理数据，是各大数据平台的研究重点。谁处理的速度更快，谁就更有优势。

④价值：

价值（Value），是大数据的核心特点。大数据的意义不在于数据有多么庞大和海量，而在于对数据进行分析处理，最终目的是在海量数据中挖掘出有价值的信息，再通过机器学习、人工智能等技术进行深度分析，发现其中隐藏的新规律、新知识或者新方法，并运用到各种领域中，从而提高生产效率，推进科学研究，促进社会发展。

（2）大数据应用

将大数据技术应用在各领域中，是大数据价值的关键。大数据已在现实社会各行业中发挥着巨大的作用（见图1－5－2）。

①互联网行业：

根据用户的阅读、搜索、购买等日志记录，通过大数据技术创建预测模型，分析用户的行为爱好，进而更全面地了解用户的行为、爱好，最终进行精准的商品推荐和广告投放。

②医疗行业：

改变医疗信息采集、运用的方式，全面分析患者的健康水平，有助于提前预测个人的身体状况，有助于监测和预测流行性或传染性疾病的暴发时期，有助于寻找新的治疗方法，以便更好地理解和预测疾病传播模式，同时也能实现健康预警、需求预测、智能医疗等。

③金融行业：

从海量数据中进行客户群体的细分，预测客户的偏好和兴趣，进而提供订制化、精准化的服务；通过客户

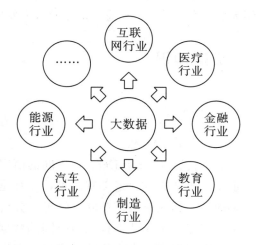

图1－5－2　大数据应用领域

在其他平台的交易数据，了解客户的购买能力和习惯，进而评判客户的信贷能力；通过现实环境的模拟，进而进行精准的评估和预测；通过收集企业的生产、销售、财务等数据，进而进行贷款风险分析，从而量化企业的信用额度，更有效地开展贷款业务等。

④教育行业：

分析学生个体学习的行为、习惯、能力等数据，进而为每位学生订制学习环境、计划和课程；分析培养目标、教学计划、教学质量、师生管理等方面的数据，进而制定更符合实际的教育教学策略；分析教学、行政、科研、人事、财务、后勤、网络信息安全等方面的管理数据，进而实现系统科学的规划与疏理，为学校管理、教学保障、安全防护等提供重要的手段。

⑤制造行业：

通过在设备中部署各种传感器和网络设备，实现产品故障的预测与及时诊断处理；通过对生产流程的数据分析，实现生产工艺的改进与能耗优化，提高生产效率；通过对供应链进行分析，以选择最优供应商，优化物流配送方案等；通过对商品成本、顾客偏好、市场需求等数据的分析，实现商品价格的精准定位，提升营销的针对性。

⑥汽车行业：

收集汽车市场的供需情况、区域的消费水平、公众的消费喜好、公众对产品的认知度、竞争对手的实力等数据，建立大数据数学模型，对市场进行预测，实现市场的精准定位；收集消费者对产品类型的偏好、购买目的、经济状况、工作和生活环境、消费观和价值观等数据，建立消费者大数据库，统计分析消费者的消费行为、兴趣爱好等，实现有针对性的营销；收集大众对某款产品在质量、安全性、功能需求、外观款式等方面的点评数据，分析产品的质量问题及大众的消费需求，进而改进和创新产品，从而获取更大的收益。

⑦城市管理：

收集各类政务管理业务数据，挖掘不同政务系统数据间的关联性，实现数据互联共享，提高城市政策的执行效率；收集道路上汽车的数量、车速等数据，建立数学模型，指导人们提前确定出行计划，提高交通运行效率，促进交通智能化管理；分析某个城市的社交网络、历史案件等数据，发现犯罪趋势和犯罪模式，挖掘其中的共同点和相关性，实现预防和打击犯罪。

⑧能源行业：

收集石油、煤炭、太阳能、风能等的消耗数据，建立实时、准确、高效的能源管理系统，实现能源的精准管理；分析能源基础设施的建设、运营、维护等数据，提高能源设施的利用率，降低经济和环境成本；分析能源的动态监控数据，建立大数据预测模型，合理配置能源，提升能源消耗预测能力，从而解决能源消费不合理问题，促进能源管理模式的变革。

（3）大数据的现状与发展趋势

大数据发源于计算机领域，现已逐渐延伸到科研、教育、医疗、工业等科学与商业领域，为人类社会的发展提供了新思维和新手段。目前，大数据的现状与未来发展趋势主要有以下特点：

现今大数据的应用只处于初级阶段，主要以描述性和预测性的应用为主，而深层次的决策指导性应用则较少。随着大数据技术的深入研究及发展、产业的成熟、应用领域的扩大等，大数据的预测性和指导性应用将得到更快的发展，将更好地预测未来、指导实践。

大数据的发展迫切需要数据的共享开放，而数据共享开放又会导致隐私保护和数据安全方面的重大风险，如何兼顾数据的共享和安全、开放和有序，如何构建大数据治理体系，是当前全世界面临的共同课题。

近年来，随着数据规模的几何级数增长，现有的技术体系和理论已难以满足大数据应用发展的需求，往往导致大量的数据未得到充分的处理和利用。随着相关技术的发展，以及大数据应用需求的迫切性，必将促进数据的处理能力和利用率得到进一步的提升，未来信息技术体系也将进入颠覆性的创新和变革时代。

2．云计算

（1）云计算概述

图1-5-3　云计算

云计算（Cloud Computing）又称网格计算，属于分布式计算的一员，它通过网络将庞大的数据计算处理程序化整为零，分解成众多的小程序，再通过服务器群组成的系统进行处理和分析，最终将结果返回给用户。通过云计算，可以在很短的时间内完成海量的数据处理工作，从而达到强大的网络服务目的（见图1-5-3）。

云计算于2006年被首次提出，是计算机网络的第三次革命。云计算其实是一种全新的网络应用概念，而不是一种新的网络技术，它以互联网为中心，与信息技术、软件应用相结合，提供快速且安全的计算和数据存储服务，让大众可以使用网络上庞大的计算资源和数据资源。我们可以随时获取云上的资源，并根据我们的需求使用，只需按使用量付费即可。

近年来，随着商业数据信息化，数据管理的需求越来越大，普通计算机的数据处理能力无法满足庞大的数据运算需求。对于规模较大的企业来说，一台甚至多台服务器都难以满足数据处理的巨大需求，因此，云计算逐渐成为信息技术产业发展的战略重点。

相较于传统的网络应用模式，云计算有很高的可扩展性、灵活性与性价比。

①虚拟化：

云计算突破了时间和空间的界限，通过网络与虚拟平台，实现了数据备份、迁移与扩展。

②高效的运算能力：

通过云计算功能，可在原有服务器上快速提高运算能力，实现对应用的扩展。

③部署灵活：

一方面可以兼容不同配置、不同品牌、不同硬件的计算机；另一方面能够根据用户需求快速配备计算能力及资源，也可利用应用软件的快速部署条件扩展新业务。

④安全性与可靠性高：

通过虚拟化技术，可以将分布在不同服务器的应用进行恢复或利用动态扩展功能部署新的服务器进行工作。

⑤性价比高：

通过在虚拟资源池中统一管理数据资源，既不需要配备物理主机从而减少了费用，也优化了物理资源。

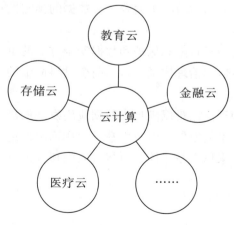

图1-5-4　云计算应用领域

（2）云计算的应用

表面上看，云计算技术与我们的日常生活关联不大，但实际上我们经常用到的百度、谷歌等搜索引擎，以及百度云盘等网络云存储就是云计算的应用。云计算技术已经深入我们的日常生活、学习和工作中（见图1-5-4）。

①存储云：

存储云又叫云存储，是云计算技术中的一个新技术，它主要提供数据存储和管理服务。用户可以随时随地将资源上传到云端或获取云端的资源。云存储提供的服务一般有存储、备份、归档和记录管理等，相对于本地存储，它极大地方便了用户对资源的使用和管理。我们比较熟悉的能够提供云存储业务的公司有百度、腾讯、谷歌和微软等。

②教育云：

教育云可以将实体教育硬件资源虚拟化，再上传到互联网中，供师生或教育机构随时随地开展教育学习工作。教育云是教育信息化的一个重要发展，现今比较流行的慕课等在线网络教育平台就是教育云的一个重要应用。

③医疗云：

医疗云是在医疗技术的基础上，结合云计算、物联网、移动网络、大数据等新技术发展起来的一种新的医疗健康服务平台。医疗云具有数据安全、信息共享、布局全国的优点，扩大了医疗的受众范围及资源的共享，极大地方便了人们就医，提高了医疗机构的效率。例如网络预约挂号、在线付款、电子病历、电子报告等就是医疗云的产物。

④金融云：

金融云是基于云计算模型，将信息、金融和服务等功能分散到庞大的分支机构构成的互联网"云"中，共享互联网资源，为银行、保险和基金等金融机构提供互联网处理和运行服务。目前国内拥有金融云服务的机构主要有阿里巴巴、腾讯、苏宁等，快捷支付和手机银行等也是金融云应用的一种。

（3）云计算的现状与发展趋势

云计算自提出到现在经历了 10 多年，取得了飞速的发展和巨大的变化，人们的工作方式和社会的商业模式也发生了翻天覆地的变化。在云计算的现状与发展上，存在以下几点问题：

云计算服务需要建立账号和密码，使得用户不能完全控制数据资源，服务商有可能对资源进行越权访问，从而造成用户信息的泄露。在未来的发展中，应加强云计算安全技术体系的构建，云计算服务供应商应做好访问权限的设置工作，强化资源的合理分享及应用，同时也要加强信息安全防护，保障用户信息的安全。

云计算中，用户的数据存储得较为分散，整体性受到影响，或者服务商不能有效地管理用户的数据信息，从而使得数据的用途难以有效发挥。因此，如何强化数据信息的完整性，是云计算发展的重要方面。在提高数据信息的应用价值上，要加强数据资源的安全保护及完整性，同时还要加快云存储技术的发展，优化云计算技术的发展环境，提高云计算技术的应用价值。

目前有关云计算的法律法规还不完善，既缺乏完善的安全性标准，也缺乏完善的服务等级协议管理标准，这些都制约着云计算技术的进步。随着云计算应用领域的日益广泛，必须建立完善的法律法规，加强对服务商和用户的规范管理，为云计算技术的发展提供良好的条件。

3．大数据与云计算的关系

从大数据与云计算这两个概念来看，云计算实现硬件资源的虚拟化，大数据能高速处理海量数据。海量数据先要通过各种存储介质进行存储，再进行数据挖掘或建立数据模型，接着进行数据分析，最终产生价值。因此，单台的计算机不再能满足海量的大数据处理需求，必须采用分布式架构，才能支撑大数据的挖掘与分析需求，这就要求大数据必须依托云计算的分布式处理、分布式数据库和云存储、虚拟化技术等。此外，大数据的发展产生实时交互的海量行业数据，提

图 1-5-5　大数据与云计算的关系

供行业的价值信息，促使云计算更好地结合行业应用需求，从而使云计算发挥更大的作用。

可以看出，大数据与云计算是相互补充、相互促进的。只有基于大数据才能进行云计算，云计算为大数据提供分析平台，两者间的交互作用推动着计算机各应用领域的飞速发展，见图1－5－5。

项目实施

1. 收集身边有关大数据应用的例子、软件等，并记录相关数据或信息，对比分析其利弊。
2. 收集身边有关云计算应用的例子、软件等，并记录相关数据或信息，对比分析其利弊。

课后练习

1. 选择题

（1）大数据的特征不包括_____。

A. 大量　　　　　　　B. 多种　　　　　　　C. 高速　　　　　　　D. 价值

（2）大数据的起源是_____。

A. 金融　　　　　　　B. 电信　　　　　　　C. 互联网　　　　　　D. 公共管理

（3）大数据最显著的特征是_____。

A. 规模大　　　　　　B. 类型多样　　　　　C. 处理速度快　　　　D. 价值密度高

（4）目前，大数据应用最广泛的是_____。

A. 医疗行业　　　　　B. 教育行业　　　　　C. 制造行业　　　　　D. 互联网行业

（5）大数据的发展趋势不包括_____。

A. 决策指导性的发展　　　　　　　　　　　B. 数据的共享开放

C. 数据安全的构建　　　　　　　　　　　　D. 技术体系的改革

（6）云计算是一种全新的_____概念。

A. 网络技术　　　　　B. 网络应用　　　　　C. 信息技术　　　　　D. 运算能力

（7）云计算的特征不包括_____。

A. 虚拟化　　　　　　B. 运算能力强　　　　C. 灵活性　　　　　　D. 高性价比

（8）目前，云计算的应用领域暂时不包括_____。

A. 存储　　　　　　　B. 医疗　　　　　　　C. 教育　　　　　　　D. 农业

（9）目前，云计算发展存在缺乏安全技术体系、缺乏完善的法律法规和_____等问题。

A. 用户信息容易泄露　　　　　　　　　　　B. 数据存储集中

C. 数据信息应用性高　　　　　　　　　　　D. 信息安全性好

（10）大数据与云计算未来的发展关系是_____。

A. 相互独立　　　　　　B. 相互促进　　　　　C. 此消彼长　　　　　D. 互为排斥

2. 简答题

（1）简述大数据的应用领域及其未来发展趋势。

（2）简述云计算的应用领域及其未来发展趋势。

第 2 章　Windows 操作系统

项目一　认识 Windows 10

1.1　子项目　Windows 10 的启动与退出

项目展示

操作系统是计算机软件系统中最基础的软件，所有应用程序的使用都是在操作系统（Operating System，简称 OS）的支持下进行的。通过本子项目，大家会了解到 Windows 10 的基本使用方法，为计算机的进一步使用打下坚实的基础。

支撑知识

1. Windows 10 系统介绍

在经历了多个版本的变化之后，微软发布了 Windows 10（见图 2－1－1），并于 2015 年 7 月 29 日开启全面推送，Windows 7 和 Windows 8.1 用户可以免费升级到 Windows 10，并且所有升级到 Windows 10 的设备，微软都将提供永久的生命周期的支持。

根据 Ignite 大会上一名微软高管的说法，Windows 10 将是微软独立发布的最后一个 Windows 版本，下一代 Windows 将作为更新形式出现。这是微软从提供"光盘软件"向提供"软件服务"转型的一个标志，从这个角度来看，Windows 10 的发布具有更为重要的意义。Windows 10 比较流行的版本有家

图 2－1－1　Windows 10 的标志

庭版、专业版及移动版。

2. 安装时最低配置要求

安装 Windows 10 的计算机最低配置要求见表 2-1-1。

表 2-1-1　安装 Windows 10 的计算机最低配置要求

设备名称	基本要求	备注
CPU	2GHz 及以上	Windows 10 包括 32 位和 64 位两种版本。若安装 64 位版本，则需要支持 64 位运算的 CPU
内存	1GB 及以上	安装识别的最低内存是 512MB，小于 512MB 会提示内存不足（只是安装时提示）
硬盘	20GB 及以上可用空间	安装需要 20GB 及以上可用空间
显卡	有 WDDM 1.0 或更高版本驱动的集成显卡，64MB 以上	128MB 为打开 Aero 的最低配置
其他设备	DVD-R/RW 驱动器或者 U 盘等其他存储介质	安装时使用

3. Windows 10 新增与升级功能

开机速度：在没有更新或新增配置时，Windows 10 操作系统的开关机速度有了明显的提高，有时甚至快得让你感到不可思议。这是微软对 Windows 操作系统性能进一步优化的结果。

支持 DirectX 12：Windows 10 是目前唯一支持 DirectX 12 的操作系统，后者将会帮助当前主流的计算机硬件释放出更多和更大的潜能。它可以让你的计算机充分发挥出最佳性能，优化娱乐休闲体验感，如玩网络游戏时可以有更流畅的速度，更细腻的画质，更保真的音质等。

文件管理及操作更加人性化：Windows 10 在文件的管理及操作方面，最大的优点是管理及操作更加方便和人性化。原本许多需要单击菜单实现的功能，现在集中显示在窗口的上方，这个界面和 Office 2010 之后的界面相似，单击文件后，相关的操作就会显示在窗口上方，非常人性化。

安全：Windows 10 包括改进的安全方面的内容，还会把数据保护和管理扩展到外围设备。Windows 10 改进了基于角色的计算方案和用户账户管理，在数据保护和协作的固有冲突之间搭建起沟通的桥梁，同时也会开启企业级的数据和权限许可。

效率：在 Windows 10 中，系统集成的搜索功能非常强大，只要用户打开"开始"菜单并输入搜索内容，不论要查找应用程序还是文本文档等，搜索功能都能自动运行，给用户的操作带来极大的便利。

开始菜单：熟悉的桌面开始菜单终于在 Windows 10 中正式归位，不过它的旁边新增了一个 Modern 风格的区域，改进的传统风格与新的现代风格有机地结合在一起。传统桌面的开始菜单既照顾了 Windows 7 等老用户的使用习惯，又考虑到了 Windows 8 和 Windows 8.1 用户的习惯，依然提供主打触摸操作的开始屏幕，两代系统用户切换到 Windows 10 后应该不会有太多的违和感。超级按钮【Charm bar】依然为触摸用户保留。

虚拟桌面：Windows 10 新增了 Multiple Desktops 功能。该功能可让用户在同个操作系统下使用多个桌面环境，即用户可以根据自己的需要，在不同桌面环境间进行切换。微软还在"Taskview"模式中增加了应用排列建议，即不同的窗口会以某种推荐的排版形式显示在桌面环境中，点击右侧的加号即可添加一个新的虚拟桌面。

窗口重排：日常工作离不开窗口，尤其对于并行事务较多的桌面用户来说，没有一项好的窗口管理机制，简直寸步难行。相比之前的操作系统，Windows 10 在这一点上改变巨大，提供了为数众多的窗口管理功能，能够方便地对各个窗口进行排列、分割、组合、调整等操作。

内置 Windows 应用商店：用户可以从 Windows 应用商店浏览和下载游戏、社交、娱乐等方面的应用，其中包括很多免费的应用和付费应用。这是一项不错的功能，可以简化 Windows 用户获取应用的流程。Windows 10 应用商店更像是一款手机或者平板电脑上的智能系统。访问 Windows 10 应用商店需要用户登录自己的微软账号，用户下载过的 Windows 10 应用都会同步到账户里。也就是说，换一台计算机之后，用户使用自己的账号登录 Windows 10，系统会自动下载并安装同步保存的所有 Windows 10 应用，非常方便。

分屏多窗：用户可以在屏幕中同时摆放四个窗口，Windows 10 还会在单独窗口内显示正在执行的其他应用程序。同时，Windows 10 还会智能地给出分屏建议。微软在 Windows 10 侧边新加入了一个【Snap Assist】按钮，通过它可以将多个不同桌面的应用展示于此，并和其他应用自由组合成多任务模式。

高效搜索框：Windows 系统资源管理器的搜索框在菜单栏的右侧，可以灵活调节宽窄。它能快速搜索 Windows 中的文档、图片、程序、Windows 帮助等信息。Windows 10 操作系统的搜索是动态的，当我们在搜索框中输入第一个字时，Windows 10 的搜索就已经开始工作，大大地提高了搜索效率。

全新的 Edge 浏览器：Edge 浏览器是 Windows 10 中一项重大改进，不同于以往的 IE 浏览器，Edge 采用了全新的渲染引擎，使得它在整体内存占用及浏览速度上均有了大幅提升。

Cortana：Cortana（微软小娜）可以说是微软在机器学习和人工智能领域的尝试。用户与小娜的智能交互，不是简单地基于存储式的问答，而是对话。它会记录用户的行为和使用习惯，利用云计算、搜索引擎和"非结构化数据"分析，读取和"学习"计算机中的文本文件、电子邮件、图片、视频等数据，来理解用户的语义和语境，从而实现人机交互。

项目实施

1. 启动 Windows 10

若一台计算机的硬盘只安装了唯一的操作系统，那么启动 Windows 10 与启动计算机是同步的。启动计算机时，首先让计算机的电源处于接通状态，再依次打开显示器电源开关和主机电源开关。稍后，显示器屏幕上将显示计算机的自检信息，如显卡型号、主板型号和内存大小等。

通过自检程序后，将显示欢迎界面。在用户名下方的密码空格框中输入正确密码后按回车（Enter）键，计算机将开始载入用户配置信息，并进入 Windows 10 工作界面。

Windows 10 是图形化的计算机操作系统，用户通过对该操作系统的控制实现对计算机软件和硬件系统各组件的控制，使它们能协调工作。完成登录并进入 Windows 10，首先看到的就是桌面，如图 2－1－2 所示。Windows 10 的所有程序、窗口和图标都是在桌面上运行和显示的。

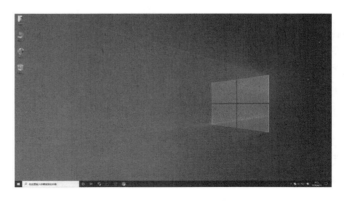

图 2－1－2　Windows 10 **桌面**

2. 全新的关机模式

正确关闭计算机需要单击【开始】按钮，然后单击【开始】菜单右下角的【关机】按钮。在单击【关机】按钮后，计算机关闭所有打开的应用程序以及 Windows 本身，然后完全关闭计算机和显示器。关机后不会自动保存各种程序正在编辑的数据，因此建议关机前保存好个人数据。

Windows 10 相对于 Windows 7 新增了一种全新的关机模式，即滑动关机。同时按住键盘上的【Win】键和【R】键，调出运行对话框。在对话框内输入"slide to shut down"，然后单击【确定】按钮。此时出现滑动关机界面，鼠标拖动图片向下即可关机。

3. 切换及注销用户

（1）切换用户

如果在计算机使用过程中需要切换到另一个用户，可右击【开始】按钮，在弹出的【开始】菜单中，用鼠标指针指向【关闭】按钮旁边的箭头，然后在弹出的子菜单中单击【切换用户】命令。此时系统会保持当前用户的工作状态不变，再返回到登录界面中，选择其他用户账户登录即可。

（2）注销

右击【开始】按钮，用鼠标指针指向【关机或注销】按钮旁边的箭头，然后选择【注销】命令，即可将当前用户注销，如图 2-1-3 所示。用户注销后，正在使用的所有程序都会关闭，但计算机不会关闭。此时其他用户可以登录而无须重新启动计算机。注销和切换用户不同的是，注销功能不会保存当前用户的工作状态。

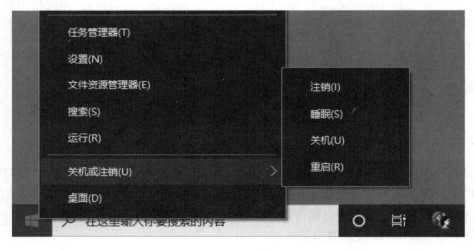

图 2-1-3　【开始】菜单中【关机或注销】命令

4. 锁定计算机

在临时离开计算机时，为保护个人信息不被他人窃取，可将计算机设置为"锁定"状态。操作方法是单击【开始】按钮，在弹出的【开始】菜单中，单击【关闭】按钮右侧的扩展按钮，选择【锁定】命令。一旦锁定计算机，则只有当前用户或管理员才能将其解除锁定。

5. 睡眠

如果在使用过程中需要短时间离开计算机，可以选择睡眠功能，而不是将其关闭，这样一方面可以省电，另一方面又可以快速地恢复工作。在计算机进入睡眠状态时，只对内存供电，用以保存工作状态数据，这样计算机就处于低功耗运行状态中。

睡眠功能并不会将桌面状态保存到硬盘中，启动睡眠功能前虽然不需要关闭程序和文件，但如果在睡眠过程中断电，那么未保存的信息将会丢失，因此在将计算机置于睡眠模式前，最好还是保存好数据。

若要唤醒计算机，可按一下电源按钮或晃动 USB 鼠标，不必等待 Windows 启动，数秒钟内即可唤醒计算机，快速恢复离开前的工作状态。

按下快捷键【Win+L】也可以快速锁屏。

课后练习

简答题

1. 操作系统的主要功能是什么？
2. 怎样启动 Windows 10？
3. 切换用户和注销的区别有哪些？
4. 睡眠功能有哪些特点？

1.2　子项目　设置个性化桌面

项目展示

桌面是 Windows 10 最基本的操作界面，启动计算机并登录到 Windows 10 之后看到的主屏幕区域就是桌面，每次使用计算机都是从桌面开始的。Windows 10 桌面的组成元素主要包括桌面背景、图标、【开始】按钮、快速启动工具栏、任务栏等。本子项目将讲述桌面的各组成部分和基本操作方法，以及设置个性化桌面的技巧。

支撑知识

1. 桌面背景

桌面背景是指 Windows 10 系统的背景图案，也称为墙纸。用户可以根据需要设置桌面的背景图案。

2. 桌面图标

Windows 10 操作系统中，所有的文件、文件夹和应用程序都是由相应的图标来表示的。操作系统将各个复杂的程序和文件用一个个生动形象的小图片来表示，可以很方便地通过图标辨别程序的类型，并进行一些文件操作，如双击图标即可快速启动或打开该图标对应的项目。桌面图标一般可分为系统图标、快捷方式图标和文件图标。

系统图标：由操作系统定义的，安装操作系统后自动出现的图标，包括"计算机""回收站"等。

快捷方式图标：在桌面图标中，有些图标上带有小箭头，表示文件的快捷方式。快捷方式并不是原文件，而是指向原文件的一个链接，删除后不会影响其指向的原文件。

文件图标：桌面和其他文件夹一样，可以保存文件，如图片、文档、音乐等可以保存在桌面上以方便直接查看和应用。这些文件在桌面上显示的图标即为文件图标。文件图标是一个具体的文件，删除后文件即丢失。

3．任务栏

任务栏是一个水平的长条，默认情况下位于桌面底端，由一系列功能组件组成，从左到右依次为【开始】按钮、程序按钮区、通知区域和【显示桌面】按钮。

【开始】按钮：位于任务栏最左侧，图标为![win]，用于打开【开始】菜单。【开始】菜单中包含系统大部分的程序和功能，几乎所有的工作都可以通过【开始】菜单进行。

程序按钮区：位于任务栏中间，外观如图 2－1－4 所示，用于显示正在运行的程序和打开的文件。所有运行的程序窗口都将在任务栏中以按钮的形式显示，单击程序按钮即可显示相应的程序。

图 2－1－4　任务栏程序按钮区

通知区域：位于任务栏右侧，包括时钟、音量图标、网络图标、语言栏等，外观如图 2－1－5 所示。双击通知区域中的图标通常会打开与其相关的程序或设置，有的图标还能显示小的弹出窗口（也称通知）

图 2－1－5　任务栏通知区域

以通知某些信息。一段时间内未使用的图标会被自动隐藏在通知区域中，用户也可以自己设置图标的显示或隐藏。

【显示桌面】按钮：位于任务栏的最右侧，是一个透明的按钮，可用鼠标指针快速通过的方式查看桌面状态。

4．【开始】菜单

【开始】菜单是桌面的组成部分之一，用户可通过【开始】按钮打开【开始】菜单界面。【开始】菜单由应用程序启动项、文件资源管理器、【电源】按钮、【设置】按钮以及搜索框组成，其各部分的功能如表 2－1－2 所示。

表 2－1－2　【开始】菜单的组成部分及功能

编号	名称	功能
1	应用程序启动项	显示计算机中常用的应用程序，单击任意一个快捷图标即可启动与之对应的应用程序
2	【设置】按钮	包括文档、此电脑、控制面板等选项，通过这些选项可以实现对计算机的操作与管理
3	搜索框	输入关键字后，便可在计算机中所有程序和文件夹中进行搜索，并找到与关键字相符合的选项
4	【电源】按钮	单击此按钮，在弹出的级联菜单中，可设置计算机的状态，包括切换用户、注销、锁定、重新启动、睡眠和休眠 6 种状态
5	文件资源管理器	通过资源管理器，可以查看本台计算机的所有资源，它提供树形的文件系统结构，可以更清楚、更直观地查看电脑文件和文件夹。另外，在【资源管理器】中还可以对文件进行各种操作，如打开、复制、移动等

项目实施

1. 设置桌面背景

①在桌面空白处右击，在弹出的快捷菜单中选择【个性化】命令，如图 2-1-6 所示。

②在弹出的【个性化】窗口中单击【背景】链接（见图 2-1-7），弹出【背景】窗口（见图 2-1-3),可选择系统自带的背景图片。单击选中图片左上方的复选框，也可选择计算机中保存的其他图片。单击【浏览】按钮，在【浏览】对话框中可选择所需的图片。

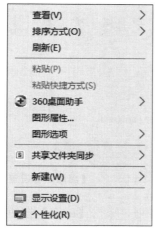
图 2-1-6　桌面右键快捷菜单

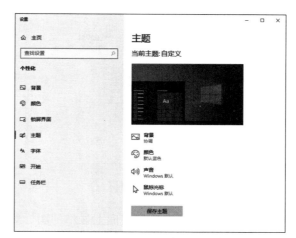
图 2-1-7　选择【背景】链接

③选择完成后保存修改，即可更换桌面背景，如图 2-1-8 所示。

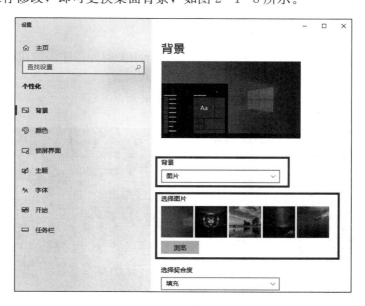
图 2-1-8　更换桌面背景

2. 添加和删除桌面上的图标

在桌面图标中，"计算机""回收站""网络""控制面板"等图标属于 Windows 系统图标。添加和删除系统图标的具体操作如下：

①在桌面空白处右击，在弹出的快捷菜单中选择【个性化】命令，弹出【个性化】窗口；或单击【开始】按钮，在【开始】菜单中选择【设置】命令，打开【个性化】中的【主题】窗口。

②在【主题】窗口的右窗格中单击【桌面图标设置】，弹出【桌面图标设置】对话框，如图2—1—9和图2—1—10所示。

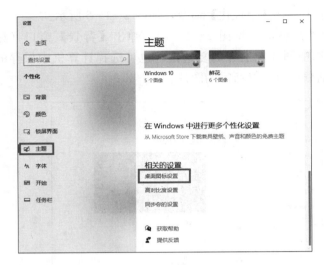

图 2—1—9　【主题】窗口　　　　　　　　图 2—1—10　【桌面图标设置】窗口

③在【桌面图标】栏中选中要在桌面上显示的图标对应的复选框，单击【确定】按钮。单击【更改图标】按钮可以更改默认图标。

若要删除系统图标，只需要按照前面的操作，在【桌面图标】栏中取消图标对应的复选框，单击【确定】按钮即可。

3．添加和删除快捷方式图标

以创建系统自带的"画图"程序的快捷方式为例，介绍如何为程序添加快捷方式。

①在【开始】菜单中选择想要建立快捷方式的程序。

②直接将程序图标拖到桌面即可，如图 2—1—11 所示。

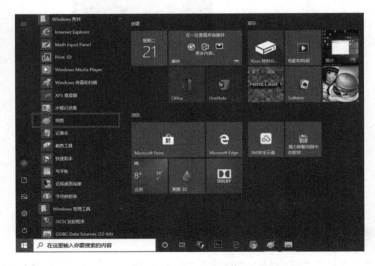

图 2—1—11　创建"画图"程序的快捷方式

删除桌面上的快捷方式图标的方法如下：在桌面上选择想要删除的快捷方式，右击，在弹出的快捷菜单中选择【删除】命令，或在选取对象后按【Delete】键（或【Shift+Delete】组合键），都可以删除选中的快捷方式图标。删除应用程序的快捷方式并不会卸载程序。

4. 排列桌面图标

如果用户桌面上的图标较多，可调整图标的排列顺序，使桌面看起来更加整洁美观且方便操作。其操作如下：

①在桌面空白处右击，出现一个快捷菜单。

②选择【查看】命令，将弹出一个子菜单，如图 2-1-12 所示。

③在子菜单中如果取消【显示桌面图标】命令的选中状态，则桌面的图标会全部消失；如果取消【自动排列图标】命令的选中状态，则可以使用鼠标拖动图标将其摆放在桌面的任意位置。

Windows 10 提供多种图标排序方式，如图 2-1-13 所示。在【排序方式】命令的下一级子菜单中可以选择按"名称""大小""项目类型""修改日期"进行排序。

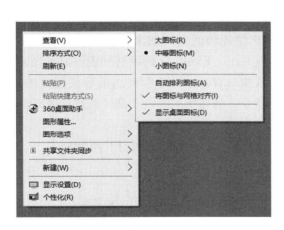

图 2-1-12　【查看】子菜单

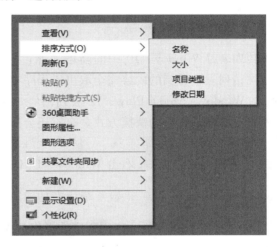

图 2-1-13　【排序方式】子菜单

5. 显示或隐藏任务栏

Windows 10 还提供大、中、小图标的查看方式，通过【查看】子菜单可进行设置，也可以使用鼠标上的滚轮调整桌面图标的大小。在桌面上，滚动鼠标滚轮的同时按住【Ctrl】键，即可放大或缩小图标。

任务栏通常位于桌面底端，可以隐藏任务栏以释放更多的空间。

（1）显示任务栏

如果任务栏被隐藏，可将鼠标指向桌面底部（也可能是指向侧边或顶部），任务栏即可弹出。

（2）隐藏任务栏

①在任务栏上右击，选择【属性】命令。

②在弹出的【任务栏和"开始"菜单属性】对话框中选择【任务栏】选项卡。

③打开【任务栏】下的【在桌面模式下自动隐藏任务栏】开关，单击【确定】按钮，如图 2-1-14 所示。

图 2-1-14　【任务栏】选项卡

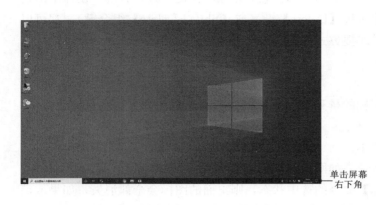

图 2-1-15　桌面透视效果

单击屏幕右下角

6. 快速显示桌面

单击任务栏最右侧的【显示桌面】按钮可以显示桌面，还可以通过将鼠标光标指向【显示桌面】按钮而不是单击来临时查看或快速查看桌面。指向【显示桌面】按钮时，所有打开的窗口都会淡出视图，以显示桌面。如图 2-1-15 所示的是桌面透视效果。若要再次显示这些窗口，只需将鼠标光标移开【显示桌面】按钮。另外，也可使用【Win+D】组合键将所有当前打开的窗口最小化，可立即显示桌面信息。

7. 跳转列表

跳转列表是 Windows 10 中的新增功能，可帮助用户快速访问常用的文档、图片、歌曲或网站等。在跳转列表中看到的内容完全取决于程序本身。如 Internet Explorer 的跳转列表可显示经常浏览的网站，Windows Media Player 12 会列出经常播放的歌曲，Word 2016 会列出最近使用过的文档。跳转列表不仅显示文件的快捷方式，有时还会提供相关命令，例如撰写新电子邮件或进行音乐的快捷播放。

使用跳转列表的方法：右击 Windows 10 任务栏上的【程序】按钮，即可打开跳转列表。

8. 查看 Windows 10 开始菜单所有的应用程序

Windows 10 中查看所有应用程序的操作与 Windows 7 等系统相似，具体步骤如下：

①在屏幕左下角单击【开始】菜单，查看开始菜单内容，单击页面上的【所有应用】按钮。

②查看系统自带和已安装的应用程序，需要使用哪个应用单击即可。

调整"开始"屏幕中磁贴的大小：

①"开始"屏幕中，对于部分磁贴来说，用户可以从屏幕底部的操作栏中选择缩小或者放大按钮，灵活调整磁贴在"开始"屏幕中的面积。现在以"日历"磁贴为例介绍调整步骤。

②单击【开始】图标，右击需要调整大小的磁贴，在弹出的菜单栏中单击【调整大小】命令，可以看到有小、中、宽、大 4 项可选，如图 2-1-16 所示。这里可以看到"日历"磁贴成功变小或变大。

将应用程序固定到"开始"屏幕：

一些桌面应用程序安装完成后自动固定到"开始"屏幕，如果用户常用的某个桌面应用没有显示在"开始"屏幕中，那么可以将该应用固定到"开始"屏幕，以方便使用。现在以"记事本"为例来进行介绍。

单击【开始】按钮，单击【所有应

图 2-1-16　调整磁贴大小

用】按钮，查看应用，选中"记事本"并右击，在弹出的菜单中选择【固定到开始屏幕】选项，这里应用已经固定到开始屏幕中。

课后练习

1. 任务栏的组成部分有哪些？
2. 创建应用程序快捷方式的方法有哪些？
3. 在桌面添加小工具的方法有哪些？
4. 将截图工具固定到开始屏幕中，并将其大小调整为大。

1.3　子项目　窗口与对话框的操作

项目展示

用户在 Windows 10 系统中进行工作或者学习时，很多时候都是在窗口中进行操作的。本子项目将介绍窗口的构成和对话框的操作，为进一步使用 Windows 10 操作系统打下基础。

支撑知识

1. 窗口的构成

程序所具备的全部功能都浓缩在窗口的各种组件中，虽然每个窗口的内容各不相同，但大多数窗口都具有相同的基本组件，主要包括标题栏、工具栏、滚动条、边框等。一个典型的窗口及其所有组成部分如图 2-1-17 所示。

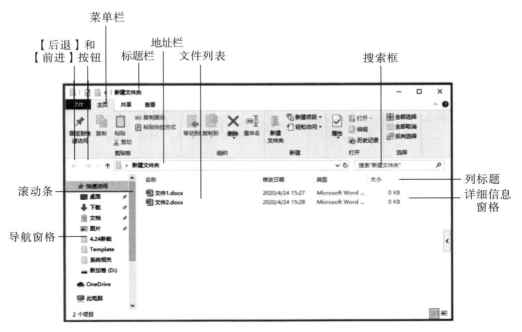

图 2-1-17　窗口及组成部分

下面介绍几个组成部分的作用。

标题栏：位于窗口的最顶端，主要用于显示文档和程序的名称。其中左侧显示了应用程序的图标和标题，右击该图标会显示如图 2-1-18 所示的系统菜单，从中可以选择【移动】【最小化】【最大化】【关闭】等命令。其最右侧有三个按钮：【最小化】按钮、【最大化】按钮和【关闭】按钮，这些按钮分别可以隐藏窗口、放大窗口并使其填充整个屏幕以及关闭窗口。

菜单栏：一般位于标题栏的下方，它上面的第一个菜单都有下拉式菜单，每个下拉式菜单中都有一些命令，如图 2-1-19 所示。如果在菜单命令后面有省略号，表示选择该命令会打开对话框；如果在菜单命令后面有一个小三角形，表示该命令还有下一级子菜单；如果某个菜单命令为灰色，表示该命令当前不能使用。一般来说，通过菜单可以访问应用程序的所有命令。

滚动条：分为水平滚动条和垂直滚动条，在当前窗口无法显示文档的全部内容时，通过拖动滚动条可以显示文档的不同部分。

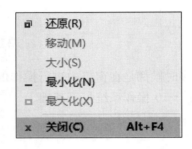

图 2-1-18　程序图标下的系统菜单

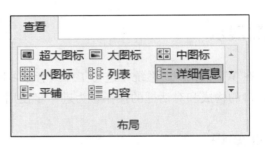

图 2-1-19　菜单栏中的命令

2．认识对话框

对话框是用户更改程序设置或提交信息的特殊窗口，常用于需要人机对话等进行交互操作的场合。对话框有许多和窗口相似的元素，如标题栏、关闭按钮等，不同的是，通常对话框没有菜单栏，大小固定，不能进行最小化和最大化等操作。

对话框通常包含标题栏、选项卡、复选框、单选按钮、文本框、列表框等。对话框中的标题栏同窗口中的标题栏相似，给出了对话框的名称和关闭按钮。对话框的选项呈黑色时，表示为可用选项，呈灰色时则表示为不可用选项。图 2-1-20所示就是 Windows 的一个对话框。

图 2-1-20　【字体】对话框

项目实施

1．最大化与最小化窗口

窗口通常有三种显示方式：一种是占据屏幕的一部分显示，一种是全屏显示，还有一种是将窗口隐藏。改变窗口的显示方式涉及三种操作，即最大化、还原和最小化。

（1）最大化与还原窗口

当窗口较小不便操作时，可将窗口最大化到整个屏幕，方法有以下几种：

①单击窗口右上角的【最大化】按钮，即可将窗口最大化。最大化窗口后，【最大化】按钮将变为【向下还原】按钮，单击该按钮，窗口将恢复为原来的大小。

②双击窗口的标题栏可将窗口最大化，在最大化时再次双击标题栏即可还原为原窗口大小。

③单击标题栏并拖动窗口至屏幕顶端，窗口会自动变为最大化状态，向下拖动窗口，窗口将还原为原始大小。

（2）最小化窗口

该操作可以使窗口暂时不在屏幕上显示。其具体方法是：直接单击窗口右上角的【最小化】图标按钮，或在标题栏左侧应用程序图标处单击，在弹出的菜单中选择【最小化】命令。

最小化窗口后，窗口并未关闭，对应的应用程序也未终止运行，只是暂时被隐藏起来在后台运行，只要单击任务栏上相应的程序按钮，即可恢复窗口的显示。

2. 移动窗口位置

移动窗口的位置就是改变窗口在屏幕上的位置。其方法是将鼠标指针指向窗口的标题栏上，按住鼠标左键往任意方向拖动鼠标，这时窗口会跟着鼠标指针一起移动，拖到合适的位置后释放鼠标左键即可。

3. 改变窗口大小

如果用户需要改变窗口大小，可以对窗口进行缩放操作。将鼠标指针移动到窗口的边框或边角上，当鼠标指针变成双向箭头时，如图 2-1-21 所示，按下鼠标左键并拖动窗口，使其大小调整到合适位置时松手即可。

图 2-1-21　利用边框改变窗口的大小

4. 关闭窗口

若要关闭窗口，只需单击窗口右上方（标题栏右侧）的【关闭】按钮即可。另外，还可以通过以下方法来关闭窗口。

（1）通过标题栏图标关闭窗口

如图 2-1-22 所示，在程序窗口的标题栏左侧图标处右击，在弹出的下拉菜单中选择【关闭】命令。

（2）通过任务栏关闭窗口

①将鼠标指针指向任务栏中的程序按钮，弹出程序窗口的缩略图，如图 2-1-23 所示，单击缩略图右上方【关闭】按钮即可。

②在任务栏【程序】按钮处右击，在弹出的快捷菜单中选择【关闭窗口】命令，也可关闭窗口，如图 2-1-24 所示。

（3）通过快捷键关闭窗口

选择需要关闭的窗口，按【Alt+F4】组合键，即可快速关闭当前活动窗口。

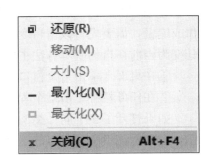

	还原(R)
	移动(M)
	大小(S)
━	最小化(N)
◻	最大化(X)
✕	关闭(C) 　　Alt+F4

图 2-1-22　单击图标关闭窗口

图 2-1-23　在缩略图中关闭窗口

图 2-1-24　右击【程序】按钮选择关闭窗口

5. Live Taskbar 预览

在 Windows 10 中，鼠标光标指向任务栏上的按钮可以查看其打开窗口的实时预览（包括网页和视频等）。将鼠标光标移动至缩略图上方可全屏预览窗口，单击可打开窗口。还可以直接从缩略图预览中关闭窗口以及暂停视频和歌曲，非常方便快捷。图 2-1-25 所示为预览效果。

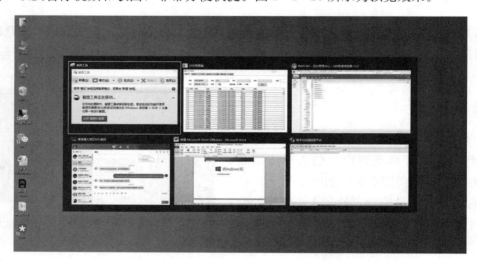

图 2-1-25　Live Taskbar 预览效果

Live Taskbar 预览在 Windows 10 家族高级版、专业版、旗舰版和企业版中提供。

6. 窗口切换

在 Windows 10 系统中，用户可以同时运行多个应用程序。如果想要对其中某个窗口进行程序操作或编辑，需要先将该窗口变为当前活动窗口。默认情况下，当前窗口会显示在最前端，切换窗口使其变为当前窗口的基本方法主要有以下两种：

①在桌面上单击某个窗口的任意部位，即切换到该窗口。

②在任务栏中单击某个程序的窗口，即切换到该窗口。

如果打开了多个同一类型的窗口，在任务栏中它们会被合并到同一按钮，将鼠标光标指向程序按钮，会显示该组所有窗口的缩略图，单击要切换的窗口的缩略图，即可切换到该窗口。

7. 使用【Alt+Tab】组合键进行窗口预览与切换

使用【Alt+Tab】组合键可以在所有打开的窗口之间切换，操作方法是：按下【Alt】键不放，再按下【Tab】键，在桌面中央将出现一个对话框，它显示了目前正在运行的所有窗口，还有一个透明的突出的外框包围其中一个窗口的缩略图，如图 2-1-26 所示。按住【Alt】键，不停地按动【Tab】键，透明外框会依次从左到右在不同的缩略图中移动（如按住【Shift+Alt+Tab】组合键，则可以从右往左切换），透明外框包围的是什么缩略图，在释放【Alt】键时，该程序窗口就会显示在桌面的最上层。

图 2-1-26　窗口切换缩略图

8. 使用 Aero 三维窗口进行窗口预览与切换

Windows 10 还提供了一种 3D 模式的窗口切换方式——Areo 三维窗口切换，它以三维堆栈方式排列窗口，按下【Windows 徽标键（简称【Win】键）+Tab】组合键可进入 Windows Flip 3D 模式。使用三维窗口切换的步骤如下：

①按下【Win】键的同时按下【Tab】键，可打开三维窗口切换功能，此时所有窗口将显示为有一定倾斜角度的 3D 预览界面，如图 2-1-27 所示。

②在按住【Win】键不放的同时反复按下 Tab 键，可以让当前打开的程序窗口从后向前滚动。

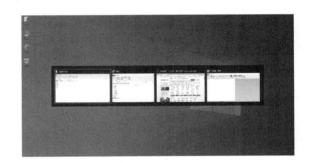

图 2-1-27　窗口切换的 3D 预览界面

③释放【Win】键可以显示堆栈中最前面的窗口，用户也可以单击堆栈中的某个窗口的任意部分来选择窗口作为当前窗口。

课后练习

1. 简述窗口的构成。
2. 窗口和对话框的区别有哪些？

项目二　Windows 10 操作系统的资源管理

2.1　子项目　认识文件和文件夹

项目展示

文件和文件夹是计算机中比较重要的概念之一，几乎所有的任务都要涉及文件和文件夹的操作。

本子项目主要介绍文件与文件夹的概念、文件与文件夹的类型，了解文件与文件夹的区别，并对文件夹窗口的组成部分进行认识。

支撑知识

1. 文件的基本概念

文件是指存储在磁盘上的一组相关信息的集合，包括数据、图像、声音、文本、应用程序等，它们是独立存在的，且都有各自的外观。一个文件的外观由文件图标和文件名称组成，用户通过文件名对文件进行管理。文件名由主文件名和扩展名两部分组成，中间用英文输入法下的小数点"."隔开，文件名在前，扩展名在后。文件名是同类型文件之间区分的标识，扩展名是区别不同类型文件的标识，代表着打开该文件时调用相关的解码器进行解码。图 2-2-1 所示是一些常见的文件图标。

微信　　　　画图　　　　TIM　　　　记事本

图 2-2-1　常见的文件图标

2. 文件和文件夹的命名

在 Windows 10 操作系统中，文件和文件夹的命名是有一定的规范和要求的。具体规范和要求如下：

①文件或文件夹命名不能包含 \ / ： * ？""<> | 等特殊字符；

②文件或文件夹名最长不超过 255 个字符；

③文件或文件夹名中可包含多个空格或小数点；

④最后一个小数点后的字符串为扩展名；

⑤同一个文件夹下不能有两个同名且同扩展名的文件。

3. 文件的类型

在 Windows 10 操作系统下，文件大致可以分为两种：程序文件和非程序文件。当用户选中程序文件，双击或按【Enter】键后，计算机就会打开程序文件，打开方式就是运行它。当用户选中非程序文件，双击或按【Enter】键后，计算机也会打开它，这个打开的方法是用特定的程序打开，而用什么特定程序来打开则取决于这个文件的类型。如"计算机应用基础.docx"，这是一个名为"计算机应用基础"的 Word 文档，打开该文档时调用 Office Word 2016 应用软件来打开。

文件的类型一般以扩展名来标识，表 2-2-1 列出了常见的扩展名对应的文件类型。

表 2-2-1　常见的扩展名对应的文件类型

扩展名	文件类型	扩展名	文件类型
.com	命令程序文件	.txt/.doc/.docx	文本文件
.exe	可执行文件	.jpg/.bmp/.gif	图像文件
.bat	批处理文件	.mp3/.wav/.wma	音频文件
.sys	系统文件	.avi/.rm/.asf/.mov	视频文件
.bak	备份文件	.zip/.rar	压缩文件

4. 文件夹的作用

"文件夹"与生活中的文件夹相似，可以用于存放文件。在文件夹中还可以储存文件夹，文件夹中的文件夹称为"子文件夹"，文件夹在计算机中也用图标的形式来表示，默认情况下文件夹是黄色的图标。

5. 文件的属性

文件属性是一组描述计算机文件或与之相关信息的元数据，提供了有关文件的详细信息，如作者姓名、标记、创建时间、上次修改日期、大小、类别、只读属性、隐藏属性等。

6. 路径

在 Windows 10 中，文件夹是按树形结构来组织和管理的。在文件夹树形结构中，每一个磁盘分区都有唯一的一个根文件夹，在根文件夹下可以建立子文件夹，子文件夹下还可以继续建立子文件夹。从根文件夹开始到任何一个文件或文件夹都有唯一的一条通路，我们把这条通路称为路径。路径以盘符开始，盘符是用来区分不同的硬盘分区、光盘、移动设备等的字母。一般硬盘分区从字母 C 开始。路径上的文件或文件夹用反斜线"\"分隔，盘符后面应带有冒号，如"C：\ Windows \ System32 \ cmd. exe"，表示 C 盘下 Windows 文件夹中的 System32 子文件夹中的 cmd. exe 文件。

项目实施

1. 浏览文件和文件夹

在 Windows 10 操作系统中，以可视化界面资源管理器（程序 explorer. exe）的形式管理系统的文件和文件夹，以方便用户对文件的查看和管理。通过【开始】菜单打开"计算机"窗口，可以看到窗口中显示了所有连接到计算机的存储设备。如果要浏览某个盘中的文件，只需双击该盘的分区图标即可。

启动资源管理器有以下 4 种常见方法：

①直接双击桌面上的"此电脑"图标，打开【此电脑】界面，左侧窗格中【查看】列表实际上就是资源管理器。

②Windows 10 桌面的左下角类似于文件夹的图标，就是资源管理器的快捷方式，单击此图标即可打开资源管理器界面。也可以用鼠标右键单击图标，在弹出的快捷菜单中单击【资源管理器】选项。

③在桌面上用鼠标右键单击左下角的【开始】按钮，在弹出的快捷菜单中选择【文件资源管理

器】选项。

④启动资源管理器最快速的方法是按快捷组合键【Win＋E】。

在打开文件夹时，可以更改文件在窗口中的显示方式来进行浏览。操作方式有下面两种：

①单击窗口工具栏中的【视图】按钮，每单击一次都可以改变文件和文件夹的显示方式，显示方式在 5 个不同的视图间循环切换，即"大图标""列表""详细信息""平铺""内容"。

②单击【视图】按钮右侧的黑色箭头，则有更多的显示方式可供选择，向上或向下移动滑块或微调文件和文件夹图标的大小，随着滑块的移动，可以改变图标的显示方式。

2. 查找文件

如果计算机中的文件较多，查找文件可能会浏览众多的文件夹和子文件夹，为了快速查找到所需文件，可以使用搜索框进行查找。

（1）使用【开始】菜单中的搜索框

若要使用【开始】菜单查找文件或程序，可遵循以下操作步骤：

①单击【开始】按钮，打开【开始】菜单。

②鼠标光标定位在【开始】菜单下方的搜索框中，如图 2-2-2 所示。

图 2-2-2　【开始】菜单搜索框

③在搜索框中输入文件名或文件名中的一部分，如图 2-2-3 所示。

④在搜索框中输入内容后，与所输入文本相匹配的项将出现在【开始】菜单上，搜索结果基于文件名中的文本、文件中的文本和标记，以及其他文件属性。

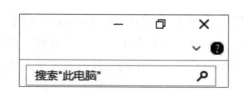

图 2-2-3　【开始】菜单搜索框的匹配结果　　　　图 2-2-4　"计算机"窗口中的搜索框

（2）使用文件夹窗口中的搜索框

文件夹窗口中的搜索框位于窗口的顶部，搜索将查找文件名和文件内容中的文本，以及标识等文件属性中的文本。需要执行的操作是：打开某个窗口作为搜索的起点，在搜索框中输入文件名或文件名的一部分，输入时，系统将复选文件夹中的内容，以匹配输入内容的每个连续字符，看到需要的文件后，可停止输入。图2-2-4和图 2-2-5 所示为在窗口的搜索框中查找文件。

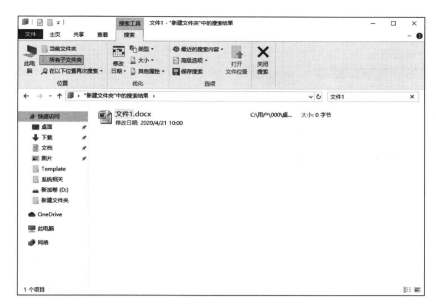

图 2-2-5　搜索框匹配结果

3. 设置个性化的文件夹图标

默认模式下文件夹都是黄色的图标，难免单调且不易区分，用户可根据自己的喜好更改文件夹图标的样式，操作步骤如下：

①右击需要更改图标的文件夹，在弹出的快捷菜单中选择【属性】命令，如图 2-2-6 所示。

②在弹出的【属性】对话框中切换到【自定义】选项卡，单击【更改图标】按钮，如图 2-2-7 所示。

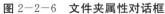

图 2-2-6　文件夹属性对话框

图 2-2-7　【自定义】选项卡

③在弹出的【更改图标】对话框图标列表中选择需要设置的图标，如图 2-2-8 所示。

④依次单击【确定】按钮以保存设置，文件夹的图标就被更换了，如图 2-2-9 所示。

图 2-2-8　【更改图标】对话框

图 2-2-9　文件夹更改图标后的效果

4. 更改文件的只读或隐藏属性

文件通常有存档、只读、隐藏几种属性，如果不希望文件被他人修改或查看，可将文件属性设置为"只读"或"隐藏"。设置步骤如下：

①在文件夹窗口中右击要设置的文件，在弹出的快捷菜单中选择【属性】命令，在弹出的【属性】对话框中选中下方的"只读"或"隐藏"复选框，然后单击【确定】按钮即可。若设置为"隐藏"，则文件图标变成浅色，刷新窗口后，文件即消失而不可见。

②如果要取消文件的"只读"或"隐藏"属性，只需按上面的操作方法取消选中的"只读"或"隐藏"复选框即可。

5. 显示隐藏文件或文件夹

如果需要显示被隐藏的文件，可以按照以下操作步骤修改文件夹的设置：

①在任意文件夹窗口中单击工具栏中【查看】按钮，在弹出的下拉菜单中选择【隐藏的文件】命令。

②在弹出的【文件夹选项】对话框中切换到【查看】选项卡，然后在【高级设置】列表框中选中【显示隐藏的文件、文件夹和驱动器】选项。

执行以上操作后，被隐藏的文件将重新以浅色图标显示在窗口中。如果要取消隐藏文件，只需重新进入文件的【属性】对话框，取消选中的【隐藏】复选框即可。

课后练习

简答题

1. 简述文件和文件夹的区别。

2. 常见的文件类型有哪些？

3. 如何更改文件夹图标？

4. 简述更改文件夹属性的步骤。

2.2 子项目 文件和文件夹的操作

项目展示

管理文件和文件夹是日常使用最多的操作之一，除可以对文件和文件夹进行浏览查看外，文件和文件夹的基本操作还包括新建文件（夹）、重命名文件（夹）、移动和复制文件（夹）、删除和恢复文件（夹）等。本子项目将介绍这些操作的方法，来完成对计算机中各种资源的管理。

支撑知识

库是 Windows 10 提供的新功能，使用库可以更加便捷地查找、使用和管理计算机文件。库可以收集不同位置的文件，并将其显示为一个集合，而无须从其存储位置移动文件。可以在任务栏上单击打开库，也可以选择【开始】—【所有程序】—【附件】—【Windows 资源管理器】命令打开库。

Windows 10 提供了文档库、图片库、音乐库和视频库，如图 2—2—10 所示。用户可以对库进行快速分类和管理。

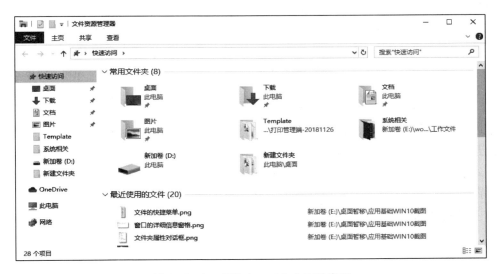

图 2—2—10 Windows 10 中库的类别

①文档库：使用该库可组织和排列字处理文档、电子表格、演示文稿以及其他与文本有关的文件。默认情况下，移动、复制或保存到文档库的文件都存储在"我的文档"文件夹中。

②图片库：使用该库可组织和排列数字图片，图片可以从照相机、扫描仪或者从其他人的电子邮件中获取。默认情况下，移动、复制或保存到图片库的文件都存储在"我的图片"文件夹中。

③音乐库：使用该库可组织和排列数字音乐，如从音频 CD 翻录或从 Internet 下载的歌曲。默认情况下，移动、复制或保存到音乐库的文件都存储在"我的音乐"文件夹中。

④视频库：使用该库可组织和排列视频，例如取自数字相机、摄像机的剪辑，或从 Internet 下载的视频文件。默认情况下，移动、复制或保存到视频库的文件都存储在"我的视频"文件夹中。

项目实施

1. 新建文件夹

当我们对文件进行分类整理时，通常需要新建文件夹，以便将不同用途或类型的文件分别保存到不同的文件夹中。

用户可以在 Windows 10 的很多地方创建文件夹，Windows 10 将新建文件夹放在当前位置。创建新文件夹的具体步骤如下：

①在计算机的驱动器或文件夹中找到要创建文件夹的位置。

②在窗口的空白处右击，打开快捷菜单并从中选择【新建】命令，弹出的子菜单如图 2-2-11 所示。

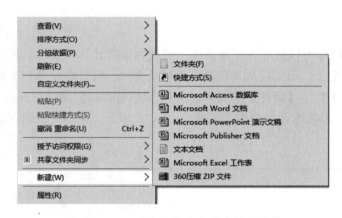

图 2-2-11 【新建】命令弹出的子菜单

图 2-2-12 "新建文件夹"图标

③在【新建】子菜单中选择【文件夹】命令。

④执行完前 3 步后，在窗口中出现一个新的文件夹，并自动以"新建文件夹"命名，名称框如图 2-2-12 所示，呈亮蓝色，用户可以对它的名字进行更改。

⑤输入文件夹的名称，在窗口中的其他位置单击或按【Enter】键，即完成了文件夹的创建。

如果当前文件夹窗口中已经有一个新建的文件夹且未改名，则再次新建的文件夹命名为"新建文件夹（1）"，并以此类推。

2. 新建文件

一般用户直接在资源管理器的窗口工作区空白处或桌面空白处单击鼠标右键，在弹出的右键快捷菜单中选择自己要新建的文件类型，然后进行文件的重命名即可。如果用户在右键快捷菜单中找不到想要新建的文件类型，则需先新建任意一种文件类型，再将扩展名改变成想要的类型即可。例如，我们想新建一个名为"rge. bat"的批处理文件，可以先新建一个文本文档"新建文本文档 . txt"，再将其重命名为"rge. bat"即可。

3. 选定文件和文件夹

在对文件或文件夹进行移动、复制、删除等操作时，首先应选定文件或文件夹，也就是说，对文件和文件夹的操作都是基于选定操作对象的基础上进行的。

选定单个对象：单击对象即可。

选定连续对象：如果要选定一系列连续的对象，可在列表中选定所需要的第一个对象后按住【Shift】键，再单击所需要的最后一个对象，这样就能将首尾之间的文件全部选中。还可以单击文件列表中的空白处，按住鼠标左键不放，然后拖动鼠标拉出一个大小可变的选框，框中要选取的对象即可。

选定多个分散的对象：如果要选定多个不连续的对象，可按住【Ctrl】键，然后单击每个所需选择的对象。

选定全部对象：如果要选定窗口中的所有对象，可选择【组织】—【全选】命令，也可以使用【Ctrl＋A】组合键快速选定所有对象。

将鼠标光标移动到窗口上任何空白处单击，就可以取消选中的文件或文件夹。

4．重命名文件和文件夹

在使用计算机的过程中，经常要重新命名文件或文件夹，因此可以给文件或文件夹一个清楚易懂的名字。要重命名文件或文件夹，可以按照下列方法之一进行操作：

①单击需要重命名的文件或文件夹，停顿片刻（避免双击），再次在名称的位置单击，使之变成可修改状态，输入新名称后按【Enter】键确认。

②右击需要修改的文件或文件夹，在弹出的快捷菜单中选择【重命名】命令，输入新名称后按【Enter】键确认。

③单击需要修改的文件或文件夹，再按【F2】键，使其名称变为可修改状态，输入新名称后按【Enter】键确认。

5．移动和复制文件、文件夹

每个文件和文件夹都有它们的存放位置。复制是将选定的文件或文件夹复制到其他位置，新的位置可以是不同的文件夹、不同的磁盘驱动器。复制包含"复制"与"粘贴"两个操作。复制文件或文件夹后，原位置的文件或文件夹不发生任何变化。

移动是将选定的文件或文件夹移动到其他位置，新的位置可以是不同的文件夹、不同的磁盘驱动器。移动包含"剪切"与"粘贴"两个操作。移动文件或文件夹后，原位置的文件或文件夹被删除。

（1）复制操作

用鼠标拖动：选定对象，按住【Ctrl】键的同时拖动鼠标到目标位置。

用快捷键：选定对象，先按住【Ctrl＋C】组合键，将对象的内容存放于剪贴板中，然后切换到目标位置，再按【Ctrl＋V】组合键。

用快捷菜单：选定对象后右击，在弹出的快捷菜单中选择【复制】命令，然后切换到目标位置，右击窗口空白处，在弹出的快捷菜单中选择【粘贴】命令。

用菜单命令：选定对象后，在工具栏上选择【组织】—【复制】命令，然后切换到目标位置，选择【组织】—【粘贴】命令。

（2）移动操作

用鼠标拖动：选定对象后，按住鼠标左键不放，拖动鼠标到目标位置。

用快捷键：选定对象，先按住【Ctrl＋X】组合键，将对象的内容存放于剪贴板中，然后切换到目标位置，再按【Ctrl＋V】组合键。

用快捷菜单：选定对象后右击，在弹出的快捷菜单中选择【剪切】命令，然后切换到目标位置，右击窗口空白处，在弹出的快捷菜单中选择【粘贴】命令。

用菜单命令：选定对象后，在工具栏上选择【组织】—【剪切】命令，然后切换到目标位置，选择【组织】—【粘贴】命令。

6．删除和恢复文件、文件夹

在管理文件或文件夹时，为了节省磁盘空间，可以将不再使用的文件或文件夹删除。删除方式有两种：一种是逻辑删除，另一种是物理删除。逻辑删除可以恢复；物理删除是永久删除，无法直接恢复。

（1）逻辑删除文件或文件夹

①在窗口中选定要删除的对象。

②选择工具栏上的【组织】—【删除】命令，或者右击并在弹出的快捷菜单中选择【删除】命令，再或者直接按下键盘上的【Delete】键，这时会出现如图2-2-13所示的"删除文件"消息对话框。如果直接拖动待删除对象至桌面回收站图标上，也可以快速完成删除操作，如图2-2-14所示，但不会显示图2-2-13所示的消息对话框。

图2-2-13　"删除文件"消息对话框　　　　图2-2-14　用鼠标拖动文件至回收站

③如果要将删除的文件放到回收站，可单击【是】按钮，否则单击【否】按钮取消操作。

（2）恢复文件或文件夹

恢复被删除的文件或文件夹的具体步骤如下：

①在桌面上双击"回收站"图标，打开"回收站"窗口，如图2-2-15所示。

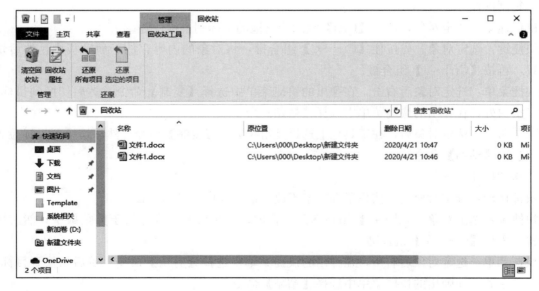

图2-2-15　【回收站】窗口

②在窗口中选中要恢复的文件或文件夹。

③单击【还原选定的项目】按钮，全部还原时单击【还原所有项目】按钮，如图 2—2—16 所示。

图 2—2—16　工具栏中还原项目按钮

7. 永久删除文件或文件夹

在窗口中选定要删除的文件或文件夹，按【Shift+Delete】组合键，弹出删除文件消息对话框，如果要删除文件，可单击【是】按钮；如果不是删除至回收站，则此次删除将无法恢复，因此需要谨慎操作。

永久删除也可以在回收站中进行，操作方法如下：

①在桌面上双击"回收站"图标，打开"回收站"窗口。

②在窗口中选中要永久删除的文件或文件夹，右击并选择【删除】命令，如图 2—2—17 所示。

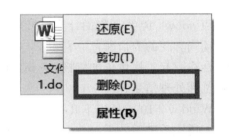

③弹出一个消息对话框，单击【是】按钮，确认进行永久删除的行为。

图 2—2—17　利用快捷菜单永久删除文件或文件夹

课后练习

1. 在桌面上创建记事本程序的快捷方式。

2. 在 D 盘下创建一个新文件夹"我的学习资料"，并在其中建立一个以用户本人名字为文件夹名的文件夹。

3. 在 D 盘中搜索所有扩展名为 .txt 的文本文件，并将其复制到 D 盘下"我的学习资料"文件夹中。

4. 搜索 D 盘下的 Read.exe 文件，为其建立一个名为 READ 的快捷方式，并放在 D 盘根目录下。

项目三　Windows 10 设置

1.1　子项目　外观和主题设置

项目展示

我们都希望在使用计算机时能有轻松自在的感觉，而 Windows 10 操作系统在以前版本的基础上对系统外观做了很大的改进，有许多使计算机更有个性、更加便捷和更有趣的方式。本子项目介绍如何设置一个合适且美观的系统外观，可以将计算机与我们的心情融为一体。

支撑知识

1. 界面

Windows 10 为我们的计算机带来了全新的外观，它的特点是具有透明的玻璃图案，带有精致的窗口动画和新的窗口颜色。它包括与众不同的直观样式，将轻型透明的窗口外观与强大的图形高级功能结合在一起，提供更加流畅、稳定的桌面体验，让我们可以享受具有视觉冲击力的效果和外观，方便浏览和处理信息。

Windows 10 包括以下几种特效：

①透明毛玻璃效果。

②Windows Flip 3D 窗口切换。

③桌面预览。

④任务栏缩略图及预览。

计算机的硬件必须满足要求才能显示图形。最低硬件要求如下：

①1 千兆赫（GHz）、32 位（x86）或 64 位（x64）处理器。

②1 千兆字节（GB）的随机存取内存（RAM）。

③128 兆字节（MB）的显卡。

④Aero 还要求硬件中具有支持 Windows Display Driver Model 驱动程序、Pixel Shader 2.0 和 32 位每像素的 DirectX 9 图形处理器。

2. 屏幕保护程序

设计屏幕保护程序的初衷是防止计算机监视器出现荧光粉烧蚀现象。早期的 CRT 监视器（特别是单色 CRT 监视器）在长时间显示同一图像时往往会出现这种问题。这些荧光粉用于屏幕显示的像素，若一个亮点长时间在屏幕上某一处显示，则该点容易老化，而整个屏幕长时间显示固定不变的画面，则老化程度就不均匀，影响显示器的寿命。屏幕保护程序就是通过不断变化的图形显示避免电子束长期轰击荧光粉的相同区域来减少这种损害。虽然显示技术进步和节能监视器的出现已经从根本上

60

消除了对屏幕保护程序的需要，但我们仍在使用它，主要是因为它能给用户带来一定的娱乐性和安全性等。如设置好带有密码保护的屏幕保护程序后，用户可以放心地离开计算机，而不用担心别人在计算机上看到机密信息。

（1）屏幕分辨率

屏幕分辨率是指屏幕上显示的文本和图像的清晰度。分辨率越高，项目越清楚。同时屏幕上的项目越小，屏幕可以容纳的项目就越多。

可以使用的分辨率取决于监视器支持的分辨率。CRT 监视器通常显示 800 像素×600 像素或 1024 像素×768 像素的分辨率，使用其他分辨率可能效果更好。LCD 监视器和笔记本电脑屏幕通常支持更高的分辨率，并在某一特定分辨率时效果最佳。

监视器越大，通常所支持的分辨率越高。是否能够增大屏幕分辨率，取决于监视器的大小和功能及显卡的类型。

（2）刷新频率

刷新频率是指图像在屏幕上更新的速度，即屏幕上的图像每秒钟出现的次数，它的单位是赫兹（Hz）。刷新频率越高，屏幕上图像的闪烁就越小，稳定性也就越高，换言之，对视力的保护也就越好。一般人的眼睛不容易察觉到 75Hz 以上刷新频率带来的闪烁感，因此最好能将显卡的刷新频率调到 75Hz 以上。

项目实施

1. 更改窗口的颜色

Windows 10 为用户提供了可自定义的窗口，用户可以使用其提供的颜色对窗口着色，或者使用颜色合成器创建自定义颜色。操作步骤如下：

①在桌面空白处右击，在弹出的快捷菜单中选择【个性化】命令，如图 2-3-1 所示。

②打开【个性化】窗口，单击窗口下方的"窗口颜色"链接，如图 2-3-2 所示。

③接着弹出【选择自定义主题色】窗口。在颜色列表框中选择一款自己喜欢的颜色，然后拖动"颜色浓度"滑块来调节颜色的深浅，在当前窗口中即可预览颜色效果，如图 2-3-3 所示。

④如果对系统自带的颜色均不满意，可以单击窗口下方的【显示颜色混合器】按钮，在显示的颜色混合器设置项目中，分别拖动"色调""饱和度"和"亮度"滑块，调出满意的颜色。

⑤设置完成后，单击【保存修改】按钮。

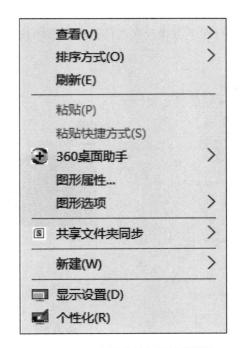

图 2-3-1　桌面右键打开快捷菜单

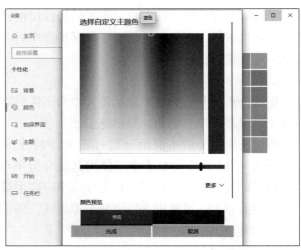

图 2-3-2　【个性化】窗口（背景）　　　　图 2-3-3　【选择自定义主题色】窗口

2. 设置系统声音

当用户使用计算机执行某些操作时往往会发出一些提示声音，如系统启动和退出的声音、硬件插入的声音、清空回收站的声音等。Windows 10 附带多种针对常见事件的声音方案，用户可以根据需要进行设置，具体方法如下：

①在桌面空白处右击，在弹出的快捷菜单中选择【个性化】命令。

②打开【个性化】窗口，单击窗口下方的【声音】链接，如图 2-3-4 所示。

③弹出【声音】对话框，在【声音方案】下拉列表框中是系统附带的多种声音方案，任选其一后，可在下方【程序事件】列表框中选择一个事件进行试听，如图 2-3-5 所示。

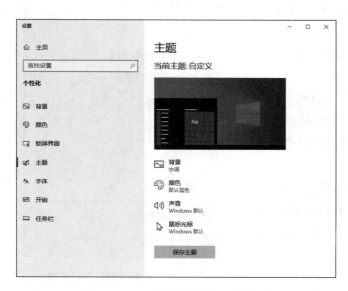

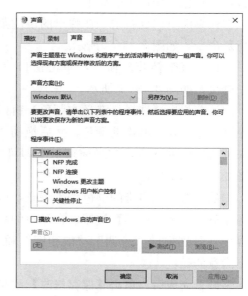

图 2-3-4　【个性化】窗口（主题）　　　　图 2-3-5　【声音】对话框

④单击【确定】按钮保存设置。

⑤双击  图标，弹出如图 2-3-6 所示的【音量合成器】对话框，拖动滑块可增大或减小音

量。如需对不同程序进行音量控制，可单击【音量合成器】链接，打开【扬声器/听筒】对话框，如图 2-3-7 所示，拖动不同程序下方的滑块即可。

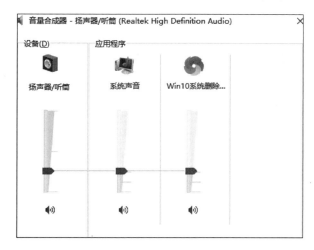

图 2-3-6　【音量合成器】对话框　　　　　图 2-3-7　【扬声器/听筒】对话框

3. 设置屏幕保护程序

用户可以设置屏幕保护程序，以便在一段时间内没有对鼠标和键盘进行任何操作时，自动启动屏幕保护程序，起到美化屏幕和保护计算机的作用。其具体操作步骤如下：

①在桌面空白处右击，在弹出的快捷菜单中选择【个性化】命令。

②打开【个性化】窗口，如图 2-3-8 所示，单击【锁屏界面】按钮，将滚动条拉到最下面，找到【屏幕保护程序设置】。

③弹出【屏幕保护程序设置】对话框，如图 2-3-9 所示，在【屏幕保护程序】下拉列表框中选择一种方案，如"彩带"。如果选择"三维文字""照片"等，可单击右侧的【设置】按钮，从而进行更详细的参数设置。

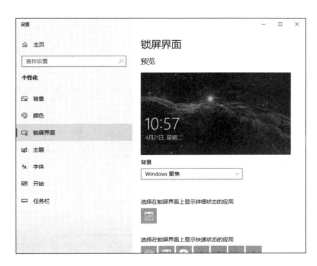

图 2-3-8　【个性化】窗口（锁屏界面）　　　图 2-3-9　【屏幕保护程序设置】对话框

④设置等待时间。如需在退出屏保时输入密码，可选中【在恢复时显示登录屏幕】复选框。

⑤单击【确定】按钮保存设置。

4. 设置桌面字体大小及屏幕分辨率

当分辨率过大时，用户会感到桌面上的图标文字、任务栏提示文字、窗口标题及菜单文字等很小。为了不影响观看，可以自己设置桌面字体、屏幕分辨率和刷新频率等。其操作步骤如下：

①单击【开始】菜单栏，选择【设置】命令，打开【Windows 设置】界面，如图 2-3-10 所示。

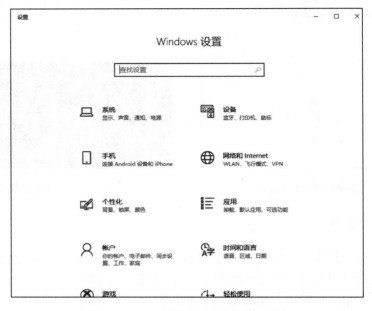

图 2-3-10 【Windows 设置】界面

②选择【系统】选项，打开的界面如图 2-3-11 所示，先选择【显示】选项，再单击【更改文本、应用等项目的大小】下拉列表框，可选择合适的比例来改变桌面字体的大小，然后单击【应用】按钮。

③设置屏幕分辨率，单击【显示分辨率】下拉列表框，选择合适的值可改变屏幕分辨率，在确认界面中单击【保留更改】按钮，如图 2-3-12 所示。

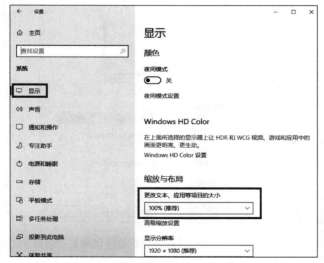

图 2-3-11 【显示】窗口   图 2-3-12 更改屏幕分辨率

5．设置刷新频率

设置刷新频率的操作步骤如下：

①进入系统设置界面，选择【多显示器设置】选项区下的【高级显示设置】。

②选择后，弹出【高级显示设置】界面，如图 2-3-14 所示，然后单击【显示器 1 的显示适配器属性】选项。

图 2-3-13　选择【高级显示设置】

图 2-3-14　高级显示设置对话框

③打开如图 2-3-15 所示的对话框，选择【监视器】选项卡，然后在【屏幕刷新频率】下拉列表框中选择合适的刷新频率。

④设置好后，单击【确定】按钮保存设置。

6．更改主题

主题是桌面背景、窗口颜色、声音和屏幕保护程序的组合，是操作系统视觉效果和声音的组合方案，如图 2-3-16 所示。

图 2-3-15　更改屏幕的刷新频率

图 2-3-16　Windows 10 主题内容

在"控制面板"的【个性化】窗口中，包含以下四种类型的主题：

①我的主题：这是用户自定义、保存或下载的主题。在对某个主题进行更改时，这些新设置会在

此处显示为一个未保存的主题。

②Windows 主题：这是对计算机进行个性化设置的 Windows 主题。所有的 Aero 主题都包括毛玻璃效果，其中的许多主题还包括桌面背景幻灯片放映效果。

③已安装的主题：这是计算机制造商或其他非 Microsoft 提供商创建的主题。

④基本和高对比度主题：这是为了提高计算机性能或让屏幕上的项目更容易查看而专门设计的主题。该类主题不包括 Aero 毛玻璃效果。

如果用 Windows 10 系统预置的主题来修改，具体操作步骤如下：

①单击【开始】按钮，打开设置菜单，选择【控制面板】命令，弹出"控制面板"窗口。

②单击"更改主题"链接，或者在桌面空白处右击并在弹出的快捷菜单中选择【个性化】命令，弹出【个性化】窗口。

③单击选中主题中的"Windows 10"，则会看到桌面背景变成了其他图片，并改用昏黄的窗口颜色、都市风景的系统声音等。

课后练习

操作题

1. 更改桌面背景，图片可以任意选择。

2. 更改系统声音设置，调整音量大小。

3. 更改屏幕保护程序为"照片"，选择计算机中某个图片文件夹中的图片显示，设置等待时间为 10 分钟，退出屏保时需要输入密码。

4. 自定义主题并保存主题。

1.2　子项目　其他系统设置

项目展示

在使用 Windows 10 操作系统的过程中，经常需要对系统的硬件和软件配置进行适当的修改，这些配置主要由控制面板来完成。本子项目讲述通过控制面板可完成的一系列系统设置。

支撑知识

1. 认识控制面板

控制面板是用户以 Windows 10 操作系统进行硬件和软件配置的主要工具。利用控制面板中的选项可以设置系统的外观和功能，还可以添加或删除程序、设置网络连接、管理用户账户、更改辅助功能等。

控制面板有两种视图模式：一种是类别模式，另一种是图标模式，如图 2-3-17 和图 2-3-18 所示。单击窗口右侧的【查看方式】下拉按钮，在弹出的下拉列表中可以选择视图模式。在任何一种模式下，单击图标或链接都能进入相关的设置页面进行设置。

图 2-3-17　控制面板类别模式

图 2-3-18　控制面板图标模式

2. 鼠标操作

用户可以使用鼠标与计算机屏幕上的对象进行交互，如对对象进行移动、打开、更改等操作，这些操作只需要借助鼠标就能完成。

鼠标一般有两个按钮：主要按钮（通常是左键）和次要按钮（通常是右键），通常情况下使用主要按钮。现在一般鼠标的按钮之间还有一个滚轮，用于滚动文档和网页等。

鼠标的操作包括指向、拖动、单击、双击、右击等。

用户可以通过多种方式自定义鼠标，如交换鼠标按钮的功能，改变鼠标指针的样式，更改鼠标指针的移动速度、滚轮的滚动速度、双击速度等。

3. 电源管理

Windows 10 系统增强了自身的电源管理功能，使用户对系统电源的管理更加方便和有效。

Windows 10 系统为用户提供了"已平衡""节能程序"等多个电源使用计划，同时还可通过电源查看选项，调整当前屏幕亮度和查看电源状态，如电源连接状态、充电状态、续航状态等。

电源计划是控制便携式计算机如何管理电源的硬件和系统设置的集合。Windows 10 有以下两个默认计划：

①已平衡。此模式为默认模式，CPU 会根据当前应用程序的需求动态调节主频，在需要时提供完全性能和显示器亮度，但是在计算机闲置时 CPU 耗电量下降，以节省电能。

②节能程序。这是延长电池使用寿命的最佳选择，此模式将CPU限制在最低倍频工作，同时其他设备也会应用最低功耗工作，电压也低于CPU标准工作电压，整个计算机的耗电量和发热量都为最低，性能也会减弱。

4．应用程序的安装

操作系统自带了一些应用软件，我们可以直接使用，例如画图工具、多媒体播放软件Windows Media Player、Windows照片查看器等。但这些软件远远不能满足我们的应用需要，因此还需要下载第三方应用程序，对其进行安装、卸载和使用。

在计算机上安装哪些程序取决于用户的应用需求，常用的有办公辅助软件、影音播放软件、图片浏览和处理软件、压缩/解压缩软件、聊天软件、下载软件、系统安全软件等。

一般情况下，大部分应用软件的安装过程是基本相同的，安装方式通常有两种：一种是从光盘直接安装，另一种是通过双击相应的安装图标启动安装程序。一般启动安装程序后，会出现安装向导，用户可以按照安装向导的提示一步一步地进行操作，正确设置其中的选项，就能安装成功。在安装成功后，计算机会给出提示，表示安装成功，有些软件在安装成功后需要重启计算机才能生效。如果安装不成功，计算机也会给出提示，用户可以根据提示重新安装。

项目实施

1．启动控制面板

利用控制面板对系统环境进行设置，首先需要启动控制面板。可以通过多种方式启动控制面板。

①单击搜索框，输入"控制面板"，再单击搜索得到的选项。

②打开【此电脑】窗口，在如图2-3-19所示的位置单击【控制面板】按钮，即可启动控制面板。

③在【运行】（在【开始】菜单处右击即可找到【运行】命令）窗口中输入control命令，即可打开【控制面板】。

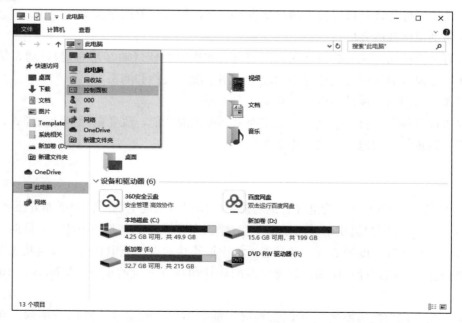

图2-3-19　【此电脑】窗口中的【控制面板】按钮

2. 设置系统时间和日期

在 Windows 10 中，系统会自动为存档文件加上日期和时间，以供用户检索和查询。任务栏右侧显示了当前系统的日期和时间，用户可以更改日期和时间，具体步骤如下：

①打开【设置】选项，选择【时间和语言】，弹出如图 2-3-20 所示的窗口，单击【自动设置时间】开关，将【自动设置时间】选项关闭。

②在弹出的【日期和时间】对话框中单击【更改日期和时间】按钮，如图 2-3-21 所示。

③在如图 2-3-21 所示的【日期和时间】对话框中，在日期栏中设置好当前的年、月、日，在时间栏中设置好时、分，设置完成后单击【更改】按钮即可。

图 2-3-20　单击【日期和时间】按钮
弹出的消息对话框

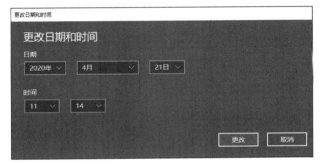

图 2-3-21　【日期和时间】对话框

3. 更改鼠标的设置

更改鼠标按钮的工作方式步骤如下：

①打开【设置】，选择【设备】选项，然后选择【鼠标】选项，再选择【其他鼠标】选项。

②切换到图标模式，单击"鼠标"链接，打开【鼠标属性】对话框，如图 2-3-22 所示。

③若要交换鼠标左、右键的功能，则选中【切换主要和次要的按钮】复选框；若要更改双击的速度，可在【双击速度】下方拖动速度滑块进行调整。

④单击【确定】按钮完成设置。

更改鼠标指针的外观的步骤如下：

①按照前面的方法打开【鼠标属性】对话框，选择【指针】选项卡，如图 2-3-23 所示。

图 2-3-22　【鼠标属性】对话框

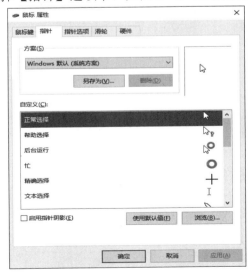

图 2-3-23　【指针】选项卡

②若要为所有指针修改新的外观，可单击【方案】下拉列表，然后单击并选择新的鼠标方案；若只是更改单个指针样式，可在【自定义】下拉列表中选择要更改的指针，单击【浏览】按钮，在打开的对话框中选择要使用的指针样式，然后单击【打开】按钮。

③单击【确定】按钮完成设置。

4. 更改电源设置

Windows 10 提供的电源计划并非不可改变，如果觉得系统默认提供的方案都无法满足要求，可以对其进行详细设置，具体操作步骤如下：

①打开【控制面板】，在图标模式下单击【电源选项】按钮。

②打开【电源选项】窗口，选择要设置的电源计划，单击【更改计划设置】链接。

③进入【编辑计划设置】窗口，修改关闭显示器的时间和自动进入睡眠状态的时间，如果还需要进行更详细的设置，可单击【更改高级电源设置】链接。

④在【电源选项】对话框中对所需要设置的项目（如 USB 设置、笔记本盒子设置等）进行选择即可。

⑤单击【确定】按钮，再回到【编辑计划设置】窗口中，单击【保存修改】按钮完成设置。

5. 卸载应用程序

对于不再使用的应用程序，可以将其删除（又叫卸载），以释放磁盘空间。当应用程序出现故障时，也可以将其卸载后重新安装。卸载应用程序的具体步骤如下：

①打开【控制面板】，在类别模式下单击【卸载程序】链接（见图 2－3－24）或在图标模式下单击"程序和功能"链接。

②进入【程序和功能】窗口，此页面显示了系统当前所有已安装的工具软件，从程序列表中单击选中要卸载的程序，单击列表框上方的卸载程序，或者右击并在弹出的快捷菜单中选择【卸载】命令，如图 2－3－25 所示。

图 2－3－24　在图标模式中选择【卸载程序】链接　　　　图 2－3－25　　【程序和功能】窗口

③弹出【程序卸载向导】对话框，根据提示即可完成程序的卸载。

课后练习

1. 安装 360 压缩软件，然后将其卸载。
2. 修改显示器关闭的时间和自动进入睡眠状态的时间。

1.3　子项目　管理用户账户

项目展示

Windows 10 是一个多用户操作系统，当多个用户使用同一台计算机时，可以使用不同的用户账户来保留各自对操作系统的环境设置，以使每一个用户都有一个相对独立的空间。Windows 10 要求一台计算机上至少有一个管理员账户。本子项目介绍用户账户的概念和用户账户的相关操作。

支撑知识

1. 什么叫用户账户

用户账户是一个信息集，定义了用户可以在 Windows 系统中执行的操作。在独立计算机或作为工作组成员的计算机上，用户账户建立了分配给每个用户的特权。通过用户账户，可以在拥有自己的文件和设置的情况下与多个人共享计算机，每个人都可以使用用户名和密码访问其他用户账户。

2. 用户账户的类别

Windows 10 中有三种类型的账户，每种类型为用户提供不同的计算机控制级别。
①标准账户：适用于日常使用计算机的用户。
②管理员账户：可以对计算机进行最高级别的控制，但应该只在必要时才使用。
③来宾账户：主要针对需要临时使用计算机的用户。

3. 用户账户控制

用户账户控制（User Account Control，UAC）是微软为提高系统安全性而引入的技术，可帮助计算机防范黑客或恶意软件的攻击。它要求所有用户在标准账户模式下运行程序和任务，只要程序要对计算机执行重要更改，UAC 就会通知用户，并询问用户是否许可。

UAC 最初在 Windows Vista 中引入，现在它产生的干扰已经减少，而且更加灵活了。UAC 的工作原理是调整用户账户的权限级别。如果正在执行标准用户可以执行的任务（如阅读电子邮件、听音乐或创建文档），则即使以管理员的身份登录，也具有标准用户的权限。

如果具有管理员权限，则还可以在"控制面板"中微调 UAC 的通知设置。对计算机做出需要管理员级别权限的更改时，UAC 会发出通知。如果是管理员，则单击【是】按钮才能继续操作。如果不是管理员，则必须由具有计算机管理员账户的用户输入其密码才能继续操作。如果授予一个标准账户管理员的权限，则他将暂时具有管理员的权限来完成任务，任务完成后，他所具有的权限将仍是标准用户权限。

项目实施

1. 创建新账户

如果想在本地计算机中创建一个账户，命名为"你好"，具体的操作步骤如下：
①打开【控制面板】窗口，在图标模式下选择【更改账户类型】选项，进入【管理账户】窗口，

单击【在电脑设置中添加新用户】选项，如图 2－3－26 所示。

②进入设置界面，在左侧选择【家族和其他用户】选项，在右侧菜单栏中单击【将其他人添加到这台电脑】按钮，如图 2－3－27 所示。

图 2－3－26　通过【控制面板】窗口打开【管理账户】窗口　　　图 2－3－27　添加其他成员

③进入【Microsoft 账户】界面，输入要添加的联系人的电子邮件地址或电话号码。如果他们使用的是 Windows、Office、Outlook 或 Skype，请输入他们用于登录的电子邮件地址或电话号码，然后单击【下一步】按钮。

④进入【创建新账户】界面，根据系统提示将信息完整保存，再单击【下一步】按钮，如图 2－3－28所示。

⑤至此，名称为"你好"的新账户已创建成功，如图 2－3－29 所示。

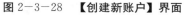

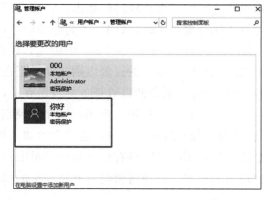

图 2－3－28　【创建新账户】界面　　　图 2－3－29　新账户创建成功的界面

2．更改用户密码

在计算机中，若要更改用户密码，具体的操作步骤如下：

①选择控制面板下的【用户账户】选项，打开如图 2－3－30 所示的界面。

②在图 2－3－30 中选择【用户账户】选项，打开二级的【用户账户】窗口，选择【更改账户信息】选项区下的【管理其他账户】选项，跳转到【管理账户】界面，单击更改密码的账户"你好"。

③在打开的【更改网络的账户】窗口中，在【更改密码】窗口中单击【更改密码】按钮并按要求更改密码，最后保存设置，如图 2－3－31 所示。

图 2－3－30　【用户账户】窗口　　　　　　图 2－3－31　更改账户密码

3. 更改账户的头像

为"你好"账户选择一张动物的图片，显示在欢迎屏幕和【开始】菜单中，更改账户头像的方法如下：

①打开【设置】窗口，进入【账户】界面。

②在账户信息区中选择设置选项。

③在【创建头像】选项区中有【相机】和【从现有图片中选择】选项，如图 2－3－32 所示。

4. 切换账户

如果要从当前账户切换到新创建的"你好"账户，操作步骤如下：

①单击【开始】按钮，打开【开始】菜单。

②此时有几个账户就会显示几个头像，如图 2－3－33 所示，直接单击想要切换的用户的头像，即可实现账户的切换。

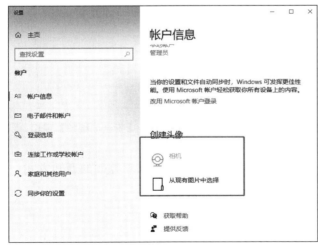

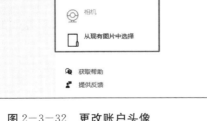

图 2－3－32　更改账户头像　　　　　　图 2－3－33　切换账户

5. 删除账户

如果要删除"你好"账户，则必须使用管理员账户登录系统。注意，不能删除当前正在使用的账户。删除账户的操作步骤如下：

①确认当前登录的用户是管理员账户，如果不是，则切换到管理员账户。

②打开【控制面板】，进入【用户账户】窗口，单击【管理其他账户】链接。

③单击"你好"账户图标，进入【更改账户】窗口，单击【删除账户】（若只有一个账户，则没有【删除账户】选项）链接。如图2-3-34所示为删除账户后的显示。

6. 用户账户控制

切换账户功能虽然大大增强了系统的安全性，但是难免会对我们的工作产生一定的干扰，因此用户可以自定义账户控制的消息通知方式。其操作步骤如下：

①打开【控制面板】，在【系统和安全】选项区中单击"查看你的计算机状态"链接（见图2-3-35），进入【系统和安全】窗口（见图2-3-36）。

图2-3-34　删除账户

图2-3-35　单击"查看你的计算机状态"链接

②打开【安全和维护】窗口，如图2-3-37所示，单击左侧的"更改用户账户控制设置"链接。

图2-3-36　【系统和安全】窗口

图2-3-37　【安全和维护】窗口

③打开【用户账户控制设置】窗口，拖动左侧的滑块即可设置用户账户控制的通知方式，每一个选项都有相应的说明，可根据需要进行设置。

课后练习

为计算机创建一个标准账户，设置密码和图片。

项目四　Windows 10 系统自带程序的应用

项目展示

Windows 10 系统自带了很多深度简化的附加小程序和功能，这些小程序可以让计算机的操作变得更加简单有趣，如写字板、截图工具等。而一些使用功能则便于让用户解决一些实际工作中的问题，如远程桌面连接、便利贴等。

支撑知识

1. 记事本

记事本是一个非常小巧的文档工具。它不像 Microsoft Office 中的 Word 那样有很强大的功能，如果用户的文档无须进行复杂的格式设置，则可以使用记事本。记事本文件的扩展名为"txt"。

2. 截图工具

截图工具是 Windows 10 系统较有特色的附加工具，用户可以使用它捕获屏幕上任何对象的快照或截图，甚至还可以捕获全屏屏幕、已经打开的菜单命令的截图，并能在捕获之后对捕获的图片添加注释并保存。

3. 便利贴

便利贴程序是 Windows 10 系统自带的一款附件，它在桌面上运行，用于记录待办事项或重要信息等。有了便利贴的帮助，用户即可轻松安排好工作与个人事务。

4. 计算器

进入 Windows 10 时代，操作系统中的计算器比以往的版本更加人性化，且计算器加入了新的功能，这些新的功能在工作和生活中有大量的应用，能够给我们带来新的体验。虽然计算器属于 Windows 附件，但并不能在开始菜单的【Windows 附件】选项中找到。

计算器程序是 Windows 系统自带的简易附件，其操作方法和日常生活中使用的计算器相同，只不过计算机中的计算器是用鼠标单击计算器上的数字、运算符按钮或通过键盘输入数字、运算符号。使用计算器可以完成基本的算术运算，如加、减、乘、除等，同时它还具有科学运算的功能，如开方运算、阶乘运算等。

5. 画图工具

画图工具是 Windows 10 操作系统自带的程序，是相对简单而实用的图形图像处理软件，它除了具有简单的图形图像处理功能外，还可以通过手工绘制简单的图画，并且保存为多种文件格式，以及查看、编辑扫描好的照片、打印绘图等。

6. 远程桌面连接设置

如果计算机出现问题，有时用户可能需要他人帮助，这时可以使用 Windows 远程协助功能邀请某个人连接到自己的计算机帮助解决问题，即使帮助者不在附近也可实现。

帮助者的计算机与本地用户的计算机连接后，帮助者就能够查看用户的计算机屏幕，并就看到的情况与用户实时聊天。得到用户的允许后，帮助者可以使用他的鼠标和键盘控制用户的计算机，并向用户演示如何解决问题。用户也可以使用同样的方法帮助其他人，这就是远程协助。

7. 网络连接设置

如果已经有互联网接入接口，在 Windows 10 中进行一些相关的设置就可以将计算机连接到互联网。一般情况下，网络连接有有线连接和无线连接两种方式。

项目实施

1. 记事本的使用

要想使用附件工具，首先需要打开附件位置。在 Windows 10 操作系统中，使用鼠标单击屏幕左下角的【开始】按钮或按键盘中的【Win】键，打开开始菜单后，单击【所有应用】选项，展开【所有应用】子菜单后，拖动鼠标找到并展开"Windows 附件"文件夹，即可发现常用的记事本，从而启动记事本程序。在使用记事本时，如果希望文本能够自动换行，则要选择【格式】菜单下的【自动换行】选项，如图 2－4－1 所示。

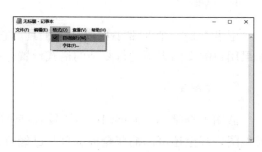

图 2－4－1　【记事本】窗口

2. 启动截图工具

新安装的电脑系统或工作原因等不能使用网络的用户，在无法下载第三方截图工具的情况下，Windows 10 系统自带的截图工具就能显示出它的作用了。下面介绍截图工具的启动、快捷方式及快捷键的建立。

①打开电脑的【运行】窗口，可以直接按【Win＋R】组合键或右键点击电脑左下角的【Win】图标，在弹出的选择框内选择【运行】。

②在运行对话框中输入"snippingtool"，按【确定】，会直接弹出系统自带的截图工具。

③还可以左键点击【Win】图标，在弹出的窗口中依次选择【所有应用】—【Windows 附件】—【截图工具】。

④建立快捷方式。在第三步中，直接将【截图工具】拖动到电脑桌面便可形成一个快捷方式。

如想通过快捷键启动截图工具，可以进行如下设定：右键点击【截图工具】快捷方式图标，选择【属性】，在弹出的窗口中【快捷方式】栏目下有【快捷键】一项，直接按键盘上的字母键，即可形成快捷键，如直接按【S】，会自动形成【Ctrl＋Alt＋S】的快捷键（必须为英文状态下输入）。下次使用时，可以直接通过按【Ctrl＋Alt＋S】的组合键启用截图工具。

3．便笺的应用

单击桌面左下角【开始】按钮，在弹出的【开始】菜单中单击【所有程序】中的【Windows 附件】，找到【便笺】选项，如图 2-4-2 所示，即可启动便笺程序，如图 2-4-3 所示。

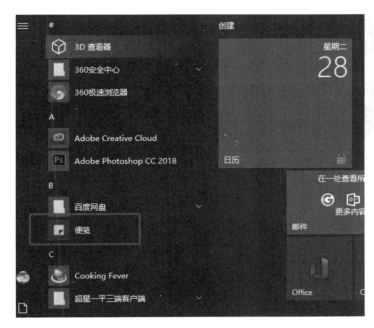

图 2-4-2　【开始】菜单中的【附件】下的【便笺】选项　　　图 2-4-3　【便笺】启动界面

如果在桌面上添加一个便笺后，还想继续添加便笺，单击便笺左上角的【新建便笺】按钮，即可新添加一个便笺。

（1）更改便笺的大小

如果便笺中的内容较多，那么在默认情况下，便笺会自动增加长度以便于用户查看，但如果便笺内容过多，查看起来还是比较麻烦的，这时可以更改便笺的大小，使其更符合用户的观感。

将鼠标置于要更改大小的便笺四个角中任意一个角上，拖动到合适的位置松开鼠标，此时可以看到便笺变得合适多了。

（2）删除便笺

便笺使用完后，我们也可以把它删除，使桌面变得整洁美观。

将鼠标置于要删除的便笺右上角的删除按钮上，单击【删除便笺】按钮，在弹出的对话框中，单击【是】按钮，即可完成删除。

4．启动计算器

单击桌面左下角【开始】按钮，在弹出的【开始】菜单中单击【计算器】命令（在开始菜单中可以根据计算器的首字母 J 进行快速定位），即可启动计算器程序，如图 2-4-4 所示。计算器默认情况下的界面如图 2-4-5 所示，这是一种最简单的标准型计算器模式。

图 2-4-4　计算器程序

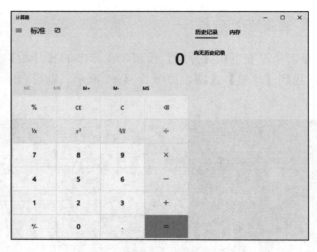

图 2-4-5　标准型计算器

通过【查看】菜单，可以切换计算器的其他模式，如科学、程序员等，如图 2-4-6 所示。在这些模式下，计算器能够完成更加复杂的运算。在"程序员"模式下，用户可以进行二进制、八进制、十进制以及十六进制数之间的转换和运算等；在"科学"模式下，用户可以进行更复杂的数学运算。

4. 启动"画图"工具

要想使用附件工具，首先需要打开附件位置。在 Windows 10 操作系统中，使用鼠标单击屏幕左下角的开始按钮或按键盘中的【Win】键，打开【开始】菜单后，单击【所有应用】选项，展开【所有应用】子菜单后，拖动鼠标找到并展开

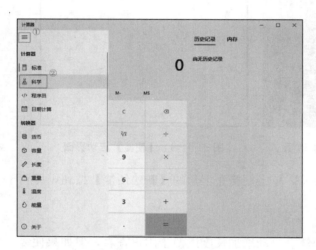

图 2-4-6　计算器模式切换

"Windows 附件"文件夹，即可发现常用的画图工具。

画图工具功能简单，无法与专业图像处理软件 Photoshop 等相比较，但它具有一些常见的图形图像处理应用，如标注图片、裁剪图片大小、翻转或旋转、拉伸或倾斜等功能。

5. 远程桌面连接

（1）开启本地的远程桌面

如果用户想要连接某台远程计算机，则需要打开该计算机的远程连接功能，并设置远程连接的用户，设置方法如下：

①打开【控制面板】，并在弹出的窗口中单击【系统】命令。

②在打开的【系统】窗口中，单击窗口左侧的"远程设置"文字链接，如图 2-4-7 所示。

③在弹出的【系统属性】对话框的【远程】选项卡中，在【远程桌面】区域选中【仅允许运行使用网络级别身份验证的远程桌面的计算机连接（建议）】选项，如图 2-4-8 所示，然后单击【确定】按钮。

图 2-4-7　【系统】窗口　　　　　　　　图 2-4-8　【系统属性】对话框中设置【远程桌面】

（2）使用远程桌面连接

在确定对方用户允许远程桌面连接后，本地用户即可通过计算机上的远程桌面连接功能来连接对方计算机，操作步骤如下：

①执行【远程桌面连接】命令。单击【开始】按钮，在弹出的【开始】菜单中执行【所有程序】下的【Windows 附件】中的【远程桌面连接】命令，如图 2-4-9 所示。

②在弹出的【远程桌面连接】对话框中，单击【显示选项】按钮，输入远程计算机名称。单击【选项】按钮后，在显示出的远程桌面连接详细信息输入界面的【常规】选项卡中，在【登录设置】区域输入计算机名、用户名等信息，单击【连接】按钮，如图 2-4-10 所示。系统即开始尝试进行远程桌面连接，在弹出的【Windows 安全】对话框中输入该计算机的用户名和密码，然后单击【确定】按钮后，远程桌面连接向导开始连接远程计算机，用户耐心等待即可。连接成功后，用户的计算机即会全屏显示远程计算机的桌面，单击桌面顶部的还原按钮即可将全屏显示切换回窗口显示。

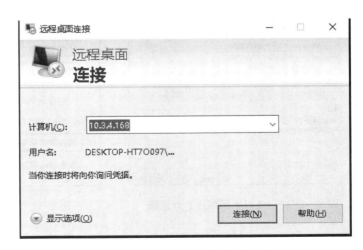

图 2-4-9　远程桌面连接命令　　　　　　图 2-4-10　【远程桌面连接】对话框

6. 网络连接设置

将网线一端与互联网接通，另一端与计算机网卡的接口接通，就可以使计算机与互联网相连。如果网线接入正确，则在主机网卡接口处会亮起一个闪烁的指示灯。

网线插好后，想要上网，就需要设置电脑的 IP 地址。单击任务栏右下角的网络连接按钮，在弹出的菜单中选择【网络和 Internet 设置】选项，如图 2－4－11 所示，在打开的网络连接设置对话框中，单击【以太网】，如图 2－4－12 所示。

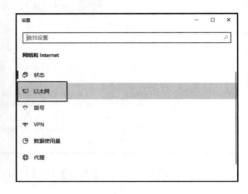

图 2－4－11　任务栏【网络连接】按钮　　　　图 2－4－12　【网络连接设置】对话框

在打开的对话框中，选择【更改适配器选项】，在弹出的对话框中，右击出现的以太网连接属性，打开【以太网属性】对话框，如图 2－4－13 所示。

双击【本地连接属性】对话框中的【Internet 协议版本 4（TCP/ IPv4）】，弹出如图 2－4－14 所示的对话框。在对话框中分别输入指定的 IP 地址、子网掩码和默认网关，以及 DNS 服务器地址。

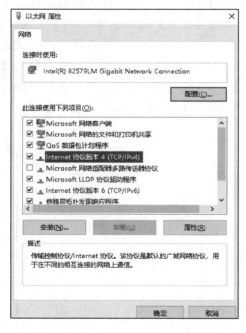

图 2－4－13　【以太网属性】对话框　　　　图 2－4－14　【Internet 协议版本 4（TCP/IPv4）属性】对话框

第 3 章　Word 2016 文字处理

项目一　初识 Word 2016

项目展示

Word 2016 是 Office 2016 中的一个核心组件。作为一款最流行、最专业的文档编辑软件，Word 因其强大的文字处理与排版功能，得到广大用户的认可和接受。Word 2016 适用于所有类型的文字处理，例如书写备忘录、信函、论文、书籍和长篇报告等。

Word 2016 的主要功能包括：

①Word 文档内容的录入与编辑；

②Word 文档的格式设置；

③Word 模板、样式和主题的应用；

④Word 文档的图文混排；

⑤Word 中表格的创建和编辑；

⑥Word 长文档的处理；

⑦Word 信封与邮件合并；

⑧Word 文档的审阅、批注和保护。

本章的学习目标是掌握 Word 2016 的基本操作，熟练应用 Word 2016 的文字排版、页面排版和表格编辑等功能。

支撑知识

1. Word 2016 的特点

Office 2016 是配合 Windows 10 环境全新开发的应用平台，Word 本身也新增了"Insights for

Office""Read Mode"等特色功能，下面进行简单介绍。

（1）配合 Windows 10 的改变

微软在 Windows 10 上针对屏幕触控操作有了很多改进，Office 2016 无论是从界面、功能还是从应用上都和 Windows 10 保持高度一致。此外，Office 2016 在台式计算机、平板电脑、手机等不同设备上的用户体验是相近的。Office 2016 特别针对平板电脑和手机的触控操作进行了优化，它是一款真正适用于手机的办公软件。

（2）主界面充满 Microsoft Windows 风格

图 3-1-1 是启动 Word 2016 的主界面，左侧是文件"新建""打开"和账户信息等功能，右侧上方罗列了各种类型文件的模板供用户选择，下方则提供了有关当前文档的信息以及最近使用过的文档的信息。这种设计符合 Microsoft Windows 用户的使用习惯。

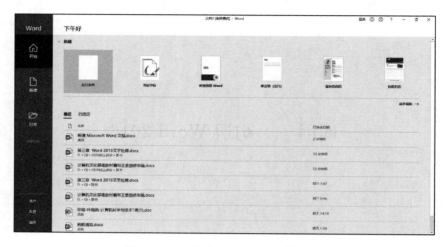

图 3-1-1　启动 Word 2016 的主界面

（3）主题色彩新增彩色

Office 2016 的主题色彩有明显的改变，每个应用对应相应的色彩主题，比如 Word 为蓝色、Excel 为绿色、PowerPoint 为橙红色，如图 3-1-2 所示。在此前的版本中，这些应用只有白色和灰色可选，而 Office 2016 的默认主题色彩是彩色。

图 3-1-2　Office 2016 应用的主题色彩

（4）新增触摸模式

Office 2016 和 Windows 10 一脉相承，主界面的风格更加协调，为了适配操作系统，在各种应用左上角的快速访问工具栏中新增一个手指标志按钮，如图 3－1－3 所示。在触摸模式下，可见选项卡的命令之间的间距增大，更加利于手指直接操作。

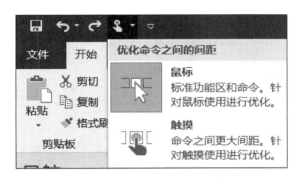

图 3－1－3　Word 2016 新增触摸模式

图 3－1－4　Clippy 助手工具——【大眼夹】

（5）新增【Tell me】搜索栏

97—2003 版的 Office 有一个 Clippy 助手工具——类似于回形针的【大眼夹】，如图 3－1－4 所示。该工具是提供各种搜索功能的辅助系统入口，在 Office XP 中默认隐藏，Office 2003 默认不安装，2007 年从 Office 2007 中移除。

Word 2016 中，Clippy 的升级版惊喜回归，它就是选项卡中新增的【Tell me】文本框，中文为【操作说明搜索】文本框，如图 3－1－5 所示。该功能提供了一种全新的智能查找帮助，例如添加批注、解决故障等问题。

图 3－1－5　【Tell me】【操作说明搜索】文本框

（6）新增手写公式

在以往版本的 Office 中，用户可以使用公式编辑器插入公式，也可以手动插入自定义公式。编辑一个结构复杂的公式需要很多步骤和调整，而 Word 2016 新增一款强大而实用的功能【墨迹公式】——手写数学公式，再转换为系统可识别的文本格式，如图 3－1－6 所示。

（7）新增智能查找功能

微软在 Edge 浏览器中已经加入 Cortana 必应搜图功能，Office 2016 再度和必应团队联手，新增【Insights for Office】功能，用户无须在浏览器中进行搜索，可直接调用搜索引擎在在线资源中进行智能查找。该功能被整合到了右键快捷菜单中，如图 3－1－7 所示，只需选中搜索对

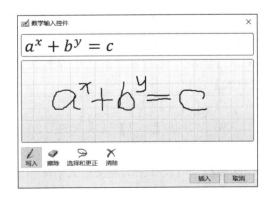

图 3－1－6　【墨迹公式】

象，在鼠标右键弹出的快捷菜单中选择【智能查找】命令。

图 3-1-7　【智能查找】功能

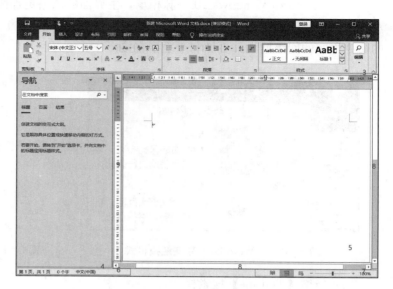

图 3-1-8　Word 2016 工作窗口

2. 认识 Word 2016 界面

Word 2016 工作窗口的主界面及各部分名称如图 3-1-8 所示。该界面主要由标题栏、选项卡的功能区、文档工作区、导航窗格、滚动条、标尺、状态栏和视图栏等部分组成。

（1）标题栏

标题栏位于 Word 2016 工作窗口的最上方。从左到右依次是快速访问工具栏、当前编辑文档名称、程序的名称、【登录】按钮、【功能区显示选项】按钮和窗口控制按钮。

①快速访问工具栏。

快速访问工具栏独立于其他选项卡，用于快速执行某些常用的操作，默认显示的按钮有【保存】、【撤销】、【恢复】和【触摸/鼠标模式】，用户还可以根据自己的使用习惯自定义快速访问工具栏，单击快速访问工具栏右侧的下拉菜单即可，如图 3-1-9 所示。

②【登录】按钮 登录 ：单击该按钮，可以登录 Microsoft 账户。

③【功能区显示选项】按钮：单击该按钮，可以选择是否自动隐藏功能区、仅显示功能区选项卡以及显示选项卡和命令。

④窗口控制按钮：从左到右依次为【缩小】、【放大】、【还原】和【关闭】。【还原】按钮和【放大】按钮不同时存在，当窗口已经最大化时，显示【还原】按钮；当窗口非最大化时，显示【放大】按钮。

（2）【文件】选项卡

Word 2016【文件】选项卡如图 3-1-10 所示，除基本的文件"新建""打开""关闭"和"打印"等功能外，还提供了新建文件时可使用的模板，以及有关当前文档的信息和最近使用过的文档的信息。

（3）功能区

功能区是 Word 2016 的控制中心，集合了所有重要功能。默认

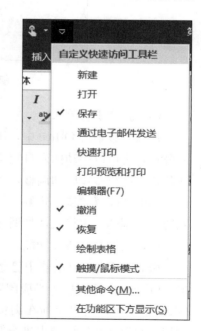

图 3-1-9　自定义快速访问工具栏

情况下，功能区包括【开始】【插入】【设计】【布局】【引用】【邮件】【审阅】【视图】8 个选项卡，选择某个选项卡即可展开对应的功能。用户也可以根据自己的需要自定义选项卡，在【文件】选项卡中选择【选项】，在弹出的【Word 选项】对话框（图 3-1-11）中，选择【自定义功能区】命令，即可进行选项卡的自定义。

图 3-1-10　【文件】选项卡

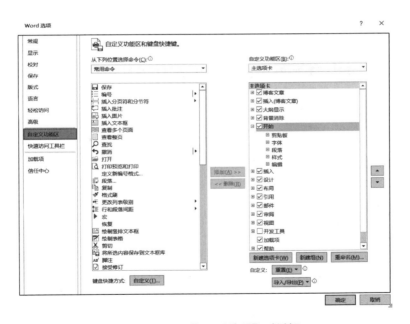

图 3-1-11　【Word 选项】对话框

此外，当在文档中插入图片、艺术字、文本框、表格等对象后，选中该对象时，功能区会显示与所选对象编辑相关的选项卡。例如在文档中选择图片后，功能区会显示【图片工具/格式】选项卡。

每个选项卡由多个组组成。例如，【开始】选项卡由【剪贴板】【字体】【段落】【样式】和【编辑】5 个组组成。有些组的右下角有一个指向右下方的箭头小图标 ，称为【扩展功能】按钮，当鼠标指向该按钮时，可预览对应组的功能说明，单击该按钮，则弹出对应组的对话框或窗格。

（4）文档工作区

文档工作区是 Word 2016 工作窗口最主要的组成部分，位于窗口中央，默认以白色为背景。用户在该区域对文本进行输入、编辑、排版等操作。

（5）导航窗格

默认情况下，Word 2016 的主界面显示导航窗格，如图 3－1－12 所示，用户在搜索框中输入内容，程序会自动在当前文档中进行搜索。在导航窗格中有【标题】【页面】和【结果】三个选项卡，选择某个选项卡，可以切换到相应的页面。其中，【标题】页面显示的是当前文档的标题，【页面】页面是以缩略图的形式显示当前文档的每一页内容，【结果】页面非常直观地显示搜索结果。

当文档已经设置好章节目录时，导航窗格可以通过显示文档的各级标题来显示文档结构，并以亮色显示当前光标所在页面在文档中的标题和页面位置，如图 3－1－12 所示。用户可以通过拖动导航窗格中的标题来改变标题位置，以实现文档内容顺序的重新组织。一旦把某个标题移动到导航窗格的另一个位置上，则该标题下的文本位置也会随之移动，无须大批量复制和粘贴操作。

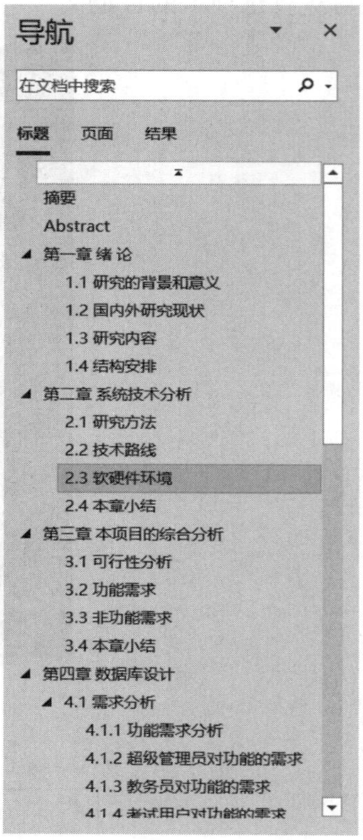

（6）滚动条

滚动条包括水平滚动条和垂直滚动条。当文本内容超出窗口的显示范围时，文档工作区底端和右侧会分别出现水平滚动条和垂直滚动条，拖动滚动条中的滑块，或者单击滚动条两端的小三角形按钮，文档工作区中显示的区域会随之滚动。

（7）标尺

标尺包括水平标尺和垂直标尺，可用于显示文字的位置、设置段落或者行的缩进等。勾选【视图】选项卡【显示】组的【标尺】选项，可以显示标尺。

图 3－1－12 　导航窗格

（8）状态栏

状态栏用于显示文档编辑的状态，默认显示文档的当前页码、文档总页数、文档字数、文档检错结果、输入法状态等信息，用户可以根据需要通过鼠标右键自定义状态栏中显示的信息。

（9）视图栏

视图栏包括视图切换按钮 和显示比例调节工具 100%。视图切换按钮用于切换当前文档在不同视图下的显示，也可以在【视图】选项卡【视图】组选择相应的视图按钮。显示比例调节工具用于调节和显示当前文档的显示比例，也可以在【视图】选项卡【缩放】组的【缩放】选项进行设置，还可以按住键盘【Ctrl】键并同时滚动鼠标滚轮进行比例缩放。

3. Word 2016 的视图方式

"视图"就是文档在屏幕上的显示方式。Word 2016 提供了 5 种不同的视图方式，从不同的角度显示文档，用户可以根据主观需求在各种视图之前切换。视图方式的切换可以通过视图栏的视图切换按钮设置，也可以在【视图】选项卡【视图】组选择相应的视图按钮。下面介绍各种不同的视图方式。

（1）阅读视图

"阅读视图"以图书的分栏样式显示 Word 2016 文档，【文件】选项卡、功能区等窗口元素被隐藏起来，从而腾出最大的阅读空间。在阅读视图中，用户还可以单击【工具】按钮选择各种阅读工具，例如查找、翻译、显示字体大小、显示批注、更改页面颜色等，如图 3-1-13 所示。

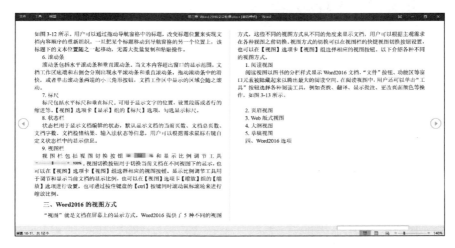

图 3-1-13　"阅读视图"窗口

（2）页面视图

"页面视图"是打开 Word 时的默认视图方式，也是最常用的一种视图方式。在该视图下，页眉、页脚、图形对象、分栏设置、页面边距、格式标记等元素可以显示出来，显示效果和实际打印效果一致。

（3）Web 版式视图

"Web 版式视图"以网页的形式显示 Word 文档。在该视图下，用户可以像在浏览器中浏览网页一样浏览文档，每行文本的长度自动适应窗口大小，该视图下也可以进行编辑、排版操作，如图 3-1-14所示。

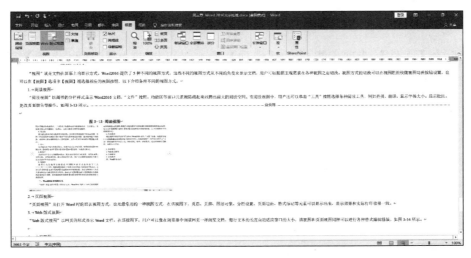

图 3-1-14　"Web 版式视图"窗口

（4）大纲视图

"大纲视图"主要根据文中标题和文本的级别来显示文档的层级结构。在该视图下，用户可以通过双击标题前的"⊕"号来折叠文档以查看各级标题，或者展开文档查看该级标题的文档内容。"大纲视图"因其方便修改文档结构而被广泛用于长文档的快速浏览和设置中。例如，要将某个标题下的内容全部移动到另一个位置，只需用鼠标拖动标题移动到相应位置即可，还可以通过对大纲中各级标题进行"上移"和"下移"来改变文本的位置，或通过"提升"和"降级"来调整文档大纲，如图 3-1-15所示。

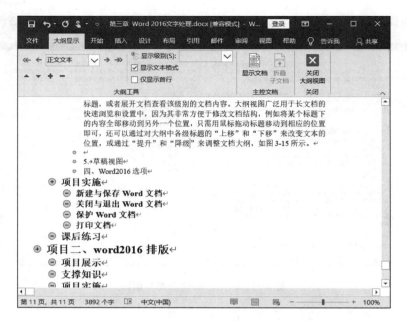

图 3−1−15　"大纲视图"窗口

（5）草稿视图

"草稿视图"取消了页面边距、分栏设置、页眉、页脚和图片等元素，仅显示标题和正文，是最节省计算机系统硬件资源的视图方式。当然，现在计算机系统的硬件配置都比较高，基本不存在由于硬件配置较低而使 Word 2016 运行遇到障碍的问题。"草稿视图"还提供了分页和分节的提示，以单虚线表示分页，以双虚线表示分节。

4．Word 2016 选项

Word 2016 的【文件】选项卡提供了【选项】命令，可以进入【Word 选项】对话框，如图 3−1−16所示，该对话框提供了对 Word 默认属性的更改和设置。

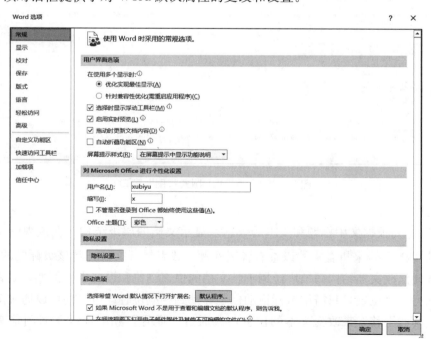

图 3−1−16　【Word 选项】对话框

①【常规】选项可以对使用 Word 时采用的常规选项进行设置，包括用户界面选项、对Microsoft Office 进行个性化设置、Office 智能服务、启动选项、实时协作选项。

②【显示】选项用于更改文档内容在屏幕上的显示方式和打印的显示方式，包括页面显示选项、始终在屏幕上显示这些格式标记、打印选项。

③【校对】选项用于更改 Word 更正文字和设置其格式的方式，包括自动更正选项、在Microsoft Office 程序中更正拼写时、在 Word 中更正拼写和语法时以及例外项。

④【保存】选项用于自定义文档的保存方式，包括保存文档、文档管理服务器文件的脱机编辑选项、共享该文档时保留保真度。

⑤【版式】选项用于进行中文换行设置，包括首尾字符设置、字距调整、字符间距控制。

⑥【语言】选项用于设置 Office 语言首选项，包括选择编辑语言和选择显示语言。

⑦【高级】选项用于设置使用 Word 时采用的高级选项，包括编辑选项，剪切、复制和粘贴、图像大小和质量，图表，显示文档内容，打印，保存，对象的布局选项，兼容性等。

⑧【自定义功能区】选项设置自定义功能区和键盘快捷键。

⑨【快速访问工具栏】选项用于自定义快速访问工具栏。

⑩【加载项】选项用于查看和管理 Microsoft Office 加载项。

⑪【信任中心】选项用于帮助保持文档和计算机的安全以及计算机的良好状况。

项目实施

1. 新建与保存 Word 文档

（1）新建 Word 文档

安装了 Microsoft Office 软件以后，双击 Word 图标即可启动 Word 程序。Word 程序启动后，选择【文件】选项卡，进入 Backstage 界面，单击【新建】选项（键盘快捷键组合【Ctrl＋N】）。在这种方式下，Word 2016 提供了多种文档的模板，用户可以根据需求选择相应的模板，从模板创建文档，如图 3－1－17 所示。

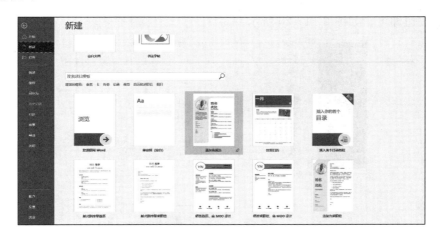

图 3－1－17　新建 Word 文档窗口

用户也可以在资源管理器的空白处单击鼠标右键，在弹出的快捷菜单中选择【新建】—【Microsoft Word 文档】选项，此时在该位置生成一个名为"新建 Microsoft Word 文档．docx"的 Word 文档。

（2）保存 Word 文档

在编辑 Office 文件时，保存文件是非常重要的一个操作，尤其是新建文档，只有执行保存操作后才能存储到计算机硬盘中，以便下次进行阅读和编辑。Word 2016 提供自动保存机制，默认情况下，每隔 10 分钟自动保存文档一次。如果用户需要更改自动保存时间，可在【Word 选项】中更改。对于要保存的新建文档，单击快速访问工具栏中的【保存】按钮▦或者【文件】选项卡的【保存】选项（键盘快捷键组合【Ctrl＋S】）。如果是第一次保存该文档，则单击【保存】按钮后，进入【另存为】界面，在中间窗格中双击【这台电脑】图标，如图 3-1-18 所示。

打开【另存为】对话框，指定文档的保存位置，输入文件名称，选择文件保存类型，单击【保存】按钮，即可保存当前文档，如图 3-1-19 所示。Word 2016 的默认保存类型为"＊.docx"，如果考虑文档会被低版本的 Word 使用，则可以将文档保存为"Word 97-2003 文档"，其格式为"＊.doc"。

图 3-1-18 【另存为】界面

图 3-1-19 【另存为】对话框

（3）打开 Word 文档

若要对已存在的 Word 文档进行编辑，需要将其打开。一般操作是进入该文档的存放路径，双击该文档将其打开。此外还可在 Word 窗口下，选择【文件】选项卡的【打开】选项，在中间窗格双击【这台电脑】图标，弹出【打开】对话框，再进入文档存放的位置，在列表框中选择需要打开的文档，再单击【打开】按钮即可，如图 3-1-20 所示。

图 3-1-20 打开 Word 文档

2．关闭与退出 Word 文档

（1）关闭 Word 文档

当文档完成编辑并保存后，可将其关闭，单击标题栏右侧的【关闭】按钮✕，或者单击【文件】选项卡的【关闭】选项（键盘快捷键组合【Alt＋F4】）。

如果已打开多篇文档，可以在任务栏上单击 Word 任务图标 W 选择要关闭的文档，单击其右上角的【关闭】按钮，如图 3－1－21 所示。

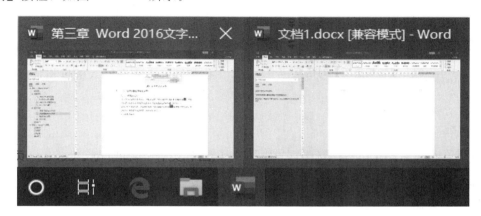

图 3－1－21　使用任务栏关闭 Word 文档

（2）退出 Word

如果要退出整个 Word 程序，可以在任务栏上鼠标右键单击 Word 任务图标，在弹出的菜单中选择【关闭所有窗口】选项，如果有文档进行编辑后尚未保存，则先关闭其他文档，紧接着 Word 弹出一个对话框，询问用户是否对文档中所做的修改进行保存，如图 3－1－22 所示。

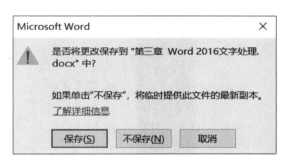

图 3－1－22　保存文档提示对话框

单击【保存】按钮，可保存当前文档，同时关闭该文档；单击【不保存】按钮，将直接关闭当前文档，且不会对该文档进行保存，文档中所做的更改都会被丢弃；单击【取消】按钮，将关闭该提示框并返回当前文档，此时用户可以继续编辑该文档。

3．保护 Word 文档

当某个文档只允许特定的人查看和修改时，可为其设置一个带有密码的打开保护，赋予用户打开文档和修改文档的权限。

单击【文件】选项卡的【另存为】按钮，双击右侧【这台电脑】图标，弹出【另存为】对话框，在该对话框底部选择【工具】菜单栏的【常规选项】，如图 3－1－23 所示，弹出【常规选项】对话框。

【常规选项】对话框如图 3－1－24 所示。可以对文档设置"打开文件时的密码"，一旦设置了密码，只有知道

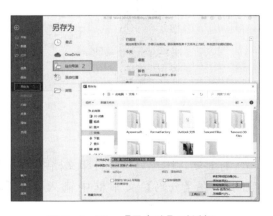

图 3－1－23　【另存为】对话框

密码的用户才能打开它，必须牢记该密码，否则无法打开该文档。

图 3-1-24 【常规选项】对话框

可以对文档设置"修改文件时的密码"，一旦设置了密码，其他用户可以打开和查看该文档，但是无权修改它。必须牢记该密码，否则无法修改该文档。

可以同时设置"打开文件时的密码"和"修改文件时的密码"，一旦同时设置，则用户打开文档需要密码，编辑和修改文档也需要密码。

如果想删除密码，则与设置密码时的操作相同，在密码输入框里将代表密码的"＊"号删除即可。

4．打印文档

打印文档的前提是打印机已经正确连接且处于就绪状态，打印之前可以预览文档效果，设置正确即可开始打印。Word 2016 的打印功能还可将当前文档生成一个 PDF 格式的文档。

（1）打印当前文档

单击 Word 左上角【打印】按钮。如图 3-1-25 所示，Backstage 界面的右侧出现打印预览，可以逐页预览打印效果。

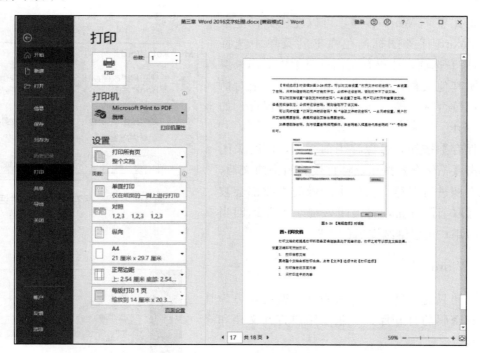

图 3-1-25 打印当前文档窗口

（2）打印指定页面的内容

有时候，用户只需要打印文档中部分页码的内容，可在【设置】组设置打印范围为"自定义打印范围"，在【页码】文本框中输入要打印的页码范围，单击【打印】按钮进行打印即可，如图 3-1-26所示。

图 3-1-26　打印指定页面的内容　　　　　图 3-1-27　只打印选中的内容

（3）只打印选中的内容

打印文档时，除了以"页"为单位打印整页内容外，还可以打印部分选中的对象，它们可以是文本内容，也可以是图片、表格等不同类型的内容。在要打印的文档中，按住鼠标左键拖选要打印的指定内容，在【设置】组设置打印范围为"仅所选内容"，单击【打印】按钮进行打印即可，如图 3-1-27 所示。

课后练习

1．启动与打开 Word 文档

（1）启动 Word 文档

单击任务栏最左边的【开始】菜单，在【所有程序】中选择【Word】选项，启动 Word 2016，如图 3-1-28 所示。

图 3-1-28　启动 Word 2016　　　　　图 3-1-29　打开已有文档

（2）打开已有文档

在已打开的 Word 2016 文档中，在左侧【开始】菜单栏中选择【打开】选项，选择"实验一.docx"文档，单击【打开】按钮。打开的文档如图 3-1-29 所示。

2. 新建与保存 Word 文档

（1）新建 Word 文档

在已打开的 Word 2016 文档中，单击【文件】选项卡的【新建】选项，选择"空白文档"，如图 3－1－30 所示，即可新建一个空白文档。

（2）保存 Word 文档

单击快速访问工具栏上的【保存】按钮 ⊟ 或者【文件】选项卡的【保存】选项，双击【这台电脑】选项，则弹出【另存为】对话框，在本地计算机的合适位置，将文档命名为"实验二.docx"，如图 3－1－31 所示，单击【保存】按钮，即可保存文档。

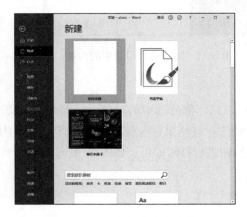

图 3－1－30　新建空白文档　　　　　　图 3－1－31　保存 Word 文档

（3）另存 Word 文档

单击【文件】选项卡的【另存为】选项，双击【这台电脑】选项，在弹出的【另存为】对话框中，选择【保存类型】为"Word 97－2003 文档"，如图 3－1－32 所示，单击【保存】按钮，即可保存一个命名为"实验二.doc"的文档，该文档能被 Word 2003 打开。

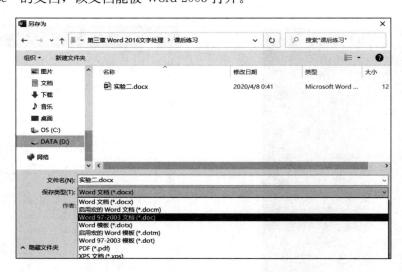

图 3－1－32　另存为"Word 97－2003 文档"

3. 关闭与退出 Word 文档

（1）关闭 Word 文档

单击标题栏右侧的【关闭】按钮 ✕，关闭"实验二.docx"文档。

（2）退出 Word 文档

在任务栏上用鼠标右键单击 Word 任务图标，在弹出的菜单中选择【关闭所有窗口】选项，即可退出整个 Word 2016 程序。

4. 保护 Word 文档

（1）保护 Word 文档

再次打开"实验二.docx"文档，单击【文件】选项卡的【另存为】按钮，双击【这台电脑】图标，弹出【另存为】对话框，在该对话框底部选择【工具】菜单栏的【常规选项】，弹出【常规选项】对话框，如图 3-1-33 所示。

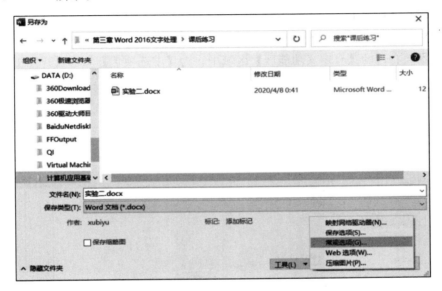

图 3-1-33　【另存为】对话框的【常规选项】

在【打开文件时的密码】文本框中输入"123"作为密码，在【修改文件时的密码】文本框中输入"456"作为密码，密码由于不可见显示为"*"号。单击【确定】按钮，则依次弹出两个【确认密码】对话框，依次确认打开文件时的密码和修改文件时的密码，再次输入密码，如图3-1-34、图 3-1-35所示，单击【确定】按钮。则下次打开"实验二.docx"文档时，必须输入密码"123"；对"实验二.docx"进行文档编辑时，必须输入密码"456"。

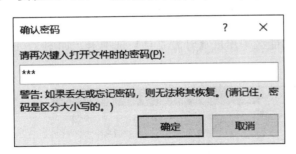

图 3-1-34　在【确认密码】对话框再次键入打开文件时的密码

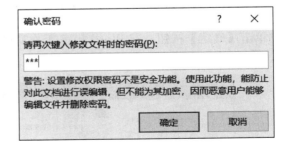

图 3-1-35　在【确认密码】对话框再次键入修改文件时的密码

（2）取消文档保护

用同样的方法，在【常规选项】对话框中，删除"打开文件时的密码"和"修改文件时的密码"，则取消文档保护。

5. 熟悉 Word 2016 工作窗口

（1）查看 Word 2016 的工作窗口

双击打开"实验一.docx"文档，对照前文介绍的内容（图 3－1－8），认识 Word 2016 工作窗口，可以取消勾选【视图】选项卡的【显示】组的【导航窗格】选项，不显示"导航窗格"。

（2）自定义快速访问工具栏

单击快速访问工具栏右侧的下拉菜单按钮，在弹出的【自定义快速访问工具栏】菜单中，可见 Word 默认选中【保存】【撤销】【恢复】三个选项，在此基础上勾选【触摸/鼠标模式】选项 触摸/鼠标模式 ，可以看到在快速访问工具栏上新增了【触摸/鼠标模式】按钮 。

（3）自定义功能区选项卡

单击【文件】选项卡的【选项】，弹出【Word 选项】对话框。在该对话框中，选择【自定义功能区】选项，在界面右边的【自定义功能区】区域中，为【主选项卡】勾选【开发工具】选项，如图 3－1－36 所示。

图 3－1－36 【Word 选项】对话框的【自定义功能区】选项卡

单击【确定】按钮，在 Word 2016 工作窗口的功能区中出现【开发工具】选项卡，如图 3－1－37 所示。

图 3－1－37 【开发工具】选项卡

（4）显示与隐藏标尺、网格线

在【视图】选项卡的【显示】组，勾选【标尺】和【网格线】选项，即可在文档工作区的四周出现水平和垂直标尺，并在文档工作区中显示网格线，如图 3－1－38 所示。

（5）改变显示比例

单击【视图】选项卡中【缩放】组的【缩放】选项，或者单击视图栏右侧【显示比例调节】工具的【缩放级别】按钮 100%，弹出【缩放】对话框。在该对话框中，勾选【显示比例】选项为"75％"，如图 3-1-39 所示，即可见页面显示的内容大小为原始尺寸的 75％。

也可以在状态栏右下角滑动【显示比例调节】工具的滑块，或者单击【显示比例调节】工具的"＋"号和"－"号 ─────┃─────＋，可见页面显示的内容大小随之缩放。

图 3-1-38　显示标尺、网格线

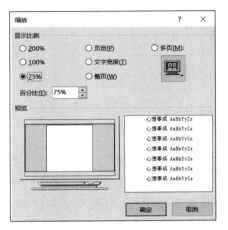

图 3-1-39　【缩放】对话框

6．切换 Word 2016 视图方式

Word 2016 文档默认情况下处于"页面视图"模式。在【视图】选项卡的【视图】组，分别选择【阅读视图】【Web 版式视图】【大纲】和【草稿】选项，或者单击视图栏的不同视图按钮，对照前文和图 3-1-13 至图 3-1-15，分别切换到"阅读视图"模式、"Web 版式视图"模式、"大纲视图"模式和"草稿视图"模式。

7．设置 Word 选项

①单击【文件】选项卡的【选项】，弹出【Word 选项】对话框。选择左边的【保存】命令，在界面右边的【保存文档】区域中，将【保存自动恢复信息时间间隔】修改为"5 分钟"，如图3-1-40 所示。

②选择左边的【显示】命令，在界面右边的【始终在屏幕上显示这些格式标记】区域中，勾选【显示所有格式标记】选项，如图 3-1-41 所示。

图 3-1-40　【Word 选项】的【保存】命令

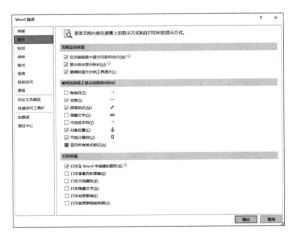

图 3-1-41　【Word 选项】的【显示】命令

③用户可根据需求在【Word 选项】的其他命令中进行更多的个性化设置。

④设置完毕，单击选项对话框右下方的【确定】按钮退出【Word 选项】，再单击文档右上角的【关闭】按钮退出 Word 文档。

项目二　Word 2016 排版

项目展示

Word 文档的编辑和排版是 Word 软件最核心的功能。要制作一篇美观的文档，除进行文本输入外，更重要的是进行格式上的设置，包括字体、段落和页面的格式设置。Word 除在新建文档时提供精美的模板供参考使用外，还提供了格式刷、样式等方便快捷的格式设置工具。

图 3—2—1、图 3—2—2、图 3—2—3 就是经过排版以后的 Word 文档。本项目拟对 Word 文档的文本内容编辑、文档字体、段落和页面的排版以及图文混排做详细介绍。

图 3—2—1　Word 制作的海报

图 3—2—2　Word 制作的名片

图 3—2—3　Word 制作的简历

支撑知识

1. Word 文档的录入和编辑

（1）Word 文档内容的录入

对 Word 文档进行编辑之前，必须先录入各种文档内容，包括普通的文字文本、特殊符号、日期和时间等。掌握 Word 文档内容的录入方法是编辑文档格式的前提。

①录入文本内容。

在 Word 文档中定位好插入点，就可以开始录入文本。插入点也称为"光标"，是一个闪烁的黑色短竖条"｜"，它表明要插入的字符的位置。可以通过鼠标、键盘和命令来移动插入点。

A. 通过鼠标移动插入点。

可以直接在需要录入文档的位置，单击鼠标左键来定位插入点。

B. 通过键盘移动插入点。

可以使用键盘来实现插入点的移动。表 3-2-1 列出了通过键盘移动插入点的常用操作键及功能。

表 3-2-1　通过键盘操作移动插入点的常用操作键及功能

操作键	功能	操作键	功能
←	左移一个字符	Ctrl+←	左移一个词
→	右移一个字符	Ctrl+→	右移一个词
↑	上移一行	Ctrl+↑	移到光标所在段落的开始位置
↓	下移一行	Ctrl+↓	移到下一个段落的开始位置
Home	移到光标所在行的开头	Ctrl+ Home	移到文档首部
End	移到光标所在行的结尾	Ctrl+ End	移到文档尾部
PgUp	上移一屏	Ctrl+ PgUp	移到上一页面的首部
PgDn	下移一屏	Ctrl+ PgDn	移到下一页面的首部
Alt+Ctrl+PgUp	移到光标所在屏的首行开头	Alt+Ctrl+PgDn	移到光标所在屏的末行结尾
Shift+F5	移到最近修改过的 3 个位置		

C. 通过命令移动插入点。

如果文档有多页，可以采用"定位"操作移动插入点。在【开始】选项卡的【编辑】组中，单击【查找】选项下拉列表的【转到】选项（键盘快捷键组合【Ctrl+G】），在弹出的【查找和替换】对话框的【定位】选项卡中，输入要定位的页码，如图 3-2-4 所示。

图 3-2-4　【查找和替换】对话框的【定位】选项卡

文本录入遵循以下规则：

a. 定位光标，开始输入文本，光标后面的文本自动依次后移，文本默认的编辑状态为"插入"状态。如果输入文本会依次改变光标后面的文本内容，则此文本编辑状态为"改写"状态。可以单击状态栏上的【插入】/【改写】按钮，也可以通过按键盘【Insert】键实现两种状态的切换。

b. 如果状态栏不存在【插入】/【改写】按钮，可以在状态栏鼠标右键弹出的【自定义状态栏】中自行定义，如图 3-2-5 所示。

c. 输入法在"半角"状态下，空格占一个字符的位置，在"全角"状态下，空格占两个字符的位置。

d. 当输入到每一行的末尾时，Word 会自动换行。

e. 如果需要重新开始一个段落，可以按键盘【Enter】键实现，按下【Enter】键后，会出现"段落标记符"↵，又称"回车符"，这是一个段落结束的标志。

f. 如果需要换行，但不希望开始一个新的段落，可以按键盘【Shift+ Enter】组合键实现，此时出现符号"↓"。

g. 如果要合并两个段落，可以将光标放在前一个段落的末尾，按键盘【Delete】键删除"回车符"，也可以将光标放在下一个段落的开头，按键盘【Backspace】键删除"回车符"。

图 3-2-5　【自定义状态栏】的【插入】/【改写】按钮

h. Word 2016 默认提供拼写检查，当文本中出现红色波形下划线时，表示可能出现拼写错误；当文本中出现绿色波形下划线时，表示可能出现语法错误。这两种提示性的下划线在实际打印中都不会显示。如果不需要使用该项功能，可以在【文件】选项卡的【Word 选项】对话框的【校对】选项中修改。

②插入符号。

在录入文档内容的过程中，除了普通文字文本，还可以输入一些特殊符号，如"＊""＆""☑""☒"等，有些符号可以通过键盘直接输入，有些符号不能直接输入，可通过插入符号的方法实现。在【插入】选项卡的【符号】组中，单击【符号】选项下拉列表的【其他符号】选项，弹出【符号】对话框，如图 3－2－6 所示。该对话框提供了各种常见符号和特殊符号，用户可以根据需要自行选择。

图 3－2－6　【符号】对话框

③插入日期和时间。

Word 2016 提供了快速插入日期和时间的方法。在【插入】选项卡的【文本】组，单击【日期和时间】选项，弹出【日期和时间】对话框，如图 3－2－7 所示。用户可以根据需要自行选择合适的日期和时间格式，勾选【自动更新】选项，则下次打开文档时该插入点的日期和时间显示为即时时间。

④从文件导入文本。

如果要录入的文本已经存在于某个文档中，用户可以将该文档中的内容直接导入当前文档。在【插入】选项卡的【文本】组，单击【对象】选项下拉列表的【文件中的文字】选项，弹出【插入文件】对话框，选中要导入文本所在的文件，单击【插入】按钮，如图 3－2－8 所示。除可以导入 Word 文件中的文本外，还可以导入文本文件、XML 文件、RTF 文件等不同类型文件中的文本。

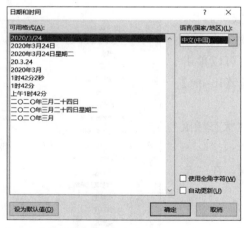

图 3－2－7　【日期和时间】对话框　　　　图 3－2－8　【插入文件】对话框

⑤从网页导入文本。

网页内容除文本外，还有很多图片和隐藏内容。如果只需要网页上的文本内容，可以使用无格式的"复制/粘贴"操作。在网页上选择目标内容后进行复制操作（键盘快捷键组合【Ctrl＋C】），在光标定位处单击鼠标右键，在弹出的菜单中选择【粘贴选项】，并选择【只保留文本】选项，如图 3－2－9 所示。

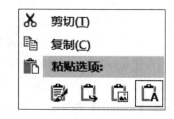

图 3－2－9　【只保留文本】选项

（2）编辑文本。

①选择文本。

对 Word 文档进行编辑的前提是选中文本，遵循"先选定，后操作"的原则。Word 2016 文档中的文本默认为白底黑字，选定的文本出现"灰底黑字"的效果。可以通过鼠标、键盘、鼠标和键盘结合三种方式来选择文本。

A. 通过鼠标选择文本。

a. 选择任意文本：将鼠标移动到要选定的文本起点，按住鼠标左键拖动至要选择的文本结尾即可。

b. 选择字、词：用鼠标双击要选择的字、词即可。

c. 选择一行：将鼠标移到该行左边的空白处，鼠标显示为斜向右上方的空心箭头⇗，单击鼠标左键即可。

d. 选择多行：将鼠标移到所要选择的第一行左边的空白处，鼠标显示为斜向右上方的空心箭头⇗，按住鼠标左键拖动至要选择的文本结尾即可。

e. 选择段落：将鼠标移到该段落左边的空白处，鼠标显示为斜向右上方的空心箭头⇗，双击鼠标左键，也可在该段落中的任意位置三击鼠标左键。

f. 选择整篇文档：将鼠标移到该文档的任意一行的左边空白处，鼠标显示为斜向右上方的空心箭头⇗，三击鼠标左键即可。

B. 通过键盘选择文本。

通过键盘选择文本的常用操作键和功能如表 3-2-2 所示。

表 3-2-2　通过键盘选择文本的常用操作键和功能

操作键	功能	操作键	功能
Shift+←	选择光标左边的一个字	Shift+→	选择光标右边的一个字
Shift+↑	选择光标到上一行同一位置之间的所有字符	Shift+↓	选择光标到下一行同一位置之间的所有字符
Shift+Home	从光标位置选择至行首	Shift+End	从光标位置选择至行尾
Shift+PgUp	选定上一屏	Shift+PgDn	选定下一屏
Ctrl+Shift+Home	选择光标到文档首部	Ctrl+Shift+End	选择光标到文档尾部
Ctrl+A	选择整个文档		

C. 通过鼠标和键盘结合选择文本。

将鼠标和键盘结合使用，可以进行特殊文本的选择，例如分散文本、垂直文本等。

a. 选择一句话：按住键盘【Ctrl】键的同时，用鼠标左键单击该句中的任意位置，即可选择该句。

b. 快速选择任意部分文本：将鼠标移动到要选择的文本起点，单击鼠标左键，按住键盘【Shift】键不放，再把鼠标移动到要选择的文本终点，再次单击鼠标左键。

c. 选择分散文本：先按住鼠标左键拖动选择第一个文本区域，按住键盘【Ctrl】键，再按住鼠标左键拖动选择另一个不相邻的文本区域。选择完成后释放【Ctrl】键即可完成分散文本的选择操作，如图 3-2-10 所示。

d. 选择垂直文本：按住键盘【Alt】键不放，再按住鼠标左键拖动一块矩形区域，选择完成后释放【Alt】键和鼠标，即可完成垂直文本的选择操作，如图 3-2-11 所示。

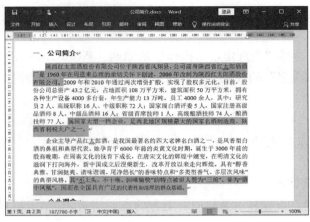

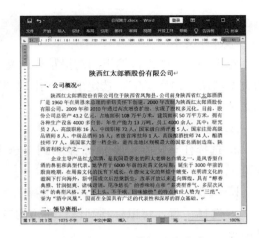

图 3-2-10　选择分散文本　　　　　　　　　　图 3-2-11　选择垂直文本

　　e. 选择整个文档：按住键盘【Ctrl】键，将鼠标移动到文档任意一行左边的空白区域，鼠标显示为斜向右上方的空心箭头，单击鼠标左键即可。

　　②剪切、复制与粘贴文本。

　　A. 复制文本。

　　对于文档中已有的文本，如果要再次录入，可采用"复制—粘贴"操作。先选定要执行"复制"操作的文本，单击鼠标右键，在弹出的快捷菜单中单击【复制】选项（键盘快捷键组合【Ctrl+C】）。此时复制的文本会保留在"剪贴板"临时存储区域中，如图 3-2-12 所示。再将鼠标放在要录入该文本的位置，单击鼠标右键，在弹出的快捷菜单中单击【粘贴】选项（键盘快捷键组合【Ctrl+V】）即可。

　　如果要进行"选择性粘贴"，则使用键盘快捷键组合【Alt+Ctrl+X】，从弹出的如图3-2-13所示的【选择性粘贴】对话框进行粘贴形式的选择。

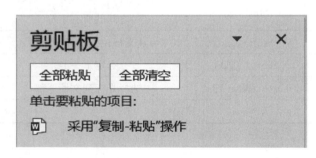

图 3-2-12　剪贴板　　　　　　　　　　　图 3-2-13　【选择性粘贴】对话框

　　B. 移动文本。

　　当用户需要将某部分文本移动到文档中的其他位置或者其他文档中时，可采用"剪切—粘贴"操作。先选定要执行"剪切"操作的文本，单击鼠标右键，在弹出的快捷菜单中单击【剪切】选项（键盘快捷键组合【Ctrl+X】）。此时剪切的文本会保留在"剪贴板"中，再将鼠标放在要存放该文本的位置，单击鼠标右键，在弹出的快捷菜单中单击【粘贴】选项（键盘快捷键组合【Ctrl+V】）即可。

　　移动文本最直接的办法是，选定要移动的文本后，按住鼠标左键，将其拖动到目标位置再释放鼠标左键。

　　③撤销、恢复与重复操作。

　　在编辑 Word 文档的过程中，Word 会自动记录已执行的操作步骤，也提供了撤销、恢复和重复的功能。在快速访问工具栏中，有【撤销】、【恢复】、【重复】三个按钮。

单击【撤销】按钮一次（键盘快捷键组合【Ctrl+Z】），可以撤销上一步操作。继续单击该按钮，可撤销多步操作，直到没有可撤销的操作为止。单击【撤销】按钮右侧的下拉菜单，可以在下拉列表中选择撤销到某一指定的操作，如图 3-2-14 所示。

单击【恢复】按钮一次（键盘快捷键组合【Ctrl+Y】），可以恢复被撤销的上一步操作。继续单击该按钮，可恢复被撤销的多步操作。

在没有进行任何撤销操作的情况下，【恢复】按钮 会显示为【重复】按钮 ，单击【重复】按钮或者按下键盘【F4】键，可重复上一步操作。例如，先对文档中的某处文本使用键盘快捷键组合【Ctrl+B】操作，将其字体设为加粗效果以后，再选择其他文本，单击【重复】按钮 ，可将选择的文本直接设为加粗效果。

（3）查找和替换文档内容

Word 2016 提供查找和替换功能，不仅可以对文本内容进行查找、替换，还可以查找、替换字符格式和段落格式。

①查找。

当用户需要在文档中查找指定文本或内容时，可以执行"查找"操作。"查找"操作分为"普通查找"和"高级查找"。

A. 普通查找。

普通查找的方法如下：鼠标左键单击【开始】选项卡的【编辑】组中的【查找】选项（键盘快捷键组合【Ctrl+F】），或者勾选【视图】选项卡的【显示】组中的【导航窗格】选项，Word 2016 工作窗口左侧就会显示【导航】窗格。在【导航】窗格顶部选择【结果】选项卡，显示"文档搜索框"，在搜索框内填写查找内容，Word 将会在全文或者选定区域找到与填写内容匹配的文本。【结果】选项卡显示目标匹配的文本位置，若用鼠标选择该位置，则在正文中跳转至该位置，并以高亮的黄色底纹显示该文本，如图 3-2-15 所示。

B. 高级查找。

当用户需要在文档中查找带格式的文本或内容时，可以执行"高级查找"操作。用鼠标左键单击【开始】选项卡的【编辑】组中的【高级查找】选项，弹出【查找和替换】对话框，单击【更多】按钮，可以设置所要查找的文本所具有的格式，如图 3-2-16 所示。

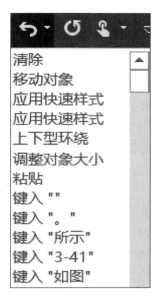

图 3-2-14　【撤销】按钮
下拉菜单

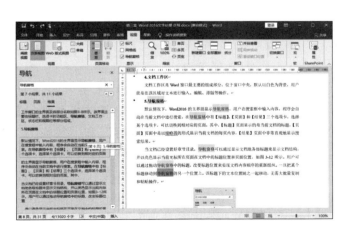

图 3-2-15　普通查找

图 3-2-16　【查找和替换】对话框

在【查找和替换】对话框的【查找】选项卡【搜索选项】区域的【搜索】选项下拉列表中有【向下】【向上】【全部】三个选项，【向下】和【向上】分别表示从光标开始向下搜索文档至尾部或者向上搜索文档至首部，【全部】表示从光标开始向下搜索，达到文档末尾后又从文档开头搜索至光标处。

勾选【使用通配符】选项，表示在文本中可以输入通配符来实现模糊查找。输入的通配符必须是输入法在英文状态下的字符，"?"表示任意单个字符，例如在【查找内容】的输入框中输入"？表"，则文本中的"制表""图表""填表"等内容都会被查找到；"＊"表示任意字符串，例如在【查找内容】的输入框中输入"＊题"，则文本中的"选择题""操作题""问答题"等以"题"字结尾的词都会被查找到。

用鼠标左键单击【格式】按钮的下拉列表，可以设置所要查找的文本格式。例如选择【格式】按钮下拉列表的【字体】选项，弹出【查找字体】对话框，如图 3-2-17 所示。如果设置字体颜色为"红色"，字形为"加粗"，添加"下划线"，单击【确定】按钮，【查找内容】的输入框下将出现设置的这些格式，如图 3-2-18 所示。也就是说，此时要查找的内容必须是满足"红色加粗、加下划线"的内容，而不是所有普通格式的内容。

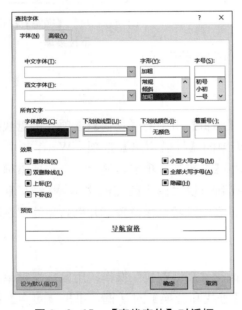

图 3-2-17　【查找字体】对话框　　　　图 3-2-18　查找带格式的内容

②替换。

如果要将查找到的文本替换成指定内容，可以执行"替换"操作。"替换操作"分为"普通替换"和"高级替换"。

图 3-2-19　【查找和替换】对话框中的"普通替换"

A. 普通替换。

鼠标左键单击【开始】选项卡的【编辑】组中的【替换】选项，弹出【查找和替换】对话框，分别填写"查找内容"和"替换为"输入框的内容，如图 3-2-19 所示。单击【查找下一处】按钮进行查找，如果仅替换当前处的内容，则单击【替换】按钮；如果要替换在全文找到的所有内容，则单击【全部替换】按钮。

B. 高级替换。

与"高级查找"类似，当用户需要替换带

格式的文本或内容时，可以执行"高级替换"
操作。在【查找和替换】对话框中，如果要被
替换的文本具有一定格式，光标应停留在【查
找内容】输入框中，单击【更多】按钮，设置
要被替换的文本格式。如果要将查找到的文本
替换成具有一定格式的其他文本，光标应停留
在"替换为"输入框中，单击【更多】按钮，
设置用于替换的文本格式。如图 3-2-20 所示，
将"字体：小四，字体颜色：红色"的词
语"窗格"，替换成"字体：四号，字体颜色：
绿色"的词语"视图"。

（4）删除文本

删除文本可使用以下方法：

a. 按键盘【Backspace】键，可以删除鼠标
光标插入点前的一个字符。

b. 按键盘【Delete】键，可以删除鼠标光
标插入点后的一个字符。

图 3-2-20　【查找和替换】对话框中的"高级替换"

c. 按键盘【Ctrl+Backspace】组合键，可以删除鼠标光标插入点前的一个单词或短语。

d. 按键盘【Ctrl+Delete】组合键，可以删除鼠标光标插入点后的一个单词或短语。

e. 如果要删除大段文本，可以先选择文本，再按【Delete】键或【Backspace】键删除。

（5）多窗口编辑技术

Word 提供了窗口拆分技术和多窗口编辑技术。窗口拆分技术多见于长文档编辑，可将文档拆分
成两部分，显示在两个窗口中，实现同时查看和编辑同一个文档的不同区域的效果；多窗口编辑技术
则可以在同一屏显示多个文档，每个文档对应一个窗口，方便多个文档同时编辑。

①窗口拆分。

鼠标左键单击【视图】选项卡【窗口】组的【拆分】选项，文档工作区出现一个灰色水平双窄
线，该水平线表明拆分的位置，可以使用鼠标左键将水平线上下移动选择位置，调整两个窗口的大
小。如果要取消"窗口拆分"效果，则单击【视图】选项卡的【窗口】组的【取消拆分】选项即可。

②窗口重排。

当 Word 打开两个或两个以上文档时，单击【视图】选项卡【窗口】组的【全部重排】选项，则
可将当前打开的所有文档在屏幕上水平并排，可以一次查看和编辑所有窗口。如果要取消"窗口重
排"效果，双击其中某个文档的标题栏即可。

③并排查看。

当 Word 打开两个或两个以上文档时，单击【视图】选项卡的【窗口】组的【并排查看】选项，
则可将当前打开的所有文档在屏幕上垂直并排，并在默认情况下实现"同步滚动"效果，这是逐行比
较文档或浏览差异的好方法。如果要取消"并排查看"或者"同步滚动"效果，单击【视图】选项卡
【窗口】组的【并排查看】选项或者【同步滚动】选项使该按钮不被点亮即可。

④切换窗口。

当 Word 打开两个或两个以上文档时，单击【视图】选项卡【窗口】组的【切换窗口】选项的下
拉列表，可以快速选择其他非当前窗口的文档进行切换。

2．Word 文档的格式设置

（1）设置字符格式

对文本进行字体格式的设置是最基本的文档美化和规范操作。字体的基本格式主要包括字体、字形、字号、字体颜色、下划线、着重号、阴影和发光等文本效果，字体的高级格式主要包括调整字符间距。

设置文本的字体格式，首先要选定文本。

①通过浮动工具栏设置字体格式。

一旦选定文本，在文本的周围会自动浮现一个浮动工具栏，如图 3-2-21 所示。该工具栏上的按钮都是使用频率最高的字体格式设置按钮。

②通过【开始】选项卡的【字体】组设置字体格式。

【开始】选项卡的【字体】组提供了对文本进行字体格式设置的各类常用按钮和下拉列表框，如图 3-2-22 所示。

图 3-2-21　浮动工具栏

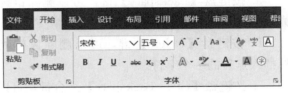

图 3-2-22　【字体】组

【字体】组各按钮的功能如表 3-2-3 所示。

表 3-2-3　【字体】组各按钮的功能

按钮/列表框	名称	功能	快捷键
宋体 ∨	字体	可在其下拉列表中选取文字的新字体	Ctrl＋Shift＋F
小五 ∨	字号	可在其下拉列表中更改文字大小	Ctrl＋Shift＋P
A′	增大字号	增大文字	Ctrl＋Shift＋"＞"
A`	减小字号	缩小文字	Ctrl＋Shift＋"＜"
Aa ▾	更改大小写	将选定文本更改为大写、小写或其他常见的大写方式	
A	清除所有格式	清除所选内容的所有格式，只留下普通、无格式的文本	
wén 文	拼音指南	在所选文字上方添加拼音文字以标明其发音	
A	字符边框	在一组字符或句子周围应用边框	
B	加粗	将文本加粗	Ctrl＋B
I	倾斜	将文字变为斜体	Ctrl＋I
U ▾	下划线	为文字添加下划线	Ctrl＋U
abc	删除线	在文本中间画一条线	

续表

按钮/列表框	名称	功能	快捷键
X₂	下标	在文本行下方键入非常小的字母	Ctrl+ "="
X²	上标	在文本行上方键入非常小的字母	Ctrl+ "+"
A ▾	文本效果和版式	通过应用文本效果（如阴影或发光）为文本增添效果	
aby ▾	文本突出显示颜色	用亮色突出显示，让文本更加醒目	
A ▾	字体颜色	更改文字颜色	
A	字符底纹	为所选文本添加底纹背景	
字	带圈字符	在字符周围放置圆圈或边框加以强调	

③通过【字体】对话框设置字体格式。

选定文本，单击鼠标右键，在弹出的快捷菜单栏中选择【字体】选项，或者单击【开始】选项卡的【字体】组右下角的对话框启动器 ⌐，或者使用键盘快捷键组合【Ctrl+D】，都可以弹出【字体】对话框。

A.【字体】对话框的【字体】选项卡。

在【字体】对话框的【字体】选项卡中，集合了对字体格式设置的基本功能，可对格式设置进行操作，在正式应用于文本之前，可以预览设置效果。例如，对"字符串 string"短语进行如下格式设置：中文字体为"宋体"，西文字体为"Times New Roman"，字形为"加粗 倾斜"，字号为"四号"，字体颜色为"红色（标准色）"，下划线线型为"双波浪线、黄色（标准色）"，添加着重号。如图 3-2-23 所示，在【字体】选项卡下方的预览窗口中可以查看设置效果。

【字体】选项卡的基本功能中，上标和下标经常用于数学公式和化学式，例如 x^2、H_2O 等。

【字体】选项卡的底部有一个【文字效果】按钮，单击进入【设置文本效果格式】对话框，在该对话框下有【文本填充与轮廓】选项卡和【文字效果】选项卡，如图 3-2-24 所示。【文本填充与轮廓】选项卡是对文本进行字体"填充"和添加"轮廓"样式的操作，【文字效果】选项卡则提供了"阴影""映像""发光""柔化边缘""三维格式"等高级功能。用户可以

图 3-2-23 【字体】对话框

根据自己喜好自行设置更多个性化的文本效果格式，如图 3-2-25 所示。

图 3-2-24　【设置文本效果格式】对话框　　　　图 3-2-25　设置文本效果

B. 【字体】对话框的【高级】选项卡。

在【字体】对话框的【高级】选项卡中，用户可以设置文本的字符间距，如图 3-2-26 所示。

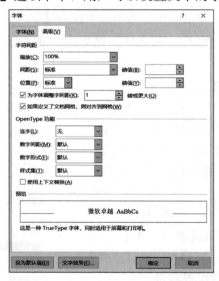

图 3-2-26　【字体】对话框【高级】选项卡

其中，"缩放"是在水平方向上拉伸或缩紧文字，默认情况下为正常字符大小，值为 100%，用户可以在【缩放】下拉列表中选择缩放大小比例，或者直接在此下拉列表文本框中填写数据。

"间距"是指字符与字符之间的距离，默认情况为"标准"，并设有"加宽""紧缩"两个选项。用户可以在【间距】下拉列表中选择【加宽】或【紧缩】选项，接着在后面的【磅值】文本框中填写数据，或者通过【磅值】文本框的微调框进行设置。

"位置"是指字符相对于水平基线的位置，默认情况为"标准"，并设有"提升""降低"两个选项。用户可以在【位置】下拉列表中选择【提升】或【降低】选项，接着在后面的【磅值】文本框中填写数据，或者通过【磅值】文本框的微调框进行设置。

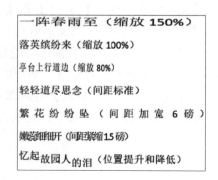

图 3-2-27　设置文本的字符间距效果

设置文本的字符间距效果如图 3—2—27 所示。

④设置文本的边框和底纹。

【字体】组中已提供了为文本添加边框的快捷按钮 **A** 和添加底纹的快捷按钮 **A**，通过这两个快捷按钮设置之后的格式为黑色边框和灰色底纹。如果要对文本设置更加个性化的边框和底纹，可在【开始】选项卡【段落】组的【边框】按钮 田· 的下拉菜单中，单击【边框和底纹】选项 边框和底纹(O)... ，此时弹出【边框和底纹】对话框，如图 3—2—28 所示。

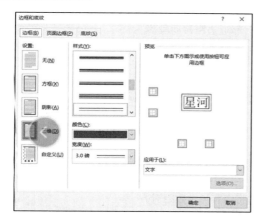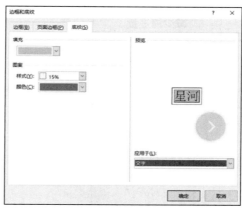

图 3—2—28　【边框和底纹】对话框的【边框】选项卡和【底纹】选项卡

A．添加边框。

在【边框和底纹】对话框的【边框】选项卡中，用户可以根据需要自行设置框线【样式】、框线【颜色】、框线【宽度】，并在【应用于】选项下拉列表中选择【文字】选项，最后在右侧的【预览】中使用边框按钮田田田田应用边框和查看效果。设置完成后单击【确定】按钮。

B．添加底纹。

在【边框和底纹】对话框的【底纹】选项卡，用户可以根据需要自行设置【填充】颜色、【图案】的【样式】和【颜色】，并在【应用于】选项下拉列表中选择【文字】选项，最后在右侧的【预览】中查看效果。设置完成后单击【确定】按钮。

如图 3—2—29 所示为设置文本边框和底纹的效果。

星河流转春风伊始

图 3—2—29　设置文本边框和底纹的效果　　　　图 3—2—30　【段落】组

（2）设置段落格式

对文本进行段落格式的设置，是对文档格局的调控。段落的格式设置主要包括段落的对齐方式、为段落插入项目符号和编号、段落的缩进和间距、段落的换行和分页、添加段落边框和底纹等。设置段落格式，首先要选定段落。

在【开始】选项卡的【段落】组中，提供了对文本段落进行格式设置的各类常用按钮和下拉列表框，如图 3—2—30 所示。

【段落】组各按钮的功能如表 3—2—4 所示。

表 3-2-4　【段落】组各按钮的功能

按钮/列表框	名称	功能	快捷键
	项目符号	创建项目符号列表	
	编号	创建编号列表	
	多级列表	创建多级列表以组织项目或创建大纲	
	减少缩进量	靠近边距移动段落	
	增加缩进量	增加段落的缩进级别	
	中文版式	自定义中文或混合文字的版式	
	排序	按字母顺序或数字顺序排列当前所选内容	
	显示/隐藏编辑标记	显示段落标记和其他隐藏的格式符号	Ctrl+ " * "
	左对齐	将内容与左边距对齐	Ctrl+L
	居中	使内容在页面中居中对齐	Ctrl+E
	右对齐	将内容与右边距对齐	Ctrl+R
	两端对齐	在边距之间均匀分布文本	Ctrl+J
	分散对齐	在左右边距之间均匀分布文本，使其与段落宽度匹配	Ctrl+Shift+J
	行和段落间距	选择文本行之间或段落之间显示的间距	
	底纹	更改多选文本、段落或表格单元格的背景颜色	
	边框	为所选内容添加或删除边框	

　　选定段落，单击鼠标右键，在弹出的快捷菜单栏中选择【段落】选项，或者单击【开始】选项卡的【段落】组右下角的对话框启动器，都可以弹出【段落】对话框，更加复杂和详细的段落格式设置可以通过【段落】对话框来进行。

　　①对齐、缩进和间距。

　　【段落】对话框的【缩进和间距】选项卡集合了对段落进行格式设置的基本功能及下拉列表框，如图 3-2-31 所示。

　　A. 对齐方式：用于设置所选文本段落在页面中的位置，通常是指水平对齐方式，包括"左对齐""居中""右对齐""两端对齐""分散对齐"5 种对齐方式，介绍如下：

　　a. 左对齐：段落以页面左侧为基准对齐排列。

　　b. 居中：段落以页面中间为基准对齐排列。

　　c. 右对齐：段落以页面右侧为基准对齐排列。

　　d. 两端对齐：段落的每行在页面中首尾对齐，当各行之间的字体大小不同时，Word 会自动调整字符间距。

　　e. 分散对齐：将段落在页面中分散对齐排列，并根据需要自动调整字符间距。分散对齐与两端对齐相比较，最大的区别在于对段落最后一行的处理方式，当段落的最后一行包含大量空白时，分散对齐会在最后一行的文本之间调整字符间距，从而自动填满本行。

　　这 5 种对齐方式的效果如图 3-2-32 所示。

图 3-2-31　【段落】对话框的
【缩进和间距】选项卡

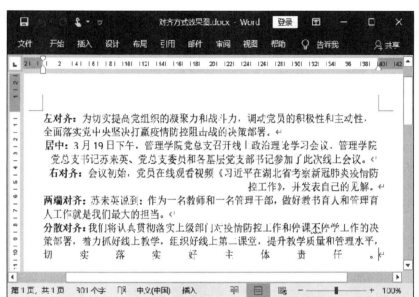

图 3-2-32　设置段落对齐的效果

　　B. 大纲级别：用于设置当前段落是属于"正文文本"还是属于某个级别的标题。

　　C. 缩进：为了增强文档的层次感，提高可阅读性，可以对段落设置"左缩进""右缩进""首行缩进""悬挂缩进"4 种缩进方式，用户还可以指定缩进的距离。

　　a. 左缩进：指整个段落左边界距离页面左侧的缩进量。

　　b. 右缩进：指整个段落右边界距离页面右侧的缩进量。

　　c. 首行缩进：指段落首行第一个字符的起始位置距离页面左侧的缩进量。

　　d. 悬挂缩进：指段落中除首行外的其他行距离页面左侧的缩进量。

　　这 4 种缩进方式的效果如图 3-2-33 所示。

　　对段落进行缩进还可以通过拖动标尺滑块来显示。如图 3-2-34 所示为拖动首行缩进滑块▽ 2 个字符。

　　D. 间距：相邻两个段落之间的距离，称为"段前间距"和"段后间距"；一个段落内部的各行之间的距离，称为"行距"。

　　a."最小值"：Word 自动调整高度以容纳最大的字体。

　　b."固定值"：设置成固定的行距，单位为"磅"。Word 不能自动调整，超过固定值大小的字体或图片将显示不完整。

　　c."多倍行距"：单位为"倍"，可以设置多倍和非整数倍的行距。

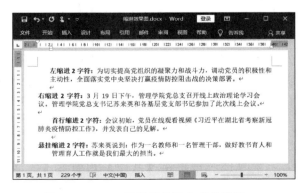

图 3-2-33　4 种段落缩进方式的效果

图 3-2-34　拖动首行缩进滑块

②换行和分页。

【段落】对话框的【换行和分页】选项卡，集合了对段落进行格式设置的基本功能及下拉列表框，如图 3-2-35 所示。

图 3-2-35　【段落】对话框的【换行和分页】选项卡

a. 孤行控制：勾选该项，可以避免在一页的开始处出现段落的最后一行，或者在一页的结尾处出现段落的第一行的情况。

b. 与下段同页：勾选该项，可以使当前段落与下一段落处于同一页面中。

c. 段中不分页：勾选该项，可以使当前段落处于一个页面中，不分放于两页。

d. 段前分页：勾选该项，则从下一页开始该段落。

e. 取消行号：勾选该项，可以取消显示段落中的行号。

f. 取消断字：勾选该项，可以取消段落中的连字符。

g. 文本框选项：可以使用文本框选项来更紧密地包装文本框周围的文本。若要使用该选项，则文本框的边框必须是透明的，即无线条和填充，且环绕文字必须设置为"紧密型"或"穿越"。

③中文版式。

【段落】对话框的【中文版式】选项卡，可设置换行时中文或西文的标点位置，以及是否自动调整中文与西文、数字之间的字符间距。

④项目符号、编号和多级列表。

文档中如果具有并列关系或者层次递进关系的段落内容，用户可以为其添加项目符号、编号或者多级列表，使文档结构更清晰，更具可读性。添加项目符号、编号或者多级列表的步骤如下：

a. 将光标定位在要插入项目符号、编号或多级列表的位置，或者选中要插入项目符号、编号或多级列表的段落。

b. 鼠标左键单击【开始】选项卡【段落】组的【项目符号】按钮、【编号】按钮或者【多级列表】按钮的下拉列表框。

c. 用户可以在下拉列表中选择相应的项目符号、编号或多级列表的

图 3-2-36　插入项目符号、编号和多级列表的效果

图案，也可以自定义新的项目符号、编号或多级列表格式。

插入项目符号、编号和多级列表的效果如图 3－2－36 所示。

⑤段落的边框和底纹。

设置段落的边框和底纹的方法与设置字体的边框和底纹基本一致，唯一不同的是在【边框和底纹】对话框的【应用于】选项的下拉列表处，应选择【段落】选项。如图 3－2－37 所示为对文字和段落分别设置边框和底纹的效果。

【应用于】选项选择【文字】↵

星河流转春风伊始↵

【应用于】选项选择【段落】↵

星河流转春风伊始

图 3－2－37　对文字和段落分别设置边框和底纹的效果

（3）格式刷

当同一个文档中有多处文本的字体和段落需要设置成相同格式时，用户可以使用 Word 的格式刷功能。使用格式刷，可以直接把第一处文本的字体、段落等格式应用到其他处的文本，而无须进行重复设置。具体操作步骤如下：

a. 选定一段文本，该文本的字体、段落等格式都已设置完成。

b. 用鼠标左键单击【开始】选项卡的【剪贴板】组的【格式刷】选项 ✔ 格式刷 ，此时鼠标变成一个刷子的形状。

c. 将鼠标移到下一段希望设置成已选格式的文本处，按住鼠标左键拖动。

d. 释放鼠标左键，则第二处文本被设置成与第一处文本相同的格式。

e. 如果希望格式刷功能应用到多处文本，则在步骤 b 中，以鼠标左键双击【开始】选项卡的【剪贴板】组的【格式刷】选项，鼠标就可以对多处文本的格式进行复制，直到全部文本复制格式完毕，用鼠标左键再单击一次【格式刷】选项，即可取消格式复制。

（4）设置页面格式

文档页面设置直接决定版面中的内容量以及摆放位置。设置页面格式主要包括文字方向、页边距、纸张方向和大小、分隔符等；设置页面背景包括添加水印、设置页面颜色和边框。另外，对于长文档，还可以设置页眉、页脚、页码等。

①页面格式。

使用【布局】选项卡【页面设置】组的常用功能，以及单击【页面设置】组右下角对话框启动器弹出的【页面设置】对话框，用户可以对页面格式进行设置。为了保证版式的整体风格和整洁，一般应在文本排版之前先设置好页面的格式。

A. 文字方向。

"文字方向"是指文字在文档中排列的方向，一般有"水平"和"垂直"两个方向，还可将字符旋转 90°或 270°。单击【布局】选项卡【页面设置】组的【文字方向】选项下拉列表，可以设置文档或所选文本框中的文字方向，如图 3－2－38 所示。

图 3－2－38　设置文字方向

B. 页边距。

"页边距"是指页面中的文本到页面边缘的距离，用户可以设置上边距、下边距、左边距和右边距的数值。Word 2016 已经定义"常规""窄""中等""宽""对称" 5 种页边距样式供用户选择。用户新建 Word 文档的默认页边距就是常规边距（上：2.54 厘米，下：2.54 厘米，左：3.18 厘米，右：3.18 厘米），可以单击【布局】选项卡【页面设置】组的【页边距】选项下拉列表，选中【自定义页边距】选项，在弹出的【页面设置】对话框的【页边距】选项卡中，输入具体的上、下、左、右页边距数值，或者通过文本框右侧的微调按钮

来调整页边距，如图3－2－39所示。

如果文档最终会被打印出来装订成册，则可以在【页边距】选项卡中选择装订线位置。装订线位置通常是文档中靠左或者靠上的位置，因此需要在已有左页边距或者上页边距的基础上，再预留一段装订距离。

C. 纸张方向。

Word 有两种基本的纸张方向："纵向"和"横向"，用户新建 Word 文档的默认纸张方向是纵向，可以单击【布局】选项卡【页面设置】组的【纸张方向】选项的下拉列表来更改纸张方向。

D. 纸张大小。

用户可以单击【布局】选项卡【页面设置】组的【纸张大小】选项的下拉列表来选

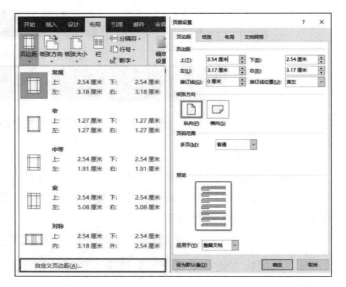

图 3－2－39　设置页边距

择要打印的纸张大小。新建 Word 文档的默认纸张大小是"A4（21 厘米×29.7 厘米）"，Word 提供了多种常用的纸张大小供用户设置。

用户还可以根据需要自定义纸张大小，单击【布局】选项卡【页面设置】组的【纸张大小】选项下拉列表，选中【其他纸张大小】选项，在弹出的【页面设置】对话框【纸张】选项卡中的【纸张大小】下拉文本框选择【自定义大小】选项，填写自定义纸张的宽度和高度数值，或者通过文本框右侧的微调按钮来调整纸张的宽度和高度。

对纸张大小的描述有一个概念称为开本。开本是指以整张纸为计算单位，将其进行裁切和折叠，得到多张均等的小纸张，则称其为多少开本。例如，一整张纸经过一次对折，称为对开；经过两次对折，称为 4 开；经过三次对折，称为 8 开。以此类推，可以使用 2^n 来计算开本大小，其中 n 表示对折的次数。

E. 分栏。

分栏排版是将一段文本并排地分成纵向排列的多栏，只有当填满一栏后才移到下一栏。分栏排版广泛应用于报纸、杂志等文档的排版中。新建 Word 文档默认为一栏。分栏的方法如下：

如果对整篇文档分栏，可以将光标置于文档中的任何位置；如果要对一段文本分栏，则选中该部分文

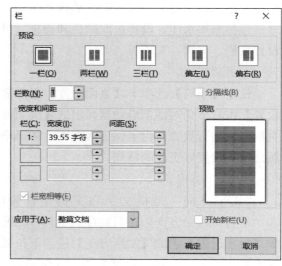

图 3－2－40　在【栏】对话框设置分栏

本。单击【布局】选项卡【页面设置】组的【栏】选项下拉列表，可以选择已预设的"一栏""两栏""三栏""偏左""偏右"。"一栏""两栏""三栏"分别表示将所选文本分成一栏、两栏和三栏，"偏左"表示分成两栏后第一栏比第二栏窄，"偏右"和"偏左"相反。如果要进行更详细的设置，可单击【更多栏】选项，弹出【栏】对话框，如图 3-2-40 所示。

　　如果分栏的栏数多于 3 栏，可以在【栏数】文本框输入数值（1～45），并选择是否需要添加"分隔线"。【栏】对话框还可以设置每一栏的宽度、栏与栏的间距、是否栏宽相等，以及分栏设置的应用范围。如图 3-2-41 所示为设置分栏的效果。

教学名师面对面系列讲座就已开展。当日下午，我校教学名师，机械工程学院副院长李副教授与新教师们分享"大学教师如何上好一门课"。她指出，大学教师要上好一门课，需要有扎实的理论知识、广	博的知识面和一定的实践经验，同时要注重这门课程在专业课程体系中的位置，注意与前后课程的衔接，在选择教材时要多对比。她提到，在备课过程中，除了要准备教学大纲、教学日历、教案等日常教学资	料外，更要关注这门课程所在专业的培养目标、教学计划，要关注学生，了解授课学生的特点。她以《机械原理》这门课程为例，为新教师详细讲解了这门课的教学设计以及教案的撰写。

图 3-2-41　设置分栏的效果

　　F. 分隔符。

　　分隔符分为"分页符"和"分节符"两种。"分页符"包括"分页符""分栏符"和"自动换行符"，"分节符"包括"下一页""连续""偶数页"和"奇数页"。

　　a. 分页符。

　　Word 有自动分页的功能，在文本内容填满一页后会自动进入下一页编辑。如果要在某个特定位置强制分页，可手动插入"分页符"。光标定位于要开始新一页的位置，在【布局】选项卡【页面设置】组的【分隔符】选项 ⊟ 分隔符 的下拉列表中，选择【分页符】选项（键盘快捷键组合【Ctrl+Enter】），即可插入分页符。

　　当【文件】选项卡已设置"显示分隔符格式标记"时，可见分页符是一条水平虚线。如果想删除分页符，只需把光标移到该水平虚线上，按键盘【Delete】键删除即可。

　　b. 分栏符。

　　对文档或者部分文本执行"分栏"操作，Word 文档会在适当的位置自动分栏，如果用户希望分栏后面的文字从下一栏开始，可用插入分栏符的方法实现。

　　光标定位于另起新栏的位置，在【布局】选项卡【页面设置】组的【分隔符】选项的下拉列表中，选择【分栏符】选项，即可插入分栏符。

　　c. 自动换行符。

　　Word 在默认情况下，文本到达某一行的尾部时自动换行，如果选择光标定位点位置插入"自动换行符"（键盘快捷键组合【Shift+Enter】），则为强制断行（换行符显示为灰色"↓"），产生的新行仍作为当前段的一部分。

　　d. 分节符。

　　"节"是文档的一部分，在插入分节符之前，Word 将整篇文档视为同一节。当需要改变行号、分栏数、页眉/页脚、页边距等格式时，需要创建新的"节"。将光标定位到要形成新的一节的起始位置，在【布局】选项卡【页面设置】组的【分隔符】选项的下拉列表中，选择【分节符】选项，在"分节符类型"中，选择以下选项中的一种：

　　• "下一页"：表示光标当前位置后的全部内容将移到下一页面上。

　　• "连续"：表示 Word 将在插入点位置添加一个分节符，新节从当前页开始。

　　• "偶数页"：表示光标当前位置后的内容将转至下一个偶数页上，Word 自动在偶数页之间空出一页。

　　• "奇数页"表示光标当前位置后的内容将转至下一个奇数页上，Word 自动在奇数页之间空出一页。

　　G. 行号。

Word 默认情况为不显示行号，只有设置后才会显示。行号主要应用在编写程序时查看具体行的代码，以及在长文档中查看具体行的情况并且可以打印显示行号。行号的显示方式有 4 种，即"连续""每页重编行号""每节重编行号""禁止用于当前段落"，添加行号后，还可以继续设置行号之间的间隔、行号与正文之间的距离。

在【布局】选项卡【页面设置】组的【行号】选项的下拉列表中，选择【连续】选项，则在文档所有页面的左边添加连续的行号；选择【每页重编行号】选项，则每页都从 1 开始编行号；选择【每节重编行号】选项，如果文档中有分节符，则每节都从 1 开始编号；选择【禁止用于当前段落】选项，即当前段落不编号。

H. 断字。

Word 的"断字"功能是指当单词显示到一行的末尾因空间不足时，Word 会将其自动断开，以节省更多的文档空间。如果没有启用断字功能，Word 会将整个单词移到下一行显示，就会出现当某一行末尾输入的单词字母过多时，整个单词自动跳到下一行的情况。Word 提供两种断字方法，分别是"自动"断字和"手动"断字。

在【布局】选项卡【页面设置】组的【断字】选项的下拉列表中，可以选择【自动】断字或者【手动】断字选项。自动断字功能会在适当的位置将行尾太长的单词分成两部分，并在行尾使用连接符进行连接。手动断字功能则由用户自行指定断字位置，如果当前文档中没有需要断字的单词，则Word 提示用户"断字已完成"。

②页面背景。

Word 文档对页面背景进行设置包括添加水印、设置页面颜色和页面边框。

A. 水印。

Word 的水印功能就是将文本或图片以水印的方式设置为页面背景，其中文字水印多用于说明文件的属性，通常具有提醒功能；图片水印则大多用于修饰文档。水印显示在文本下面，是可视的，一般不会影响文本的显示效果。

在【设计】选项卡【页面背景】组，单击【水印】选项的下拉列表，出现 Word 内置 4 种文字水印样式供用户直接选择使用。也可以单击【自定义水印】选项，弹出【水印】对话框，如图 3-2-42所示。在【水印】对话框中，用户如果选择"图片水印"，则可以选择本地计算机图库中的任何图片；如果选择"文字水印"，则可以在【文字】文本框中输入水印内容，再根据需要对文字水印的字体、字号等参数进行设置，最后单击【确定】按钮。如图 3-2-43 所示为设置文字水印后的效果。

图 3-2-42 【水印】对话框

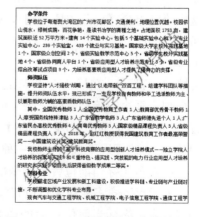

图 3-2-43 设置文字水印后的效果

B. 页面颜色。

页面颜色是指整个文档的背景颜色。在【设计】选项卡【页面背景】组，单击【页面颜色】选项

的下拉列表，除可以选择各种色彩外，还可以单击
【填充效果】选项，弹出【填充效果】对话框，用户可
以设置更加个性化的页面颜色渐变、纹理、图案和图
片的效果。如果在【渐变】选项卡的【预设】颜色选
择【孔雀开屏】选项，在【底纹样式】选项中选择
【斜上】选项，设置完成后单击【确定】按钮，则设置
效果如图 3-2-44 所示。

如果想删除背景颜色，则在【设计】选项卡的
【页面背景】组，单击【页面颜色】选项的下拉列表，
选择【无颜色】选项即可。

C. 页面边框。

图 3-2-44 设置【孔雀开屏】填充页面效果

页面边框是指在页面外围添加边框。在【设计】
选项卡的【页面背景】组，单击【页面边框】选项，
弹出【边框和底纹】对话框，在【页面边框】选项卡
可以对页面边框进行格式设置，设置方法与文字边框和段落边框的设置类似，不同的是在【应用于】
下拉列表中，用户应根据实际情况选择【整篇文档】或者【本节】选项。

③页眉、页脚和页码。

A. 页眉和页脚。

页眉和页脚是指出现在每张页面顶端或底端的文本或图形。通常使用页眉来表示章节标题等信
息，用页脚来表示页码、日期或其他标注信息。设置页眉和页脚的操作方法类似，现以页眉为例进行
介绍。

a. 插入页眉。

单击【插入】选项卡【页眉和页脚】组的【页眉】选项卡下拉列表，可见 Word 内置了 5 种不同
的页眉样式，分别为"空白""空白（三栏）""奥斯汀""边线型""花丝"。用户可以选择已有的页眉
样式，也可以单击【编辑页眉】选项进行下一步编辑。

b. 编辑页眉。

单击【编辑页眉】选项，可见选项卡中新增临时的【页眉和页脚工具设计】选项卡，如图
3-2-45所示。

图 3-2-45 【页眉和页脚工具设计】选项卡

与此同时，在文档页面顶端出现了一根页眉线。在该【页眉和页脚工具设计】选项卡中，可以勾
选【首页不同】和【奇偶页不同】选项。勾选【首页不同】选项，则文档首页的页眉和其余页的页眉
可以分别输入，各不相同。勾选【奇偶页不同】选项，则文档的奇数页和偶数页的页眉可以分别输
入，各不相同。默认两者都不勾选的情况下，该篇文档的全部页面的页眉设置成相同的文字和格式。
在【位置】组中，用户可以手动输入【页眉顶端距离】和【页脚底端距离】选项的具体值，即页眉到
页面顶端或页脚到页面底端的距离。如果该篇文档已经有分节设置，用户可以在【导航】组中通过单
击【上一条】【下一条】按钮由当前节的页眉跳转至上一节或下一节的页眉，通过单击【转至页眉】
【转至页脚】按钮跳转到页眉或者页脚的编辑区。

页眉除可以键入文字外，还可以插入图片。用户只需在【页眉和页脚工具设计】选项卡的【插入】组单击【图片】按钮，在弹出的【插入图片】对话框中选择本地计算机图库中的图片即可。

如果要插入页眉线，则单击【开始】选项卡的【段落】组的【边框】选项下拉菜单中的【边框和底纹】对话框，在该对话框的【边框】选项卡中，可以将页眉中的文本像段落边框一样进行设置，选择页眉线的样式、颜色、宽度等，只是在右边的预览区域，仅选择下框线图标，在【应用于】下拉列表中选择【段落】选项，如图 3-2-46 所示。

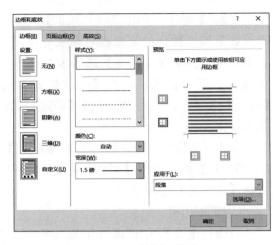

图 3-2-46　编辑页眉线

设置页眉完成后，单击【关闭页眉和页脚】按钮，或者在文档的正文处双击鼠标左键，则退出页眉和页脚的编辑。

c. 删除页眉。

如果要删除页眉内容，可用鼠标左键双击页眉位置，进入页眉编辑，选中页眉中的文本对象，按键盘【Delete】键，或者在【页眉和页脚工具设计】选项卡中，单击【页眉和页脚】组的【页眉】选项卡下拉列表中的【删除页眉】选项。

如果要删除页眉线，操作方法与编辑页眉线类似，只需在【边框和底纹】对话框的【边框】选项卡中，在应用于"段落"的前提下，设置左边的框线【设置】选项为【无】即可，表示对当前对象不再应用任何边框功能。

页脚一般没有页脚线，对页脚的编辑方法和页眉非常相似，不再赘述。

B. 页码。

在文档中插入页码是标识内容顺序最有效的方法，用户还可以根据文档的整体分别设置页码的格式。

a. 插入页码。

页码可以插入在页眉、页脚、页边距等位置。单击【插入】选项卡【页眉和页脚】组的【页码】选项的下拉列表，可见 Word 内置了若干种不同位置的页码格式，用户可以在选择插入页码的位置后，进一步设置页码格式。

b. 设置页码格式。

在【页码】选项的下拉列表中，单击【设置页码格式】选项，弹出【页码格式】对话框，在该对话框中可以设置【编号格式】【页码编号】等，如图 3-2-47 所示。

c. 删除页码。

如果要删除页码，可用鼠标左键双击页码位置，进入页码编辑，选中页码并将其删除，再次双击文档中的其他区域退出页码编辑。也可以在【页码】选项的下拉列表中单击【删除页码】选项。

（4）设置特殊格式

除前文提到的主要格式设置外，Word 还有其他常用格式。

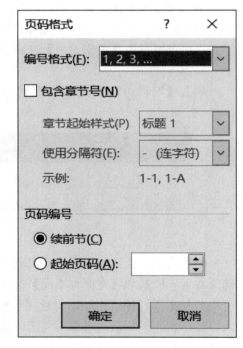

图 3-2-47　【页码格式】对话框

①首字下沉。

在报纸或杂志上，经常可见在段落开头会创建一个大号字符，该字符非常醒目，跨越多行显示，呈现"下沉"或"悬挂"的效果。设置"首字下沉"的步骤如下：

a. 选择要进行"首字下沉"的段落。

图 3-2-48　【首字下沉】对话框

b. 用鼠标左键单击【插入】选项卡【文本】组的【首字下沉】选项下拉列表，可以选择【下沉】或者【悬挂】选项，默认效果是"下沉"或者"悬挂"3 行。

c. 如果要进行个性化设置，用户也可以单击【首字下沉】选项下拉列表的【首字下沉选项】，弹出【首字下沉】对话框，在该对话框中可以设置"下沉"或者"悬挂"的首字的字体、下沉行数、距正文的距离，如图 3-2-48 所示。

d. 如果要取消"首字下沉"，则选中该段落，在【首字下沉】选项下拉列表中选择【无】选项。

②双行合一。

双行合一是 Word 的一个特色功能，选择要进行"双行合一"排版的文本，单击【开始】选项卡【段落】组的【中文版式】选项下拉列表，选择【双行合一】选项，打开【双行合一】对话框，在【预览】栏里可以看到所选文字按字数平均分布在两栏。也可以勾选【带括号】复选框，然后在【括号样式】下拉列表中选择需要的括号样式。设置完成后单击【确定】按钮，返回文档，即可查看目标文本双行合一的效果，如图 3-2-49 所示。"双行合一"功能被广泛应用在正式头文件的标题中。

图 3-2-49　设置双行合一

③批注。

批注是指阅读文档时，在文中空白处对相关内容进行批阅和注解，当审阅者需要对文稿提出建议时，可以通过批注功能实现和作者的沟通。

选中要批注的文本，在【审阅】选项卡的【批注】组单击【新建批注】选项，即可新建批注，如图 3-2-50 所示。

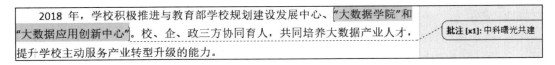

图 3-2-50　新建批注

如果要删除批注，则选中该批注，单击鼠标右键，在弹出的快捷菜单中选择【删除批注】选项。

④脚注和尾注。

如果要对文档中的文本进行注释说明，可以插入脚注或者尾注。脚注是对文档中某些文本的说明，一般位于该文本所在页面的底部；尾注用于添加注释，例如备注和引文，一般位于该篇文档的末尾。脚注和尾注的基本操作包括插入、修改和删除，从一条脚注或尾注定位到另一条脚注或尾注，以及脚注和尾注之间的相互转换。

A. 插入与删除脚注。

将光标定位在要添加脚注的地方，用鼠标左键单击【引用】选项卡【脚注】组的【插入脚注】选项，则在原光标所在位置出现一个上标序号"1"，在该页的底端左侧，也出现序号"1"以及一个闪烁的光标，此时，可以将所要标注的内容插入页面底端序号"1"的后面，如图 3-2-51 所示。

图 3-2-51　插入脚注

如果要在文档中添加多处脚注，Word 会根据文档中已有的脚注的数目，自动为新的脚注排序。

如果要删除脚注，只需把上标序号（如"1"）删除即可。

添加脚注以后，如果在文档中移动文本，Word 会自动对脚注进行重新编号。

单击【开始】选项卡【脚注】组的【下一条脚注】选项下拉菜单，有【下一条尾注】【上一条尾注】【下一条脚注】【上一条脚注】4 个选项，【下一条尾注】和【上一条尾注】选项用于尾注之间的切换，【下一条脚注】和【上一条脚注】选项用于脚注之间的切换。

B. 修改脚注。

对脚注设置字体格式与对普通段落一样，选中要设置的脚注文本，在鼠标右键弹出的快捷菜单中设置即可。

单击【开始】选项卡【脚注】组右下角的对话框启动器，打开【脚注和尾注】对话框，如图 3-2-52 所示。对"脚注"的插入位置可以进行修改，选择【页面底端】选项，则文字下移一点；选择【文字下方】选项，则文字上移一点，两者的差别很小。

【脚注和尾注】对话框还可以设置脚注布局，以及脚注和尾注的编号格式等。

C. 插入、删除与修改尾注。

无论把光标定位到哪一页，插入的尾注都会在文档的最后一页尾部。插入、删除和修改尾注的方法与插入、删除和修改脚注一致。

D. 脚注、尾注互相转换。

a. 把一条脚注转换为尾注。

将光标定位在要转换为尾注的脚注处，单击鼠标右键

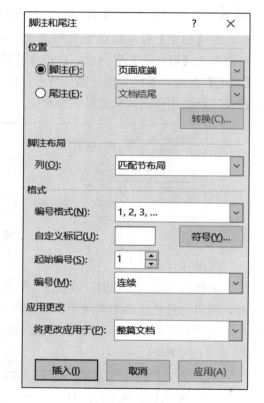

图 3-2-52　【脚注和尾注】对话框

弹出快捷菜单，选择【转换至尾注】选项 转换至尾注(V)，则将当前脚注转换为尾注，并插入原尾注的前面。原来页面插入尾注的编号向后挪一位。

b. 把所有脚注转换为尾注。

将光标定位在文档中任意一条脚注处，单击鼠标右键弹出快捷菜单栏，选择【便笺选项】

便笺选项(N)...，或者单击【开始】选项卡【脚注】组右下角的对话框启动器，打开【脚注和尾注】对话框，单击【转换】按钮，打开【转换注释】对话框，选择【脚注全部转换为尾注】选项，单击【确定】按钮。

c. 所有尾注转换为脚注以及脚注和尾注相互转换的方法同上。

⑤题注。

题注是指在 Word 文档中为图片、表格、图表、公式等对象添加的编号和名称。插入题注的方法如下：

选中需要设置题注的对象（图片、公式等），用鼠标左键单击【引用】选项卡【题注】组的【插入题注】选项，弹出【题注】对话框，如图 3-2-53 所示。在该对话框中，默认的题注标签是"Figure"，【标签】下拉列表中提供了"Table""表格""公式"等标签样式。可以单击【新建标签】按钮新建标签，如图 3-2-54 所示。新建名字为"Word-图"的标签后，在图片的下面就有了名为"Word-图 1"的题注，可以在"Word-图 1"后面添加相应的题注文字说明，如图 3-2-55 所示是为文档中的图片添加题注。

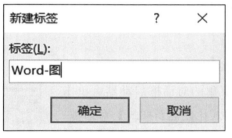

Word-图·1·校名石

图 3-2-53　【题注】　　　图 3-2-54　【新建标签】对话框　　　图 3-2-55　为图片添加题注
　　对话框

题注的位置、编号的格式都可以在【题注】对话框里进行修改。如果在文档中有多个对象需要添加题注，则 Word 会根据文档中已有题注的数目自动为新题注排序。

如果要删除题注，直接将其选中，按键盘【Delete】键即可。

⑥清除格式。

如果要删除已设格式，重置到 Word 默认的原始纯文本状态，可以执行"清除格式"操作。选定需要清除格式的文本或段落，用鼠标左键单击【开始】选项卡【字体】组的【清除格式】选项，或者单击【开始】选项卡的【样式】组的已定义样式下拉列表中的【清除格式】选项。

3. Word 样式、目录和主题的应用

（1）样式

在编辑长文档或者要求具有统一风格的文档时，一般有多处文本具有相同的字体格式和段落格式，要设置这些相同格式的文本，除逐一设置和使用格式刷外，还可以使用"样式"功能。样式就是一系列预先设置好的文本格式组合，Word 已经提供了一些内置的样式，用户选定文本后可以直接套用已有样式，则文本的字体、段落等格式会修改成套用样式中已设定的格式。此外，用户还可以修改这些内置的样式、创建新的样式和删除样式。

①Word 的内置样式。

在【开始】选项卡的【样式】组可见 Word 已经预设的部分样式，分别为"正文""无间隔""标题 1"等，用鼠标左键单击【样式】选项右侧下拉菜单，可见 Word 的全部预设样式，如图 3-2-56 所示。单击【样式】组右下角的对话框启动器，打开【样式】对话框，在样式的显示下拉框中，鼠标移动到任意一个"样式"处，就可以预览该样式的文本格式，如图 3-2-57 所示。

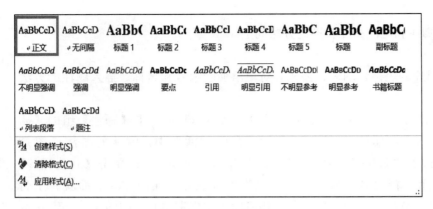

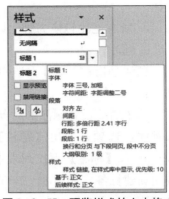

图 3-2-56　　【样式】组

图 3-2-57　预览样式的文本格式

　　用户先选定要套用样式的文本，再单击【样式】组中相应的样式选项，则所选文本的字体、段落等都会被设置为所选样式的格式。

　　②创建样式。

　　除应用 Word 预置的样式外，用户还可以创建新的样式。单击【开始】选项卡【样式】组右下角的对话框启动器，单击【新建样式】按钮 ，打开【根据格式化创建新样式】对话框。在该对话框中，用户可以自行定义样式的属性，包括名称、样式类型等。单击对话框底部的【格式】按钮，可以设置字体、段落、边框等格式。预览窗口可以显示自定义样式的效果，如图 3-2-58 所示。

　　新样式一旦创建，就会在【开始】选项卡的【样式】组中显示。应用新样式的方法和应用内置样式的方法一致，即先选定要套用样式的文本，再单击【样式】组中的新样式选项，则所选文本的字体、段落等都会被设置为新样式的格式。

　　③修改样式。

　　无论是 Word 的内置样式，还是用户创建的新样式，都可以进行修改，一旦修改了样式的格式设置，文档中套用这一样式的文本的字体或者段落格式也会随之修改。在【开始】选项

图 3-2-58　【根据格式化创建新样式】对话框

卡的【样式】组中，用鼠标右键单击要修改的样式，在弹出的快捷菜单栏中选择【修改】选项　修改(M)...，弹出【修改样式】对话框，该对话框的功能类似于【根据格式化创建新样式】对话框，用户可以在该对话框中对选定的样式进行名称、字体、段落、格式等的修改，并且可在预览窗口中看到修改后的效果。

　　④删除样式。

　　在【开始】选项卡的【样式】组中，用鼠标右键单击要删除的样式，在弹出的快捷菜单栏中选择【从样式库中删除】选项，则【样式】组不再显示该样式。

　　Word 不允许用户彻底删除内置样式，只允许用户删除自己创建的新样式。经过第一次删除的样式仍然保留在样式库中。单击【样式】组右下角的对话框启动器，打开【样式】对话框，在样式的下

拉列表中，用鼠标右键单击这些样式，打开快捷菜单栏可见。

　　如果被删除的是 Word 内置样式，则快捷菜单栏只有【添加到样式库】选项，如图 3-2-59 所示。单击【添加到样式库】选项，则被删除的 Word 内置样式重新回到【开始】选项卡【样式】组的样式显示框中。

　　如果被删除的是用户创建的新样式，则快捷菜单栏有【删除】选项和【添加到样式库】选项，如图 3-2-60 所示。单击【添加到样式库】选项，则被删除的用户创建的新样式重新回到【开始】选项卡【样式】组的样式显示框中；单击【删除】选项，则用户创建的新样式被彻底删除。

（2）目录

　　目录是指文档中标题的列表。用户可以通过目录浏览整个文档的结构，还能根据目录索引快速跳转到标题对应的文本处，所以在长文档中特别需要插入目录。

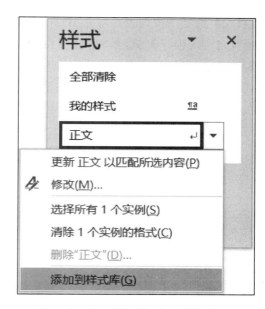

图 3-2-59　删除 Word 内置样式

　①手动插入目录。

　　将光标定位在要插入目录的位置，单击【引用】选项卡的【目录】组的【目录】选项下拉列表，可见 Word 内置了手动目录样式，如图 3-2-61 所示。选择【手动目录】，即可生成手动目录。手动插入的目录需要用户将章节标题自行填写完整。

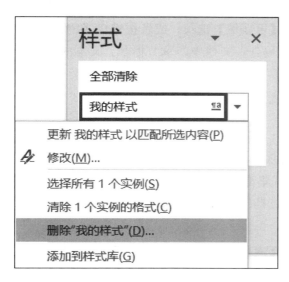

图 3-2-60　删除用户创建的新样式

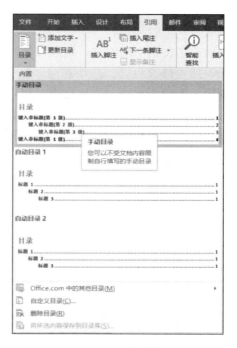

图 3-2-61　【目录】组

　②自动生成目录。

　　当文档中各章节已确定了各级标题样式，或者已定义大纲级别时，标题样式可以在【开始】选项卡的【样式】组中进行设置，大纲级别可以在【段落】对话框的【缩进和间距】选项卡中的【大纲级别】下拉列表框中选择。将光标定位在要自动生成目录的位置，单击【引用】选项卡【目录】组的

【目录】选项下拉列表，可见 Word 内置了 2 个自动目录样式，用户可以选择自动目录样式，或者选择【自定义目录】选项，打开【目录】对话框，如图 3－2－62 所示。在该对话框中，用户可以设置"显示页码""页码右对齐""使用超链接而不使用页码"，选择"制表符前导符"样式，设置"格式""显示级别"等，对话框的右侧也提供了预览功能。

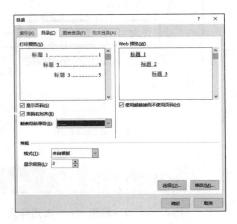

图 3－2－62　【目录】对话框

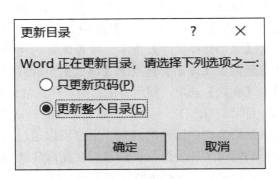

图 3－2－63　【更新目录】对话框

③应用目录。

当文档中已设置好目录时，如果要快速跳转到某一个章节，只需按住键盘【Ctrl】键，同时用鼠标左键单击目录上相应的章节名称，此时，Word 会生成一个超链接使页面跳转到用户指定的章节首部。

④修改目录。

如果修改了文档中的内容，则章节标题的位置、页码等可能会随之变动，为了让文档和目录保持一致，此时需要修改目录。选中目录，鼠标左键单击【开始】选项卡【目录】组的【更新目录】选项，或者单击右键，在弹出的快捷菜单栏中选择【更新域】选项，或者按键盘【F9】键，打开【更新目录】对话框，如图 3－2－63 所示。如果除页码外，文档中的章节标题、文本内容都没有变化，则选择【只更新页码】选项；否则，选择【更新整个目录】选项。

⑤删除目录。

选中目录，按键盘【Delete】键即可删除目录。

（3）样式集和主题

在【设计】选项卡的【文档格式】组，Word 2016 提供了多套样式集和主题。

【样式集】窗口如图 3－2－64 所示。每一套样式集都是完整的内置样式，分别用于设置各种文档的各级标题的格式。在对文档排版的过程中，可以先选择需要的样式集，再使用内置样式或用户创建的新样式对文档进行排版。

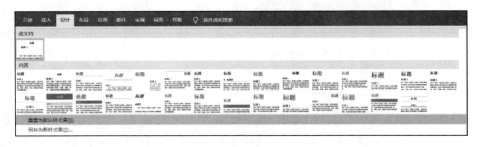

图 3－2－64　【样式集】窗口

Wcrd 内置的每个主题都使用一组独特的颜色、字体和形状效果来打造一致的外观，新建 Word 文档默认使用的是Office 主题，用户可以在【主题】选项下拉菜单中挑选新的主题，快速改变整个文档的外观，让文档更具个性化，如图3-2-65所示。选择一种主题方案后，还可以在此基础上设置不同的主题颜色、字体或效果，从而搭配出不同外观风格的文档。

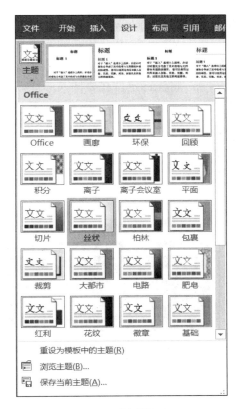

4．Word 文档的图文混排

为了使文档更具阅读性，在文档排版中会使用图文混排。通过在文本中插入图片、形状、艺术字、图表等对象，进行图文混排，使文档图文并茂，更加美观。

（1）插入图片

在文档中插入图片，可以使用 Word 提供的插入本机图片、联机图片和屏幕截图的功能。

①插入本地图片。

a．将光标定位在要插入图片的位置。

b．用鼠标左键单击【插入】选项卡【插图】组的【图片】选项，打开【插入图片】对话框，如图 3-2-66 所示。

c．在本地计算机的图库中选择要插入的图片，单击【插入】按钮。如果需要同时插入多张图片，则按住键盘【Ctrl】键选中多张图片，单击【插入】按钮。

图 3-2-65　【主题】窗口

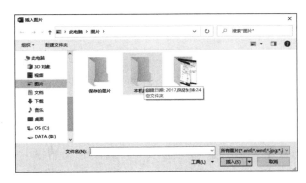

图 3-2-66　【插入图片】对话框

图 3-2-67　插入联机图片

②插入联机图片。

Office 2016 和必应团队联手推出智能搜索功能，Word 2016 提供让用户从各种联机来源中搜索和插入图片的功能。

a．将光标定位在要插入联机图片的位置。

b．用鼠标左键单击【插入】选项卡【插图】组的【联机图片】选项，打开【插入图片】对话框，如图 3-2-67 所示。

c．在【必应图像搜索】文本框中输入用户需要的图片类型，单击【放大镜】按钮 或者按键盘【Enter】键确定。

d．Word 开始联机搜索图片并显示搜索结果，如图 3-2-68 所示。在【联机图片】对话框中选择要插入的图片，单击【插入】按钮。

③插入屏幕截图。

从 Word 2010 开始新增屏幕截图功能。这一功能会智能监视所有活动窗口，包括已打开且没有最小化的窗口，用户可以快速截取活动窗口的图片并插入文档中。

a. 将光标定位在要插入屏幕截图的位置。

b. 用鼠标左键单击【插入】选项卡【插图】组的【屏幕】选项下拉菜单，在【可用的视窗】栏中以缩略图的形式呈现当前所有活动窗口，如图 3-2-69 所示。

图 3-2-68　【联机图片】对话框

图 3-2-69　【屏幕截图】选项

c. 单击要插入的活动窗口，结束插图。

d. 如果要截取部分屏幕的快照，则单击【插图】组【屏幕】选项下拉菜单的【屏幕截取】选项，此时当前正在编辑的文档窗口自动缩小，整个屏幕呈现半透明的显示状态，按住鼠标左键，拖动指针选取截图，然后释放鼠标，如图 3-2-70 所示。

e. 如果在拖动鼠标截图的过程中要放弃截图，则按键盘【Esc】键退出截图。

④设置图片格式。

图 3-2-70　【屏幕截取】选项

插入图片后，选中图片，可见功能区新增【图片工具格式】临时选项卡，其用于设置图片的格式。Word 对图片格式的设置包括调整图片、应用图片样式、排列图片位置，以及裁剪、缩放图片。

A. 调整图片。

a. 删除背景。

图片一般都在一个矩形框中显示，但是大多数图片的主体部分不会刚好是矩形，所以除主体部分外，一张图片还会有很多填充背景。Word 的图片工具提供了删除图片背景的功能。删除图片背景的效果，在很大程度上取决于图片背景的复杂程度，并不是所有的图片都能获得较好的背景删除效果。

选中图片，用鼠标左键单击【图片工具格式】选项卡【调整】组的【删除背景】选项，进入【图片工具格式】的【背景消除】选项卡，Word 会自动识别图片背景并自动删除不需要的部分。如果在图片中有一些区域需要特别保留或者删除，可以分别加以标记保留或标记删除，如果对图片处理不满意，可以单击【放弃所有更改】选项退出【背景消除】选项卡；如果图片处理完毕，则单击【保留更改】选项。如图 3-2-71 所示为【背景消除】选项卡和删除背景后的效果。

b. 校正。

Word 的图片校正功能用于改善图片的亮度、对比度或清晰度。选中图片，单击【图片工具格

式】选项卡【调整】组的【校正】选项下拉列表，可以根据预览
效果选择【锐化/柔化】【亮度/对比度】选项中的各种图片校正
效果，如图 3-2-72 所示。单击【校正】选项下拉列表的【图
片校正选项】打开【设置图片格式】对话框，可以对图片的"锐
化/柔化"和"亮度/对比度"效果进行更具体和个性化的设置。

c. 颜色。

Word 的图片颜色功能用于更改图片的颜色，以提高图片的
质量或者匹配文档风格。选中图片，单击【图片工具格式】选项
卡【调整】组的【颜色】选项下拉列表，可以根据预览效果选择
【颜色饱和度】【色调】【重新着色】选项中的各种图片颜色效果，
也可以将图片颜色设置成其他变体颜色和透明色，如图 3-2-73

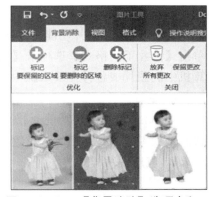

图 3-2-71 【背景消除】选项卡和
删除背景后的效果

所示。单击【颜色】选项下拉列表的【图片颜色选项】打开【设置图片格式】对话框，可以对图片
的"颜色饱和度""色调"和"重新着色"效果进行更具体和个性化的设置。

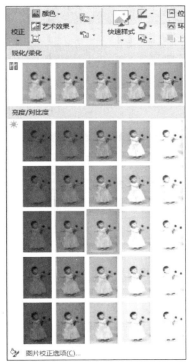

图 3-2-72 图片校正

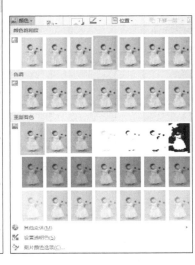

图 3-2-73 设置图片颜色

图 3-2-74 为图片添加艺术效果

d. 艺术效果。

Word 提供为图片增添艺术效果的功能。选中图片，单击【图片工具格式】选项卡【调整】组的
【艺术效果】选项下拉列表，可以根据预览效果为图片添加艺术效果，如图3-2-74所示。

e. 压缩图片。

Word 提供了图片压缩功能以减小图片尺寸和降低分辨率。选中图片，单击【图片工具格式】选
项卡【调整】组的【压缩图片】选项，打开【压缩图片】对话框，根据【压缩选项】和【分辨率】选
项提示进行压缩，如图 3-2-75 所示。

f. 更改图片。

Word 的更改图片功能是指删除或替换所选图片，同时保持图片对象的大小和位置。选中图片，单击【图片工具格式】选项卡【调整】组的【更改图片】选项下拉列表，按提示要求选择浏览本地计算机中的图片或各种在线来源中的图片并进行图片更改。

g. 重置图片。

Word 的重置图片功能是指放弃对此图片所做的全部格式更改。选中图片，单击【图片工具格式】选项卡【调整】组的【重置图片】选项，即可重置图片和大小。

B. 应用图片样式。

a. 图片样式。

类似于文本样式的功能，对于文档中的图片，Word 预定义了一些图片样式，可以更改图片的整体外观。选中图片，单击【图片工具格式】选项卡【图片样式】的【快速样式】选项下拉列表，将指针悬停在库中的某种样式上，会呈现该图片样式的名称，也可在文档中预览图片外观，如图3-2-76所示，单击该图片样式确定运用。

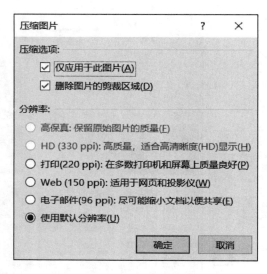

图 3-2-75　压缩图片　　　　　　　　　　图 3-2-76　应用图片样式

b. 图片边框。

在文档中插入的图片默认没有边框，如需为图片添加边框，可选中图片，单击【图片工具格式】选项卡【图片样式】组的【图片边框】选项下拉列表，选择为图片添加边框的颜色、粗细或线型。打开【设置图片格式】对话框，在【填充与线条】选项卡的【线条】选项可以对图片边框进行更加个性化的设置，如图 3-2-77 所示。

c. 效果。

图片效果是指对图片应用某种视觉效果，例如阴影、发光、映象或三维旋转。选中图片，单击【图片工具格式】选项卡【图片样式】组的【图片效果】选项下拉列表，可见 Word 预设的若干种图片效果，或者在【设置图片格式】对话框的【效果】选项卡中，对【阴影】【映像】【发光】【柔化边缘】【三维格式】【三维旋转】等选项进行设置，如图 3-2-78 所示。

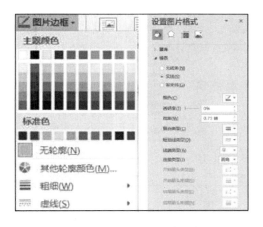
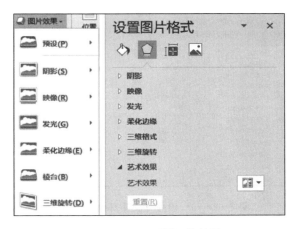

图 3-2-77　设置图片边框　　　　　　图 3-2-78　设置图片效果

d. 版式。

图片版式是指将所选图片转换为 SmartArt 图形，以便轻松地添加标题并调整图片大小。选中图片，单击【图片工具格式】选项卡【图片样式】组的【图片版式】选项下拉列表进行选择即可。

C. 排列图片位置。

a. 文字环绕方式。

将图片插入文本中后，可以设置文字环绕在图片周围的形式。Word 提供了嵌入型、四周型、紧密型、穿越型、上下型、衬于文字下方和浮于文字上方等方式。

- 嵌入型：环绕图片的文字和图片在文档中的相对位置始终保持不变，可以一起移动。
- 四周型：文字以矩形方式环绕在图片四周。
- 紧密型：文字紧密环绕在图片周围。
- 穿越型：文字可以穿越不规则图片的空白区域来环绕图片。
- 上下型：文字环绕在图片的上方和下方。
- 衬于文字下方：图片位于文字的下一层，文字将覆盖图片。
- 浮于文字上方：图片位于文字的上一层，图片将覆盖文字。

编辑环绕定点：可以编辑文字环绕区域的定点，让文字环绕效果更加多样化。

如果要设置图片的文字环绕方式，可选中图片，单击【图片工具格式】选项卡【排列】组的【环绕文字】选项下拉列表。也可以对图片单击鼠标右键，在弹出的快捷菜单栏中选择【大小和位置】选项，打开【布局】对话框，在该对话框的【文字环绕】选项卡中设置文字环绕方式，如图 3-2-79 所示。

b. 图片位置。

文档中的图片位置指在页面上显示的位置，无论选择何种方式，文字都将自动环绕该图片。除了将图片嵌入文本行中，Word 还提供了 9 种四周型文字环绕的位置，分别是顶端居左、顶端居中、顶端居右、中间居左、中间居中、中间居右、底端居左、底端居中、底端居右。

如果要设置图片的位置，可以选中图片，单击【图片工具格式】选项卡【排列】组的【位置】选项下拉列表，或者在【布局】对话框的【位置】选项卡中进行位置信息的设置，如图 3-2-80 所示。

图 3-2-79　设置【文字环绕】方式

图 3-2-80　设置图片位置

c. 图片对齐。

选中图片，单击【图片工具格式】选项卡【排列】组的【对齐】选项下拉列表，选择图片的对齐方式，如图 3-2-81 所示。

d. 图片组合。

Word 的图片组合功能是将多个图片对象结合起来，作为单个对象移动并设置其格式。使用键盘【Ctrl】键和鼠标左键单击选定要组合的多张图片，可以点亮【图片工具格式】选项卡【排列】组的【组合】选项图标，单击【组合】选项下拉列表中的【组合】选项组合图片，单击【取消组合】选项可取消组合图片。

e. 图片旋转。

用鼠标选中图片时，图片周围出现 8 个白色圆圈控制点以及 1 个旋转手柄。用鼠标左键控制旋转手柄可对图片进行旋转，或者在【图片工具格式】选项卡【排列】组的【旋转】选项下拉列表中设置旋转的具体角度和翻转效果，如图 3-2-82 所示。

D. 裁剪、缩放图片。

a. 裁剪图片。

如果想截取图片的一部分，可以使用 Word 的裁剪功能。选中图片，在【图片工具格式】选项卡【大小】组的【裁剪】选项下拉列表中，单击【裁剪】选项 <kbd>裁剪(C)</kbd>，此时图片周围出现 8 个控制框，可以使用鼠标拖动控制框来裁剪图片，如图 3-2-83 所示。

图 3-2-81　图片
【对齐】选项

图 3-2-82　设置图片旋转

图 3-2-83　裁剪图片

Word 的裁剪功能还能将图片裁剪成一定的形状。在【图片工具格式】选项卡【大小】组的【裁剪】选项下拉列表中，单击【裁剪为形状】选项，在弹出的形状列表中，选中某一形状即可，"裁剪为形状"的效果如图 3-2-84 所示。

对于图片裁剪，还可以使用一定的纵横比来进行，在【图片工具格式】选项卡【大小】组的【裁剪】选项下拉列表中，单击【纵横比】选项的下拉列表，选择某一个纵横比即可。

b. 缩放图片。

选中图片，用鼠标拖动图片周围出现的 8 个白色圆圈控制点可以进行缩放；也可以在【图片工具格式】选项卡【大小】组的【高度】文本框 ↕ 高度: 7.09 厘米 ⬍ 和【宽度】文本框 ↔ 宽度: 8.37 厘米 ⬍ 填写具体数值来调整图片大小；还可以

图 3-2-84　"裁剪为形状"的效果

单击【大小】组右下角的对话框启动器，打开【布局】对话框，在【布局】对话框的【大小】选项卡中，对高度、宽度、缩放等进行具体调整。

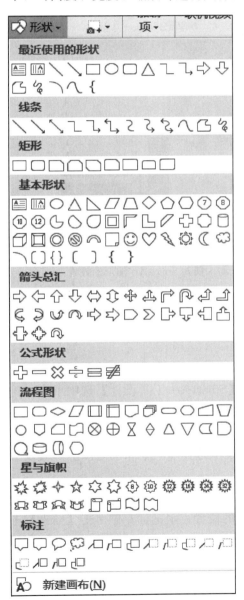

图 3-2-85　【形状】选项下拉列表

（2）插入形状

Word 2016 自带 8 大类形状和图形，包括线条、矩形、基本形状、箭头、公式、流程图、星与旗帜及标注。用户可以根据实际需要插入形状。

将光标定位在要插入形状的位置，在【插入】选项卡【插图】组的【形状】选项下拉列表，选择要插入的形状，鼠标单击确定插入，如图 3-2-85 所示。

例如，选择"梯形"形状后，鼠标变成一个加粗的大号"+"，此时可以在文档的任何位置拖动鼠标左键画出一个梯形形状，如图 3-2-86 所示。

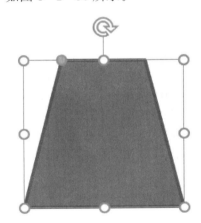

图 3-2-86　插入"梯形"形状的效果

选中该形状，形状的周围除 8 个白色圆圈控制点以及 1 个旋转手柄外，还有一个黄色圆圈控制点。如果该形状为梯形，用鼠标左键拖动黄色圆圈控制点，可以在梯形高不变的情况下改变梯形上底的长短。

其他控制点和旋转手柄的操作方法和设置图片格式一致。对于其他形状，也有类似的调整效果，用户可以自行插入其他形状，拖动控制点逐个进行设置。

选中形状时，功能区新增【绘图工具格式】临时选项

卡。在该选项卡中，可以对所选形状的样式、排列位置、大小等格式进行设置。用鼠标右键单击形状，在快捷菜单栏中选择【设置形状格式】选项，打开【设置形状格式】对话框，在该对话框中可以像处理图片一样，对形状进行一系列的格式设置，如图 3-2-87 所示。

（3）插入 SmartArt 图形

SmartArt 图形直译为智能图形，它能以比较直观的方式展示各种关系，如流程关系、层次关系、循环关系等。选择不同布局的 SmartArt 图形，添加相应的文字说明，能更有效地传达用户的观点和信息。

将光标定位在要插入 SmartArt 图形的位置，单击【插入】选项卡【插图】组的【SmartArt】选项，弹出【选择 SmartArt 图形】对话框，如图 3-2-88 所示。

选择要插入的 SmartArt 图形，单击【确定】按钮，即可在文档中插入 SmartArt 图形，然后进行下一步文字填充和编辑，如图 3-2-89 所示。

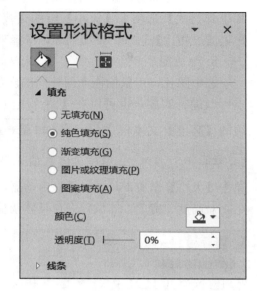

图 3-2-87　【设置形状格式】对话框

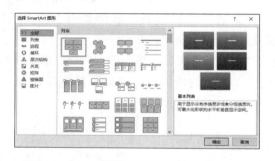

图 3-2-88　【选择 SmartArt 图形】对话框

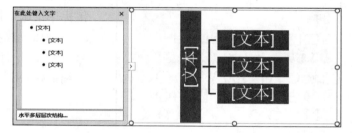

图 3-2-89　插入 SmartArt 图形的效果

选中该 SmartArt 图形，功能区新增【SmartArt 工具设计】选项卡和【SmartArt 工具格式】选项卡。在【SmartArt 工具设计】选项卡的【创建图形】组，单击【文本窗格】选项显示或隐藏文本窗格，文本窗格用于在 SmartArt 图形中快速输入和组织文本。

选中该 SmartArt 图形，周围同样有 8 个白色圆圈控制点，可以用鼠标拖动这些控制点来调整图形的大小、形状和角度。如果要进行更加个性化的设置，则在【SmartArt 工具设计】选项卡中，对图形的布局、颜色和样式进行设置；在【SmartArt 工具格式】选项卡中，设置形状样式、排列和大小等。

同样，用鼠标右键单击 SmartArt 图形，在弹出的快捷菜单栏中选择【其他布局选项】和【设置对象格式】，也可以对 SmartArt 图形进行一系列格式设置。

（4）插入图表

在 Word 中可以插入 Excel 图表。将光标定位在要插入图表的位置，用鼠标左键单击【插入】选项卡【插图】组的【图表】选项，弹出【插入图表】对话框。选择要插入的图表类型，单击【确定】按钮，如图 3-2-90 所示。在弹出的【Microsoft Word 中的图表】Excel 表格中编辑数据，插入 Word 中的图表会发生相应的改变，如图 3-2-91 所示。

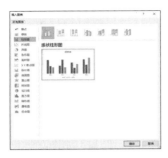 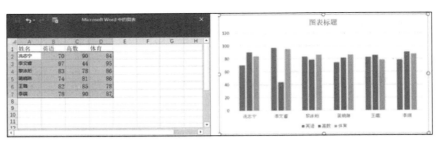

图3-2-90　【插入图表】对话框　图 3-2-91　在【Microsof Word 中的图表】Excel 表格中编辑数据和图表效果

关于图表操作的其他具体方法，将在第 4 章 Excel 2016 电子表格中详述。

（5）插入文本框

将光标定位在要插入文本框的位置，单击【插入】选项卡【文本】组的【文本框】选项下拉列表，可见 Word 预设了 6 种文本框样式，如图 3-2-92 所示。

除了预设的文本框样式，也可单击【绘制横排文本框】选项和【绘制竖排文本框】选项，鼠标变成一个加粗的大号"+"，此时可以在文档的任何位置拖动鼠标左键画出一个文本框。插入文本框后，便可在文本框中输入字符，在"横排文本框"中输入的字符方向是横向的，在"竖排文本框"中输入的字符方向是纵向的。选中文本框，在文本框的周围出现 8 个白色圆圈控制点以及 1 个旋转手柄，如图 3-2-93 所示。用鼠标拖动白色圆圈控制点可以改变文本框的大小，拖动旋转手柄可以旋转文本框。选中文本框同样可以进入【绘图工具格式】选项卡进行一系列格式设置。

图 3-2-92　【文本框】选项
下拉列表

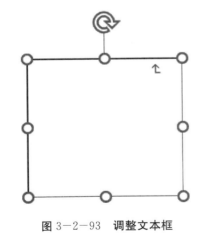

图 3-2-93　调整文本框

图 3-2-94　插入艺术字

（6）插入艺术字

将光标定位在要插入艺术字的位置，单击【插入】选项卡【文本】组的【艺术字】选项下拉列表，可见 Word 预设了各种艺术字样式。选定艺术字样式后，出现一个编辑文字文本框，在文本框中录入文本，可以选中文本并按照常规方法进行字体格式设置，如图 3-2-94 所示。

录入文字后，选中该艺术字文本框，可对该文本框的格式进行编辑。

项目实施

1. Word 文档的录入和编辑

（1）录入文本

新建 Word 文档，保存为"实验三.docx"，打开"实验三.docx"文档，键盘输入如图 3－2－95 所示的文字。

华南理工大学广州学院是 2006 年 4 月教育部批准设立的一所工科为主，经济、管理、文学、理学、艺术协调发展的多科性大学。由举办方华南理工大学和投资方广州珠江云峰投资控股有限公司合作创办，是广东省大学生创新创业教育示范学校、广州市知识产权试点学校、中国第一所 IACBE 国际认证大学。↵
师资队伍↵
学校坚持"人才强校"战略，通过"以老带新"、"双百工程"、组建学科团队等措施，提升师资队伍水平，现已形成了一支以学校自有教师和华工选派教师为主、以兼职教师为辅的高素质教师队伍。↵
其中，全国优秀教师 1 人；全国优秀教育工作者 1 人；教育部优秀骨干教师 1 人；享受国务院特殊津贴 3 人；广东省教学名师 3 人；广东省师德先进个人 1 人；广东省民办高校优秀教师 4 人；南粤优秀教师 3 人；国家级精品课程负责人 3 人；省级精品课程负责人 5 人。2018 年，赵红红教授获得我国建筑教育工作者最高荣誉奖—中国建筑设计奖。↵
办学条件↵
学校位于粤港澳大湾区的广州市花都区，交通便利，地理位置优越。校园依山傍水，绿树成荫，百花争艳，是读书治学的清雅之地。占地面积 1753 亩，建筑面积近 52 万平方米。建有 14 个实验中心，包括 5 个基础实验中心和 9 个专业实验中心，239 个实验室，433 个就业与实习基地。国家级大学生校外实践基地 1 个，国家众创空间 2 个，省级实验教学示范中心 5 个，省级学生校外实践基地 4 个，省级协同育人平台 1 个，省级应用型人才培养示范专业 3 个，省级专业综合改革试点项目 3 个，为培养高素质应用型人才提供了强有力的支撑。↵

图 3－2－95　录入文本

（2）编辑文本内容

①选择文本。

将光标定位在第一行的行首，按住鼠标左键不放，拖动选择"华南理工大学广州学院"，如图 3－2－96所示。

华南理工大学广州学院是 2006 年 4 月教育部批准设立的一所工科为主，经济、管理、文学、理学、艺术协调发展的多科性大学。由举办方华南理工大学和投资方广州珠江云峰投资控股有限公司合作创办，是广东省大学生创新创业教育示范学校、广州市知识产权试点学校、中国第一所 IACBE 国际认证大学。↵

图 3－2－96　选择文本

②插入标题。

在选中的文本上单击鼠标右键，在弹出的快捷菜单栏中选择【复制】命令（键盘快捷组合键【Ctrl＋C】），将光标定位在"华南理工大学广州学院"之前，按键盘【Enter】键，另起新的第一行。将光标定位在第一行，单击鼠标右键，在弹出的快捷菜单栏中选择【粘贴】命令（键盘快捷组合键【Ctrl＋V】），粘贴刚才复制的文本，效果如图 3－2－97 所示。

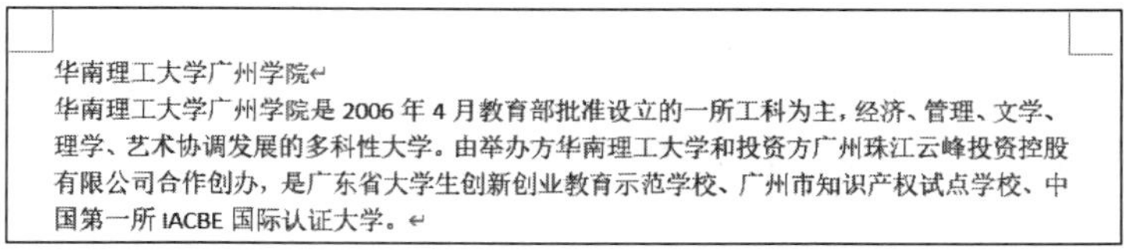

华南理工大学广州学院↵
华南理工大学广州学院是 2006 年 4 月教育部批准设立的一所工科为主,经济、管理、文学、理学、艺术协调发展的多科性大学。由举办方华南理工大学和投资方广州珠江云峰投资控股有限公司合作创办,是广东省大学生创新创业教育示范学校、广州市知识产权试点学校、中国第一所 IACBE 国际认证大学。↵

图 3-2-97　插入标题

③移动文本。

选中"办学条件……强有力的支撑。"文本,按住鼠标左键不放,拖动到"师资队伍"之前,释放鼠标,可见选中的文本被移动了,效果如图 3-2-98 所示。

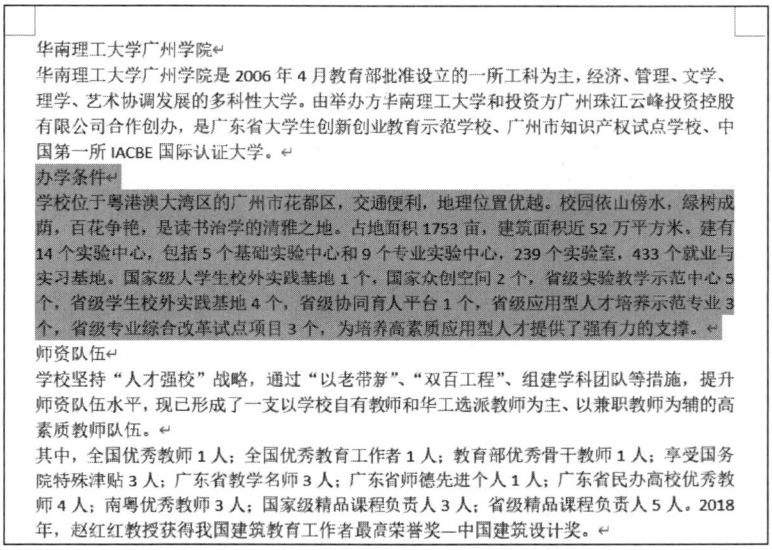

图 3-2-98　移动文本

(3)插入文件中的文字

将光标定位在文档末尾("中国建筑设计奖。"),按键盘【Enter】键,另起新的一段,在【插入】选项卡的【文本】组,单击【对象】选项下拉菜单的【文件中的文字】选项,弹出【插入文件】对话框。选择"实验一.docx"文档,单击【插入】按钮。插入后的效果如图 3-2-99 所示。

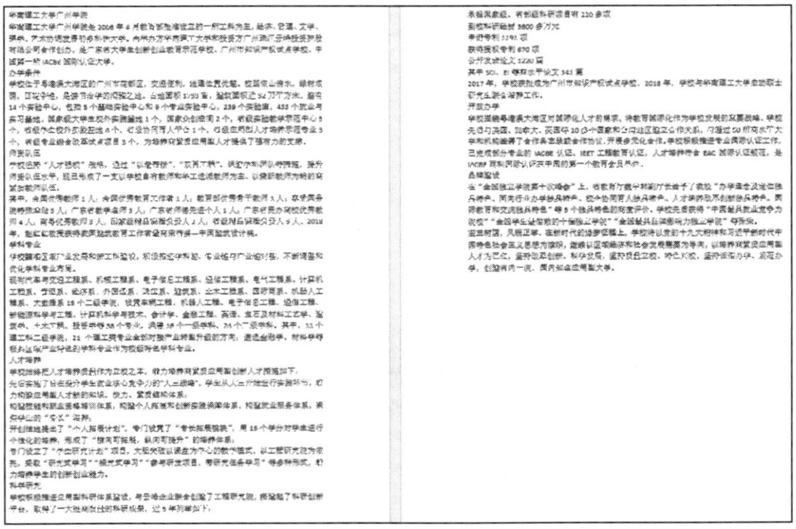

图 3-2-99　插入文件中的文字的效果

（4）查找和替换

选中"现有汽车与交通工程……特色学科专业。"文本，单击【开始】选项卡【编辑】组的【替换】选项，弹出【查找和替换】对话框，在【查找内容】文本框填写"系"，在【替换为】文本框填写"学院"，如图3-2-100所示。

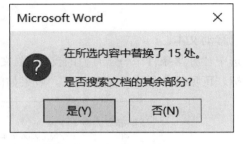

图3-2-100　【查找和替换】对话框　　　　图3-2-101　【查找和替换】提示框

单击【全部替换】按钮，弹出如图3-2-101所示的提示框，表明已在所选内容中替换了15处，并询问是否继续搜索文档的其余部分。由于我们是在选定文本范围的基础上进行查找和替换的，所以在此提示框单击【否】按钮。

此时，文档中所选段落的所有"系"文本变成"学院"文本。替换完的文档效果如图3-2-102所示。单击【关闭】按钮关闭【查找和替换】对话框。

> 现有汽车与交通工程学院、机械工程学院、电子信息工程学院、通信工程学院、电气工程学院、计算机工程学院、管理学院、经济学院、外国语学院、珠宝学院、建筑学院、土木工程学院、国际商学院、机器人工程学院、大数据学院15个二级学院，设置车辆工程、机器人工程、电子信息工程、通信工程、新能源科学与工程、计算机科学与技术、会计学、金融工程、英语、宝石及材料工艺学、建筑学、土木工程、投资学等38个专业，涵盖16个一级学科、24个二级学科。其中，11个理工科二级学院，21个理工类专业全部对接产业转型升级的方向；遴选金融学、材料学等极具区域产业特色的学科专业作为校级特色学科专业。↵

图3-2-102　替换完的文档效果

单击【保存】按钮保存文档，关闭文档。

2．Word文档的格式设置

打开"实验三.docx"文档，进行字体格式、段落格式、使用格式刷、页面格式以及页码、页眉和页脚的设置。

（1）设置字体格式

①设置字体、字形、字号。

选中标题段文字"华南理工大学广州学院"，在【开始】选项卡的【字体】组，将【中文字体】选项设置为"黑体"，【字号】选项设置为"二号"，单击【加粗】按钮将文本加粗，设置后的效果如图3-2-103所示。

> **华南理工大学广州学院**↵
> 华南理工大学广州学院是2006年4月教育部批准设立的一所工科为主，经济、管理、文学、理学、艺术协调发展的多科性大学。由举办方华南理工大学和投资方广州珠江云峰投资控股有限公司合作创办，是广东省大学生创新创业教育示范学校、广州市知识产权试点学校、中国第一所IACBE国际认证大学。↵

图3-2-103　设置标题的效果

使用同样的方法，在【字体】组中，将正文全文设置成“仿宋，小四号”。

②添加文字效果。

选中标题段文字“华南理工大学广州学院”，在【开始】选项卡的【字体】组，单击【文本效果和版式】按钮，在其下拉菜单的【阴影】选项选择【外部—右下偏移】选项，设置后的效果如图 3－2－104所示。

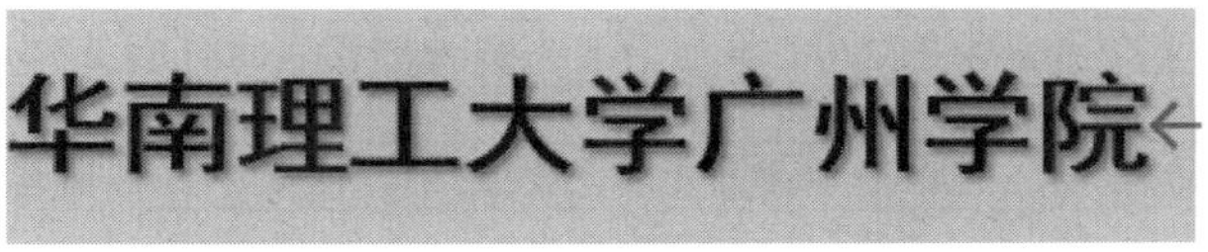
华南理工大学广州学院

图 3－2－104　为文字添加【外部—右下偏移】阴影的效果

③为字体添加下划线。

选中“学校位于粤港澳……强有力的支撑。”文本中的“实验中心”“基础实验中心”“专业实验中心”“实验室”“就业与实习基地”文本，单击【开始】选项卡【字体】组右下角的对话框启动器，弹出【字体】对话框，在该对话框中，为选中文本添加线型为“双波浪型”、颜色为“红色（标准色）”的下划线，单击【确定】按钮退出对话框。设置后的效果如图 3－2－105 所示。

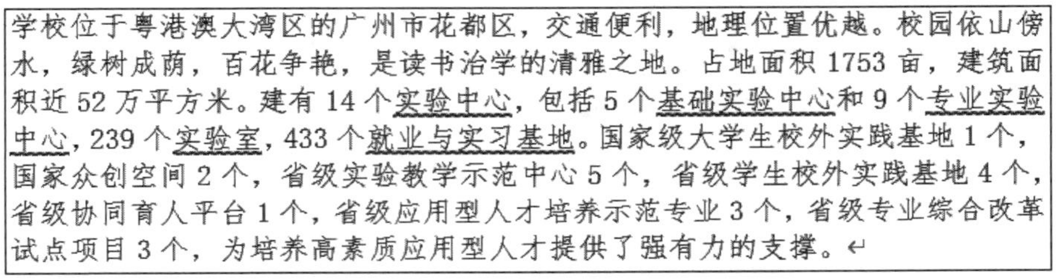
学校位于粤港澳大湾区的广州市花都区，交通便利，地理位置优越。校园依山傍水，绿树成荫，百花争艳，是读书治学的清雅之地。占地面积 1753 亩，建筑面积近 52 万平方米。建有 14 个实验中心，包括 5 个基础实验中心和 9 个专业实验中心，239 个实验室，433 个就业与实习基地。国家级大学生校外实践基地 1 个，国家众创空间 2 个，省级实验教学示范中心 5 个，省级学生校外实践基地 4 个，省级协同育人平台 1 个，省级应用型人才培养示范专业 3 个，省级专业综合改革试点项目 3 个，为培养高素质应用型人才提供了强有力的支撑。

图 3－2－105　为字体添加下划线的效果

④为字体添加着重号。

选中“学校坚持……高素质教师队伍。”文本中的“人才强校”“以老带新”“双百工程”“组建学科团队”文本，单击【开始】选项卡【字体】组右下角的对话框启动器，弹出【字体】对话框，在该对话框中，为选中文本添加着重号，单击【确定】按钮退出对话框。设置后的效果如图 3－2－106 所示。

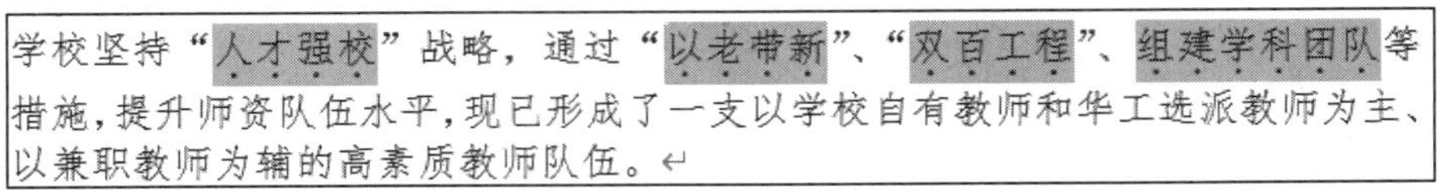
学校坚持“人才强校”战略，通过“以老带新”、“双百工程”、组建学科团队等措施，提升师资队伍水平，现已形成了一支以学校自有教师和华工选派教师为主、以兼职教师为辅的高素质教师队伍。

图 3－2－106　为字体添加着重号的效果

⑤设置字体间距。

选中“学校瞄准……学科专业布局。”文本，打开【字体】对话框，在【高级】选项卡中，将【字符间距】选项的【缩放】文本框设置为“150%”，【间距】文本框设置为“加宽”，【磅值】文本框设置为“3 磅”，单击【确定】按钮退出对话框。设置后的效果如图 3－2－107 所示。

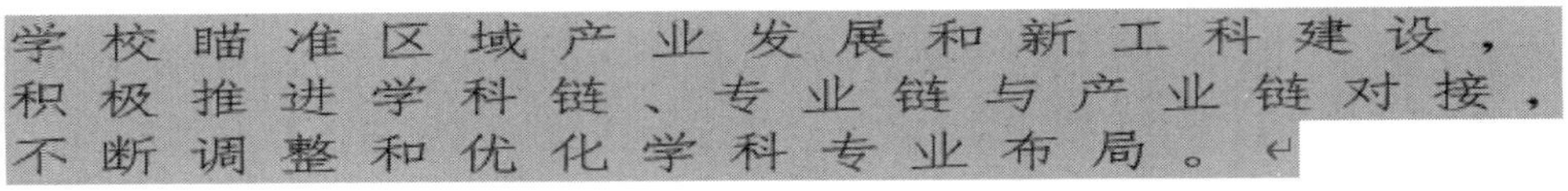
学 校 瞄 准 区 域 产 业 发 展 和 新 工 科 建 设 ，积 极 推 进 学 科 链 、专 业 链 与 产 业 链 对 接 ，不 断 调 整 和 优 化 学 科 专 业 布 局 。

图 3－2－107　设置字体间距的效果

⑥设置文字边框。

选中"华南理工大学……国际认证大学。"文本，在【开始】选项卡的【段落】组单击【边框】选项下拉菜单，选择【边框和底纹】选项，弹出【边框和底纹】对话框，在【边框】选项卡中设置"方框"，边框样式为"实线"，颜色为"绿色（标准色）"，宽度为"1.0磅"，应用于"文字"，单击【确定】按钮。设置文字边框的效果如图3-2-108所示。

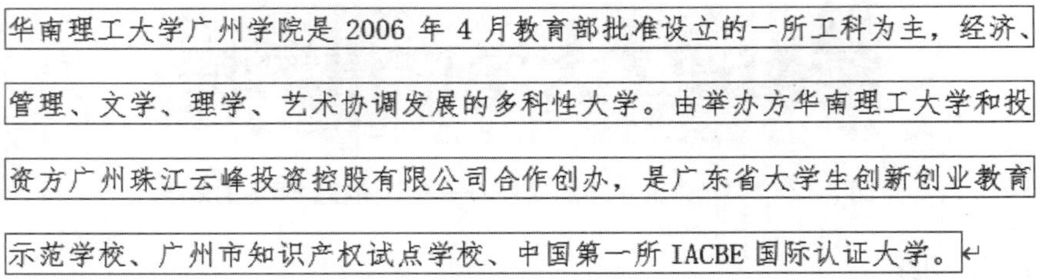

华南理工大学广州学院是2006年4月教育部批准设立的一所工科为主，经济、

管理、文学、理学、艺术协调发展的多科性大学。由举办方华南理工大学和投

资方广州珠江云峰投资控股有限公司合作创办，是广东省大学生创新创业教育

示范学校、广州市知识产权试点学校、中国第一所IACBE国际认证大学。

图3-2-108 设置文字边框的效果

使用同样的方法，为标题段文字"华南理工大学广州学院"添加"双实线、蓝色（标准色）、1.5磅"的"阴影"边框，设置后的效果如图3-2-109所示。

华南理工大学广州学院

图3-2-109 为标题段文字添加边框的效果

⑦设置文字底纹。

选中"其中，全国优秀……建筑设计奖。"文本，打开【边框和底纹】对话框，在【底纹】选项卡中，设置填充颜色为"浅绿色（标准色）"，图案样式和颜色分别为"15％、橙色（标准色）"，应用于"文字"，单击【确定】按钮。设置文字底纹的效果如图3-2-110所示。

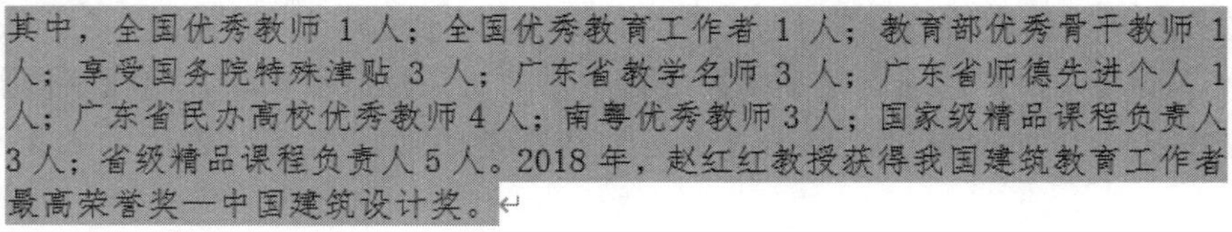

其中，全国优秀教师1人；全国优秀教育工作者1人；教育部优秀骨干教师1人；享受国务院特殊津贴3人；广东省教学名师3人；广东省师德先进个人1人；广东省民办高校优秀教师4人；南粤优秀教师3人；国家级精品课程负责人3人；省级精品课程负责人5人。2018年，赵红红教授获得我国建筑教育工作者最高荣誉奖—中国建筑设计奖。

图3-2-110 设置文字底纹的效果

（2）设置段落格式
①设置段落对齐。

选中标题段"华南理工大学广州学院"，在【开始】选项卡的【段落】组单击【居中】按钮，则标题居中。

②设置段落缩进。

设置段落左右缩进：选中"华南理工大学……国际认证大学。"文本，单击【开始】选项卡【段落】组右下角的对话框启动器，弹出【段落】对话框，将【缩进】选项设置为"左侧：2字符、右侧：2字符"，单击【确定】按钮。

设置段落首行缩进：选中"学校位于粤港澳……强有力的支撑。"文本，打开【段落】对话框，在【缩进】选项的【特殊】选项下拉列表中选择"首行"，并设置【缩进值】为"2字符"，单击【确定】按钮。

使用同样的方法，为"学校坚持……建筑设计奖。"文本、"现有汽车与交通……特色学科专业。"

文本、“学校始终把……创新创业能力。”文本、“学校积极推进……联合培养工作。”文本、“学校围绕粤港澳……教育会员单位。”文本、“在全国独立学院……知名应用型大学。”文本分别设置段落首行缩进 2 字符。

设置段落悬挂缩进：使用同样的方法，为“学校瞄准区域……优化学科专业布局。”文本设置段落悬挂缩进 2 字符。

③设置行距。

选中全文（键盘快捷键组合【Ctrl+A】），打开【段落】对话框，在【间距】选项的【行距】选项下拉列表中选择“1.5 倍行距”，单击【确定】按钮。

④设置段间距。

选中“学校瞄准区域……优化学科专业布局。”文本，打开【段落】对话框，在【间距】选项设置【段前】“1 行”、【段后】“1 行”，单击【确定】按钮。

⑤插入编号。

选中“先后实施了……创新创业能力。”文本，在【开始】选项卡的【段落】组中单击【编号】选项下拉菜单，为选中段落插入格式为“1)　2)　3)”的编号。插入编号的效果如图 3-2-111 所示。

1)→先后实施了旨在提升学生就业核心竞争力的”大三战略”，学生从大三开始进行实践环节，着力构建应用型人才新的知识、能力、素质结构体系；↵

2)→构建技能和职业资格培训体系，构建个人拓展和创新实践保障体系，构建就业服务体系，聚焦学生的“专长”培养；↵

3)→开创性地提出了“个人拓展计划”，专门设置了“专长拓展模块”，用 15 个学分对学生进行个性化的培养，形成了“横向可拓展，纵向可提升”的培养体系；↵

4)→专门设立了“学生研究计划”项目，大胆突破以课堂为中心的教学模式，以工程研究院为依托，采取“研究式学习”“探究式学习”“参与研发项目，带研究任务学习”等多种形式，着力培养学生的创新创业能力。↵

图 3-2-111　插入编号的效果

⑥插入项目符号。

选中“承担国家级、高水平论文 341 篇”文本，在【开始】选项卡的【段落】组中单击【项目符号】选项下拉菜单，为选中段落插入格式为“➢”的项目符号。插入项目符号的效果如图 3-2-112 所示。

➢→承担国家级、省部级科研项目有 220 多项↵

➢→到校科研经费 3600 多万元↵

➢→申请专利 1191 项↵

➢→获得授权专利 670 项↵

➢→公开发表论文 1220 篇↵

➢→其中 SCI、EI 等高水平论文 341 篇↵

图 3-2-112　插入项目符号的效果

⑦设置段落边框。

选中“在全国独立学院……独立学院等殊荣。”文本，在【开始】选项卡的【段落】组中单击【边框】选项下拉菜单，选择【边框和底纹】选项，弹出【边框和底纹】对话框，在【边框】选项卡中，设置“方框”，边框样式为“上宽下窄双实线”，颜色为“浅蓝色（标准色）”，宽度为“3.0 磅”，应用于“段落”，单击【确定】按钮。设置段落边框的效果如图 3−2−113 所示。

在“全国独立学院第十次峰会”上，省教育厅魏中林副厅长给予了我校“办学理念及定位独具特色、面向行业办学独具特色、校企协同育人独具特色、人才培养改革创新独具特色、国际教育和交流独具特色”等 5 个独具特色的高度评价。学校先后获得“中国最具就业竞争力院校”“全国学生最信赖的十佳独立学院”“全国最具品牌影响力独立学院”等殊荣。↵

图 3−2−113　设置段落边框的效果

⑧设置段落底纹。

选中“滋兰树蕙……知名应用型大学。”文本，打开【边框和底纹】对话框，在该对话框的【底纹】选项卡，设置填充颜色为“红色、个性色 2、淡色 40%”，图案样式和颜色分别为“15%、深蓝色（标准色）”，应用于“段落”，单击【确定】按钮。为设置段落底纹的效果如图 3−2−114 所示。

滋兰树蕙，风鹏正举。在新时代的追梦征程上，学校将以党的十九大精神和习近平新时代中国特色社会主义思想为旗帜，继续以区域经济和社会发展需要为导向，以培养高素质应用型人才为己任，坚持改革创新、科学发展，坚持质量立校、特色兴校，坚持诚信办学、规范办学，创建省内一流、国内知名应用型大学。↵

图 3−2−114　设置段落底纹的效果

（3）使用格式刷

选中“11 个理工科二级学院”文本，为其设置“四号楷体、加粗”和“添加深红色轮廓效果”的字体格式。双击【开始】选项卡【剪贴板】组的【格式刷】按钮，将光标变成一把刷子的形状，拖动鼠标左键依次选中本段的“21 个理工类专业”“金融学”“材料学”文本，则相应的文字被设置成与“11 个理工科二级学院”文本相同的格式，如图 3−2−115 所示。再次单击【格式刷】按钮退出使用格式刷。

现有汽车与交通工程学院、机械工程学院、电子信息工程学院、通信工程学院、电气工程学院、计算机工程学院、管理学院、经济学院、外国语学院、珠宝学院、建筑学院、土木工程学院、国际商学院、机器人工程学院、大数据学院 15 个二级学院，设置车辆工程、机器人工程、电子信息工程、通信工程、新能源科学与工程、计算机科学与技术、会计学、金融工程、英语、宝石及材料工艺学、建筑学、土木工程、投资学等 38 个专业，涵盖 16 个一级学科、24 个二级学科。其中，**11 个理工科二级学院**，**21 个理工类专业**全部对接产业转型升级的方向；遴选**金融学**、**材料学**等极具区域产业特色的学科专业作为校级特色学科专业。↵

图 3−2−115　使用格式刷的效果

（4）设置页面格式

①设置页边距、纸张方向。

单击【布局】选项卡【页面设置】组的【页边距】选项下拉菜单，选择【自定义页边距】选项，弹出【页面设置】对话框，在【页边距】选项中设置"上""下"边距为"2厘米"，"左""右"边距为"2.5厘米"，【纸张方向】选项设置为"纵向"，单击【确定】按钮。

②设置纸张大小。

打开【页面设置】对话框，在【纸张】选项卡，设置【纸张大小】选项为"A4"，"宽度"默认为"21厘米"，"高度"默认为"29.7厘米"，单击【确定】按钮。

③设置分栏。

选中"学校围绕粤港澳……第一个教育会员单位。"文本，单击【布局】选项卡【页面设置】组的【栏】选项下拉列表，选择【更多栏】选项，打开【栏】对话框，在【预设】选项中选择"三栏"，勾选"分隔线"和"栏宽相等"，应用于"所选文字"，单击【确定】按钮。设置分栏的效果如图3－2－116所示。

开放办学

| 学校围绕粤港澳大湾区对国际化人才的需求，将教育国际化作为学校发展的重要战略。学校先后与美国、加拿大、英国等10多个国家和台湾地区建 | 立合作关系，与超过50所高水平大学和机构签署了合作备忘录或合作协议，开展多元化合作。学校积极推进专业国际认证工作，已完成部分专业的IACBE | 认证、IEET工程教育认证，人才培养符合EAC国际认证规范，是IACBE商科国际认证在中国的第一个教育会员单位。 |

图 3－2－116　设置分栏的效果

④插入分页符。

将光标定位在整篇文档的首部（标题段文字"华南理工大学广州学院"），按键盘【Enter】键另起新的一行，在首行输入文本"目录"；选中文本"目录"，单击【清除格式】按钮，再设置文本"目录"为"宋体、小二、加粗、居中"。

将光标定位在标题文本"华南理工大学广州学院"之前，单击【插入】选项卡【页面组】的【分页】选项，则从标题"华南理工大学广州学院"开始的所有文本就放置在一个新的页面。插入分页符的效果如图3－2－117所示。

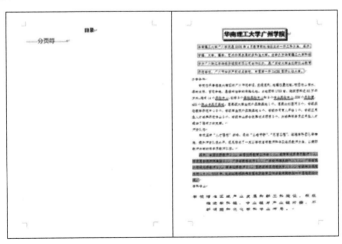

图 3－2－117　插入分页符的效果

⑤设置页面背景。

添加页面填充效果：单击【设计】选项卡【页面背景】组的【页面颜色】选项下拉列表，选择【填充效果】选项，打开【填充效果】对话框，在【颜色】选项中勾选"预设"，在【预设颜色】下拉列表中选择"雨后初晴"，设置【底纹样式】为"斜下"，单击【确定】按钮。

为文档的每一页添加文字水印：单击【设计】选项卡【页面背景】组的【水印】选项下拉列表，选择【自定义水印】选项，打开【水印】对话框，勾选【文字水印】选项，在【文字】文本框中输入文字"华南理工大学广州学院"，勾选【半透明】选项、【斜式】版式，单击【确定】按钮。

设置页面背景的文档效果如图3－2－118所示。

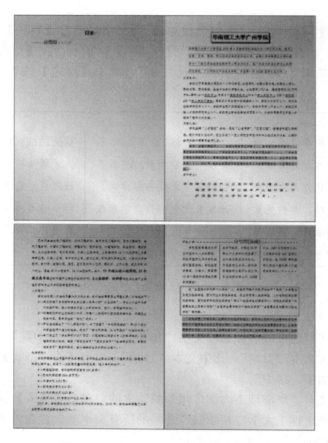

图3－2－118　设置页面背景的文档效果

（5）插入页码、页眉和页脚

①插入页眉。

将光标定位在文档首页，单击【插入】选项卡【页眉和页脚】组的【页眉】选项下拉列表，选择第一个内置样式"空白"，如图3－2－119所示。

此时文档呈现半透明状态，文档顶端可见页眉线。在首页页眉居中的【在此地键入】文本框输入文本"华南理工大学广州学院简介"。选中文本，设置字体格式为"黑体、五号"，则可见在每一页的页眉居中位置已添加文字说明。

图3－2－119　插入页眉

②插入页码。

将光标定位到首页的页脚，单击【插入】选项卡【页眉和页脚】组的【页码】选项下拉列表，选择【页面底端】选项下拉列表的【普通数字 2】选项，可见在每一页的页脚居中位置已添加阿拉伯数字表示的页码。双击文档正文处，则回到普通的页面视图。

为文档插入页眉和页码的效果如图 3−2−120 所示。

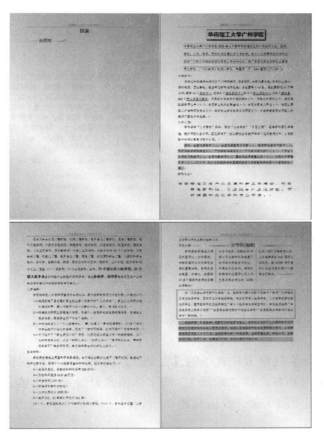

图 3−2−120　插入页眉和页码的效果

保存"实验三.docx"文档，并关闭"实验三.docx"文档。（6）设置其他格式

打开"实验四.docx"文档，进行特殊格式的设置。

①设置双行合一。

选中红色文本"董事长办公室　总经理办公室"，单击【开始】选项卡【段落】组的【中文版式】按钮下拉菜单，选择【双行合一】选项，打开【双行合一】对话框，在【预览】栏中可见所选文字按字数平均分布在两行，勾选【带括号】选项，单击【确定】按钮。

②设置首字下沉。

选中"我们遵循……共享未来。"文本，单击【插入】选项卡的【文本】组的【首字下沉】按钮下拉菜单，选择【首字下沉选项】，打开【首字下沉】对话框，选择【位置】"下沉"，设置【下沉行数】为"3"，单击【确定】按钮。

③插入脚注。

将光标定位在"我们的产品源于自然"文本之前，单击【引用】选项卡【脚注】组的【插入脚注】选项，则在选中的文本前出现一个上标阿拉伯数字"1"，表示插入第 1 个脚注。Word 自动跳转到本页的底端，直接输入脚注内容"人与自然是互相依存，互相渗透的生命共同体。"，保存"实验四.docx"，设置特殊格式的文档效果如图 3−2−121 所示。关闭"实验四.docx"文档。

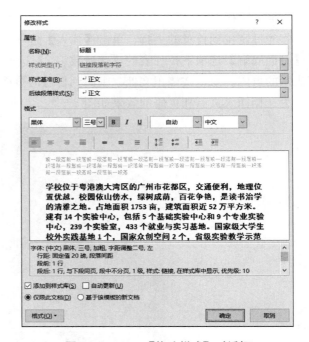

图 3-2-121　设置特殊格式的文档效果　　　　　　图 3-2-122　【修改样式】对话框

3．设置样式和目录

打开"实验三.docx"文档，进行样式和目录的设置。

（1）修改样式

用鼠标右键单击【开始】选项卡样式组的【标题 1】选项，在弹出的快捷菜单栏中选择【修改】选项，打开【修改样式】对话框，将"标题 1"的字体格式设置成"黑体、三号、加粗"，段落格式设置成"左对齐、行距固定值 20 磅、段前间距 1 行、段后间距 1 行"，如图 3-2-122 所示。单击【确定】按钮。

（2）应用样式

选中"办学条件"文本，单击【开始】选项卡【样式】组的【标题 1】选项，则文本"办学条件"设置为"标题 1"样式；使用同样的方法，将"师资队伍"文本、"学科专业"文本、"人才培养"文本、"科学研究"文本、"开放办学"文本、"品牌建设"文本分别设置为"标题 1"样式。

（3）插入目录

将光标定位在首页文本"目录"的后面，按键盘【Enter】键另起新的一页，单击【开始】选项卡【段落】组的【左对齐】按钮调整段落位置。单击【引用】选项卡【目录】组的【目录】选项下拉菜单，选择【自定义目录】选项，打开【目录】对话框。自行选择【制表符前导符】样式，在【常规】选项中设置【显示级别】为"1"，单击【确定】按钮。

将光标定位在目录中的任何一个标题处，按住键盘【Ctrl】键的同时单击鼠标可链接访问到正文的该标题位置。

应用样式并添加目录的文档效果如图 3-2-123 所示。保存"实验三.docx"文档，关闭"实验三.docx"文档。

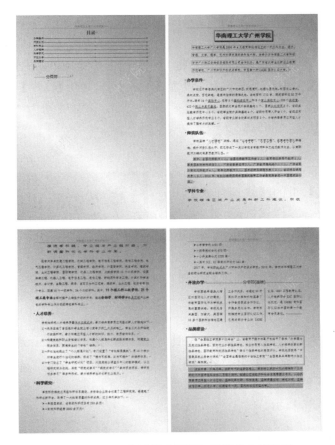

图 3-2-123　应用样式并添加目录的文档效果

4．Word 文档的图文混排

打开"实验五.docx"文档，对文档插入图片和设置图片格式。

（1）插入图片

将光标定位在"故宫，旧称为"文本之前，单击【插入】选项卡【插图】组的【图片】选项，插入图片"故宫.jpg"。

将光标定位在"金城汤池。"文本之后，使用同样的方法，插入图片"日晷.jpg"。

将光标定位在"走向的影响。"文本之后，使用同样的方法，插入图片"石刻.jpg"。

插入三幅图片的效果如图 3-2-124 所示。

图 3-2-124　插入图片的效果

（2）设置图片格式

①缩放图片。

选中第一幅图片"故宫.jpg"，单击鼠标右键，在弹出的快捷菜单栏中选择【大小和位置】选项，打开【布局】对话框。在【大小】选项卡中，设置【缩放】选项的【高度】和【宽度】均为"45％"。

使用同样的方法，对第二幅图片"日晷.jpg"设置高度和宽度均为"40％"，第三幅图片"石刻.jpg"设置高度和宽度均为"50％"。

②调整图片。

选中第一幅图片"故宫.jpg"，在【图片工具格式】选项卡【图片样式】组的【快速样式】下拉列表中，选择"矩形投影"样式，即可为图片调整整体外观，效果如图 3－2－125 所示。

选中第二幅图片"日晷.jpg"，单击【图片工具格式】选项卡【调整】组的【删除背景】按钮，根据实际情况标记要保留和删除的区域，如图 3－2－126 所示。

选中第三幅图片"石刻.jpg"，在【图片工具格式】选项卡【大小】组的【裁剪】下拉列表中，选择【裁剪为形状】选项下拉列表的"椭圆"形状，裁剪效果如图 3－2－127 所示。

图 3－2－125　设置图片样式的效果

图 3－2－126　删除图片背景

图 3－2－127　裁剪图片的效果

③设置图片位置。

选中第一幅图片"故宫.jpg"，单击鼠标右键，在弹出的快捷菜单栏中选择【大小和位置】选项，打开【布局】对话框，在【文字环绕】选项卡中，设置【环绕方式】选项为"四周型"，在【位置】选项卡中，设置【水平对齐方式】选项为"左对齐"。

选中第二幅图片"日晷.jpg"，使用同样的方式，设置图片的位置为"紧密型环绕、水平居中对齐"；选中第三幅图片"石刻.jpg"，使用同样的方式，设置图片的位置为"四周型环绕、水平右对齐"。

文档图文混排的效果如图 3－2－128 所示。

北京故宫

故宫，旧称为紫禁城，始建于永乐四年（公元 1406 年），永乐十八年（公元 1420 年）基本竣工。位于北京中轴线的中心，建筑面积约为 15 万平方米。它是汉族宫殿建筑之精华，无与伦比的古代建筑杰作，也是世界上现存规模最大、保存最为完整

的木质结构的古建筑群，入选世界文化遗产、全国重点文物保护单位。

故宫由明期皇帝朱棣始建，用 100 万民工共建 14 年，有房屋 9999 间半。城内南北长 961 米，东西宽 753 米，高 12 米、长 3400 米的宫墙形成一长方形城池，城外有宽 52 米的护城河，形成一个森严壁垒的城

堡，金城涵池。

故宫宫殿建筑均是木底座，饰以金碧辉煌的彩

结构、黄琉璃瓦顶、青白石

北面神武门、东面东华门，

西面两华门。城墙四角各

画。四座城门：南面午门、

有一座风姿绰约的角楼，以九梁十八柱七十二条脊等之说形容其结构的复杂。

故宫城内的建筑分为外朝和内廷两部分。外朝的中心为三大殿，分别是太和殿、中和殿、保和殿，是国家举行大典礼的地方。三殿两翼附以文化殿、武英殿。内廷的中心是后三宫，分别为乾清宫、交泰殿、坤宁宫，是皇帝和皇后居住的正宫。其后为御花园，两侧排列着东西六宫，是后妃居住的地方。

故宫见证了中国封建王朝史上的最后两个朝代。作为两朝 24 位皇帝的皇宫，它代表了明清最高统治核心。三百多年的历史纪拾帝后活动、等级制度、权利斗争、宗教祭祀、饮食服饰等等，向人们展示了一段多姿多彩又冷酷威忍的生活画卷，揭示了最高统治者统治权术、言行起居等对国家民族兴衰和社会生活走向的影响。

图 3-2-128　文档图文混排的效果

保存"实验五.docx"文档，关闭"实验五.docx"文档。

课后练习

1. 打开文档"练习1.docx"，按照要求完成下列操作并保存文档

（1）将文中所有错词"经纪"替换为"经济"；将标题段文字（"六指标凸显 70 年中国经济变化"）设置为黑体、小二号、加粗、红色（标准色）、居中，文字间距加宽 2 磅，段后间距为 1 行；为标题段文字添加蓝色（标准色）双波浪型下划线，并设置文字阴影效果为"外部—向右偏移"。

（2）设置正文各段落（"对于……巴西和加拿大。"）首行缩进 2 字符，1.25 倍行距；为正文第 3 至 8 段（"综合国际……小康目标迈进。"）添加"1）　2）　3）"样式的自动编号。将正文第 9 段（"中国经济……巴西和加拿大。"）分成等宽的两栏，栏间添加分隔线。

（3）设置页面左、右页边距均为 3.5 厘米，装订线位于左侧 1 厘米处；在页脚插入"普通数字 2"页码，并设置页码编号格式为小写罗马数字，起始页码为"iii"；为文档添加文字水印，水印内容为"伟大祖国"，水印颜色为"红色（标准色）"。

2. 打开文档"练习2.docx"，按照要求完成下列操作并保存文档

（1）将文中所有错词"偏食"替换为"片式"；设置正文中所有的"元器件"文本格式为仿宋、小四、加粗、深红色（标准色）；设置页面纸张大小为"16 开（18.4 厘米×26 厘米）"。

（2）设置标题段文字（"中国片式元器件市场发展态势"）为黑体、三号、红色（标准色）、居中，为标题段文字添加1.5磅单实线的深蓝色阴影边框。

（3）将正文第1段（"90年代中期……片式二极管。"）移至第2段（"我国片式元器……新的增长点。"）之后，设置正文各段落（"我国……达80％。"）右缩进2字符，行距20磅。设置正文第1段（"我国片式……新的增长点。"）首字下沉2行，距正文0.2厘米；设置正文其余段落（"90年代中期……达80％。"）首行缩进2字符。

3．打开文档"练习3.docx"，按照要求完成下列操作并保存文档

（1）将标题段文字（"冻豆腐为什么会有许多小孔？"）设置为红色（标准色）、小二号、居中，添加波浪下划线，设置文字底纹为"填充颜色为浅绿色（标准色），图案样式12.5％，颜色为黑色，文字1"。

（2）将正文第4段文字（"当豆腐冷到0℃以下……网格形状。"）移至第3段文字（"等到冰融化……许多小孔。"）之前，并将两段合并；正文全文各段（"你可知道……许多小孔。"）设置字体格式为小四号、宋体，设置各段落左右各缩进1字符，悬挂缩进2字符，段前间距0.5行，行距1.5倍。为正文添加"上宽下窄双实线、绿色（标准色）、3磅"的段落边框和"橄榄色、个性色3、淡色60％"的段落底纹。

（3）将文档页面的纸张大小设置为"16开（18.4厘米×26厘米）"，左、右边距各为3厘米；为文档页面添加内容为"生活常识"的水平文字水印。

4．打开文档"练习4.docx"，按照要求完成下列操作并保存文档

（1）选择标题段文字（"七绝圣手王昌龄"），字体设置为华文行楷，插入"渐变填充：紫色、主题色4"艺术字，文字设置为"上下型"环绕，水平居中。

（2）设置文本（"出塞……终不还"）字体格式为三号、华文新魏，将两首诗分为两栏，栏宽相等；设置两首诗水平居中。

（3）为"龙城飞将"文本添加脚注1"西汉名将卫青"；为"孤城"文本添加脚注2"即玉门关，又作雁门关"。

5．打开文档"练习5.docx"，按照要求完成下列操作并保存文档

（1）将文中所有"质量法"替换为"产品质量法"，设置页面纸张大小为"16开（18.4厘米×26厘米）"。

（2）将标题段文字（"产品质量法实施不力地方保护仍是重大障碍"）设置为楷体、三号、蓝色（标准色）、倾斜、居中并添加黄色（标准色）底纹；将标题段设为段后间距1行；为标题段添加脚注，脚注内容为"编者自撰"。

（3）设置正文各段落（"为规范……容身之地。"）左、右各缩进2字符，行距为20磅，段前间距0.5行；设置正文第1段（"为规范……重大障碍。"）首字下沉2行，距正文0.1厘米；设置正文第2段（"广东的一些……'打假'者。"）首行缩进2字符，并为第二段中的"广东"一词添加超链接，链接地址为http：//www.gd.gov.cn/；为正文第3段（"大量事实说明……容身之地。"）添加项目符号"●"。

6．打开文档"练习6.docx"，按照要求完成下列操作并保存文档

（1）将标题段文字（"指标体系构建"）设置为华文新魏、小一号、加粗、居中，文本效果设置为"填充：蓝色，主题色1，阴影"，阴影效果为"左下对角透视、紫色（标准色）"，将标题段文字

间距紧缩 1.3 磅。

（2）将正文各段文字（"本文指标体系……市场环境因素。"）的中文字体设置为小四号、仿宋，西文字体设置为 Times New Roman，段落设置 1.15 倍行距，段前间距 0.4 行；将正文中的 5 个编号（"（1）（2）（3）（4）（5）"）修改成新定义的项目符号"➤➤"（Webdings 字体。注意：如果设置项目符号带来字号变化请及时修正）；在正文倒数第二段（"综上所述……如上图所示。"）前插入图片"指标体系图.jpg"，设置图片大小缩放 80%，文字环绕为"上下型"，水平居中，图片颜色的色调为4700K；在图片下方居中位置为图片插入题注，标签为"图 3-"，题序为"1"，题注内容为"指标体系图"。

（3）在页面底端插入"普通数字 2"样式页码，设置页码编号格式为"- 1 -   - 2 -   - 3 -   ……"，起始页码为"- 3 -"；在文件菜单下编辑修改该文档的高级属性：文档主题为"Office 字处理引用"；在页面顶端插入"空白"型页眉，页眉内容为该文档主题；为页面添加半透明文字水印"学位论文"。

7. 打开文档"练习 7.docx"，按照要求完成下列操作并保存文档

（1）将标题段文字（"样本的选取和统计性描述"）设置为楷体、二号、加粗，颜色为"深蓝、文字 2、深色 50%"，居中；文本效果设置为"映像—映像变体：全映像 8 磅偏移量，透明度 80%，模糊 5 磅"；为标题段文字添加红色（标准色）单波浪式下划线，设置其文字间距紧缩 1.6 磅。

（2）设置正文全部文本为"华文仿宋，小四号"，1.4 倍行距；第 1、2、4 段文本首行缩进 2 字符；第 3 段文本首字下沉 2 行，距正文 0.5 厘米；后 4 段文本（"总资产平均值……峰度 32.71 人。"）插入蓝色（标准色）项目符号"◆"。

（3）在第 1 段文本（"本文以 2015 年……88 家（见下图）。"）后另起新的一段，插入图片"分布图.jpg"，图片居中，设置图片艺术效果为"纹理化"，缩放比例为 50%。

（4）设置页面上、下、左、右页边距分别为 2.3 厘米、2.3 厘米、3.2 厘米和 2.8 厘米，装订线位于左侧 0.5 厘米处；插入分页符使正文第 4 段（"本文选取 145 家……统计性描述："）及其后面的文本置于第二页；在页脚插入页码"X/Y 型，加粗显示的数字 1"；设置全部页面颜色为"水绿色，个性色 5，淡色 80%"。

（5）在文件菜单下进行文档属性编辑：在摘要选项卡的标题栏键入"学位论文"，主题为"软件和信息服务业研究"，添加两个关键词"软件；信息服务业"。插入"边线型"封面，选取日期为"今日"日期。

8. 打开文档"练习 8.docx"，按照要求完成下列操作并保存文档

（1）设置全文的中文字体为小四号宋体，西文字体为 Dotum；全文各段首行缩进 2 字符，2 倍行距。为第 1 段"全国计算机等级考试大纲"文本添加上标"2018 年版"。

（2）为正文添加标题段文字"全国计算机等级考试"，并设置标题段文字为隶书、小一号、加粗、居中，添加红色（标准色）、双实线、1.5 磅的阴影边框；为正文第 6 至 9 段文字（"一级考试为程序设计……五个考核项目。"）插入格式为"（一）（二）（三）……"的编号，并设置段落无特殊缩进。

（3）修改样式库的"标题 1"格式为"左对齐，段前间距 1 行，段后间距 1 行"。将正文中的"考试性质""考试科目""大纲教材""考试时间""成绩查询""证书获取""实施机构"文本应用为"标题 1"样式。在页脚插入格式为"普通数字 2"的页码。在标题段文字"全国计算机等级考试"之前插入格式为"自动目录 1"的目录。

（4）在第 2 页的标题 1"大纲教材"章节下的正文（"为了帮助考生……各地书店购买。"）结尾另起新的一段，插入"练习 8 插入文档.docx"文档中的文字。设置"报名方式"文本为"标题 1"格

式，使用格式刷将文本（"分为考点现场报名……擅自加收费用。"）设置成原有的正文格式。更新整个目录。

（5）为文档添加冲蚀图片水印，图片来自"NCRE LOGO. jpg"。

项目三　Word 2016 表格

项目展示

表格是 Word 中的一个常用功能，通过表格可以对数据进行整理和展示。在 Microsoft Office 套件中，包含有专门用于编辑和分析数据的电子表格工具 Excel。当我们需要在文档中构建一些简单的表格进行展示的时候，Word 中的表格功能也是一个非常不错的选择。它能满足大部分日常工作的需要。

支撑知识

1. Word 表格的创建

在 Word 2016 中，可以通过四种不同的方式来创建一个表格，包括直接快速建立表格、使用指定的行数和列数生成表格、使用鼠标绘制表格以及把已经存在的格式化的文本直接转换成表格。

（1）使用已知的行列数建立表格

在 Word 2016 中提供了快速生成表格的功能。在【插入】选项卡中，单击【表格】选项，将光标移动到网格区域上方，直到突出显示所需的列数和行数，如图 3－3－1 所示。

在表格行列数较少时，用这种快速建立表格的方法可以非常方便直观地完成表格的创建。当需要创建行列数较多的表格时，可以单击【表格】菜单中的【插入表格】选项，打开如图 3－3－2 所示的【插入表格】对话框，输入自定义的行数和列数来生成表格。

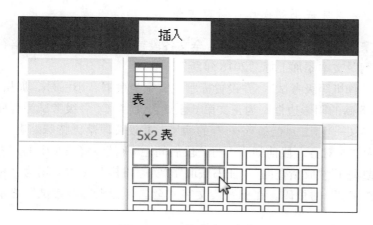

图 3－3－1　快速建立表格

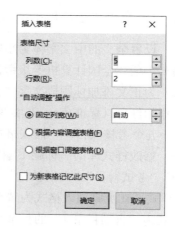

图 3－3－2　【插入表格】对话框

在【插入表格】对话框中，还能同时对表格的列宽进行定义。默认设置为"自动"，即根据文档的纸张大小动态地调整表格宽度。当需要将表格的列宽设置为某个固定数值时，在【固定列宽】后输入需要设置的列宽数值（单位是"厘米"）即可。

（2）使用鼠标绘制和擦除表格

在 Word 2016 中提供了使用鼠标直接绘制和擦除表格的功能。在【插入】选项卡中，单击【表格】选项，选择【绘制表格】选项，就可以在文档区域使用鼠标进行表格的绘制。此时鼠标会转换成笔的形状。按下鼠标左键，在文档编辑区域拖动即可完成表格外框线的绘制。

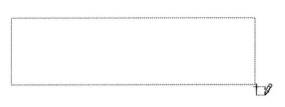

图 3-3-3　使用鼠标绘制表格

绘制出表格的外框线后，会自动切换至【表格工具 | 布局】选项卡。该选项卡的【绘图】组中包含了【绘制表格】和【橡皮擦】两个功能按钮。通过【绘制表格】功能可以继续在表格内部添加框线，而通过【橡皮擦】功能则可以清除不需要的框线。

（3）将格式化的文本转换成表格

有时候，我们需要将一些特定的格式化文本数据转换成表格形式。利用 Word 2016 中的"将文本转换成表格"功能，可以很方便地将格式化的文本数据转换成表格。

图 3-3-4 中所示是一段以英文逗号进行分隔的成绩数据，需要将它转换成一个 3 行 3 列的表格。在文档中选择需要进行转换的内容，然后单击【插入】选项卡中的【表格】选项，选择【文本转换成表格】选项，弹出【将文字转换成表格】对话框。

在【将文字转换成表格】对话框中，需要选择用于分隔数据的符号，Word 中默认提供若干种预设选项，包括段落标记、逗号、空格、制表符等。如果数据中使用的分隔符不在上述范围内，也可以手动输入分隔符号。最后单击【确定】即可完成转换。

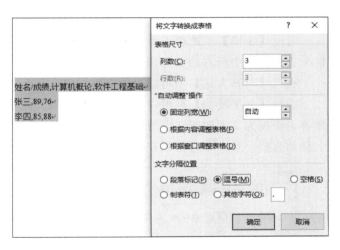

图 3-3-4　【将文字转换成表格】对话框

将数据转换成表格时，数据中用于分隔的符号必须是半角符号，若使用的是全角的分隔符号（例如中文的逗号、分号等），则不能正确转换。需要转换以全角符号分隔的数据时，可以先使用【替换】功能将数据中的全角符号替换成半角符号，再转换成表格。

2. Word 表格的属性

（1）表格的行、列和单元格

Word 中的表格是由若干个单元格组成的，同一横排的单元格组成了表格的行，同一竖排的单元格组成了表格的列。通过单击表格不同的位置，可以对表格中的行、列和单元格进行选择。

①选择整个表格。

将指针停留在表格上，表格的左上角会显示出表格移动控点。将指针停留在表格移动控点上，指针会变为四向箭头，然后单击表格移动控点即可选中整个表格。

②选择特定的列。

把指针移动到某列第 1 个单元格的上部，指针会变成朝下的黑色箭头。单击鼠标左键即可选中整列。按下左键并将指针水平移动，可以选择连续的多个列。

③选择特定的行。

把指针移动到某行的最左端空白位置，指针会变成反向箭头。单击鼠标左键即可选中所在的行。按下左键并将指针垂直移动，可以选择连续的多个行。

④选择特定的单元格。

把指针停留在需要选择的单元格左侧边缘，指针会变成黑色反向箭头。单击鼠标左键即可选择当前的单元格。在任意单元格内部按下左键并进行移动，可以选择连续的多个单元格组成的区域。

（2）调整表格属性

①使用表格属性对话框。

在 Word 中，通过【表格属性】对话框可以很方便地对表格的行高、列宽和单元格大小进行设置。将指针移动到表格上方，单击鼠标右键，在弹出的菜单中选择【表格属性】选项，可以打开如图 3－3－5 所示的【表格属性】对话框。

A. 调整表格的属性。

通过【表格】子选项卡可以指定表格的宽度，宽度可设置成具体数值（单位：厘米）或是表格在整个页面宽度中所占的百分比。

通过【对齐方式】项可以设置表格在整个页面中的位置。

通过【文字环绕】项可以设置表格在文档页面中的环绕方式。默认环绕方式为"嵌入型"，嵌入型将表格视为文本放置在段落中。表格将随着文字的添加或删除而改变位置。选择"环绕"可在页面上移动表格，且文字将排列在表格的周围。

图 3－3－5　【表格属性】对话框

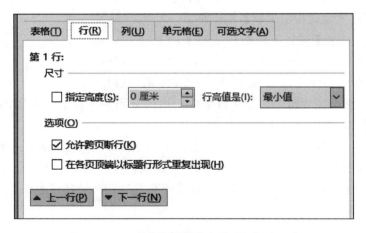
图 3－3－6　【表格属性】中的【行】选项卡

B. 调整行的属性。

通过【行】选项卡可以指定表格的行高，如图 3－3－6 所示。行高值可以设置为"固定值（单位：厘米）"或者"最小值"。如果选择了"固定值"选项，当行中的内容超过设置的行高值的时候（如设置了较大的字体）会对内容进行裁剪。

当表格中的内容很多，需要分开在多个页面显示的时候，可以设置【允许跨页断行】。选择【允许跨页断行】选项后，Word 将允许表格的内容拆分在多个页面中显示。当表格在多个页面中显示时，【在各页顶端以标题行形式重复出现】选项可以让表格的标题行出现在每一个页面中。

C. 调整列的属性。

通过【列】选项卡可以设置列的宽度，度量单位可以设置为厘米或百分比。

D. 调整单元格属性。

通过【单元格】选项卡可以设置单元格的宽度，如图 3-3-7 所示。在【单元格】选项卡中还可以设置单元格中内容的垂直对齐方式。可选的对齐方式包括"上""居中"和"底端对齐"。

②使用【表格工具｜布局】选项卡。

当光标定位到表格中时，会显示【表格工具｜布局】选项卡，其中的【单元格大小】组提供了单元格的高度、宽度相关的设置。

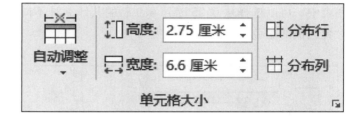

图 3-3-7　【单元格】选项卡　　　　　图 3-3-8　【单元格大小】栏功能

在【高度】和【宽度】框中输入指定的数值，即可将所选择的单元格高度和宽度设置为相应数值。若选中了多个单元格（如整行或整列），可以为所有的这些单元格都应用设置的数值。

选中多个行或者多个列时，使用【单元格大小】组中的【分布行】和【分布列】功能，可以在不改变所给表格整体宽度和高度的前提下，将被选中的行高和列宽进行平均分布，如图 3-3-8 所示。

3．Word 表格的外观和样式

当用户选择表格内任意元素时，会显示【表格工具】额外选项卡，该选项卡包括【设计】和【布局】两个子选项卡。其中【表格工具｜设计】选项卡提供了设置表格样式、改变表格边框和底纹的功能。

（1）套用表格样式

在使用表格时，合理设置表格样式，可以更方便地展示数据，为读者留下深刻的印象。表格样式与文本样式类似，是表格边框、底纹与内容格式等多种元素的组合。

在 Word 2016 的【表格样式库】中，预置了部分常用的表格样式。预置的样式分为"普通表格""网格表""清单表"三个类别。单击【表格样式库】右下角的【更多】箭头，可以展开样式库，查看更多预置的样式。指针停留在某一样式时，会以浮动气泡的形式显示该样式的名称，并在表格区域显示预览效果。

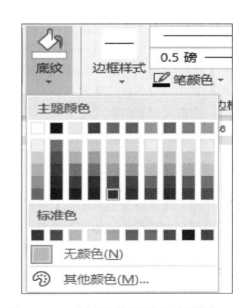

在表格样式库中单击某一种表格样式，即可将其套用到当前表格中。

（2）设置表格的底纹

选择表格中对应的行、列或单元格后，单击【设计】选项卡中的【底纹】选项，如图 3-3-9 所示。在下拉列表中单　图 3-3-9　【底纹】选项及颜色选择菜单击选择底纹的颜色，即可将其设置为该行、列或者单元格的底纹。

（3）设置表格的边框

通过【表格工具｜设计】选项卡下的【边框】组中的功能，用户可以为表格添加边框线，也可以调整表格的边框样式。

①使用边框样式库。

在 Word 2016 中，新增了预置的一些边框样式供用户选择，通过单击【边框样式】选项，可以打开【边框样式库】，组内包含 Word 2016 中预置的少部分边框样式，并会在下方显示用户最近使用过的边框样式，如图 3-3-10 所示。

②自定义边框样式。

用户可以通过自行选择合适的线型、粗细和颜色来自定义边框样式，如图 3-3-11 所示。在【笔样式】下拉列表中，可以选择单实线、双实线、双波浪线等多种不同的线型。在【笔画粗细】下拉列表中，可以选择从 0.25 磅到 6.0 磅的共计 9 种不同的预置磅值。通过【笔颜色】下拉列表，可以设置边框的颜色。

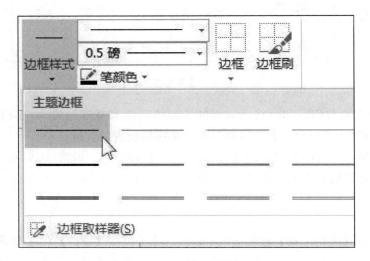

图 3-3-10　边框样式库　　　　　　　图 3-3-11　自定义边框样式

完成框线样式的设置后，单击【边框】选项，选择需要修改边框的位置。

使用【边框】选项应用样式前，需要先在表格中选择需要应用边框的区域，然后通过单击【边框】选项后弹出的菜单，选择需要应用的部分。如果选择"外侧框线"，则会将被选中范围的外部框线设置为对应的框线样式。

在需要设置的框线较少时，可以使用【边框刷】功能进行设置。单击【边框刷】选项后，指针会变为⌇形状，在表格中单击需要修改的框线，会将该框线设置为用户定义的样式。

4. Word 表格的布局

通过【表格工具｜布局】选项卡，可以调整表格的属性。

（1）在表格中添加和删除行、列或单元格

通过【表格工具｜布局】的【行和列】组，可以进行表格中行和列的添加和删除操作。该组中包含 5 个功能按钮，其中 4 个按钮分别是在当前位置的上方和下方插入新的行、左侧和右侧插入新的列，如图 3-3-12 所示。

可以通过右键菜单在表格中指定的位置添加行、列和单元格。右键单击表格中的特定位置，在弹出的菜单中选择【插入】，会出现子菜单，可以通过子菜单选择添加的位置，如图 3－3－13 所示。

　　单击【表格工具｜布局】选项卡中【行和列】组的【删除】选项，会出现菜单，可以选择删除当前单元格，整个表格，或删除当前单元格所在的行或列。

　　单击【删除单元格】选项，会弹出【删除单元格】对话框，如图 3－3－14 所示，询问在删除当前单元格之后，通过什么方式填补当前单元格的位置，包括"右侧单元格左移""下方单元格上移""删除整行"及"删除整列"4 个选项。选择对应的选项后，单击确定按钮，即可完成删除过程。

  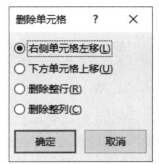

图 3－3－12　【行和列】栏功能　　图 3－3－13　通过右键菜单插入行、　　图 3－3－14　【删除单元格】
　　　　　　　　　　　　　　　　　　　　　　　列和单元格　　　　　　　　　　　对话框

　　（2）合并与拆分单元格

　　在【表格工具｜布局】选项卡的【合并】栏中，提供了将相邻的多个单元格合并为一个单元格，以及把当前单元格拆分成若干个单元格的功能，还能把表格拆分成两个不同的表格。

　　①合并单元格。

　　同时选中若干个相邻的单元格后，单击【合并单元格】选项，可以将选中的多个单元格合并为一个单元格。

　　②拆分单元格。

　　选中一个或多个单元格后，单击【拆分单元格】选项，会弹出【拆分单元格】对话框，如图 3－3－15所示，在对话框中输入需要将当前选中的单元格拆分为多少个行和列。如果选中了多个单元格，则下方的"拆分前合并单元格"选项变为可选。可以选择是否在拆分前先将选定的多个单元格进行合并操作。

　　③拆分表格。

　　将光标定位到表格的任意单元格中，在【表格工具｜布局】选项卡中，单击【合并】组的【拆分表格】选项，可以把表格从当前单元格位置上方开始分成上下两个不同的表格。

　　如果当前定位的单元格位于表格中的第 1 行，那么单击【拆分表格】选项后，会在当前表格的前方插入一个空行。

　　（3）改变单元格内容的对齐方式

　　使用【表格工具｜布局】选项卡【对齐方式】组中的功能，可以设置单元格中内容的对齐方式、文字方向以及单元格边距，如图 3－3－16 所示。

　　通过三种垂直对齐方式，即两端对齐、居中对齐和靠右对齐，以及三种水平对齐方式，即靠上对齐、居中对齐和靠下对齐的组合，单元格中的内容一共可以设置 9 种不同的对齐方式。

　　使用【文字方向】选项，可以将单元格中的文字方向在竖排与横排之间进行切换。在单击按钮时，该按钮的图标会改变，显示出当前设置的文字方向是横排 还是竖排 。

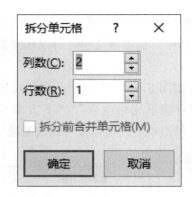 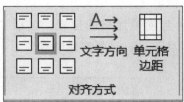 

图 3−3−15　【拆分单元格】对话框　图3−3−16　【对齐方式】栏功能　　图 3−3−17　【数据】栏功能

5. Word 表格数据处理

Word 2016 提供了一些简单的数据处理功能。通过【表格工具｜布局】选项卡中提供的相关功能，可以对单元格中的数据进行排序、重复标题行、将表格转换成文本、插入公式计算等操作。其中重复标题行的功能与【表格属性】对话框中对应选项的效果是一致的，而通过【转换为文本】选项则可以将表格转换为以指定符号分隔的文本。

（1）表格数据的排序

使用【表格工具｜布局】选项卡中【数据】组内的【排序】选项，如图 3−3−17 所示，可以对表格中的数据进行排序。单击【排序】选项会弹出如图 3−3−18 所示的【排序】对话框。

在 Word 2016 中，可以设置一个主要关键字、一个次要关键字和一个第三关键字作为排序依据。其中主要关键字是必须设置的，它将作为最优先的排序依据。排序的方式可以是笔画、数字、日期和拼音。需要排序的内容为汉字时，"拼音"排序方式将会把汉字内容以拼音首字母的顺序进行排序。

用户可以根据实际需要选择是否设置次要关键字和第三关键字。次要关键字是当主要关键字相同时，作为次要排序的依据。而第三关键字则是当主要关键字和次要关键字都相同时，继续进行排序的依据。

（2）在表格中使用函数

Word 中提供了一些简单的函数功能，可以对数据进行如求和、平均值、最大值和最小值等简单的计算。

选择需要在其中放置结果的表格单元格，如果选择的单元格不为空，则添加函数的操作会删除单元格中的内容。单击【数据】组内的【公式】选项，可以打开如图 3−3−19 所示的【公式】对话框。在该对话框内的【公式】输入框中可以输入函数进行数据的运算。

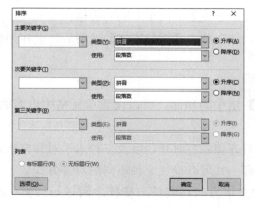 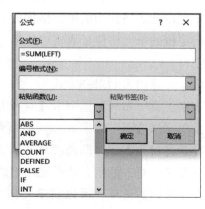

图 3−3−18　【排序】对话框　　　　　图 3−3−19　【公式】对话框

Word 中的函数必须以半角的等号"="开始。然后是函数名称，函数名称可以通过【粘贴函数】下拉列表进行选择，括号中的部分为函数参数。函数名称不区分大小写。Word 中提供了多种函数来实现简单的数据处理功能，见表 3-3-1。

表 3-3-1　Word 表格中常用的函数

函数	功能	示例
ABS（）	计算括号中的值的绝对值	=ABS（-22）
AND（）	计算括号中的所有参数是否均为 TRUE	=AND（SUM（LEFT）<10，SUM（ABOVE）>=5）
AVERAGE（）	计算括号中指定的项目的平均值	=AVERAGE（RIGHT）
INT（）	将括号内的值向下舍入到最接近的整数	=INT（5.67）
MAX（）	返回括号内指定的项目的最大值	=MAX（ABOVE）
MIN（）	返回括号内指定的项目的最小值	=MIN（ABOVE）
MOD（）	带两个参数（必须为数字或计算后为数字）。返回将第 1 个参数除以第二个参数之后所得的余数。如果余数为 0，则返回 0.0	=MOD（4，2）
PRODUCT（）	计算括号中指定的项目的乘积	=PRODUCT（LEFT）

以求和函数 SUM 为例，当选择使用该函数后，在"参数"中可以使用部分单词来指定用于求和的单元格，见表 3-3-2。这些参数也可以用于在其他函数中指定特定的区域。

表 3-3-2　求和函数的常用参数

求和的位置（以当前单元格为准）	在"公式"框中键入的内容
单元格上方	=SUM（ABOVE）
单元格下方	=SUM（BELOW）
单元格左侧	=SUM（LEFT）
单元格右侧	=SUM（RIGHT）

（3）在表格中使用公式

有些时候，用户需要使用自定义的运算式对数据进行计算。例如计算某个数据在总数中所占的比例等情况，这时就需要进行普通的除法运算。

Word 中使用 An 约定引用一个单元格、一组单元格或一个单元格区域。在此约定中，字母表示单元格所在的列，数字表示单元格所在的行。表格中的第 1 列为列 A，第 1 行为行 1。具体的引用方式见表 3-3-3。

表 3-3-3　Word 对单元格的常见引用方式

需要引用的单元格	引用方式
第 1 列第 2 行中的单元格	A2
第 1 行中的前两个单元格	A1，B1
第 1 列中的所有单元格以及第 2 列中的前两个单元格	A1:B2

在【公式】对话框中，可用上述引用方式将单元格代入公式中。

下面用一个简单的例子说明公式的应用。假设有某公司的销售数据，如表3-3-4所示，需要计算两种商品近两年销量的同比增长。其中同比增长＝（2019年销量－2018年销量）/2018年销量。

表3-3-4　某公司的销售数据

商品名称	2018年销量（单位：万台）	2019年销量（单位：万台）	同比增长
冰箱	100	160	0.6
空调	210	280	0.33

将光标定位到第2行第4列的位置，即"冰箱"所在的行中"同比增长"的位置。由表中内容可知，冰箱2019年销量所在的单元格为C2，2018年销量所在的单元格为B2。打开【公式】对话框，输入公式"＝(C2－B2)/B2"，如图3-3-20所示。

单击【确定】后，可以得到冰箱销量的同比增长为0.6。用同样的方式，以公式"＝（C3－B3）/B3"可以计算出空调销量的同比增长为0.33。

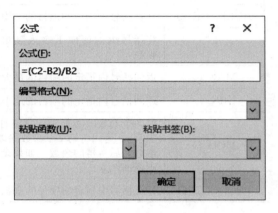

图3-3-20　计算冰箱销量的同比增长

项目实施

1. 创建表格

新建 Word 文档，保存为"项目三实验1.docx"。打开文档"项目三实验1.docx"，新建一个3行6列的表格。

在【插入】选项卡，单击【表格】选项，在菜单中选择【插入表格】，打开【插入表格】对话框。在"列数"后输入"6"，在"行数"后输入"3"，单击【确定】，生成如图3-3-21所示的表格。

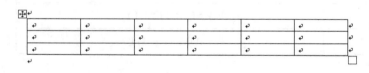

图3-3-21　创建3行6列的表格

2. 美化表格

（1）调整表格的布局

①调整表格的比例。

通过表格左上角的结构控制模块选中整个表格，单击【表格工具｜布局】选项卡的【属性】选项，打开【表格属性】对话框。在该对话框中的【表格】选项卡，勾选【指定宽度】选项，并输入"100"，把【度量单位】改成"百分比"。

切换到【行】选项卡，勾选【指定高度】，并输入"1厘米"，单击【确定】，将行高设置为1厘米。

②插入新的行。

将光标定位到表格中的最后一行，单击【表格工具｜布局】选项卡中的【在下方插入行】选项，在表格的末尾添加一个新行。

③合并单元格。

选择表格中第 2 行、第 2～4 列所在的 3 个单元格，单击【表格工具｜布局】选项卡中的【合并单元格】选项，将其合并为一个单元格。选中第 3 行、第 3～6 列的单元格，重复上述步骤，将其合并为一个单元格。然后用同样的方法合并第 4 行、第 3～6 列的单元格。最后把第 3 行和第 4 行、第 1 列所在的单元格合并为一个单元格。

调整表格布局后的效果如图 3－3－22 所示。

<table>
<tr><td></td><td></td><td></td><td></td><td></td><td></td></tr>
<tr><td></td><td colspan="3"></td><td></td><td></td></tr>
<tr><td rowspan="2"></td><td></td><td colspan="4"></td></tr>
<tr><td></td><td colspan="4"></td></tr>
</table>

图 3－3－22　调整表格布局后的效果

在表格中键入如图 3－3－23 所示的内容，并通过【开始】选项卡中的【加粗】选项 **B** 把输入的所有文本设置为粗体。

<table>
<tr><td>姓名</td><td></td><td>开题时间</td><td></td><td>学院</td><td></td></tr>
<tr><td>专业班级</td><td colspan="3"></td><td>指导教师</td><td></td></tr>
<tr><td rowspan="2">论文题目</td><td>中文</td><td colspan="4"></td></tr>
<tr><td>外文</td><td colspan="4"></td></tr>
</table>

图 3－3－23　键入内容并设置加粗后的效果

依次选择所有包含文本的单元格，使用【表格工具｜布局】选项卡中的【对齐方式】组内的按钮，把这些单元格的内容对齐方式设置为“水平居中”。然后依次选择所有不包含文本的单元格，将其对齐方式设置为“中部靠左对齐”。

（2）设置表格边框

通过表格移动控点⊞选择整个表格，在【表格工具｜设计】选项卡中找到【边框】组。在【笔画粗细】下拉列表中选择磅值为“1.5 磅”，单击【边框】选项，选择【外侧框线】选项，将表格的外框线设置为 1.5 磅粗实线。保存“项目三实验 1. docx”文档。

3．利用表格分析数据

新建 Word 文档，保存为“项目三实验 2. docx”。在“项目三实验 2. docx”文档中，建立如图 3－3－24所示的表格，并手动输入表格中的数值。

球队	胜	平	负	净胜球	积分
红队	2	1	3	-2	
黄队	3	2	1	2	
蓝队	2	1	3	-1	
绿队	2	2	2	1	

图 3-3-24　录入表格数据

（1）在表格中使用公式进行计算

本任务要求用"胜利积 3 分，平局积 1 分，落败积 0 分"的规则计算每个队伍的总积分。

将光标定位到"积分"所在的第 2 行第 6 列的单元格。单击【表格工具｜布局】选项卡中的【公式】选项，打开【公式】对话框，在【公式】栏中输入"＝B2＊3＋C2＊1＋D2＊0"，如图 3-3-25 所示，单击【确定】。得到运算结果"7"。

用同样的方法，计算另外 3 个队伍的积分。计算后得到的结果如图 3-3-26 所示。

（2）表格数据的排序

本任务要求用"按积分从高到低排名，当积分相同时，胜利次数较多的队伍排在前面。当两者都相同时，净胜球多的队伍排在前面"的规则，对队伍进行组内排名。

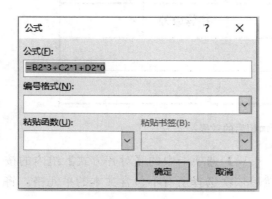

图 3-3-25　输入公式计算积分

球队	胜	平	负	净胜球	积分
红队	2	1	3	-2	7
黄队	3	2	1	2	11
蓝队	2	1	3	-1	7
绿队	2	2	2	1	8

图 3-3-26　各队伍积分计算结果

通过表格移动控点田选择整个表格。单击【表格工具｜布局】选项卡中的【排序】，打开【排序】对话框。

按照排名规则要求，选择"积分"作为主要关键字，按降序排列。然后依次选择"胜"和"净胜球"作为次要关键字和第三关键字，排序方式均为降序。单击【确定】后，得到如图 3-3-27 所示的排序结果。

保存"项目三实验 2.docx"文档。

球队	胜	平	负	净胜球	积分
黄队	3	2	1	2	11
绿队	2	2	2	1	8
蓝队	2	1	3	-1	7
红队	2	1	3	-2	7

图 3-3-27　数据处理结果

课后练习

1. 打开文档"3-3-1.docx"，并按要求完成下列操作：

（1）将文档中的后 8 行文字转换成一个 8 行 5 列的表格，设置表格居中。设置表格第二列的列宽为 6 厘米，其余各列列宽为 2 厘米，各行行高为 0.6 厘米。表格中所有文字水平居中。

（2）设置表格所有框线为 1 磅红色（标准色）单实线；使用求和函数计算"合计""讲课""上机""总学时"的合计值。

2. 打开文档"3-3-2.docx"，并按要求完成下列操作：

（1）将文档中的后 6 行文字转换成一个 6 行 4 列的表格，把表格样式设置为"浅色底纹，强调文字颜色 2"样式，设置表格居中。

（2）在表格右侧新增一列，标题设置为"价差"，该列其余单元格内依据公式"卖出价-现钞买入价"计算相应货币的价差；设置表格各列列宽为 2.5 厘米，各行行高为 0.6 厘米；设置表格第 1 行和第 1 列文字水平居中，其余文字右对齐；按"价差"列依据"数字"类型降序排列表格内容。

3. 打开文档"3-3-3.docx"，并按要求完成下列操作：

（1）将文章中的后 4 行文字转换为一个 4 行 4 列的表格，设置表格居中，表格各列列宽为 2.5 厘米，各行行高为 0.7 厘米；在表格最右方增加一列，列标题为"平均成绩"，计算各考生的平均成绩，并填入相应单元格。

（2）将表格中所有的文字设置为水平居中；设置表格外框线和第 1 行下框线为 0.75 磅红色（标准色）双窄线，其余内部框线为 1 磅红色（标准色）单实线；将表格底纹设置为"红色，强调文字颜色 2，淡色 80%"。

项目四　Word 2016 长文档的排版

项目展示

在 Word 工具的使用过程中，最常用的功能自然是文章的排版。要将一篇完整的长文章完全按照指定的格式进行排版，并且在后续的编辑过程中保持规整而不产生混乱，需要将 Word 中的各个功能进行综合运用。与普通的图文混排不同，在对长文档进行排版之前，必须先对文章和排版规则有整体的把握。部分同学修改的时候只求视觉效果一致，不考虑整体布局和后续调整带来的影响，盲目动手，很容易事倍功半。

以论文排版为例，需要先确定文档的章节数、章节要求，什么地方需要新起一页，页眉和页脚如何设置等，再依据布局规划决定文档的布局。同一篇论文在排版前后会产生很显著的变化。图 3-4-1、图 3-4-2 分别展示了同一篇文章在排版前后的效果对比。

图 3-4-1 未排版的论文效果

图 3-4-2 排版完成后的论文效果

在本项目中，将以一篇论文的排版处理为例，详细介绍如何从头开始规划和动手将长文档按照指定格式进行排版，得到符合要求的格式化文档。

支撑知识

1. Word 中的分节符

分节符是 Word 中的一种特殊编辑标记。通过分节符可以将 Word 文档分为若干个"节"，从而为每一个"节"设置不同的格式和布局选项（如行号、栏或页眉和页脚）。

设想这样的一个使用场景：需要把文章中的某一个段落设置为两栏，保持其他段落为单个栏不变。当我们使用 Word 的分栏功能实现这个效果的时候，Word 会先在目标段落前后各添加一个分节符，以此将该段落的布局与上下文分离开来。

在 Word 中一共有 4 种不同的分节符，具体如表 3-4-1 所示。

表 3-4-1　Word 中的分节符

分节符	说　　明
下一页	在下一页开始新节
连续	在同一页上开始新节，但不开始新页
偶数页	在下一个偶数页上开始新节。如果在第 3 页的末尾插入偶数页分节符，则下一节将从第 4 页开始
奇数页	在下一个奇数页上开始新节。如果在第 3 页的末尾插入奇数页分节符，则下一节将从第 5 页开始

（1）显示和隐藏分节符

默认情况下，分节符不会在文档中显示出来。在 Word 2016 中，可以通过【开始】选项卡的【段落】组中的【显示/隐藏编辑标记】选项来显示编辑标记。该选项默认为"隐藏编辑标记"状态 ![]，可以通过鼠标单击将其切换

图 3-4-3　文档中的分节符

到"显示编辑标记"状态 ![]。此时文档中的分节符会以"双虚线开头和结尾"的形式显示出来，如图 3-4-3 所示。

（2）插入和删除分节符

要在文档中添加分节符，可以通过【布局】选项卡中的【分隔符】选项来实现。将光标定位于需要插入分节符的位置，单击【页面设置】组中的【分隔符】选项，会出现如图3-4-4所示的下拉菜单，菜单中的选项包含了"分页符"和"分节符"两大类。

分页符会把文档从当前位置分开，后续部分从新的一页开始，但是这两个部分依然属于同一节；而分节符则把文档从当前位置分成两节。

单击下拉菜单中对应的选项，就可以在当前编辑位置插入指定的分节符。

显示在文档中的分节符，可以如同文档中的文本一样进行编辑，虽然分节符不能被选中，但是将光标定位到分节符后的位置（如果同时开始了新的一页，就是下一页的开始位置），按下【Backspace】键即可删除分节符。

由于分节符通常会作为文档布局结构的分界点，因此添加或删除分节符会对文档中的各种格式，如页眉/页脚、分栏等造成不小的影响。在需要使用分节符的场合，最好先对文档中的内容进行一定的规划，决定好分节符的种类和位置，再将其添加到文档中。

2. 在 Word 中使用文档部件

在编辑 Word 文档的过程中，有时候用户会需要添加一些

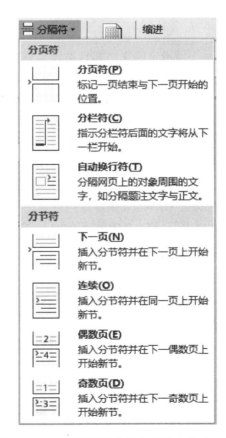

图 3-4-4　【分隔符】菜单下的分节符

特殊的引用内容，如文档的标题、作者和更新日期等，并且希望这些内容可以在需要的时候自动更新。Word中提供的插入"文档部件"功能，不仅可以满足这一需求，还能通过构建基块的形式让我们更方便地在文档中使用自定义内容。

（1）使用文档属性

要在文档中使用"文档属性"功能，可以单击【插入】选项卡中提供的【文档部件】选项，在弹出的如图3-4-5所示的下拉列表中，选择【文档属性】项。在该子菜单中，包含备注、标题、单位等多种不同的文档属性，单击想要插入的属性，即可将其添加到文档中。

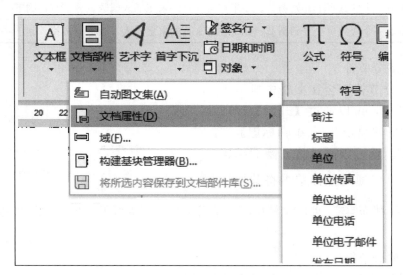

图3-4-5　【文档属性】子菜单

当指定的文档属性被添加到正文中时，会显示为一个输入框，并且会有一个附加标签表明这是哪一个文档属性，如图3-4-6所示。

如果用户手动编辑了框内的文档属性内容，会同步改变该文档的属性。在图3-4-6中，如果手动把"张三"修改为"李四"，那么该文档的作者也会在保存时被修改为"李四"。

（2）使用自动图文集

有时候，用户需要在文档中存储和多次使用某些元素（如文本、公式、表格等），这一需求可以通过Word中提供的"文档部件库"功能来实现。在Word中，这些可重用的内容块被称为构建基块。常用的构建基块包括存储文本和图形的自动图文集，以及上文中提到的文档属性等。

图3-4-6　文档属性框

①将内容保存为自动图文集。

要将特定的内容片段以自动图文集的形式保存到文档部件库中，须首先选中要保存到库中的内容片段，然后切换至【插入】选项卡，单击【文本】组中的【文档部件】选项，在菜单中选择【将所选内容保存到文档部件库】，此时会弹出如图3-4-7所示的【新建构建基块】对话框。

在【新建构建基块】对话框中，可以为新建的内容片段设置名称和说明，然后在【库】下拉列表中选择"自动图文集"，单击【确定】，将其保存到库中。

②使用已保存的自动图文集。

当需要使用保存在库中的自动图文集时，须首先将光标置于要插入内容的位置，然后单击【插入】选项卡中的【文档部件】，在下拉列表中选择【自动图文集】选项，然后单击要重复使用的句子、短语或其他已保存的内容，如图3-4-8所示。

③编辑和删除已保存的自动图文集。

在 Word 中，提供了"构建基块管理器"功能，以对保存在库中的文档部件进行管理。单击【插入】选项卡中的【文档部件】选项，单击菜单中的【构建基块管理器】即可进入如图3-4-9所示的【构建基块管理器】界面。

在构建基块管理器的左侧列表中，会显示出当前所有的文档部件内容，包括 Word 中内置和用户建立的构建基块。如果难以从列表中快速找到所需的内容，可以单击"名称"列的标题，将各构建基块按照名称顺序排列。找到需要删除的构建基块后，单击鼠标将其选中，可以通过【编辑属性】选项修改它的名称、描述和所属库等信息。如果要删除由用户创建的构建基块，可先从左侧列表中选中它，单击【删除】选项，即可将其从库中删除。

图 3-4-7　【新建构建基块】对话框

图 3-4-8　【文档部件】菜单

图 3-4-9　【构建基块管理器】界面

项目实施

1. 文档的布局规划

在对文档进行排版之前，必须先对排版要求进行分析，以方便后续的整体规划。文章排版要求见表 3-4-2。

表 3-4-2　论文排版格式要求

文档部分	格式要求
章标题（如"绪论"）	四号、黑体、加粗、居中，段前、段后空 1 行； 每章单独起一页，参考文献单独起一页； 编号为"第一章"的简体汉字形式
节标题 （如"FD 的不变性分析"）	小四号、黑体、加粗、左对齐，段前、段后空 1 行； 编号为"2.1"的正规编号形式
正文	小四号、宋体，两端对齐，首行缩进 2 字符，行距最小值为 20 磅
题注	小五号、黑体、居中。表注在表格上方，图注在图片下方

文档部分	格式要求
页眉	奇数页页眉：显示该页中论文章节的标题； 偶数页页眉：显示"某大学信息工程论文"文字
页脚	标题及摘要页不显示页码；参考文献页不显示页码； 正文部分页码显示在页面底端，居中，使用阿拉伯数字

通过分析表 3－4－2 的要求可知，根据页码的显示与否，文章最少要被划分成 3 个部分。其中论文标题和摘要为第一部分，论文正文为第二部分，参考文献为第三部分。对正文部分，按照页眉的显示要求，奇偶页需要显示不同的页眉。这可以通过"奇偶页不同"的设置实现，因而依然可以保持 3 个部分。

关于标题，设置大纲级论文标题为第一级，各章标题为第二级，各小节标题为第三级。以"第一章，1.1，……"的形式编号。

2．文档的布局设置

（1）使用分节符调整文档布局

打开文档"项目四.docx"，在【开始】选项卡中，单击【段落】组的【显示｜隐藏编辑标记】选项，使它切换到"显示编辑标记"状态 ，在文档中显示编辑标记。

根据前面的分析，需要将文档从"绪论"和"参考文献"之前分开成 3 个节。

将光标定位到"绪论"所在行的最前方，单击【布局】选项卡下的【分隔符】选项，从下拉列表中点击【分节符（下一页）】选项，添加一个分节符（下一页），把文档分为两节，如图 3－4－10 所示。

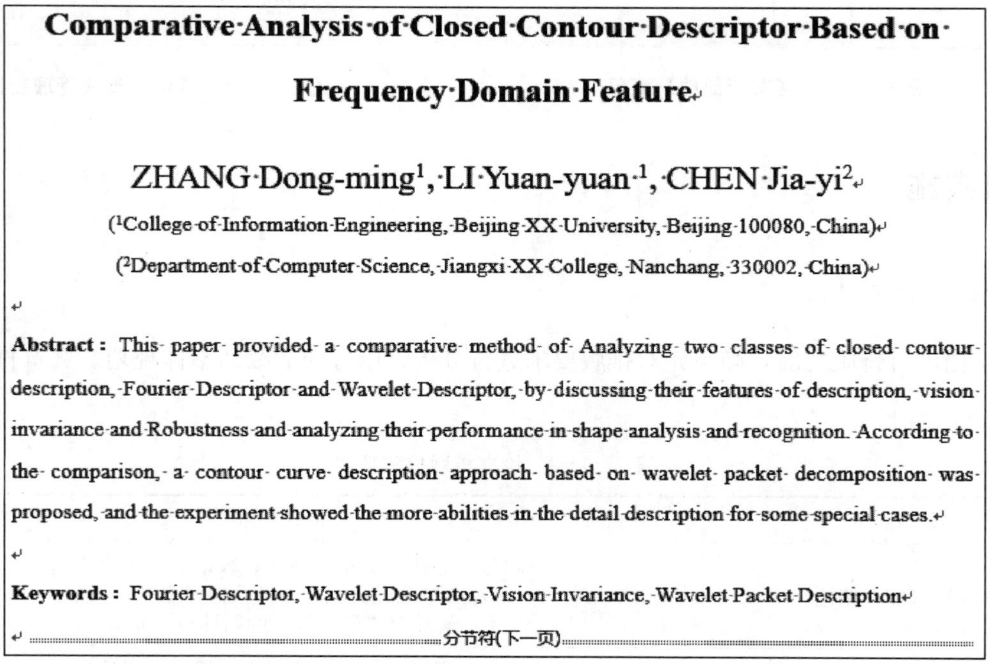

Comparative Analysis of Closed Contour Descriptor Based on Frequency Domain Feature

ZHANG Dong-ming[1], LI Yuan-yuan [1], CHEN Jia-yi[2]

([1]College of Information Engineering, Beijing XX University, Beijing 100080, China)
([2]Department of Computer Science, Jiangxi XX College, Nanchang, 330002, China)

Abstract：This paper provided a comparative method of Analyzing two classes of closed contour description, Fourier Descriptor and Wavelet Descriptor, by discussing their features of description, vision invariance and Robustness and analyzing their performance in shape analysis and recognition. According to the comparison, a contour curve description approach based on wavelet packet decomposition was proposed, and the experiment showed the more abilities in the detail description for some special cases.

Keywords：Fourier Descriptor, Wavelet Descriptor, Vision Invariance, Wavelet Packet Description

===分节符(下一页)===

图 3－4－10　添加分节符的效果

将光标定位到文章末尾，即"参考文献"所在行的最前方，用同样的方法插入一个【分节符（下一页）】。使"参考文献"部分单独成为最后一页，作为文档的第三节。

（2）设置标题样式与大纲级别

为论文中的章节标题（"绪论""FD 和 WD 的描述性对比""闭合轮廓描述方法不变性分析""鲁棒性分析""基于小波包分解的轮廓描述"）应用"标题 2"样式。

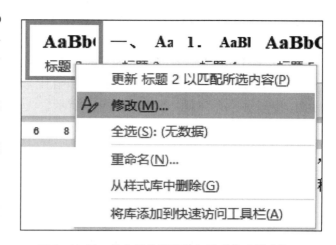

选中各章标题后，在【样式】组中，右键单击快速样式列表中的"标题 2"样式，在弹出的菜单中选择【修改】选项，打开【修改样式】对话框，如图 3-4-11 所示。

在弹出的【样式】对话框中，单击左下角的【格式】，先通过【字体】选项打开【字体】对话框，并按要求设置字体。

接下来设置每一章标题单独起一页的效果。回到【样式】对话框，点击【格式】选项，在

图 3-4-11　从右键快捷菜单打开【修改样式】

弹出的菜单中选择【段落】选项，打开【段落设置】对话框。在【段落】对话框中，切换到【换行和分页】选项卡。在图 3-4-12 中【段前分页】复选框上打勾，单击【确定】返回。

完成上述设置后，文档中的每个章节都会单独从新的一页开始。然后用同样的方法修改"标题 3"和"正文"样式的设置，并应用到文档中。

图 3-4-12　设置段前分页

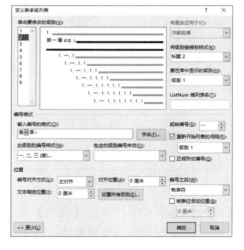

图 3-4-13　【定义新多级列表】对话框

（3）使用多级列表为标题编号

将光标定位在任意章节标题处，这里选择定位到"绪论"所在行。然后单击【开始】选项卡中【段落】组内的【多级列表】选项。在弹出的下拉菜单中，选择【定义新的多级列表】选项，打开【定义新多级列表】对话框。

在【定义新多级列表】对话框中，单击左下角的【更多】，展开右侧的详细设置，如图 3-4-13 所示。

在本文档中，标题 1 作为论文标题，没有任何标题样式，因此先在左侧的列表框中单击"1"，并删除【输入编号的格式】输入框中的全部内容。

章标题对应的是"标题 2"样式，大纲级别为 2 级。设置章标题的级别时，在左侧【单击要修改

的级别】列表框中选择"2"，在右侧【将级别链接到样式】处，通过下拉列表选择"标题 2"样式，【要在库中显示的级别】选择"2"。最后在【此级别的编号样式】处，通过下拉列表选择"一、二、三（简）…"选项。

完成上述步骤后，在【输入编号的样式】对话框中会显示图 3-4-14 中"．一"的字样。

在对话框中，将前面的"．"删除，并在编号"一"的前面输入"第"，后面输入"章"，使它显示为"第一章"的字样，如图 3-4-15 所示。

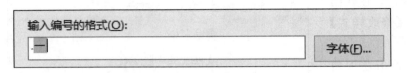
图 3-4-14　标题 2 样式设置

图 3-4-15　标题 2 编号的样式

最后，将对话框底部的【对齐位置】文本框里的数值修改为"0 厘米"，【编号对齐方式】设置为"居中"。此时各章标题的格式设置完成。

接下来为每一节的内容添加如"1.1""2.1"形式的编号。在左侧【单击要修改的级别】处选择"3"，在右侧【将级别链接到样式】处通过下拉列表选择"标题 3"，【要在库中显示的级别】选择"级别 3"。此时，【输入编号的样式】对话框中，显示图 3-4-16"．一.1"的内容。

此处的"．一.1"代表从标题 2（即章标题）处继承的编号项。由于章标题使用了简体中文数字编号，此处需要将显示方式调整回正规编号方式。在【输入编号的样式】框中，删除"一"前的"．"，然后勾选右侧的【正规形式编号】复选框，效果如图 3-4-17 所示。此时【输入编号的格式】框中显示"2.1"。

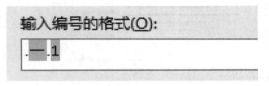
图 3-4-16　链接标题 3 之后的编号

图 3-4-17　勾选【正规形式编号】的效果

3. 文档页眉和页脚的设置

在【插入】选项卡中，单击【页眉】或【页脚】下拉菜单，通过【编辑页眉】和【编辑页脚】选项，可以进入页眉与页脚的编辑状态。此时 Word 界面上方会出现【页眉和页脚工具】选项卡。

（1）页眉与页脚的链接

如果需要编辑的文档是一个具有多个节的文档，那么用户可以为每一节使用不同的页眉和页脚。在页眉与页脚编辑状态下，会以"页眉-第 X 节"的标签显示当前的页眉与页脚属于哪一节。

在默认状态下，每一节的页眉与页脚会自动链接到前一节，如图 3-4-18 所示。当修改页眉和页脚时，会同时把修改应用到所有链接在一起的节中。要为每一节设置不同的页眉和页脚，就必须先将各节之间页眉和页脚的链接取消。将光标定位到需要取消链接的节的页眉和页脚区域，在【页眉和页脚工具】选项卡中【导航】组下可以看到【链接到前一节】选项。

图 3-4-18　【链接到前一节】选项

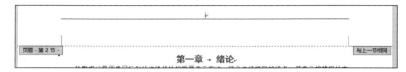

图 3-4-19　页眉和页脚编辑视图

在图 3-4-19 中，当前页眉和页脚会与前一节的页眉和页脚相链接。点击该选项，使其切换为非选中状态 链接到前一节 。此时两节之间的链接被取消，可以分别为它们设置不同的页眉和页脚。

（2）为不同的节添加页码

分别对第 2 节和第 3 节的页眉和页脚进行取消链接操作后，将光标移动到第 2 节的起始页面（即"绪论"所在页）的页脚处，单击【页眉和页脚工具】选项卡中的【页码】下拉菜单，依次选择【页面底端】【普通数字 2】选项，为该节插入样式为"普通数字 2"的页码。

选中刚刚插入的页码"-2-"，再次单击【页码】下拉菜单，在菜单中选择【设置页码格式】选项，打开【页码格式】对话框。

【页码格式】对话框提供为每一节设置起始页码的功能。在【页码编号】栏中单击选中【起始页码】项，并将后面文本框中的页码数字更改为"-1-"，完成对起始页码的设置。

（3）在页眉中引用章节标题

将光标移动到第 2 节中任意页眉处，通过【插入】选项卡的【页眉】菜单，选择【编辑页眉】选项进入页眉编辑状态。在【页眉和页脚工具】选项卡中的【选项】组，勾选【奇偶页不同】复选框，准备进行奇数页与偶数页页眉的设置。

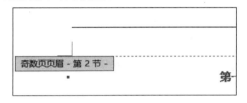

图 3-4-20　第 2 节页眉编辑

此时可以看到页眉区域中显示的标签为"奇数页页眉-第 2 节"，如图 3-4-20 所示。根据规划，奇数页页眉中显示该页中内容的章标题，即"绪论"字样。

将光标定位到"第一章绪论"所在页的页眉处，单击【插入】选项卡中的【文档部件】下拉菜单，单击【域】选项，打开【域】对话框，如图 3-4-21 所示。

图 3-4-21　【域】对话框

在【域】对话框中，在左侧的【类别】下拉列表中选择【链接和引用】，并单击【域名】列表框

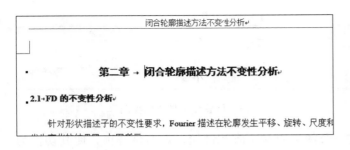

图 3－4－22　奇数页页眉效果

22 所示。

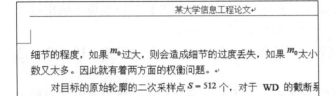

图 3－4－23　偶数页页眉效果

中的【StyleRef】选项。该选项提供了引用文档中指定格式的内容的功能。

点击选中【StyleRef】选项后，右边的【域属性】栏中会出现本文档中所使用的全部样式名称。本文中章标题使用的是"标题 2"样式，因此选择"标题 2"项，单击【确定】，可以看到章标题"闭合轮廓描述方法不变性分析"出现在该页页眉位置。查看其他奇数页页眉，也显示出对应的章标题内容，如图 3－4－22 所示。

此时偶数页的页眉依然保持空白，将光标移动到偶数页页眉处，手动输入"某大学信息工程论文"字样。单击【页眉和页脚工具】选项卡中的【关闭页眉和页脚】选项，退出编辑状态。效果如图 3－4－23 所示。

至此，文档页眉和页脚部分编辑完成。

4．在文档中使用题注

（1）为图片和表格设置题注

图注和表注在 Word 中都可以通过添加题注功能实现。将光标定位到需要插入图注和表注的位置，在【引用】选项卡中单击【插入题注】选项，会弹出如图 3－4－24 所示的【题注】对话框。

一般情况下，可以通过使用单击【编号】按钮，打开如图 3－4－25 所示的【题注编号】对话框，勾选【包含章节号】复选框，然后在【章节起始样式】下拉列表中选择每个章节标题所对应的样式即可。

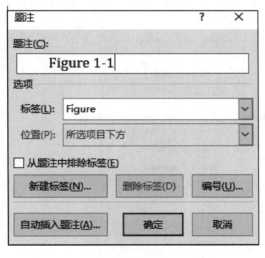

图 3－4－24　【题注】对话框

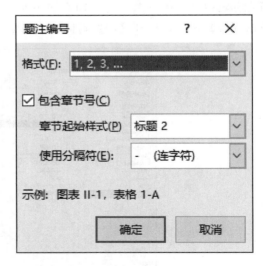

图 3－4－25　【题注编号】对话框

在本项目中，章标题使用了中文数字的特殊形式，因此在选择了"标题 2"并单击【确定】后返回【题注】对话框，预览效果如图 3－4－26 所示。

这个结果并不符合我们的预期，而 Word 在题注功能中并未提供类似"使用正规形式编号"的功能，只能使用其他方式来达到我们预期的显示效果。单击【题注】对话框中的【新建】选项，在弹出的窗口中输入"图 3-"。单击【确定】，添加题注"图 3-1"。用同样的方法依次为每个章节新建"图 1-""图 2-""图 3-"标签，并分别为图片应用相应的标签。

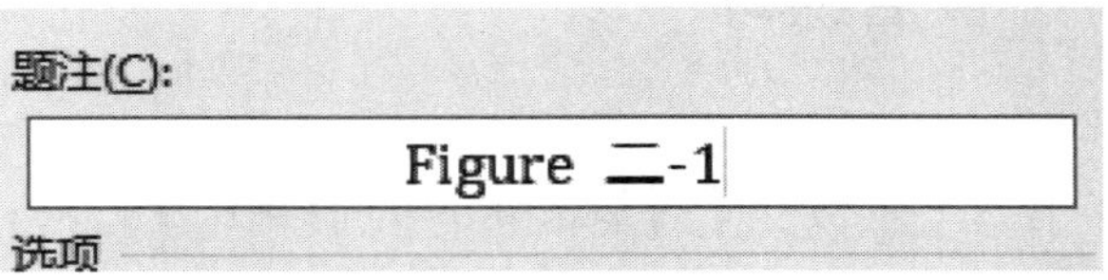

（2）在文档中引用题注

要在文档正文中引用题注，需要用到"交叉引用"功能。

将光标定位到第二章中需要插入引用的位置，并单击【引用】选项卡中【题注】组的【交叉引用】选项，弹出如图 3-4-27 所示的【交叉引用】对话框。

图 3-4-26　应用题注编号功能

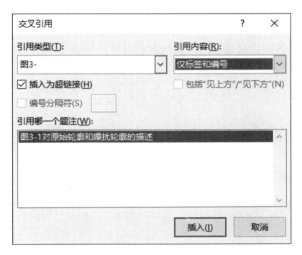

图 3-4-27　【交叉引用】对话框

在【交叉引用】对话框中，将【引用类型】设置为"图 3-"，【引用内容】选择"仅标签和编号"，即如"图 2-1"的形式，此外还能选择"插入整项题注""全文"或者"仅内容"等方式。在下方【引用哪一个题注】中选择刚刚添加的"图 3-1……"，单击【插入】按钮，将交叉引用内容添加到正文中。成功添加引用后的效果如图 3-4-28 所示。

以交叉引用形式插入的题注，在图片本身的题注需要改变的时候，引用的内容也会跟随题注内容改变。例如后续编辑过程中，在"图 3-1"之前添加了新的图片，那么这里的"图 3-1"会自动调整编号为"图 3-2"，同时引用部分也会自动更新成"图 3-2"。

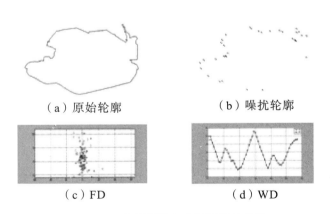

（a）原始轮廓　　　　（b）噪扰轮廓

（c）FD　　　　（d）WD

图 3-4-28　使用题注与交叉引用的效果

课后练习

1. 阅读以下排版要求，并回答以下问题：

排版要求：封面不显示页眉，目录页页码为"Ⅰ，Ⅱ，Ⅲ，…"形式，正文部分页码从第 1 页开始，奇数页页眉为当前页面中所在章的标题，偶数页页眉为"某大学软件工程论文"。

问：论文要分成多少节？简述每一节要如何设置页眉和页脚。

2. 思考以下问题：

论文中需要按以下要求使用公式：公式以"（章编号－公式编号）"命名。如第 1 章使用的第 2 条公式，编号为（1－2），编号显示在公式所在位置的右边。

问：要为论文中的每一个公式后按以上格式添加编号，应该如何实现？

第 4 章　Excel 2016 电子表格

项目一　初识 Excel 2016

项目展示

本项目将认识 Excel 2016 的功能和特点。Excel 2016 作为 Office 2016 的组件之一，它的主要功能是为电子表格提供层层递进的数据处理功能：建立电子表格，录入数据，并美化表格实现数据的存储；运用公式完成数据的计算，实现数据的处理；运用各类图表实现数据的呈现和预测；运用数据统计和分析实现数据管理。在本项目中，将通过各种实例，初步了解上述功能。

支撑知识

1. 数据存储功能

创建电子表格后，除了直接录入数据，Excel 2016 还提供自动填充、自定义序列等智能方法简化录入。不仅可以通过数字、字体、对齐方式、边框、底纹等自定义单元格的格式，还可以通过单元格样式、表格样式和条件格式等智能地美化表格来实现数据的存储。

2. 数据处理功能

Excel 2016 提供大量的函数用于计算，包括财务、统计和工程等各类计算。不仅如此，用户还可以根据实际运用来创建公式，以完成复杂的运算。

3. 数据呈现与预测

通过简单的操作，就能利用电子表格内的数据生成图表，图表可以生动简明地呈现数据及其变化趋势。

4. 数据管理

Excel 2016 提供排序、筛选、分类汇总等功能对数据进行统计，提供模拟分析和预测工作表功能对数据进行预测，还提供数据透视表等功能进行交互性数据分析。

项目实施

下面就上述功能，以图书销售情况工作簿为例，通过工作表的生成与编辑、数据计算、图表制作和数据管理的实例展示其功能。在后续的项目中，将对这些功能进行详细的讲解，在本项目中，只需对这些功能有初步的认识。

1. 电子表格生成与编辑

使用 Excel 可以生成工作簿，录入"图书基本情况表"的数据，并进行格式设置，如图 4-1-1 所示。

图书基本情况表										
图书编号	图书类别	图书名称	ISBN	单价	出版社	进货量	销量	库存	是否需进货	占销售百分比	销量排名
BKB-001	经济管理类	《经济学原理（第7版）》	23697183	¥128.0	北京大学出版社						
BKB-002	经济管理类	《金字塔原理》	9787544294829	¥88.0	北京大学出版社						
BKS-001	文学类	《老舍作品精选（套装共8册）》	9787020122196	¥275.0	人民文学出版社						
BKS-002	文学类	《红楼梦原著版（上、下册）》	9787020002207	¥59.7	人民文学出版社						
BKC-001	计算机类	《Excel报表—劳永逸（数据+函数+表格）》	9787302512417	¥49.0	清华大学出版社						
BKC-002	计算机类	《Office 2019完全自学教程》	9787301305690	¥119.0	北京大学出版社						
BKC-003	计算机类	《C程序设计（第五版））》	9787302481447	¥39.0	清华大学出版社						
BKC-004	计算机类	《机器学习》	9787302423287	¥88.0	清华大学出版社						

图 4-1-1　图书基本情况表

2. 数据计算

运用公式和函数，计算销量、库存、是否需进货、占销售百分比和销量排名的结果，如图 4-1-2所示。

图书基本情况表											
图书编号	图书类别	图书名称	ISBN	单价	出版社	进货量	销量	库存	是否需进货	占销售百分比	销量排名
BKB-001	经济管理类	《经济学原理（第7版）》	23697183	¥128.0	北京大学出版社	100	41	59	否	9.47%	6
BKB-002	经济管理类	《金字塔原理》	9787544294829	¥88.0	北京大学出版社	100	30	70	否	6.93%	8
BKS-001	文学类	《老舍作品精选（套装共8册）》	9787020122196	¥275.0	人民文学出版社	100	46	54	否	10.62%	5
BKS-002	文学类	《红楼梦原著版（上、下册）》	9787020002207	¥59.7	人民文学出版社	100	62	38	是	14.32%	2
BKC-001	计算机类	《Excel报表—劳永逸（数据+函数+表格）》	9787302512417	¥49.0	清华大学出版社	100	39	61	否	9.01%	7
BKC-002	计算机类	《Office 2019完全自学教程》	9787301305690	¥119.0	北京大学出版社	100	58	42	否	13.39%	4
BKC-003	计算机类	《C程序设计（第五版））》	9787302481447	¥39.0	清华大学出版社	100	98	2	是	22.63%	1
BKC-004	计算机类	《机器学习》	9787302423287	¥88.0	清华大学出版社	100	59	41	否	13.63%	3

图 4-1-2　运用公式和函数示例

3. 图表制作

制作图书销售量的图表，直观反映销售情况，如图 4-1-3 所示。

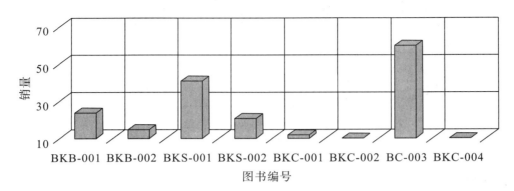

图 4-1-3　图表制作示例

4. 数据管理

运用筛选功能，筛选出图书类别为"计算机类"的数据，如图 4-1-4 所示。

图书基本情况表										
图书编号	图书类别	图书名称	ISBN	单价	出版社	进货量	销量	库存	是否需进货	占销售百分比	销量排名
BKC-001	计算机类	《Excel报表一劳永逸（数据+函数+表格）》	9787302512417	¥49.0	清华大学出版社	100	39	61	否	9.01%	7
BKC-002	计算机类	《Office 2019完全自学教程》	9787301305690	¥119.0	北京大学出版社	100	58	42	否	13.39%	4
BKC-003	计算机类	《C程序设计（第五版））》	9787302481447	¥39.0	清华大学出版社	100	98	2	是	22.63%	1
BKC-004	计算机类	《机器学习》	9787302423287	¥88.0	清华大学出版社	100	59	41	否	13.63%	3

图 4-1-4　筛选示例

运用分类汇总，汇总各出版社图书的销量和库存，如图 4-1-5 所示。

图书基本情况表										
图书编号	图书类别	图书名称	ISBN	单价	出版社	进货量	销量	库存	是否需进货	占销售百分比	销量排名
BKB-001	经济管理类	《经济学原理（第7版）》	23697183	¥128.0	北京大学出版社	100	41	59	否	9.47%	6
BKB-002	经济管理类	《金字塔原理》	9787544294829	¥88.0	北京大学出版社	100	30	70	否	6.93%	8
BKC-002	计算机类	《Office 2019完全自学教程》	9787301305690	¥119.0	北京大学出版社	100	58	42	否	13.39%	4
					北京大学出版社 汇总		129	171			
BKC-001	计算机类	《Excel报表一劳永逸（数据+函数+表格）》	9787302512417	¥49.0	清华大学出版社	100	39	61	否	9.01%	7
BKC-003	计算机类	《C程序设计（第五版））》	9787302481447	¥39.0	清华大学出版社	100	98	2	是	22.63%	1
BKC-004	计算机类	《机器学习》	9787302423287	¥88.0	清华大学出版社	100	59	41	否	13.63%	3
					清华大学出版社 汇总		196	104			
BKS-001	文学类	《老舍作品精选（套装共8册）》	9787020122196	¥275.0	人民文学出版社	100	46	54	否	10.62%	5
BKS-002	文学类	《红楼梦原著版（上、下册）》	9787020002207	¥59.7	人民文学出版社	100	62	38	是	14.32%	2
					人民文学出版社 汇总		108	92			
					总计		433	367			

图 4-1-5　分类汇总示例

运用数据透视表，汇总各出版社各类图书的销量，如图 4-1-6 所示。

求和项:销量	列标签			
行标签	计算机类	经济管理类	文学类	总计
北京大学出版社	58	71		129
清华大学出版社	196			196
人民文学出版社			108	108
总计	254	71	108	433

图 4-1-6　数据透视表示例

课后练习

参考本章项目实施的实例，你能想到在学习、生活或工作中，Excel 能帮助你解决哪些问题吗？

项目二　工作簿的创建与编辑

项目展示

本项目通过创建图书销售情况工作簿，录入相关数据，并对工作簿的格式进行编辑美化。除了直接录入方法，还使用了自动填充的方法完成数据录入；通过数字、字体、对齐方式、边框、底纹等项目自定义单元格的格式，通过条件格式功能设置特定的格式。

本项目要求学生制作一张图书销售情况表，如图 4-2-1 所示。

2020年5月图书销售情况表						
订单编号	日期	图书编号	销量（本）	图书名称	单价	销售额
20200501	2020/5/1	BKS-001	12		¥275.0	
20200502	2020/5/3	BKC-002	15		¥119.0	
20200503	2020/5/4	BKS-002	41		¥59.7	
20200504	2020/5/7	BKS-002	21		¥59.7	
20200505	2020/5/8	BKC-004	12		¥88.0	
20200506	2020/5/9	BKC-003	3		¥39.0	
20200507	2020/5/12	BKB-002	30		¥88.0	
20200508	2020/5/13	BKS-001	3		¥275.0	
20200509	2020/5/14	BKC-003	43		¥39.0	
20200510	2020/5/15	BKB-001	22		¥128.0	
20200511	2020/5/16	BKS-001	31		¥275.0	
20200512	2020/5/20	BKB-001	19		¥128.0	
20200513	2020/5/21	BKC-002	43		¥119.0	
20200514	2020/5/23	BKC-001	39		¥49.0	
20200515	2020/5/24	BKC-003	30		¥39.0	
20200516	2020/5/25	BKC-004	43		¥88.0	
20200517	2020/5/28	BKC-004	4		¥88.0	
20200518	2020/5/31	BKC-003	22		¥39.0	
订单数量	最高销售数量				销售额总额	
	最低销售数量				平均销售额	

图 4-2-1　图书销售情况表

支撑知识

1. Excel 2016 窗口界面

Excel 2016 的窗口由标题栏、快速访问工具栏、功能区选项、名称框、编辑栏、工作区、状态栏构成。图 4－2－2 为空白工作簿的窗口界面，各部分名称如图所示。

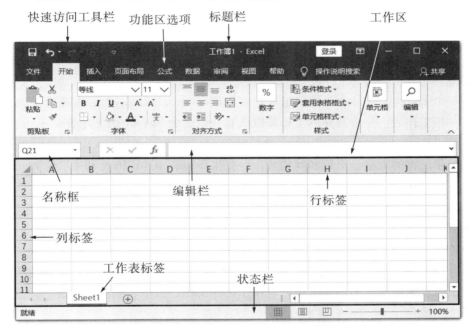

图 4－2－2　Excel 2016 窗口界面

（1）标题栏

标题栏位于窗口的最上方，居中显示当前工作簿的名称，新建工作簿默认显示的名称为"工作簿1－Excel"，右侧为【登录】【功能区显示选项】【最小化】【还原/最大化】和【关闭】选项。

（2）快速访问工具栏

快速访问工具栏位于窗口的左上方，用于显示常用命令选项，默认选项为【保存】【撤销】【恢复】【更改形状】选项和【自定义快速访问工具栏】下拉列表，【自定义快速访问工具栏】下拉列表可选中所需选项到快速访问工具栏显示。

（3）功能区选项

功能区选项位于标题栏下方，默认由【文件】【开始】【插入】【页面布局】【公式】【数据】【审阅】【视图】和【帮助】选项卡构成。不同的选项卡对应不同的功能区，每个功能区又由不同的【组】构成。每个【组】由其对应功能的选项构成。

（4）名称框

名称框用于显示选定的单元格或者单元格区域的名称，默认的名称为单元格或者单元格区域的地址名称，用户也可以自定义单元格或者单元格区域的名称。在编辑公式的状态，名称框切换为函数名列表框，下拉列表显示函数名。

（5）编辑栏

编辑栏用于录入或者编辑单元格中的内容。当录入或编辑内容时，选定单元格和编辑栏会同步显示录入的内容；当确定录入公式后，编辑栏会显示当前的公式，而选定单元格会显示计算结果。

当录入和编辑数据时，编辑栏显示用于取消、输入和插入函数的三个按钮【×】【√】和【fx】。

（6）工作区

工作区位于编辑栏和状态栏之间，是 Excel 窗口中最大的组成部分，用于编辑和存放数据。工作区由行标签、列标签、全选框、工作表、水平滚动条、垂直滚动条、拆分条、工作表标签和工作表翻滚按钮构成。

（7）状态栏

状态栏位于窗口最底端，用于显示当前操作的状态、相关信息、工作簿视图按钮、显示比例和缩放级别按钮等。

2. Excel 2016 基本概念

（1）工作簿

工作簿是一个 Excel 文件，由工作表组成，其扩展名为 .xlsx。一个工作簿最多包含 255 张工作表，最少包含一张工作表。一个新建的工作簿默认有一张名为 Sheet1 的工作表。

（2）工作表

工作表是一张二维的表格，由行和列构成。一张工作表有 1048576 行和 16384 列，其中行号用数字表示为 1，2，3，…，1048576；列号用字母表示为 A，B，C，…，Z，AB，…，IV。

工作表标签：显示工作表的名称，默认命名为 Sheet1，Sheet2，Sheet3，…。

（3）单元格

工作表中，行与列交叉处称为单元格。每个单元格的地址由所在列的列标签和所在行的行标签构成，如第 5 列（即 E 列）和第 8 行交叉处的单元格的地址为 E8，E8 也是该单元格的默认名称。

单元格是工作表中最基本的组成单位，可用于存储文字、数字、图片等数据。

（4）单元格区域

单元格区域由多个连续的单元格组成，单元格区域的地址表示为：最左上角的单元格地址:最右下角的单元格地址。

表示多个单元格区域需在单元格区域之间加","隔开，单元格区域A1:E5和单元格区域F4:G6，可表示为 A1:E5，F4:G6。

（5）活动单元格（单元格区域）和填充柄

当前选定的单元格（单元格区域）称为活动单元格（单元格区域），该单元格（单元格区域）外部有一个黑色的边框。在这个黑色边框的右下角的方形点，称为填充柄，可用于快速填充单元格。

3. 工作表的基本操作

（1）选择工作表

选择一张工作表：单击该工作表的标签；工作表标签呈白底显示，工作区显示该工作表内容，即表示选定该张工作表。

选定多张不连续的工作表：单击其中一张工作表的标签后，按住【Ctrl】键不放，再依次单击剩下的工作表；需选定的工作表的标签都呈白底显示，则操作完成。

选定多张连续的工作表：单击第一张工作表的标签，按住【Shift】键不放，再单击最后一张工作表；需选定的工作表的标签都呈白底显示，则操作完成。

选定全部工作表：右击任意一张工作表的标签，在弹出的【右键快捷菜单】中选择【选定全部工作表】选项；所有工作表的标签都呈白底显示，则操作完成。

（2）插入工作表

插入一张工作表：选定某张工作表，单击其标签右侧的 ⊕ 按钮，则在该张工作表右侧创建一张新的工作表；选定某张工作表，右击其标签，在弹出的【右键快捷菜单】中选择【插入】，然后在弹出的【插入】对话框中选择【工作表】选项，单击【确定】按钮，则在该工作表的左侧创建一张新的工作表。

插入多张工作表：需要插入 n 张工作表，则选定 n 张工作表，在选定的工作表的标签上右击，在弹出的【右键快捷菜单】中选择【插入】，如图 4-2-3 所示，然后在弹出的【插入】对话框中选择【工作表】选项，单击【确定】按钮，则在该选定的 n 张工作表的最后一张的左侧插入 n 张新的工作表。

（3）删除工作表

选定需删除的一张或者多张工作表，右击其标签，在弹出的【右键快捷菜单】中选择【删除】选项。如果删除的工作表内未包含任何数据，将直接被删除；否则将弹出【确认删除工作表】对话框，如图 4-2-4 所示，单击对话框内的【删除】按钮后，所选工作表将被删除。

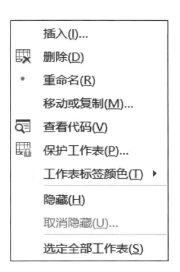

图 4-2-3　**工作表【右键快捷菜单】**

图 4-2-4　**【确认删除工作表】对话框**

注意：被删除的工作表无法通过快速访问工作栏的【撤销】按钮恢复。

（4）重命名工作表

双击工作表标签，当其呈高亮状态显示时，输入新的工作表名，按【Enter】键即完成重命名，如图 4-2-5 所示。同一个工作簿内，工作表标签不得重名。

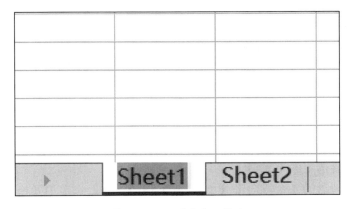

图 4-2-5　**重命名工作表**

（5）移动和复制工作表

在同一个工作簿内移动或复制工作表：选定工作表，按住鼠标左键不放，拖动到所需位置后松开，即完成工作表的移动；在移动操作的基础上，拖动鼠标的同时按下【Ctrl】键，则完成复制操作。为避免重名，复制后的工作表名会自动在原工作表名后添加编号，例如工作表 Sheet1 复制后的工作表命名为 Sheet1（2）。

在不同的工作簿间移动或复制工作表：选定工作表，在其标签上右击，在弹出的【右键快捷菜单】中选择【移动或复制工作表】选项，如图 4-2-6 所示。然后在弹出的【移动或复制工作表】对话框的【工作簿】下拉列表和【在下列选定工作表之前】选择框中选择对应的工作簿和工作表，单击【确定】按钮，即完成移动操作。在移动操作的基础上，只需在【移动和复制工作表】对话框中勾选【建立副本】复选框，即完成复制操作。

（6）修改工作表标签颜色

右击工作表标签，在弹出的【右键快捷菜单】中选择【工作表标签颜色】选项，在【工作表标签颜色】的下一级菜单中选定合适的颜色，选定颜色后即完成修改工作表标签颜色的操作，如图 4-2-7所示。

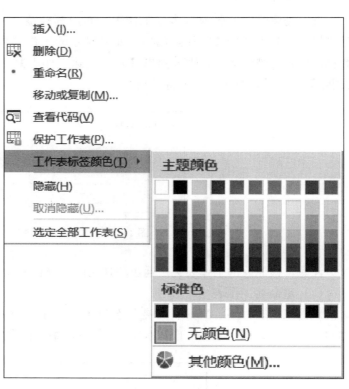

图 4-2-6　【移动或复制工作表】对话框　　　　图 4-2-7　【工作表标签颜色】的下一级菜单

4. 单元格和单元格区域的基本操作

（1）选定单元格

选定单元格有以下方法：

①使用鼠标：单击要选定的单元格。

②使用键盘：通过键盘的 4 个方向键【↑】【↓】【←】【→】选定单元格。

③使用名称框：在名称框内输入单元格地址或者名称，按【Enter】键。

④使用定位条件：选择【开始】选项卡【编辑】组的【查找和替换】下拉列表中的【定位条件】选项后，弹出【定位条件】对话框，如图 4-2-8 所示。在【定位条件】对话框中选择对应格式，单击【确定】按钮。如有符合要求的单元格或单元格区域，则被选定。

（2）选定单元格区域

选定连续的单元格区域有以下方法（以选定单元格区域 A2:F5 为例，如该区域被选定则呈灰底显示）：

① 单击单元格 A2，当鼠标变成空心十字时，按住鼠标左键不放，拖动至单元格 F5。

② 单击单元格 A2，按住【Shift】键的同时，单击单元格 F5。

③ 在名称框内输入单元格区域地址A2:F5后，按【Enter】键。如单元格区域 A2:F5 已命名为其他名称，则输入修改的名称后，按【Enter】键。

选择不连续的单元格区域：选定第一个单元格或单元格区域后，按住【Ctrl】键不放，同时依次选定其他单元格区域。

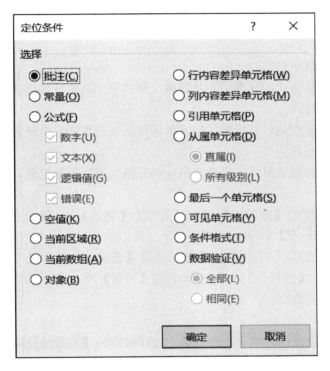

图 4-2-8　【定位条件】对话框

图 4-2-9　【粘贴】下拉列表

（3）移动或者复制单元格或连续的单元格区域

移动或者复制单元格或连续单元格区域有以下方法：

① 使用鼠标：选定要移动的单元格或者连续单元格区域，将光标移动到起始边框线上，当光标变成带四个方向箭头的十字状时，按下鼠标左键不放，拖动鼠标到目标单元格区域，当目标区域呈灰度显示时，释放鼠标即完成移动操作。要进行复制操作，只需在移动操作的基础上，拖动鼠标的同时按下【Ctrl】键即可（鼠标右上方会出现一个小的＋号）。

② 使用快捷键：选定所要移动的单元格或者连续单元格区域，同时按下【Ctrl】键和【X】键（复制为【Ctrl+C】），选定单元格或者连续单元格区域被动态虚线框框定时，单击目标单元格区域左上角的单元格，同时按下【Ctrl+V】键，即完成粘贴操作，此时目标单元格或单元格区域呈灰色底纹显示，其填充柄下方出现【粘贴】下拉按钮。

【粘贴】下拉列表如图 4-2-9 所示，可以通过选择对应选项，完成选择性粘贴。将鼠标停留在某选项上，可以看到其粘贴的预览效果。【粘贴】会随着源单元格内容的不同存在一定的差别，以下对常见的粘贴选项进行说明。

粘贴：将源单元格或单元格区域的内容、格式、条件格式、批注、数据有效性等都粘贴到目标单元格或者单元格区域。该项是粘贴选项的默认选项。

公式：粘贴源单元格或单元格区域的文本、数值、日期和公式等内容。

公式和数字格式：粘贴单元格或单元格区域的内容及其数字格式。数字格式包括会计数字格式、货币格式、百分比样式、小数点数位等。

保留源格式：粘贴源单元格或单元格区域的内容和格式，与默认粘贴选项不同的是，如源单元格或单元格区域包含使用公式设定的条件格式，选用此选项粘贴到另一工作表，则目标单元格或单元格区域会沿用源工作表的对应单元格或单元格区域。

无边框：除无源单元格或单元格区域的边框外，与默认粘贴选项相同。

保留源列宽：粘贴与保留源格式相似，并保留源单元格或单元格区域的列宽。

转置：粘贴时将行、列对调。

值：粘贴数据和公式的计算结果。

值和数字格式：粘贴公式的计算结果及数字格式。

值和源格式：与保留源格式相似，但粘贴公式的计算结果及源单元格或单元格区域的格式。

格式：只粘贴源单元格或单元格区域的格式。

粘贴链接：源单元格或单元格区域的数据变化，目标单元格或单元格区域的数据也会随之变化。

图片：将源单元格或单元格区域粘贴成图片。

链接的图片：将源单元格或单元格区域粘贴成图片。源单元格或单元格区域的数据变化，目标图片显示的数据也会随之变化。

③ 使用【剪贴板】组选项：【开始】选项的【剪贴板】组有【剪贴】【复制】和【粘贴】选项，它们与快捷键【Ctrl＋X】【Ctrl＋C】和【Ctrl＋V】的功能相对应。

【剪贴板】组的【粘贴】下拉列表中，除包含②中所有选项外，还有【选择性粘贴】选项。可在该对话框中选择对应的选项进行选择性粘贴。【选择性粘贴】选项中的【列宽】项与②中的不同，只粘贴源单元格或单元格区域的列宽，而不粘贴数据。

（4）插入单元格或者单元格区域

选定要插入的单元格或单元格区域；在选定的区域上单击右键，选择弹出的【右键快捷菜单】的【插入】选项，弹出【插入】对话框，在该对话框中选择对应的插入方式，单击【确定】按钮。

【插入】对话框如图4－2－10所示，插入方式选项对应的作用如下：

① 活动单元格右移：选定单元格或单元格区域及同行右侧的单元格都右移与之对应的单元格。如单元格区域占 n 列，则右移 n 个单元格。

② 活动单元格下移：选定单元格或单元格区域及同列下方的单元格都下移。如单元格区域占 n 行，则下移 n 个单元格。

③ 整行：在选定单元格或单元格区域增加与之对应的列数。如选定单元格区域占 n 行，则插入 n 行。原单元格或单元格区域下移。

④ 整列：在选定单元格或单元格区域增加与之对应的行数。如选定单元格区域占 n 列，则插入 n 列。原单元格或单元格区域右移。

图 4-2-10　【插入】对话框

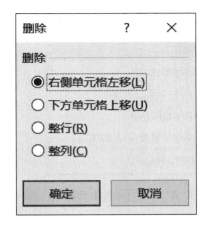

图 4-2-11　【删除】对话框

（5）删除单元格或单元格区域

选定要删除的单元格和单元格区域，在其上方点击右键，在弹出的【右键快捷菜单】中选择【删除】选项，在对话框内选择对应的删除方式，单击【确定】按钮。

【删除】对话框如图 4-2-11 所示，不同的删除方式选项对应的其他作用如下：

①右侧单元格左移：选定单元格或单元格区域同行右侧的单元格都左移与之对应的单元格。如单元格区域占 n 行，则左移 n 个单元格。

②下方单元格上移：选定单元格或单元格区域同列下方的单元格都上移。如单元格区域占 n 列，则上移 n 个单元格。

③整行：选定单元格或单元格区域下方的行上移。删除 n 行，则上移 n 行。

④整列：选定单元格或单元格区域右侧的列左移。删除 n 列，则左移 n 列。

（6）清除单元格或单元格区域

清除和删除不同，清除不会删除单元格或者单元格区域，清除的对象是单元格或单元格区域的内容、格式、批注或者超链接等。

清除操作通过选定【开始】选项卡【编辑】组的【清除】选项完成，【清除】选项的下拉列表中有【全部清除】【清除格式】【清除内容】【清除批注】和【清除超链接】选项，可以选择对应的选项进行相应的清除，如图 4-2-12 所示。

如只需清除单元格或者单元格区域的内容，可以选定单元格或者单元格区域后，按【Delete】键。

（7）合并和拆分单元格

合并和拆分单元格：选定需要合并或者拆分的单元格，选择【开始】选项卡【对齐方式】组的【合并后居中】下拉列表的选项进行设置。下拉列表如图 4-2-13 所示。合并单元格后，只会保留左上角单元中的数据。

合并后居中：将选定的单元格合并成一个单元格，合并后的数据水平方向居中显示。

跨越合并：当选定的单元格所在的行不止一行时，则按行进行合并。如选定单元格区域 A1:C5 进行跨越合并，则 A1:A5，B1:B5 和 C1:C5 分别合并成一个单元格。

合并单元格：将选定单元格合并成一个单元格，单元格内的数据仍保留原对齐方式。

取消单元格合并：将合并的单元格拆分为合并前原有的单元格。

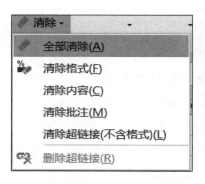

图 4-2-12　【清除】选项

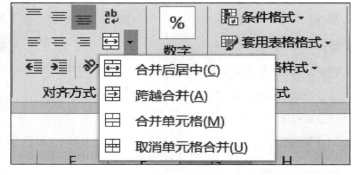

图 4-2-13　【合并后居中】选项下拉列表

（8）插入和删除行或者列

插入行或者列：在某行上方插入 n 行，只需选定某行及其下方 $n-1$ 行的行标签，在行标签上右击，在弹出的【右键快捷菜单】中选择【插入】选项；在某列左侧插入 n 列，只需选定某列及其右侧 $n-1$ 列的列标签，在列标签上右击，在弹出的【右键快捷菜单】中选择【插入】选项。

删除行或者列：要删除 n 行或者 n 列，可选定要删除的 n 行的行标签或者 n 列的列标签，在标签上右击，在弹出的【右键快捷菜单】中选择【删除】选项。

5. 数据的输入

（1）数据输入的方法

① 选定要输入数据的单元格，当光标为空心十字时，可直接录入数据，录入完数据后，按【Enter】键或者单击编辑栏的【√】确认输入，如想放弃输入，可按【Esc】键或者单击编辑栏的【×】取消输入。如单元格原有数据，用此方法输入的数据将替换原数据，如图 4-2-14 所示。

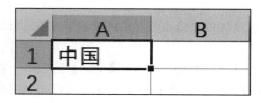

图 4-2-14　单击单元格状态

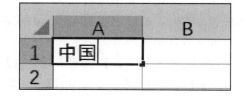

图 4-2-15　双击单元格状态

② 双击单元格，光标即在单元格内闪动。如单元格原无数据，可直接输入。如单元格原有数据，可使用【Backspace】键删除数据后直接输入。如要对单元格内的数据进行修改，可使用鼠标或键盘方向键定位在需修改数据的后面，然后按【Backspace】键删除需修改的数据后重新输入；也可使用鼠标选定需要修改的数据，当其呈高亮状态显示时，输入新数据，如图 4-2-15 所示。

（2）输入文本

Excel 中的文本包括汉字、英文字母、数字、空格和其他字符，文本在单元格中默认为左对齐显示。

输入数字默认为数值数据，如果数字为身份证和手机号码等长数字文本，会以科学计数法的形式显示。若要长数字文本的所有数字直接显示出来，可在长数字文本前加"'"，将数值数据转换成文本，如图 4-2-16 所示。

因单元格的宽度有限，当输入的文本超出单元格的宽度时，如其右侧单元格没有数据，则超出部分会显示在右侧的单元格，否则超出部分不会显示，如图 4-2-17 所示。

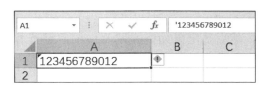

图 4-2-16　数值数据转换成文本

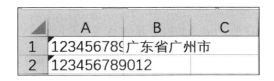

图 4-2-17　长文本显示情况

（3）输入数值

输入数值数据默认为右对齐显示，当输入数据的整数部分超过 11 位时，会显示为科学计数法。输入数据的小数部分超过格式设定的小数位时，单元格会显示四舍五入后的数据，而编辑栏仍显示输入的数据，在计算时，会使用编辑栏内的数值进行计算。

若要数值数据不显示为科学计数法，可在数值前加 """" 号，或者在输入数值前，将单元格的格式设置为文本型，则输入的数据就自动作为文本输入，如图 4-2-18 所示。

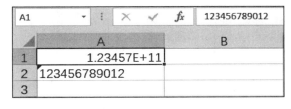

图 4-2-18　长数字科学计数法显示和文本显示

（4）输入日期和时间

输入的日期和时间，在单元格内右对齐显示。

输入日期，使用 "-" 或者 "/" 分隔年、月、日。以输入 2020 年 5 月 20 日为例，可输入 "2020/5/20" "2020-05-20" "2020-5-20" "20/5/20" 等日期格式，确定输入后都会以 "2020/5/20" 显示。如果要显示为其他日期格式，可通过设置单元格数据格式来实现。

输入时间，使用 ":" 分隔小时、分钟和秒。如时间使用 12 小时制，则需在时间数字后面输入空格，再输入 a、am、A、AM 表示上午或者 p、pm、P、PM 表示下午。

使用快捷键【Ctrl+;】，可输入当前日期；使用快捷键【Ctrl+Shift+;】，可输入当前时间。

直接输入分数，当分子为 1~12 的整数而分母为 1~31 的整数时，分数会自动变成日期，如输入 "2/25"，确定输入后会变成 "2 月 25 日"。输入日期的年份只有两位数字，数字小于 30，确定输入后，则自动在前面加上 "20"，否则自动加上 "19"。如输入 "20-5-20"，确认输入后则变为 "2020/5/20"，输入 "55-5-20"，确认输入后则变为 "1955/5/20"。

（5）输入分数

输入分数，整数和小数部分要以空格隔开，如要输入三又二分之一，则要在单元格内输入 $3\frac{1}{2}$。

输入小于 1 的分数，整数部分 0 也需录入，如要输入五分之一，则要在单元格内输入 $0\frac{1}{5}$。

（6）分行输入数据

若单元格内的数据需分行显示，则双击单元格，将光标定位到需分行显示的数据前面，同时按下【Alt】键和【Enter】键，即完成数据的分行显示。

6. 自动填充

（1）填充相同数据

在连续的单元格中输入相同的数据，可选定第一个单元格，输入数据，将光标移动到其填充柄上，当光标变为实心十字时，按住鼠标左键不放，同时向下或者向右拖动，则鼠标经过的所有单元格都填充为相同的数据。

（2）填充有序序列

如要输入等差序列，则可以使用以下方法（以在单元格区域 A1：A10 输入首个数值为 1，差值为

3 的等差序列为例）。

① 在单元格 A1 和单元格 A2 内输入"1"和"4"，然后选定单元格区域 A1：A2，将光标移动到其填充柄上，当光标变为实心十字时，按住鼠标左键不放向下拖至 A10。

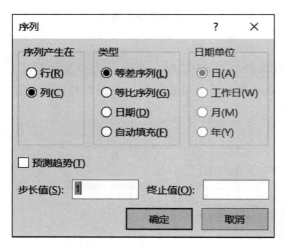

图 4-2-19 【序列】对话框

② 在单元格 A1 输入"1"，选定单元格区域 A1：A10，选定【开始】选项卡【编辑】组【填充】下拉列表中的【序列】选项，在弹出的【序列】对话框中，【序列产生在】选择【列】选项，【类型】选择【等差序列】选项，【步长值】设置为 3，单击【确定】按钮即完成填充。

如填充的序列是差值为 1 的等差序列，只需使用填充方法，如图 4-2-19 所示，并在拖动鼠标的同时按下【Ctrl】键即可。

如需填充等比序列或者日期序列，可使用方法②，并在【序列】对话框中设置相应的选项即可。

（3）自定义序列

如需输入一些常见的文本序列，可以采用填充自定义序列的方法完成，Excel 有自带自定义序列，也可以自定义所需的序列。Excel 自带自定义序列，如图 4-2-20 所示，在左侧【自定义序列】框内从第二行开始都是自带的自定义序列。

如需自定义一组序列（如学院名称序列），可选择【文件】选项卡【选项】选项，在【Excel 选项】对话框左侧选择【高级】选项，将右侧的垂直滚动条滑动至底部，选择【编辑自定义列表】；在弹出的【自定义序列】对话框中，【自定义序列】选择【新序列】选项，在【输入序列】输入如图 4-2-20 所示的序列项，也可以先将这些序列项输入某单元格区域内，单击【导入】按钮后选定该单元格区域。单击【确定】按钮完成自定义序列。

自定义序列可使用填充相同数据的方法进行填充，如图 4-2-21 所示，A 至 D 列填充的是 Excel 自带的自定义序列，E 列填充的是自定义的新序列。

图 4-2-20 【自定义序列】对话框

	A	B	C	D	E
1	sun	一月	星期一	jan	珠宝学院
2	Mon	二月	星期二	Feb	管理学院
3	Tue	三月	星期三	Mar	经济学院
4	Wed	四月	星期四	Apr	计算机工程学院
5	Thu	五月	星期五	May	机械工程学院
6	Fri	六月	星期六	Jun	外语学院
7	Sat	七月	星期日	Jul	珠宝学院
8	Sun	八月	星期一	Aug	管理学院
9	Mon	九月	星期二	Sep	经济学院
10	Tue	十月	星期三	Oct	计算机工程学院
11	Wed	十一月	星期四	Nov	机械工程学院
12	Thu	十二月	星期五	Dec	外语学院

图 4-2-21 填充自定义序列

7. 工作表格式的设置

（1）类型设置

① 使用【设置单元格格式】对话框：选定单元格或单元格区域，选择【开始】选项卡【数字】组的对话框启动器，在弹出的【设置单元格格式】对话框的【数字】选项卡中进行设置，如图

图 4-2-22　【数字】选项卡

4-2-22所示。类型共分 12 类，选择对应的类型后可以对其具体的选项进行设置，可设置【数值】类数据的小数位数、是否使用千位分隔符和负数格式。表4-2-1列出了不同数据类型的作用及其设置项。

② 使用【数字】组：选定要设置的单元格或单元格区域，选择【开始】选项卡【数字】组的【数字格式】和【会计数字格式】下拉列表，或者【百分比样式】【千位分隔符样式】【增加小数位】和【减少小数位】选项进行相应的设置，如图 4-2-23 所示。

表 4-2-1　不同数据类型的作用及其设置项

数据分类	作用	设置项
常规	不包含任何特殊的数字格式	—
数值	用于一般数字的表示	小数位数，是否使用千位分隔符，负数格式
货币	用于表示一般货币数值	小数位数，货币符号（国家/地区），负数格式
会计专用	可对一列数值进行货币符号和小数对齐	小数位数，货币符号（国家/地区）
日期	将日期和时间系列数值显示为日期值	（日期格式）类型，区域设置（国家/地区）
时间	将日期和时间系列数值显示为时间值	（时间格式）类型，区域设置（国家/地区）
百分比	将单元格中的数值乘以 100，并以百分数形式显示	小数位数
分数	将单元格中的数值以分数形式显示	（分数）类型
科学计数	将单元格中的数值转换成科学计数法形式显示	小数位数
文本	将单元格中的数据（包括数字）作为文本处理	—
特殊	用于跟踪数据列表及数据库的值	（特殊）类型，区域设置（国家/地区）
自定义	以现有格式为基础，生成自定义的数字格式	（自定义）类型

（2）对齐方式设置

① 使用【设置单元格格式】对话框：选定单元格或单元格区域，选择【开始】选项卡【对齐】组的对话框启动器，在弹出的【设置单元格对话框】的【对齐】选项卡进行设置，如图 4-2-24 所示。

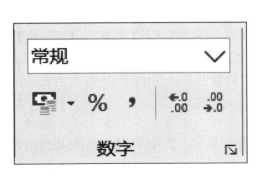

图 4-2-23　【数字】组

图 4-2-24　【对齐】选项卡

文本控制的三个复选项的含义如下：

自动换行：单元格内的数据根据列宽自动换行。

缩小字体填充：单元格内的数据自动缩小至与单元格列宽同宽，与"自动换行"二者只能选其一。

合并单元格：将多个单元格合并成一个单元格，只显示左上角单元格的数据，合并后的地址为左上角单元格的地址。

图 4-2-25　【对齐方式】组

② 使用【对齐方式】组：选定要设置的单元格或单元格区域，选择【开始】选项卡【对齐方式】组的【顶端对齐】选项、【垂直居中】选项、【底端对齐】选项、【左对齐】选项、【居中】选项、【右对齐】选项、【自动换行】选项、【减少缩进量】选型、【增加缩进量】选项、【合并后居中】和【方向】下拉列表进行相应的设置，如图 4-2-25所示。

（3）字体设置

单元格或单元格区域的字体通过【设置单元格格式】对话框的【字体】选项卡，或者【开始】选项卡的【字体】组的选项进行设置，设置的方法与 Word 相似。

（4）边框设置

单元格或单元格区域的边框可通过【设置单元格格式】对话框的【边框】选项卡，或者【开始】选项卡的【字体】组的选项 田 ▾ 进行设置，设置的方法与 Word 相似。

（5）底纹设置

单元格或单元格区域的底纹可通过【设置单元格格式】对话框的【底纹】选项卡，或者【开始】选项卡的【字体】组的 ◇ ▾ 选项进行设置，设置的方法与 Word 相似。

（6）行高和列宽的设置

① 设置具体的行高或者列宽：选定需设置的行或者列的标签，在标签上右击，在弹出的【行高】或者【列宽】对话框中输入磅值即可，如图 4-2-26 和图 4-2-27 所示。

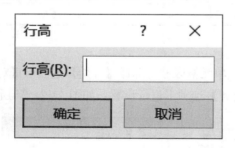

图 4-2-26　【行高】对话框

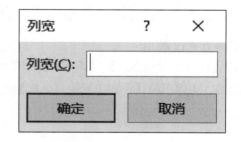

图 4-2-27　【列宽】对话框

② 自动调节行高或者列宽：选定需设置的行或者列，选定【开始】选项卡【单元格】组的【格式】下拉列表的【自动调节行高】或者【自动调节列宽】选项进行调整。

③ 使用鼠标拖动：将鼠标定位于需改变行高的行标签下方，当光标变成双向箭头时，上下拖动鼠标调节行高。可使用相似的方法调节列宽。

（7）条件格式的设置

条件格式用于将满足特定条件的单元格以特定的格式显示，条件格式显示的结果会随着单元格的数据变化而变化。

① 条件格式的设置：条件格式可以通过【开始】选项卡【样式】组【条件格式】下拉列表中的

图 4-2-28　【条件格式】下拉列表

【突出显示单元格规则】选项、【最前/最后规则】选项、【数据条】选项、【色阶】选项和【图标集】选项进行设置，如图 4-2-28所示。

此外，还可以选定【条件格式】下拉列表中的【新建规则】选项，通过使用【新建格式规则】对话框来完成条件格式的设置，如图 4-2-29 所示。

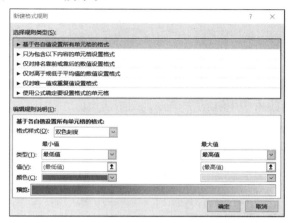

图 4-2-29　【新建格式规则】对话框

多次设置条件格式的单元格区域，如符合条件的数据相同而设置的格式不同，则显示为最后设置的格式。

② 条件格式的管理。

要对条件格式进行新建、编辑或者删除，可以选择【条件格式】下拉列表的【管理规则】，在弹出的【条件格式规则管理器】对话框进行设置，如图 4-2-30 所示。

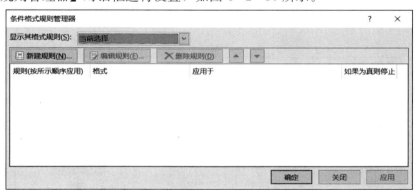

图 4-2-30　【条件格式规则管理器】对话框

要清除设置的条件格式，还可以使用【条件格式】下拉列表【清除规则】选项的子列表的【清除所有单元格的规则】选项、【清除整个工作表的规则】选项、【清除此表规则】选项和【清除此透视表的规则】选项进行设置。

（8）单元格样式设置

选定单元格，选择【开始】选项卡【样式】组的【单元格样式】下拉列表的单元格样式进行设置，如图 4-2-31 所示。

（9）套用表格样式

选定单元格区域，选择【开始】选项卡【样式】组的【套用表格样式】下拉列表的表格样式进行设置，如图 4-2-32 所示。

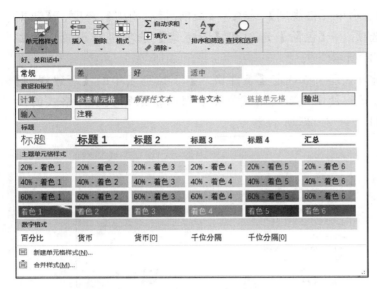

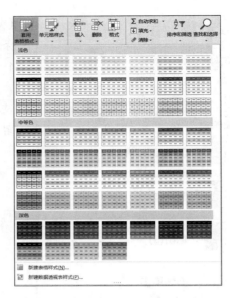

图 4-2-31　【单元格样式】下拉列表　　　　　　图 4-2-32　【套用表格样式】下拉列表

项目实施

1. 新建 Excel 工作簿

在桌面创建名为"2020 年 5 月图书销售情况"的工作簿文件。

在桌面空白处右击，在弹出的【右键快捷菜单】的【新建】子菜单中选择【Microsoft Excel 工作表】选项后，桌面新增一个名为"新建 Microsoft Excel 工作表"的工作簿文件，且其主文件名呈高亮状态显示，输入"2020 年 5 月图书销售情况"，按【Enter】键即完成工作簿的新建，如图4-2-33所示。

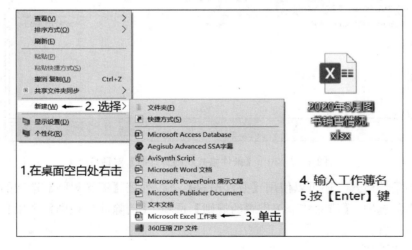

图 4-2-33　新建工作簿操作示意图

2. 插入和重命名工作表

在工作簿插入新的工作表，并将工作表 Sheet1 重命名为"销售情况表"。

打开工作簿"2020 年 5 月图书销售情况 . xlsx"，单击窗口左下方工作表标签右侧的 ⊕ 按钮，即插入新的工作表 Sheet2。

双击工作表 Sheet1 的标签，工作表标签即呈白底显示，输入"销售情况表"，按【Enter】键即完成工作表的重命名，如图 4-2-34 所示。

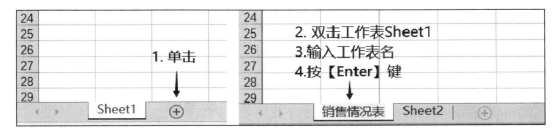

图 4-2-34　插入和重命名工作表操作示意图

3. 复制工作表的数据

将工作簿"4-1.xlsx"的工作表"Sheet1"中的数据复制到工作簿"2020 年 5 月图书销售情况.xlsx"的工作表"销售情况表"对应的单元格区域。将单元格 D2 内的数据"销量（本）"分行显示，分行数据为"数量"和"（本）"。

打开工作簿"4-1.xlsx"，选定工作表 Sheet1 的单元格区域 A1:G22，使用快捷键【Ctrl+C】复制，选定工作簿"2020 年 5 月图书销售情况.xlsx"的工作表"销售情况表"的单元格 A1，使用快捷键【Ctrl+V】粘贴即完成复制操作，如图 4-2-35 所示。

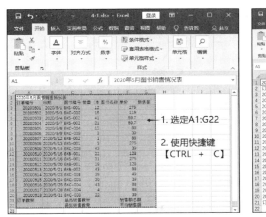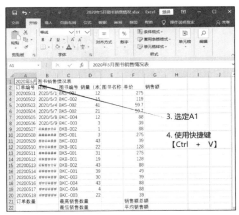

图 4-2-35　复制工作表中的数据操作示意图

双击工作表"销售情况表"的单元格 D2，将光标定位到"（"前，同时按下【Alt】键和【Enter】键，完成数据分行显示。

单击工作簿"4-1.xlsx"界面右上角的【关闭】按钮，将工作簿关闭。

4. 设置行高和列宽

设置行高：第 1 至 2 行的行高为 30，第 3 至 22 行的行高为 17；设置列宽：第 A 至 C 列的列宽为 13，D 列的列宽为 10，E 列的列宽为 32，F 列的列宽为 11，G 列的列宽为 15。

选定工作表"销售情况表"的第 1 和第 2 行的行标签，在其行标签右击，在弹出的【右键快捷菜单】中选择【行高】选项，在弹出的【行高】对话框内的【行高】文本框内输入"30"，完成行高设置，如图 4-2-36 所示。使用相同的方法，将第 3 至 22 行的行高设置为 17。

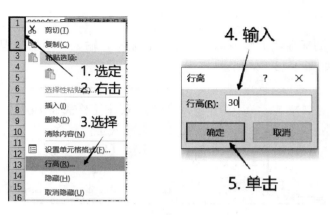

图 4-2-36　设置行高操作示意图

选定工作表第 A 至 C 列的列标签，在其列标签右击，在弹出的【快捷菜单】中选择【列宽】选项，在弹出的【列宽】对话框的【列宽】文本框内输入"13"，完成列宽的设置，如图 4-2-37 所示。使用相同的方法设置列宽：D 列的列宽为 10，E 列的列宽为 32，F 列的列宽为 11，G 列的列宽为 15。

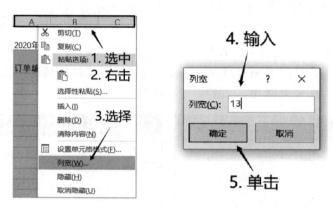

图 4-2-37　设置列宽操作示意图

5．自动填充订单编号

自动填充单元格区域 A3：A20 的订单编号为 202000501～202000518。

单击选定工作表"销售情况表"的单元格 A3，输入数据"202000501"，将光标移动到其填充柄上，当光标变为实心的十字时，按下【Ctrl】键的同时按着鼠标左键不放向下拖动至单元格 A20 后释放鼠标，即完成订单编号的填充，如图 4-2-38 所示。

图 4-2-38　自动填充订单编号操作示意图

6. 合并单元格、设置对齐方式和边框线

合并工作表"销售情况表"的单元格区域 A1:G1；设置单元格区域 A1:G22 水平垂直居中对齐，外边框线为蓝色的双实线，内边框线为蓝色单实线。

选定工作表"销售情况表"的单元格区域 A1:G1，选定【开始】功能区【对齐方式】组的【合并后居中】 选项，完成单元格的合并及其水平对齐方式的设置，如图 4-2-39 所示。

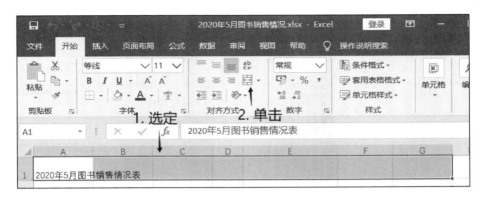

图 4-2-39　合并单元格操作示意图

选定单元格区域 A1:G22，单击选择【开始】功能区【对齐方式】组的对话框启动器，在弹出的【设置单元格格式】对话框【对齐】选项卡的【水平对齐】下拉列表中选定【居中】选项，在【垂直对齐】下拉列表中选定【居中】选项，完成对齐方式的设置，如图 4-2-40 所示。

选择【边框】选项卡的【样式】列表框中的【双实线】选项，选择【颜色】下拉列表中的标准色【蓝色】选项，单击【外边框】按钮；选择【边框】选项卡的【样式】列表框中的【单实线】选项，选择【颜色】下拉列表中的标准色【蓝色】选项，单击【内部】，如图 4-2-41 所示。

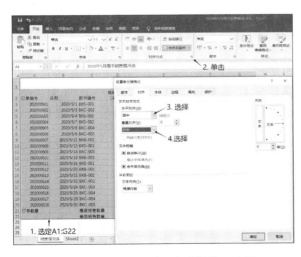

图 4-2-40　设置对齐方式操作示意图

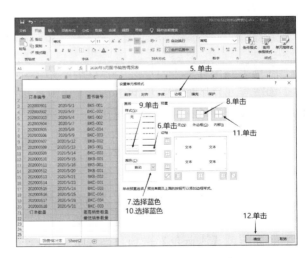

图 4-2-41　设置边框操作示意图

7. 设置字形、字号和底纹

设置单元格区域 A1:G1 的数据字体为黑体，字号为 16 磅，底纹填充为"蓝色，个性色 1，淡色 60%"的主题颜色；设置单元格区域 A2:G22 的数据字体为宋体，字号为 12 磅（单元格区域 A2:G2

设置为加粗），底纹为"蓝色，个性色 1，淡色 80％"的主题颜色。

选定工作表"销售情况表"的单元格区域 A1：G1，选择【开始】功能区【字体】组的【字体】下拉列表的【黑体】选项，选择【字号】下拉列表的【16】选项；选定【填充颜色】下拉列表的主题颜色【蓝色，个性色 1，淡色 60％】选项，完成单元格区域 A1：G1 的字形、字号和底纹的设置，如图 4－2－42 所示。使用相同的方法，完成单元格区域 A2：G22 的字形、字号和底纹的设置。

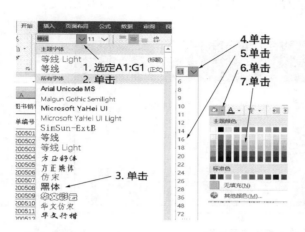

图 4－2－42　设置字形、字号和底纹操作示意图　　　　图 4－2－43　设置货币格式操作示意图

8. 设置货币格式

设置单元格区域 F3：F20 和单元格区域 G3：G21 的数据格式为货币型，1 位小数。

选定工作表"销售情况表"的单元格区域 F3：F20，按住【Ctrl】键的同时，选定单元格区域 G3：G22，选择【开始】选项卡的【数字】组的对话框启动器，在弹出的【设置单元格格式】对话框【数字】选项卡的【分类】列表中选定【货币】选项，在右侧【小数位数】文本框中输入 1，完成货币格式的设置，如图 4－2－43 所示。

9. 设置条件格式

设置单元格区域 D3：D20 的条件格式为蓝色渐变数据条。

选定单元格区域 D3：D20，选择【开始】选项卡【样式】组【条件格式】下拉列表的【数据条】选项，在【数据条】选项的下拉菜单中选择【渐变填充】蓝色数据条，即完成条件格式的设置，如图 4－2－44 所示。

10. 设置工作表标签颜色

设置"销售情况表"的工作表标签颜色为浅蓝色。

右击"销售情况表"的工作表标签，在弹出的【右键快捷菜单】中选择【工作表标签颜色】子菜单中的标准色【浅蓝色】选项，即完成工作表标签颜色的设置，如图 4－2－45 所示。

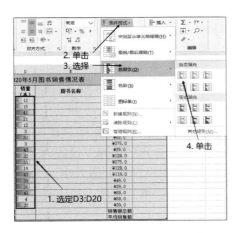

图 4-2-44　设置条件格式操作示意图

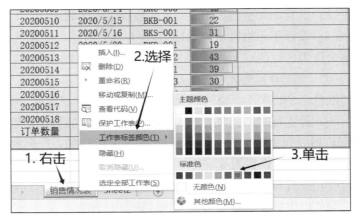

图 4-2-45　设置工作表标签颜色操作示意图

11. 保存和关闭工作簿

单击【快速访问工具栏】的【保存】按钮，保存当前工作簿。单击工作簿右上角的【关闭】按钮，将工作簿关闭。

完成以上操作的效果图如图 4-2-46 所示。

2020年5月图书销售情况表						
订单编号	日期	图书编号	销量（本）	图书名称	单价	销售额
20200501	2020/5/1	BKS-001	12		¥275.0	
20200502	2020/5/3	BKC-002	15		¥119.0	
20200503	2020/5/4	BKS-002	41		¥59.7	
20200504	2020/5/7	BKS-002	21		¥59.7	
20200505	2020/5/8	BKC-004	12		¥88.0	
20200506	2020/5/9	BKC-003	3		¥39.0	
20200507	2020/5/12	BKB-002	30		¥88.0	
20200508	2020/5/13	BKS-001	3		¥275.0	
20200509	2020/5/14	BKC-003	43		¥39.0	
20200510	2020/5/15	BKB-001	22		¥128.0	
20200511	2020/5/16	BKS-001	31		¥275.0	
20200512	2020/5/20	BKB-001	19		¥128.0	
20200513	2020/5/21	BKC-002	43		¥119.0	
20200514	2020/5/23	BKC-001	39		¥49.0	
20200515	2020/5/24	BKC-003	30		¥39.0	
20200516	2020/5/25	BKC-004	43		¥88.0	
20200517	2020/5/28	BKC-004	4		¥88.0	
20200518	2020/5/31	BKC-003	22		¥39.0	
订单数量		最高销售数量			销售额总额	
		最低销售数量			平均销售额	

图 4-2-46　项目实施实例效果图

课后练习

1. 打开工作簿"4-2-1. xlsx"，完成以下操作后保存。

（1）将 Sheet2 重命名为"图书基本情况表"，并将其工作表标签的颜色设置为标准红色。后续题目都在此工作表内完成。

（2）在单元格区域 D3:D10 内输入数据（提示：先将单元格区域的数据格式设置为文本型，再录入数据或在数据前加" ' "），在单元格区域 G3:G10 内填充数据"100"。将单元格 C7 内的数据"《Excel 报表一劳永逸（数据＋函数＋表格)》"分行显示，每行的数据分别为"《Excel 报表一劳永逸"和"（数据＋函数＋表格)》"。

（3）设置单元格区域 E3:E10 的数据格式为货币型，1 位小数。

（4）设置单元格区域 A1:L1 为合并单元区域，字体为黑体，16 磅，水平垂直居中对齐，自动换行，底纹为"红色，个性色 2，淡色 60％"的主题颜色。

（5）设置单元格区域 A2:L10 字体为宋体，12 磅，水平垂直居中对齐，单元格区域 A2:L10 底纹为"红色，个性色 2，淡色 80％"的主题颜色。设置单元格区域 A2:G2 的字体加粗。

（6）设置行高和列宽：第 1、第 2 和第 7 行的行高设置为 30，其他行的行高设置为 18；A 列、B 列和 E 列的列宽设置为 11，C 列的列宽设置为 30，D 列的列宽设置为 16，F 列的列宽设置为 16，H 列和 I 列的列宽设置为 6，G、J、K 和 L 列的列宽设置为 8，其他列的列宽设置为合适大小。

（7）设置单元格区域 A1:L10 的边框：外边框线为红色的双实线，内边框线为红色单实线。

完成以上操作，完成效果如图 4-2-47 所示。

2. 打开工作簿"4-2-2.xlsx"，原始数据如图 4-2-48 所示，完成以下操作后保存。

图 4-2-47　图书基本情况表效果图　　　　图 4-2-48　原始数据示意图

（1）插入工作表 Sheet2，将 Sheet1 的单元格区域 A1:H10 的数据转置复制到 Sheet2 对应的单元格区域。后续题目都在此工作表内完成。

（2）在第一行前面插入两行，然后在单元格 A1 内输入"2018 年光明中学中考体育考试成绩登记表"，单元格 C2 内输入"二选一"，单元格 F2 内输入"五选一"。单元格区域 C1:J1 内单元格的数据设置为分行显示。单元格区域 A4:A10 填充学号数据。

（3）设置行高和列宽：第 1 行和第 3 行的行高设置为 32，其他行的行高设置为 20；第 C 至 D 列的列宽设置为 16，其他列的列宽设置为 12。

（4）设置数据格式：单元格区域 A1:J1 的数据字体为黑体，字号为 16；单元格区域 A2:J3 的字体为黑体，字号为 12；单元格区域 A3:J10 的字体为宋体，字号为 12；单元格区域 C4:J10 的数据设置为数值型，单元格区域 H4:J10 的数据设置为零位小数，其他单元格区域的数据设置为两位小数。

（5）合并单元格区域 A1:J1、A2:A3、B2:B3、C2:E2 和 F2:J2，设置单元格区域 A1:J10 水平垂直居中。

（6）设置边框和底纹：设置数据区域的边框线，图中粗线为粗单实线，细线为细单实线；单元格区域 A2:J3 填充"白色，背景 1，深色 15％"的底纹，如图 4-2-49 所示。

2018年光明中学中考体育考试成绩登记表								
学号	姓名	二选一			五选一				
		800米（女）（分.秒）	1000米（男）（分.秒）	游泳（分.秒）	立定跳远（米）	三级蛙跳（米）	一分钟跳绳（次）	投掷实心球（米）	推铅球（米）
201201001	刘琴			1.55				7.50	
201201002	王明雯	3.35							6.80
201201003	张震		3.40		2.30				
201201004	付俊泽			1.81			170		
201201005	邓强国		3.26		2.48				
201201006	李静静	3.12				6.80			
201201007	苏荣光			2.05		7.30			

图 4-2-49　中考成绩登记表效果图

项目三　函数公式

项目展示

本项目要求学生掌握如何在 Excel 工作表中插入公式和函数，并利用这些公式、函数来完成各种计算，熟悉 13 种常用函数的格式和使用方法。本项目共设置 2 个项目任务。

项目任务 1 利用公式完成 2020 年 5 月图书销售情况表的计算，如图 4-3-1 所示。

2020年5月图书销售情况表						
订单编号	日期	图书编号	销量（本）	图书名称	单价	销售额
20200501	2020/5/1	BKS-001	12	《老舍作品精选（套装共8册）》	¥275.0	¥3,300.0
20200502	2020/5/3	BKC-002	15	《Office 2019完全自学教程》	¥119.0	¥1,785.0
20200503	2020/5/4	BKS-002	41	《红楼梦原著版（上、下册）》	¥59.7	¥2,447.7
20200504	2020/5/7	BKS-002	21	《红楼梦原著版（上、下册）》	¥59.7	¥1,253.7
20200505	2020/5/8	BKC-004	12	《机器学习》	¥88.0	¥1,056.0
20200506	2020/5/9	BKC-003	3	《C程序设计（第五版）》	¥39.0	¥117.0
20200507	2020/5/12	BKB-002	30	《金字塔原理》	¥88.0	¥2,640.0
20200508	2020/5/13	BKS-001	3	《老舍作品精选（套装共8册）》	¥275.0	¥825.0
20200509	2020/5/14	BKC-003	43	《C程序设计（第五版）》	¥39.0	¥1,677.0
20200510	2020/5/15	BKB-001	22	《经济学原理（第7版）》	¥128.0	¥2,816.0
20200511	2020/5/19	BKS-001	31	《老舍作品精选（套装共8册）》	¥275.0	¥8,525.0
20200512	2020/5/20	BKB-001	19	《经济学原理（第7版）》	¥128.0	¥2,432.0
20200513	2020/5/21	BKC-002	43	《Office 2019完全自学教程》	¥119.0	¥5,117.0
20200514	2020/5/23	BKC-001	39	xcel报表一劳永逸（数据+函数+表格）	¥49.0	¥1,911.0
20200515	2020/5/24	BKC-003	30	《C程序设计（第五版）》	¥39.0	¥1,170.0
20200516	2020/5/25	BKC-004	43	《机器学习》	¥88.0	¥3,784.0
20200517	2020/5/28	BKC-004	4	《机器学习》	¥88.0	¥352.0
20200518	2020/5/31	BKC-003	22	《C程序设计（第五版）》	¥39.0	¥858.0
订单数量	18	最高销售数量	43		销售额总额	¥42,066.4
		最低销售数量	3		平均销售额	¥4,428.0

图 4-3-1　项目任务 1 效果图

项目任务 2 利用常用函数计算出工作表中的占销售百分比，最终效果图如图 4-3-2 所示。

图书基本情况表										
图书编号	图书类别	图书名称	ISBN	单价	出版社	进货量	销量	库存	是否需进货	占销售百分比	销量排名
BKB-001	经济管理类	《经济学原理（第7版）》	23697183	¥128.0	北京大学出版社	100	41	59	否	9.47%	6
BKB-002	经济管理类	《金字塔原理》	9787544294829	¥88.0	北京大学出版社	100	30	70	否	6.93%	8
BKS-C01	文学类	《老舍作品精选（套装共8册）》	9787020122196	¥275.0	人民文学出版社	100	46	54	否	10.62%	5
BKS-C02	文学类	《红楼梦原著版（上、下册）》	9787020002207	¥59.7	人民文学出版社	100	62	38	是	14.32%	2
BKC-C01	计算机类	《Excel报表一劳永逸（数据+函数+表格）》	9787302512417	¥49.0	清华大学出版社	100	39	61	否	9.01%	7
BKC-C02	计算机类	《Office 2019完全自学教程》	9787301305690	¥119.0	北京大学出版社	100	58	42	否	13.39%	4
BKC-C03	计算机类	《C程序设计（第五版）》	9787302481447	¥39.0	清华大学出版社	100	98	2	是	22.63%	1
BKC-C04	计算机类	《机器学习》	9787302423287	¥88.0	清华大学出版社	100	59	41	否	13.63%	3

图 4-3-2　项目任务 2 效果图

支撑知识

1. 公式

（1）公式的组成

公式是对一种工作表中的数据进行计算的等式。它以等于号"＝"开始，接着是由用于计算的各种符号组成的表达式。在 Excel 工作表中，公式中的表达式由函数、运算符、单元格地址、区域地址、常量组成。

①函数。Excel 工作表中定义好的一些内置公式。

②运算符。Excel 工作表中的运算符包括算术运算符、比较运算符、文字运算符、引用运算符等。

算术运算符主要包括常用运算符：加号"＋"、减号"－"、乘号"＊"、除号"/"，它们分别对应数学计算中的加法、减法、乘法、除法。除此之外，还有求乘方"^"、求余数"%"运算符。这些运算符除"－"运算符作为负数时是单目运算符外，其他算术运算符都是双目运算符，要求运算符前后位置的内容的数据类型是数值型。

比较运算符主要包括大于号">"、小于号"<"、等于号"="、大于或等于号">="、小于或等于号"<="、不等于号"<>"，这些运算符是双目运算符，要求运算符前后位置的内容的数据类型相同。运算符前后位置的内容进行比较后，会返回两种逻辑值，要么结果是真"true"，要么结果是假"false"。例如，"100>99"表达式的结果为真，即返回值为"true"。

文字运算符为文本连接符"&"，用于连接一个或者多个文本，最后合并产生一个新的文本。例如，"grand"&"father"产生新的文本"grandfather"。

引用运算符包括"："（冒号）、"，"（逗号）、"   "（空格）三种，可将多个单元格引用地址或区域引用地址转变成新的区域引用地址。它们的含义分别是：

"："（冒号）：区域运算符，将两个单元格地址引用转换成一个区域引用地址。例如，"A3：E3"，表示从 A3 单元格到 E3 单元格范围的所有单元格的区域引用地址。

"，"（逗号）：联合运算符，将多个引用合并成一个引用。例如，"SUM（A1：B12，C3：D17)"，是 A1：B12 区域的数据和 C3：D17 区域的数据进行求和（SUM）运算。

"♯"（   ）：交叉运算符，计算出两个区域共同部分的区域引用。例如，"B3：D8 C5：F10"，产生的区域地址为"C5：D8"。如图 4－3－3 所示，黑色边框的区域即为由 B3：D8 区域与 C5：F10 区域共同确定的区域。

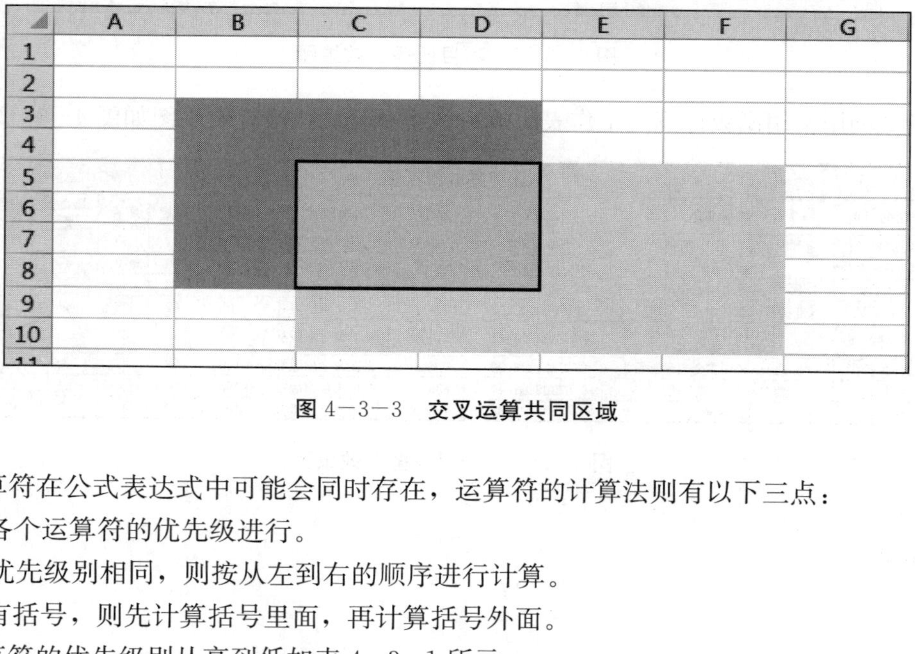

图 4－3－3　交叉运算共同区域

各种运算符在公式表达式中可能会同时存在，运算符的计算法则有以下三点：

a. 按照各个运算符的优先级进行。

b. 如果优先级别相同，则按从左到右的顺序进行计算。

c. 如果有括号，则先计算括号里面，再计算括号外面。

各个运算符的优先级别从高到低如表 4－3－1 所示。

表 4-3-1　运算符号优先级别

优先级	运算符
1	逗号 ","、冒号 ":"、空格 "#"
2	求余数 "%"
3	求乘方 "^"
4	乘号 "*"、除号 "/"
5	加号 "+"、减号 "-"
6	文本连接符 "&"
7	大于号 ">"、小于号 "<"、等于号 "="、大于或等于号 ">="、小于或等于号 "<="、不等于号 "<>"

③地址。包括单元格地址和区域地址。例如，"A1"表示 A1 单元格地址，"B1:C2"表示从 B1 到 C2 的区域地址。

④常量。数值型常量直接用于公式计算中不会变的值。例如，公式 "=SUM（A2:E3）/2"中，最后的字符 "2"就是数值型常量，直接用于公式的计算。

选中要插入公式的单元格，在公式编辑栏下输入公式，以等于号 "="开始，其后是公式中的表达式。如图 4-3-4 所示，此时选中 D2 单元格，在编辑栏输入等于号 "="，表达式为 "B2*C2"。

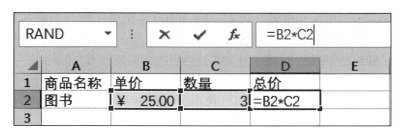

图 4-3-4　公式输入

如果公式中包含函数，在编辑栏输入公式的过程中，直接输入函数名及其参数；或者选择编辑栏左侧【fx】选项，出现【插入函数】对话框，选择所需的函数后，在【函数参数】对话框中，输入参数值。

公式编辑完成后，按【Enter】键或者鼠标左键单击编辑栏左侧【√】，完成公式输入。输入完成后，可能需要对公式进行修改。具体修改过程如下：先选中要修改的公式的单元格；使用鼠标单击编辑栏中的公式，并将光标移至需要修改的位置进行修改；公式修改完成后，按【Enter】键或者鼠标左键单击编辑栏左侧【√】，计算结果重新输出在单元格。

（2）公式的复制

公式的复制是在 Excel 工作表计算中，完成了数据表格中的第一行（列）公式的插入后，对其他行（列）公式的插入使用填充柄向下拖动填充完成。

通过对比使用填充柄填充数据与使用填充柄填充公式，发现公式的填充不是简单的复制数据。如图 4-3-5 所示，通过使用填充柄将 D2 单元格的公式 "=B2*C2"向下填充至其他行单元格，D3 单元格的公式为 "=D3*C3"。经过公式复制后，公式中的单元格的地址有可能发生改变。主要是因为公式中的地址存在两种引用：相对引用地址、绝对引用地址。

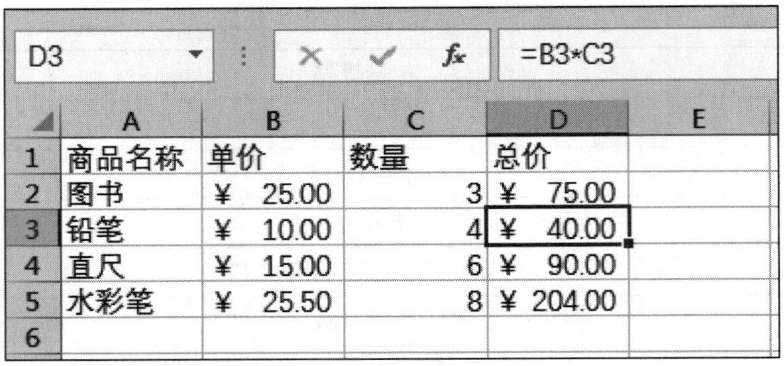

图4－3－5 D3单元格地址对照图

相对引用地址：公式在复制过程中，公式中的单元格的地址会根据填充的方向进行调整。如果填充方向是垂直方向，则公式中单元格的行号发生变化；如果填充方向是水平方向，则公式中单元格的列号发生变化。相对引用地址的表示是直接使用单元格的地址。例如，单元格地址B2、区域地址B2：D2。

绝对引用地址：公式在复制过程中，公式中的单元格地址不会根据填充的方向进行调整。绝对引用地址的表示是在行号和列号前加上符号"＄"。例如，单元格地址＄B＄2、区域地址＄B＄2：＄D＄2。

除相对引用地址、绝对引用地址外，还有一种引用地址结合了相对引用地址和绝对引用地址，为混合引用地址。对于混合引用地址，单元格引用地址一部分是相对引用地址，一部分是绝对引用地址。例如，单元格地址＄B2、区域地址B＄2：D＄2。如果"＄"加在列号前面的混合引用地址，则公式在复制过程中，列号不会发生变化，行号在垂直方向填充时发生变化；如果"＄"加在行号前面的混合引用地址，则公式在复制过程中，行号不会发生变化，列号在水平方向填充时发生变化。

（3）公式计算中常见的错误信息

在公式插入完成后，如计算结果出现不正确的情况，则在单元格中显示错误信息。可以对照常见错误信息表（表4－3－2），找出公式出现错误的原因，进行修改。

表4－3－2 Excel公式中部分常见错误信息

错误信息	原因描述
＃DIV/0!	公式中的除数后为0或者除数是空白单元格。例如，公式"＝9/0"；公式"＝99/A1"，A1单元格内容为空白
＃N/A	公式或函数中存在没有可用的数值
＃NAME?	公式中使用了Excel不能识别的文本
＃NULL!	公式中两个并不相交的区域指定交叉点
＃NUM!	函数中使用无法接受的参数作为数字参数；公式或函数中计算出的结果太大或者太小，Excel无法表示
＃REF!	单元格引用无效
＃VALUE!	公式或函数中使用错误的参数或运算对象类型

2．函数

（1）函数的组成

函数是Excel工作表中用于对数据进行计算的内置公式，通过参数的设置并按照特定的顺序进行计算。函数与公式相同，以等于号"="开始，接着由函数名称、参数和圆括号组成，一般形式如下：

函数名（参数 1，参数 2，…）

函数名是根据函数的功能，由系统定义的名称。一般采用函数功能的英文单词或英文单词缩写表示。例如，COUNT 表示求个数，SUM 表示求和（求和的英文是 Summation，缩写为 SUM）。

圆括号表示函数中参数的起止位置。在圆括号内可以没有参数，也可以有多个参数。如果函数没有参数，则函数的表示形式为"函数名（）"，例如日期函数 TODAY（）；如果函数带有参数，则参数之间用逗号"，"隔开，例如求和函数 SUM（参数 1，参数 2）。圆括号与函数名之间不能有空格。

函数的参数可以是数字、文本、逻辑值、数组、单元格地址、公式、函数等。不同的函数要求参数的个数、类型不同，根据函数要求输入给定类型的参数，函数才能产生有效的数值。当函数的参数是函数时，则成为函数的嵌套。

（2）函数的插入

函数的插入与公式中存在函数的插入方式基本相同。可以使用【插入函数】对话框或者在编辑栏输入函数。

①【插入函数】对话框。

选中要插入函数的单元格，选择【公式】选项卡【函数库】组的【插入函数】选项，打开【插入函数】对话框，如图 4-3-6 所示。

在【插入函数】对话框中，有【搜索函数】选项、【或选择类别】下拉列表、【选择函数】下拉列表，它们的功能如下：

a.【搜索函数】选项：在此选项中输入与函数实现功能相关内容的关键词，可以搜索出函数。

b.【或选择类别】下拉列表：根据函数实现功能可以划分成 14 个种类，在【或选择类别】下拉列表中可以选择 14 种函数类别、常用函数和全部函数。选择其中一种类别，该类别中所有函数都会显示在【选择函数】下拉列表中。

c.【选择函数】下拉列表：显示可以选择的函数。使用鼠标或键盘选择某个函数后，可以在【选择函数】下拉列表下方显示该函数的形式以及功能说明。

选择某个函数后，如该函数带有参数，则打开【函数参数】对话框，如图 4-3-7 所示。

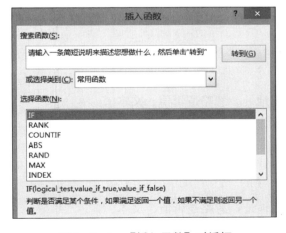
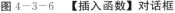

图 4-3-6　【插入函数】对话框　　　　图 4-3-7　【函数参数】对话框

在【函数参数】对话框中，使用鼠标逐个选择参数对应的文本框，并在文本框中输入参数内容，也可以使用鼠标左键对单元格进行选择。完成参数输入后，在【函数参数】对话框下方显示计算结果。

所有参数输入完成后，选择【函数参数】对话中的【确定】按钮，函数输入完成。

②编辑栏输入函数。

除了使用【插入函数】对话框，还可以直接在编辑栏内输入函数。

选中要插入函数的单元格，在编辑栏中输入等于号"＝"以及函数名、函数参数。在输入函数名的过程中，在编辑栏下方会有函数名提示下拉列表，通过键盘【↑】键或【↓】键选择合适的函数名，也可按【Tab】键选择函数名，如图 4-3-8 所示。

如函数中有多个参数，则中间使用英文状态的逗号"，"隔开，如图 4-3-9 所示。

编辑完成后，按【Enter】键或者鼠标左键单击编辑栏左侧【√】，完成公式输入。

图 4-3-8　插入 IF 函数过程

图 4-3-9　IF 函数

（3）常用函数

Excel 2016 提供了强大的数据处理函数，如财务函数、数学与三角函数、统计函数、多维函数、数据库函数等，使用这些函数可以使得数据处理变得简单、高效。下面介绍几种常用函数。

①求和函数。

格式：SUM（number1，number2，…）

功能：计算各个参数数值的总和。

参数：number1，number2，…，可以是数值或者引用数值的单元格地址、区域，最多可以识别 255 个参数。

例如，"＝SUM（150，250，350）"的返回值是 750。

②求平均值函数。

格式：AVERAGE（number1，number2，…）

功能：计算出各个参数数值的平均值。

参数：number1，number2，…，可以是数值或者含有数值的单元格地址、区域。

例如，"＝AVERAGE（150，250，350）"的返回值是 250。

③最大值函数。

格式：MAX（number1，number2，…）

功能：计算出各个参数数值的最大值。

参数：number1，number2，…，可以是数值或引用地址，忽略逻辑值、文本。

例如，"＝MAX（150，250，350）"的返回值是 350。

④最小值函数。

格式：MIN（number1，number2，…）

功能：计算出各个参数数值的最小值。

参数：number1，number2，…，可以是数值或引用地址，忽略逻辑值、文本。

例如，"＝MIN（150，250，350）"的返回值是 150。

⑤计数函数。

格式：COUNT（number1，number2，…）

功能：计算出各个参数数值的个数。

参数：number1，number2，…，可以是数值或引用地址。

例如，"=COUNT（150，250，350)"的返回值是 3。

⑥绝对值函数。

格式：ABS（number）

功能：计算一个数值的绝对值。

参数：number，可以是数值或引用地址。

例如，"=ABS（-123)"的返回值是 123。

⑦条件函数。

格式：IF（logical_text，[value_if_true]，value_if_false）

功能：判断是否满足条件，如果满足条件，则返回一个值；如果不满足条件，则返回另外一个值。

参数：logical_text，用于判断条件的参数，可以是计算为"TRUE"或"FALSE"的数值或者表达式；value_if_true，满足条件时，返回的值可以是数值或文本；value_if_false，满足条件时，返回的值可以是数值或者文本。

例如，"=if(D2>=60，"及格"，"不及格")"，D2 单元格的内容是 95，"D2>=60"条件判断满足，返回值是"及格"。

⑧满足条件求和函数。

格式：SUMIF（range，criteria [，sum_range)

功能：对工作表中满足条件的数值进行求和。

参数：range 表示区域，条件判断的数据区域；criteria 表示条件，可以是以数字、表达式或文本形式定义的条件；sum_range 表示求和计算的区域，如忽略，则第一参数的条件判断区域为求和计算的区域。

例如，"=SUMIF（A2:A20，"<=20"，B2:B20)"，A2:A20 区域为销售量排名，"<=20"表示销售量前 20 名，B2:B20 为销售量。最后，函数计算出销售量排名前 20 的销售量之和。

⑨满足一组条件求和函数。

格式：SUMIFS（sum_range，criteria_range1，criteria1 [，criteria_range2，criteria2，…])

功能：对工作表中满足一组条件的数值进行求和。

参数：sum_range，表示求和计算的区域；criteria_range1，criteria_range2，…，表示一组条件判断的数据区域；criteria1，criteria2，…，表示与 criteria_range1，criteria_range2，…区域相对应的条件，可以是以数字、表达式或文本形式定义的条件。

⑩排名函数。

格式：RANK（number，ref，order）

功能：返回某一数字在一组数据中的大小排名。

参数：number 是参加排名的数字；ref 是一组参加排名的数据列表的引用；order 指定排名的方式，如果是降序，使用数字 0 或者忽略表示，如果是升序，使用非 0 值表示。由于参加排名的数据列表的引用一般情况下不会因为使用填充柄进行填充而有所变化，所以该函数第二个参数一般情况下使用绝对引用地址。

⑪纵向查找函数。

格式：VLOOKUP（lookup_value，table_array，col_index_num，range_lookup）

功能：查找匹配函数，给定一个查找的目标，它能从指定的查找区域中查找返回所匹配的值。

参数：lookup_value 是查找目标，指定查找的内容或单元格引用，可以是数值、引用或文本字符串；table_array 是查找范围，区域或区域名称的引用；col_index_num 是返回值的列数，是返回值在 table_array 参数给定的区域中的列数，数据类型是正整数；range_lookup 是查找的方式，可以是精确查找或者模糊查找，如果是精确查找，使用数字"0"或者逻辑值"FALSE"，如果是模糊查找，使用数字"1"或者逻辑值"TRUE"。

项目实施

1. 公式的使用

打开文档"4-2.xlsx"，计算 2020 年 5 月图书销售情况表的销售额。

使用公式计算每张订单的销售额，销售额=销量×单价，在 G 列相应单元格中显示结果。

选择【销售情况】工作表，选择 G3 单元格，单击编辑栏并输入"="，选择【20200501】订单的销量所在单元格 D3，继续输入"*"，选择【20200501】订单的单价所在单元格 F3，选择编辑栏左侧【√】选项或者按【Enter】键完成公式的编辑。对于公式的编辑，也可以选择 G3 单元格后，在编辑栏中输入"=D3*F3"，选择【√】选项或者按【Enter】键完成，如图 4-3-10 所示。

选择 G3 单元格，鼠标移动到 G3 单元格右下方，按住鼠标左键拖动至 G20 单元格，完成对销售额其他行数据的填充，如图 4-3-11 所示。

图 4-3-10　公式创建

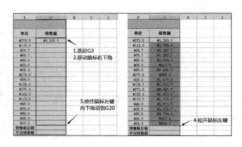

图 4-3-11　使用填充柄

2. 函数的使用

（1）计算 2020 年 5 月图书销售情况表的销售额总额

使用"SUM"函数计算 2020 年 5 月图书销售总额，并填入 G21 单元格中。

选择【销售情况】工作表，选定 G21 单元格，选择【开始】选项卡的【编辑】组【自动求和】下拉列表【求和】选项，G21 单元格自动插入【求和】函数，检查【求和】函数参数的求和区域是否为"G3：G20"，如果求和区域错误，使用重新选择求和区域"G3：G20"。最后，选择【√】选项或者按【Enter】键完成销售总额的计算，如图 4-3-12 所示。

（2）计算 2020 年 5 月图书销售情况表的平均销售额

使用"AVERAGE"函数计算 2020 年 5 月图书平均销售额，并填入 G22 单元格中。

选择【销售情况】工作表，选定 G21 单元格，选择【开始】选项卡的【编辑】组【自动求

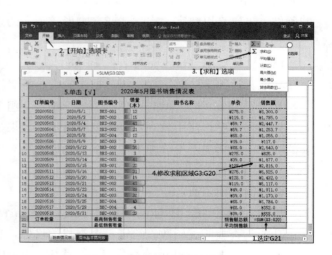

图 4-3-12　求和函数计算

和】下拉列表【平均值】选项，G21 单元格自动插入【平均值】函数，检查【平均值】函数参数的平均值区域是否为"G3:G20"，如果平均值区域错误，使用重新选择平均值区域"G3:G20"。最后，选择【√】选项或者按【Enter】键完成平均销售额的计算，如图 4-3-13 所示。

18	20200516	2020/5/25	BKC-004	43			¥88.0	¥3,784.0
19	20200517	2020/5/28	BKC-004	4			¥88.0	¥352.0
20	20200518	2020/5/31	BKC-003	22			¥39.0	¥858.0
21	订单数量		最高销售数量			销售额总额		¥42,066.4
22			最低销售数量		平		=AVERAGE(G3:G20)	

图 4-3-13　平均值函数计算

（3）计算 2020 年 5 月图书销售情况表的最高销售数量

使用"MAX"函数计算每张订单中最高销售数量，并填入 D21 单元格中。

选定 D21 单元格，选择【开始】选项卡的【编辑】组【自动求和】下拉列表【最大值】选项，D21 单元格自动插入【最大值】函数，检查【最大值】函数的参数的计算区域是否为"D3:D20"，如果计算区域错误，使用重新选择计算区域"D3:D20"。最后，选择【√】选项或者按【Enter】键完成最高销售数量的计算，如图 4-3-14 所示。

19	20200517	2020/5/28	BKC-004	4			¥88.0	¥352.0
20	20200518	2020/5/31	BKC-003	22			¥39.0	¥858.0
21	订单数量		=MAX(D3:D20)			销售额总额		¥42,066.4
22			最低销售数量	MAX(number1, [number2], ...)		平均销售额		¥2,337.0

图 4-3-14　最大值函数计算

（4）计算 2020 年 5 月图书销售情况表的最低销售数量

使用"MIN"函数计算每张订单中的最低销售数量，并填入 D22 单元格中。

选定 D22 单元格，选择【开始】选项卡的【编辑】组【自动求和】下拉列表【最小值】选项，D22 单元格自动插入【最小值】函数，检查【最小值】函数的参数的计算区域是否为"D3:D20"，如果计算区域错误，使用重新选择计算区域"D3:D20"。最后，选择【√】选项或者按【Enter】键完成最低销售数量的计算，如图 4-3-15 所示。

20	20200518	2020/5/31	BKC-003	22			¥39.0	¥858.0
21	订单数量		最高销售数量	43		销售额总额		¥42,066.4
22			=MIN(D3:D20)			平均销售额		¥2,337.0
23			MIN(number1, [number2], ...)					

图 4-3-15　最小值函数计算

（5）计算 2020 年 5 月图书销售情况表的订单数量

使用"COUNT"函数统计订单数量，并填入 B21 单元格中。

选定 B21 单元格，选择【开始】选项卡的【编辑】组【自动求和】下拉列表【计数】选项，B21 单元格自动插入【计数】函数，检查【计数】函数的参数的计算区域是否为"D3:D20"，如果计算区域错误，使用重新选择计算区域"D3:D20"。最后，选择【√】选项或者按【Enter】键完成订单数量的计算，如图 4-3-16 所示。

19	20200517	2020/5/28	BKC-004	4
20	20200518	2020/5/31	BKC-003	22
21	=COUNT(D3:D20)			43
22	COUNT(value1, [value2], ...)	数量		3

图 4-3-16　计数函数计算

（6）计算 2020 年 5 月图书基本情况表的销量

使用"SUMIF"函数计算每张订单中销量，并填入 H 列的相应单元格。

计算【图书基本情况表】工作表的销量，需要用到【销售情况表】工作表的数据，通过查看【销售情况表】工作表【图书编号】列，在不同的订单中可能出现重复的图书编号，如图 4－3－17 所示。因此，可以使用条件求和函数"SUMIF"来完成。

日期	图书编号	销量（本）	图书名称
2020/5/1	BKS-001	12	
2020/5/3	BKC-002	15	
2020/5/4	BKS-002	41	
2020/5/7	BKS-002	21	
2020/5/8	BKC-004	12	
2020/5/9	BKC-003	3	
2020/5/12	BKB-002	30	
2020/5/13	BKS-001	3	
2020/5/14	BKC-003	48	
2020/5/15	BKB-001	22	
2020/5/16	BKS-001	31	

相同图书编号

图 4－3－17　相同图书编号

选择【图书基本情况表】工作表，选中进行计算的是 H3 单元格，选择【公式】选项卡【函数库】组【插入函数】选项，如图 4－3－18 所示。

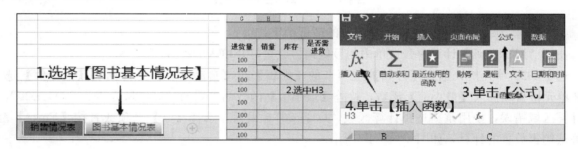

图 4－3－18　【插入函数】选项

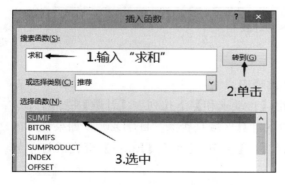

图 4－3－19　【插入函数】对话框

打开【插入函数】对话框，在【搜索函数】选项文本框中输入"求和"，单击【转到】按钮，选中【选择函数】列表中的【SUMIF】函数，如图 4－3－19 所示。

打开 SUMIF【函数参数】对话框，单击【Range】选项文本框，选择【销售情况表】工作表【图书编号】列数据区域"C3：C20"，在【Range】选项文本框中填入"销售情况表！C3：C20"，按【F4】键，文本框的地址转换成绝对地址"销售情况表！$C$3：$C$20"。单击【Criteria】选项文本框，选择【图书基本情况表】工作表中图书编号所对应的单元格 A3，

【Criteria】选项文本框自动填写"A3"，单击【Sum＿range】选项文本框，选择【销售情况表】工作表【销量（本）】列数据区域"D3：D20"，按【F4】键，切换到绝对引用地址"销售情况表！D$3：D$20"，如图 4－3－20 所示。

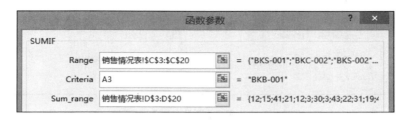

图 4－3－20　SUMIF 函数参数设置

单击【确定】按钮，完成 SUMIF【函数参数】对话框的设置，H3 单元格计算出【图书编号】"BKS－001"的销量结果，并使用填充柄工具对其他行数据进行计算，计算结果如图 4－3－21 所示。

（7）计算 2020 年 5 月图书基本情况表的库存

使用公式计算【图书基本情况表】工作表的库存，库存＝进货量－销量，并填入 I3：I10 区域相应单元格内。

选择【图书基本情况表】工作表，双击 I3 单元格，在 I3 单元格内输入"＝G3－H3"，如图 4－3－22所示。

出版社	进货量	销量	库存
北京大学出版社	100	41	
北京大学出版社	100	30	
人民文学出版社	100	46	
人民文学出版社	100	62	
清华大学出版社	100	39	
北京大学出版社	100	58	
清华大学出版社	100	98	
清华大学出版社	100	59	

图 4－3－21　销量效果图

进货量	销量	库存
100	41	=G3-H3

图 4－3－22　输入公式

按【Enter】键，使用填充柄向下拖动，依次得到其他图书的库存，结果如图 4－3－23 所示。

（8）计算 2020 年 5 月图书基本情况表的图书是否进货

使用"IF"函数判断每本图书的库存是否需要进货（≤40 为需要进货），在 J 列的相应单元格中输出"是"或"否"。

选择【图书基本情况表】工作表，选中进行计算的 J3 单元格，选择【公式】选项卡【函数库】组【插入函数】选项。打开【插入函数】对话框，选中【选择函数】列表中【IF】函数。打开 IF【函数参数】对

单价	出版社	进货量	销量	库存
¥128.0	北京大学出版社	100	41	59
¥88.0	北京大学出版社	100	30	70
¥275.0	人民文学出版社	100	46	54
¥59.7	人民文学出版社	100	62	38
¥49.0	清华大学出版社	100	39	61
¥119.0	北京大学出版社	100	58	42
¥39.0	清华大学出版社	100	98	2
¥88.0	清华大学出版社	100	59	41

图 4－3－23　库存效果图

话框，单击【Logical_test】选项文本框，输入"I3<=40"，注意"<="运算符必须要在英文输入法状态下输入，在【Value_if_true】选项文本框中输入"是"，在【Value_if_false】选项文本框中输入"否"，如图 4－3－24 所示。然后单击【确定】按钮，完成计算。

207

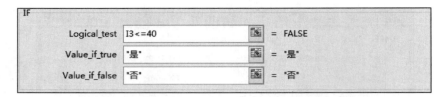

图 4－3－24　IF【函数参数】对话框

选中 J3 单元格，使用填充柄向下拖动填充，计算结果如图 4－3－25 所示。

（9）计算 2020 年 5 月图书基本情况表的图书占销售比例

使用公式与"SUM"函数相结合，计算出每本图书的销量占全部图书的销售总量的比例，并设置单元格数据格式为"百分比"，保留两位小数。

选择【图书基本情况表】工作表，双击进行计算的 K3 单元格，输入"＝H3/"，单击工作表【名称框】下拉列表，选择【SUM】函数，如图 4－3－26 所示。

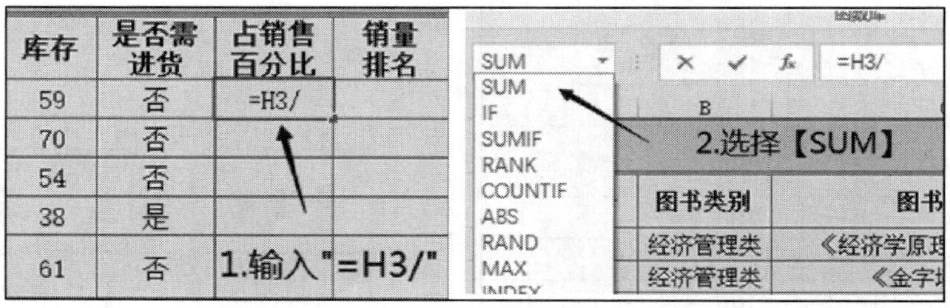

单价	出版社	进货量	销量	库存	是否需进货
¥128.0	北京大学出版社	100	41	59	否
¥88.0	北京大学出版社	100	30	70	否
¥275.0	人民文学出版社	100	46	54	否
¥59.7	人民文学出版社	100	62	38	是
¥49.0	清华大学出版社	100	39	61	否
¥119.0	北京大学出版社	100	58	42	否
¥39.0	清华大学出版社	100	98	2	是
¥88.0	清华大学出版社	100	59	41	否

图 4－3－25　是否进货效果图

图 4－3－26　输入公式

打开 SUM【函数参数】对话框，单击【Number1】文本框，选择销售量 H 列数据 H3：H10，按【F4】键将【Number1】文本框的地址"H3：H10"切换为绝对引用地址"＄H＄3：＄H＄10"，然后单击【确定】按钮，完成计算，如图 4－3－27 所示。

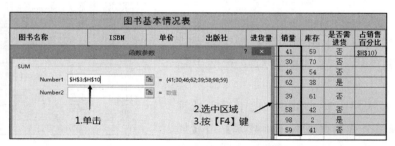

图 4－3－27　公式中插入 SUM 函数

选中 K3 单元格，使用填充柄向下拖动得到其他图书的占销售百分比。设置 K3：K10 区域中的数据格式为"百分比"，保留两位小数，计算结果如图 4－3－28 所示。

进货量	销量	库存	是否需进货	占销售百分比
100	41	59	否	9.47%
100	30	70	否	6.93%
100	46	54	否	10.62%
100	62	38	是	14.32%
100	39	61	否	9.01%
100	58	42	否	13.39%
100	98	2	是	22.63%
100	59	41	否	13.63%

图 4-3-28　占销售百分比效果图

（10）计算 2020 年 5 月图书基本情况表的图书销量排名

使用"RANK"函数计算每本图书的销量排名，销量越高，排名越前，并将计算结果插入 L3：L10 区域相应的单元格中。

计算第一本图书《经济学原理（第 7 版）》的销量排名。选中 L3 单元格，选择【公式】选项卡【函数库】组【插入函数】选项。打开【插入函数】对话框，选中【选择函数】列表中【RANK】函数。打开 RANK【函数参数】对话框，函数参数有【Number】【Ref】和【Order】，单击【Number】选项文本框，选择图书《经济学原理（第 7 版）》所对应的销量 H3 单元格，单击【Number】选项文本框，选择全部销量数据的区域"H3：H10"，按【F4】转变成绝对引用地址"＄H＄3：＄H＄10"，在【Order】文本框输入"0"，如图 4-3-29 所示。然后单击【确定】按钮，完成计算。

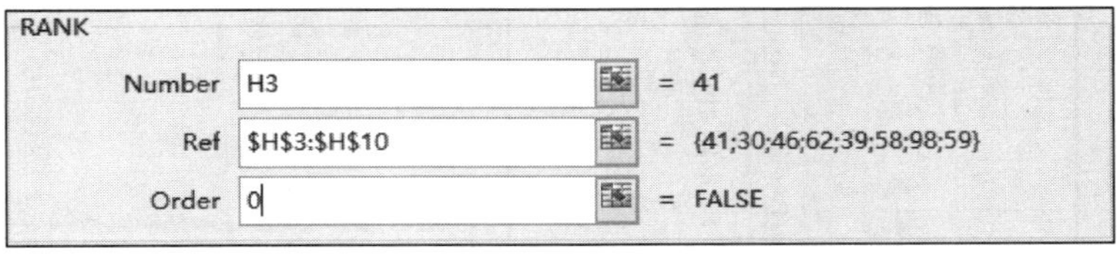

RANK			
Number	H3		= 41
Ref	$H$3:$H$10		= {41;30;46;62;39;58;98;59}
Order	0		= FALSE

图 4-3-29　【RANK 函数参数】对话框

完成第一本图书的销量排名后，使用填充柄向下拖动完成其他图书销量的排名。完成函数填充后，比较第一本图书销量排名 L3 单元格与第二本图书销量排名 L4 单元格的函数可以发现，两个单元格中函数的第二个参数【Ref】的引用地址没有发生变化，都是"＄H＄3：＄H＄10"，如图 4-3-30 所示。再次验证了绝对地址在使用填充柄拖动时，不会发生改变。

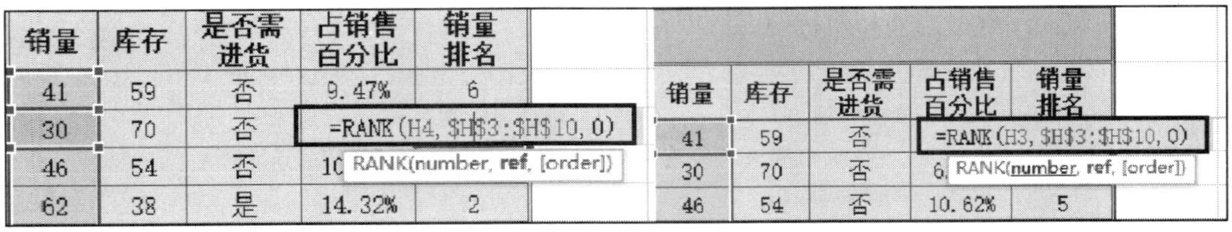

销量	库存	是否需进货	占销售百分比	销量排名		销量	库存	是否需进货	占销售百分比	销量排名
41	59	否	9.47%	6						
30	70	否		=RANK(H4,$H$3:$H$10,0)		41	59	否		=RANK(H3,$H$3:$H$10,0)
46	54	否	10 RANK(number, ref, [order])			30	70	否	6 RANK(number, ref, [order])	
62	38	是	14.32%	2		46	54	否	10.62%	5

图 4-3-30　对比前后两个单元格的函数参数

（11）计算 2020 年 5 月图书销售情况表的图书名称

使用 VLOOKUP 函数计算工作表【图书销售情况表】工作表的图书名称，并将结果插入 E3：E20

区域相应的单元格内。【图书基本情况表】工作表中存在【图书编号】列和【图书名称】列，【销售情况表】工作表中 C 列的【图书编号】与【图书基本情况表】工作表 A 列的【图书编号】相对应，现通过它们的对应关系匹配出【销售情况表】工作表 E 列的【图书名称】。

选择【销售情况表】工作表，选中 E3 单元格，选择【公式】选项卡【函数库】组【插入函数】选项。打开【插入函数】对话框，选中【选择函数】列表中【VLOOKUP】函数。打开 VLOOKUP【函数参数】对话框，函数参数有【Lookup_value】【Table_array】【Col_index_num】和【Range_lookup】，单击【Lookup_value】选项文本框，选择第一张订单对应的【图书编号】C3 单元格，如图 4-3-31 所示。

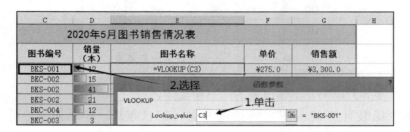

图 4-3-31 【VLOOKUP】函数第一参数设置

单击【Table_array】选项文本框，选择【图书基本情况表】工作表的区域"A2:C10"，按【F4】键，"图书基本情况表! A2:C10"引用地址切换成绝对引用地址"图书基本情况表! ＄A＄2:＄C＄10"，如图 4-3-32 所示。

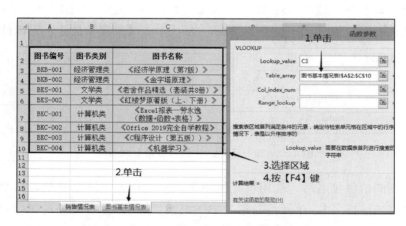

图 4-3-32 【VLOOKUP】函数第二参数设置

在【Col_index_num】文本框中输入数字"3"，在【Range_lookup】文本框中输入数字"0"（0表示精确匹配），如图 4-3-33 所示，然后单击【确定】按钮，完成计算。

图 4-3-33 【VLOOKUP】函数第三参数设置

完成第一张订单的图书名称计算后，使用填充柄向下拖动完成其他订单的图书名称，计算结果如

图 4－3－34 所示。

2020年5月图书销售情况表						
订单编号	日期	图书编号	销量（本）	图书名称	单价	销售额
20200501	2020/5/1	BKS-001	12	《老舍作品精选（套装共8册）》	¥275.0	¥3,300.0
20200502	2020/5/3	BKC-002	15	《Office 2019完全自学教程》	¥119.0	¥1,785.0
20200503	2020/5/4	BKS-002	41	《红楼梦原著版（上、下册）》	¥59.7	¥2,447.7
20200504	2020/5/7	BKS-002	21	《红楼梦原著版（上、下册）》	¥59.7	¥1,253.7
20200505	2020/5/8	BKC-004	12	《机器学习》	¥88.0	¥1,056.0
20200506	2020/5/9	BKC-003	3	《C程序设计（第五版））》	¥39.0	¥117.0
20200507	2020/5/12	BKB-002	30	《金字塔原理》	¥88.0	¥2,640.0
20200508	2020/5/13	BKS-001	3	《老舍作品精选（套装共8册）》	¥275.0	¥825.0
20200509	2020/5/14	BKC-003	43	《C程序设计（第五版））》	¥39.0	¥1,677.0
20200510	2020/5/15	BKB-001	22	《经济学原理（第7版）》	¥128.0	¥2,816.0
20200511	2020/5/16	BKS-001	31	《老舍作品精选（套装共8册）》	¥275.0	¥8,525.0
20200512	2020/5/20	BKB-001	19	《经济学原理（第7版）》	¥128.0	¥2,432.0
20200513	2020/5/21	BKC-002	43	《Office 2019完全自学教程》	¥119.0	¥5,117.0
20200514	2020/5/23	BKC-001	39	xcel报表一劳永逸（数据+函数+表格	¥49.0	¥1,911.0
20200515	2020/5/24	BKC-003	30	《C程序设计（第五版））》	¥39.0	¥1,170.0
20200516	2020/5/25	BKC-004	43	《机器学习》	¥88.0	¥3,784.0
20200517	2020/5/28	BKC-004	4	《机器学习》	¥88.0	¥352.0
20200518	2020/5/31	BKC-003	22	《C程序设计（第五版））》	¥39.0	¥858.0
订单数量	**18**	**最高销售数量**	**43**		**销售额总额**	**¥42,066.4**
		最低销售数量	**3**		**平均销售额**	**¥4,428.0**

图 4－3－34　**计算图书名称效果图**

课后练习

操作题 1

打开“4－3－1. xlsx”文档，完成以下操作：

1. 使用“SUM”求和函数，求出每位学生的总成绩，填入【总成绩】列相应的单元格。

2. 使用“AVERAGE”平均值函数，求出每位学生的平均分，填入【平均分】列相应的单元格。

3. 使用“MAX”最大值函数，求出各科成绩最高分，填入【各科成绩最高分】列相应的单元格。

4. 使用“MIN”最小值函数，求出各科成绩最低分，填入【各科成绩最低分】列相应的单元格。

5. 使用“COUNT”计数函数，求出各科参加考试人数，填入【各科参加考试人数】列相应的单元格。

操作题 2

打开“4－3－2. xlsx”文档，完成以下操作：

1. 使用“SUM”求和函数，求出每位员工上半年的销售额，填入【总销售额】列相应的单元格。

2. 使用“AVERAGE”平均值函数，求出每位员工每月平均销售额，填入【月均销售额】列相应的单元格。

3. 使用“MAX”最大值函数，求出每位员工上半年月最高销售额，填入【最高销售额】列相应的单元格。

4. 使用“MIN”最小值函数，求出每位员工上半年月最低销售额，填入【最低销售额】列相应的单元格。

5. 使用“Rank”函数，分别计算每位销售人员上半年的销售总额的排名。

6. 使用“IF”函数求出每位销售人员上半年销售额是否达标。达到 42 万元以上的显示“达标”，否则显示“不达标”。

操作题 3

打开文档“4－3－3. xlsx”，完成以下操作：

1. 在【SUV 销量统计】工作表的【单价（万元）】列中，设置【单价（万元）】列单元格格式，使其为数值型，保留 2 位小数。根据车型，使用"VLOOKUP"函数完成单价（万元）的自动填充。【单价（万元）】和【车型】的对应关系在【汽车报价】工作表中。

2. 在【SUV 销量统计】工作表的【销售额（万元）】列中，计算 11 月每种车型的【销售额（万元）】列的值，结果保留 2 位小数（数值型）。

3. 利用"Rank"函数，计算销售额【排名】列的内容。

操作题 4

打开文档"4-3-4.xlsx"，完成以下操作：

1. 打开【订单明细】工作表，使用"VLOOKUP"函数，对照【图书定价】工作表，求每张订单所对应图书的单价，填入【单价】列相应的单元格。

2. 使用公式，求出每张订单的销售额（销售额=单价×销量），填入【销售额小计】列相应的单元格。

3. 使用"RANK"函数，求出每张订单的销售额排名，填入【销售额排名】列相应的单元格。

4. 使用"IF"函数，求出每张订单是否为畅销订单，如果每张订单的销量大于或等于 30 本，显示"是"；否则显示"否"。填入【畅销订单】相应的单元格。

5. 打开【统计报告】工作表，使用"SUM"求和函数，统计出所有图书订单的销售额，填入 B3 单元格。

6. 使用求"AVERAGE"平均值函数，求出每张订单图书的平均销量，填入 B4 单元格。

7. 使用"MAX"最大值函数，求出单张订单销量最高的值，填入 B5 单元格。

8. 使用"MIN"最小值函数，求出单张订单销量最低的值，填入 B6 单元格。

9. 使用"COUNT"计数函数，求出总共有多少张订单，填入 B7 单元格。

10. 使用 SUMIF 函数统计《MS Office 高级应用》图书的销售总额，填入 B8 单元格。

项目四　数据图形化

项目展示

本项目通过工作表内的数据图形化，以更直观、清晰和易于阅读的方式呈现数据的差异和变化，利于分析数据。图表会随着引用数据的变化而变化，实时展现数据的变化。

本项目要求学生为图书销售情况表的销售量和销量占比制作三维簇状柱形图和饼图。

支撑知识

1. 图表组成

图表由多种元素构成，这些元素可根据需要添加、删除和修改其设置。图表包括的主要元素如图 4-4-1 所示。

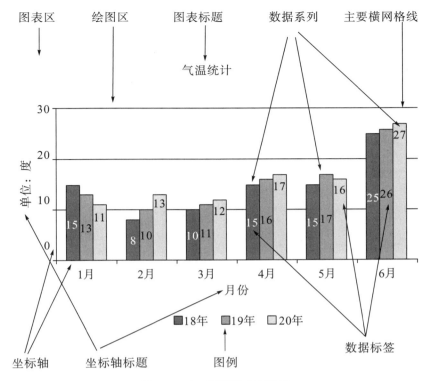

图 4-4-1 **图表的主要元素**

①图表区：图表边框内的区域，包含整个图表的全部元素。

②绘图区：绘制图表数据呈现的具体区域，包含所有数据系列、数据标签、坐标轴、坐标轴标题、背景墙等元素，不包括图表标题、图例等元素。

③背景墙：绘图区的背景区域。

④坐标轴：用于显示分类或者数值的坐标，一般包括横向坐标和纵向坐标。部分图表（如饼图）不显示坐标轴。

⑤数据系列：图表的重要组成部分，表现一组数据的呈现，缺少数据系列就构不成图表。

⑥数据标签：显示数据系列所表示数据的值和数据的类别等信息。

⑦主要横网格线：显示刻度单位的横向网格线，还有主要纵网格线。

⑧坐标轴标题：坐标轴的名称。

⑨图例：显示数据系列名称、图案或颜色，用于区别不同的数据系列。

2. 图表的创建

（1）选择数据区（数据源）

图表的数据区（数据源）可以是连续或者不连续的单元格区域，选择数据区的方法等同于选择单元格区域的方法。

（2）插入图表

① 使用【图表】组选项：选择【插入】选项卡【图表】组的【柱形图和条形图】下拉列表，可以选择不同的柱形图和条形图选项。

② 使用【插入图表】对话框：选择【插入】选项卡【图表】的对话框启动器，在弹出的【插入图表】对话框中选择【推荐的图表】选项卡的推荐图表，或者在【所有图表】选项卡中选择所需图表类型。

（3）确定图表位置

图表位置分为嵌入图表和图表工作表两种。

图 4-4-2　【移动图表】对话框

嵌入图表位于工作表中的某单元格区域上，一般与数据源处于同一张工作表内，是默认的图表位置。图表工作表是整张工作表只含图表。

改变图表的位置，可在选定图表后，选择【图表工具】的【设计】选项卡【位置】组的【移动图表】选项，在弹出的【移动图表】对话框中设置，如图 4-4-2 所示。如要整张工作表只含图表，则在【选择放置图表位置】选择【新工作表】并输入新工作表名；如要图表作为嵌入在工作表中的某单元格区域，则选择【对象位于】并在下拉列表中选择存放图表的工作表。

3. 编辑图表

（1）图表类型

Excel 2016 的图表共有 15 种类型，分别为柱形图、折线图、饼图、条形图、面积图、XY 散点图、股价图、曲面图、雷达图、树状图、旭日图、直方图、箱形图、瀑布图和组合图。这 15 种图表类型中又包含不同的类型，如图 4-4-3 所示。

图表的类型可以在插入图表时选定，也可修改现有图表的类型。要修改图表类型，须先选定图表，选择【图表工具】的【设计】选项卡的【更改图表类型】选项，在弹出的【更改图表类型】对话框中选择【所有图表】选项卡，然后选择所需图表类型。

（2）图表数据

图表的数据可以在插入图表前选定，也可修改现

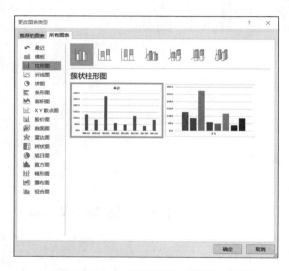

图 4-4-3　【更改图表类型】对话框

有图表的数据。要修改图表的数据，须在选定图表后，选择【图表工具】的【设计】选项卡的【选择数据】选项，在弹出的【选择数据源】对话框中设置。在【选择数据源】对话框的【图表数据区域】重新选择数据源，单击【确认】按钮后即完成对数据的修改。

在【选择数据源】对话框内，可通过【切换行/列】选项来交换坐标轴上的数据，即在数据系列产生在行或者列之间切换。数据系列产生在列，则【水平（分类）轴标签】的列表中复选项在数据源区域存储在同列，否则为系列产生在行。如图 4-4-4 所示，【水平（分类）轴标签】的列表中复选项 BKB-001、BKB-002 等存储在数据源区的 A3：A10（同列）中，则该图表是数据系列产生在列。

在【选择数据源】对话框内，可通过【图例项（系列）】的【添加】【编辑】和【删除】选项，新增、修改和删除图例项（系列）。

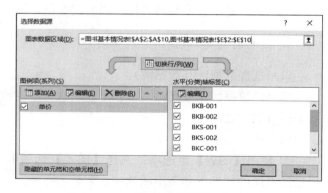

图 4-4-4　【选择数据源】对话框

在【选择数据源】对话框内，还可通过【水平（分类）轴标签】的列表中【编辑】选项和复选框

列表对水平（分类）轴标签进行编辑。

（3）图表元素编辑

要修改图表的元素，可以通过以下方法完成：

① 使用【添加图表元素】选项：选定图表后，选择【图表工具】的【设计】选项卡【图表布局】组的【添加图表元素】下拉列表的选项进行设置。一般选择在下一级列表的最后一个选项，会在工作区右侧弹出对应的设置窗格，可在窗格内设置图表的元素。图 4－4－5 为【数据标签】的下一级列表，选择列表中的【其他数据标签选项】，则【工作区】右侧弹出如图 4－4－6 所示的【设置数据标签格式】窗格，可在窗格内设置数据标签格式的各种选项。不同图表的【添加图表元素】下拉列表的选项会有所不同。

图 4－4－5　【数据标签】的下一级列表

图 4－4－6　【设置数据标签格式】窗格

② 使用图表右上角的【图表元素】选项：选定图表后，其右上角会显示【图表元素】复选框，勾选某图表元素复选项会显示该图表元素，选择某图表元素的下一级列表的选项，会弹出该选项的设置窗格，如图 4－4－7 所示。

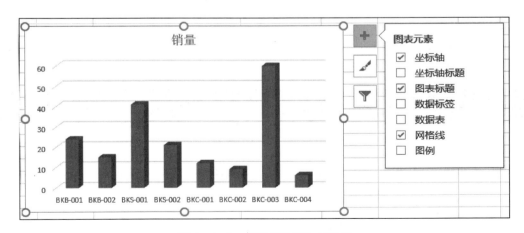

图 4－4－7　【图表元素】复选框

③双击图表元素：双击图表元素后，会弹出设置该图表元素的窗格，可在窗格内对图表元素进行设置。例如，双击图表的数据系列，在【工作区】右侧弹出【设置数据标签格式】窗格。

（4）图表样式

Excel 中包含不同的图表样式，提供便捷修改图表整体外观的功能。要修改图表样式，可选择【图表工具】的【设计】选项卡【图表样式】组的【更改颜色】下拉列表自定义颜色和样式，如图 4－4－8 所示。或者选择【样式】下拉列表中的样式。

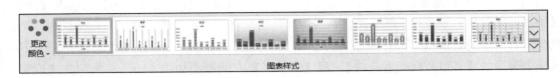

图 4－4－8　【图表样式】组

3. 迷你图

迷你图是显示在工作表单元格内的微型图表，可反映一系列数据的变化。迷你图主要显示数据的变化趋势，可突出显示最大值和最小值。迷你图不能像其他图形一样移动，虽然它在单元格内，却不是真实存在于单元格内的内容，不能通过引用的方式来使用它。

迷你图有三种，分别为折线图、柱形图和盈亏图。

（1）迷你图的创建

例如，为单元格区域 B2:E5 的数据创建迷你折线图。先选定显示迷你图的单元格区域 F2:F5，选择【插入】选项卡【迷你图】组的【折线】选项，在弹出【创建迷你图】的【数据范围】选择数据范围 B2:E5，单击【确定】按钮后即完成迷你图的创建，如图 4－4－9 和图 4－4－10 所示。

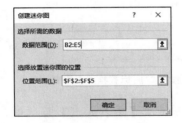

图 4－4－9　【创建迷你图】
　　　　　　对话框

	A	B	C	D	E	F
1		一月	二月	三月	四月	迷你图
2	玫瑰	88	102	56	89	
3	百合	85	77	102	90	
4	郁金香	55	40	80	60	
5	勿忘我	78	65	87	50	

图 4－4－10　迷你图示意图

（2）迷你图的编辑

【迷你图工具】的【设计】选项卡中，有【迷你图】【类型】【显示】【样式】和【组合】组，各组内有相应的选项可对迷你图进行编辑，如图 4－4－11 所示。

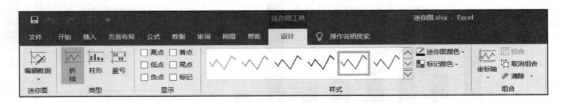

图 4－4－11　【迷你图工具】的【设计】选项卡

①编辑数据：修改迷你图组的单个或者多个迷你图的数据源区域。

②类型：修改迷你图的类型。

③显示：选择显示迷你图中高点、低点、负点、首点、尾点和标记等特殊数据。

④样式：选择所选迷你图的外观样式。

⑤迷你图颜色：指定所选迷你图组中的迷你图颜色。

⑥标记颜色：选择特殊数据显示的颜色并显示。

⑦丛标轴：更改迷你图的坐标比例和可见性。

⑧组合：将迷你图合在一起，可共享格式设置和缩放选型。

⑨取消组合：将一组迷你图拆分成单个迷你图。

⑩清除：清除所选迷你图。

项目实施

1. 创建图表

打开工作簿"4-3.xlsx"，为工作表【图书基本情况表】工作表的单元格区域 A2:A10 和 H2:H10 创建三维簇状柱形图，放在单元格区域 A13:E25 内；为单元格区域 A2:A10 和 K2:K10 创建饼图，显示在新的工作表【销量百分比】内。

选中单元格区域 A2:A10，在按住【Ctrl】键的同时选中单元格区域 H2:H10，选中【插入】选项卡【图表】组【柱形图和条形图】选项的【三维簇状柱形图】。选中图表，将其左上角移动到 A13 单元格上，使得 A13 单元格的隐形边框线与图表重叠，按住【Alt】键不放，拖动图表右下角的句柄调节图表大小，使其与单元格区域 A13:E25 完全重叠，即完成三维簇状柱形图的创建，如图 4-4-12 所示。

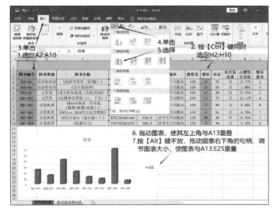

图 4-4-12　创建三维簇状柱形图操作示意图

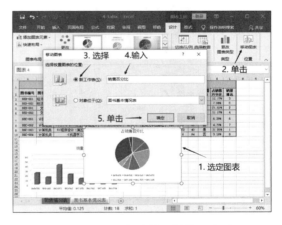

图 4-4-13　创建饼图操作示意图

选中单元格区域 A2:A10，在按住【Ctrl】键的同时选中单元格区域 K2:K10，选中【插入】选项卡【图表】组【饼图和环形图】选项的【饼图】。选中图表，选择【图表工具】的【设计】选项卡【位置】组的【移动图表】选项，在弹出的【移动图表】对话框中，选中【新工作表】，在其右侧文本框内输入"销售百分比"，单击【确定】按钮，饼图在工作表【销量百分比】内显示并占满整张工作表，即完成饼图的创建，如图 4-4-13 所示。

2. 设置图表标题和坐标轴标题

将三维簇状柱形图的图表标题、横向坐标轴标题和纵向坐标轴标题分别设置为"图书销量情况""图书编号"和"销量"。

选中三维簇状柱形图，单击图表右上角的【图表元素】选项，在弹出的【图表元素】列表中，选中【坐标轴标题】前面的复选框。选中图表标题，删除原标题文本，输入"图书销售情况"；选中横向坐标轴标题，输入"图书编号"；选中纵向坐标轴标题，输入"销量"，如图 4-4-14 所示。

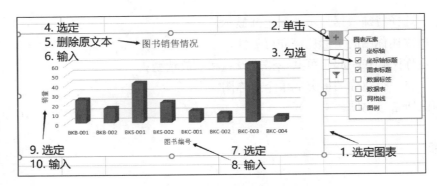

图 4－4－14　设置图表标题和坐标轴标题操作示意图

3．设置背景墙格式

将三维簇状柱形图的背景墙格式区域设置"橙色，个性 2，淡色 60％，点线 50％"的图案填充。

在三维簇状柱形图的图表背景墙格式区域双击（空白处），在工作表右侧弹出的【设置背景墙格式】窗格内选择【填充】的【图案填充】选项，选择【图案】的【点线 50％】选项，设置前景色为"橙色，个性 2，淡色 60％"，即完成背景墙格式的设置。关闭【设置背景墙格式】窗格，如图 4－4－15 所示。

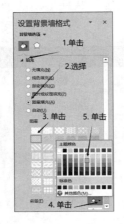

图 4－4－15　设置背景墙格式操作示意图

图 4－4－16　设置刻度值操作示意图

4．设置刻度值

设置三维簇状柱形图的纵坐标轴刻度最小值为 10，最大值为 70，主刻度值为 20，基底交叉点坐标轴值为 10。

在三维簇状柱形图的垂直（值）轴的刻度值上双击，工作区右侧弹出【设置坐标轴格式】窗格，在窗格的【坐标轴选项】的【边界】选项【最小值】和【最大值】中分别输入 10.0 和 70.0，在【单位】的【大】选项中输入 20.0，在【基底交叉点】的【坐标轴值】选项中输入 10.0，完成坐标轴刻度值的设置。关闭【设置坐标轴格式】窗格，如图 4－4－16 所示。

5．设置网格线

为三维簇状柱形图添加主轴主要垂直网格线。

选中三维簇状柱形图，选择【图表工具】的【设计】选项卡【图表布局】组的【添加图表元素】下拉列表【网格线选项】的下一级菜单中的【主轴主要垂直网格线】选项，即完成网格线的添加。也可选中三维簇状柱形图，通过其右上角的【图表元素】选项进行添加。

6. 删除图例

删除三维簇状柱形图的图例：选定三维簇状柱形图的图例，按【Delete】键完成图例的删除。

完成上述操作后，三维簇状柱形图图表元素设置效果图如图 4-4-17 所示。

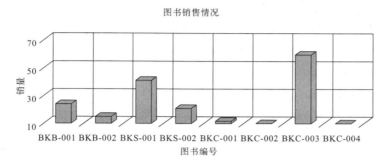

图 4-4-17　三维簇状柱形图图表元素设置效果图

7. 删除标题

删除饼图的图表标题：选定图表工作表"销售百分比"，选定饼图的图表标题，单击【Delete】键完成图表标题的删除。

8. 设置数据标签

为饼图添加数据标签选项：标签包括类别名称、百分比和显示引导线，标签的文本都设置为字号12，字体颜色为深蓝色。

选定饼图，单击图表右上角的【图表元素】选项，在弹出的【图表元素】列表中，选中【数据标签】选项的下拉列表中的【更多选项】。在工作表右侧弹出的【设置数据标签格式】窗格的【标签包括】复选项中勾选【类别名称】【百分比】和【显示引导线】选项，取消勾选【值】选项，如图4-4-18所示。单击【开始】选项卡，在【字体】组的【字号】下拉列表中选中 18，【字体颜色】选项的下拉列表中选择【标准色】的【深蓝色】，完成数据标签的设置。完成上述操作后，关闭【设置数据标签格式】。

图 4-4-18　设置数据标签操作示意图

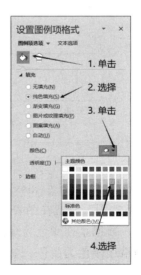

图 4-4-19　设置数据系列颜色操作示意图

9. 设置数据系列颜色

将饼图类别名称为 BKC-003 的数据系列的颜色设置为"紫色，个性色 4，淡色 60％"。

双击图例中 BKC-003 前面的色块，在工作表右侧弹出的【设置图例项格式】窗格【图例项选项】中选定【填充与线条选项】，选择【填充】的【纯色填充】选项，在右下角【颜色】的下拉列表中选择【主题颜色】的【紫色，个性色 4，淡色 60％】选项，即完成数据系列颜色的设置，如图 4-4-19 所示。关闭【设置图例项格式】窗格。如图表无图例，也可在 BKC-003 的数据系列上双击，也会弹出【设置数据点格式】窗格。

完成上述操作后，饼图图表元素设置效果如图 4-4-20 所示。

课后练习

1. 打开工作簿"4-4-1.xlsx"，选取工作表【气温统计表】的单元格区域 A2：G5 的数据建立"带数据标记的折线图"（系列产生在行），图表标题为"气温统计"，纵向坐标轴标题为"单位：度"。设置纵坐标轴刻度最小值为 5，最大刻度值为 35，主刻度单位为 10，基底交叉点坐标轴值为 5。绘图区填充主题颜色"绿色，个性 6，淡色 60％"，显示主轴次水平网格线，将工作表插入在单元格区域 A8：H22。如图 4-4-21 所示。

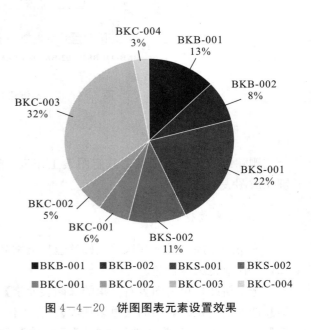

图 4-4-20 饼图图表元素设置效果

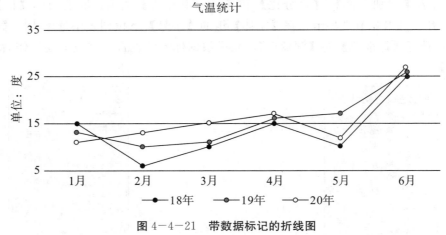

图 4-4-21 带数据标记的折线图

2. 打开工作簿"4-4-2.xlsx"，选取工作表 Sheet1 的单元格区域 A2：A10 和单元格区域 E2：E10 的数据建立"雷达图"放置在图表工作表【总积分】中，不显示图表标题，绘图区填充"蓝色，个性 1，淡色 80％"，数据系列颜色为绿色，分类数据标签的文本字号为 16，颜色为蓝色，刻度值文本的字号为 16，网格线颜色为蓝色。如图 4-4-22 所示。

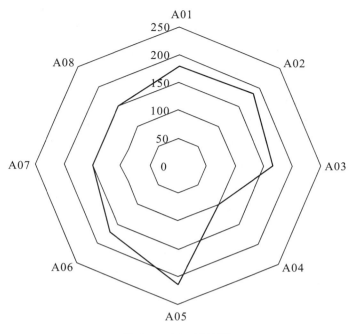

图 4-4-22　雷达图

3. 打开工作簿"4-4-3.xlsx"，在工作表 Sheet1 的单元格区域 E2:E7 插入以单元格区域 B2:D7 为数据源创建的迷你柱形图，设置迷你图的颜色为蓝色，最高点标记颜色为橙色。如图 4-4-23 所示。

	A	B	C	D	E
1	学生	一模	二模	三模	迷你图
2	王伊	77	82	75	
3	李学敏	88	67	70	
4	邓文立	88	85	85	
5	刘霞	80	61	35	
6	欧阳俊	87	82	73	
7	黄子文	92	94	91	

图 4-4-23　迷你图

项目五　数据管理

项目展示

本项目要求学生掌握数据的排序、筛选、分类汇总及利用数据透视表进行快分类汇总。
数据排序效果图如图 4-5-1 所示。

图书基本情况表											
图书编号	图书类别	图书名称	ISBN	单价	出版社	进货量	销量	库存	是否需进货	占销售百分比	销量排名
BKS-002	文学类	《红楼梦原著版（上、下册）》	9787020002207	¥59.7	人民文学出版社	100	62	38	是	14.32%	2
BKS-001	文学类	《老舍作品精选（套装共8册）》	9787020122196	¥275.0	人民文学出版社	100	46	54	否	10.62%	5
BKB-002	经济管理类	《金字塔原理》	9787544294829	¥88.0	北京大学出版社	100	30	70	否	6.93%	8
BKB-001	经济管理类	《经济学原理（第7版）》	23697183	¥128.0	北京大学出版社	100	41	59	否	9.47%	6
BKC-003	计算机类	《C程序设计（第五版）》	9787302481447	¥39.0	清华大学出版社	100	98	2	是	22.63%	1
BKC-001	计算机类	《Excel报表一劳永逸（数据处理与表格）》	9787302512417	¥49.0	清华大学出版社	100	39	61	否	9.01%	7
BKC-004	计算机类	《机器学习》	9787302423287	¥88.0	清华大学出版社	100	59	41	否	13.63%	3
BKC-002	计算机类	《Office 2019完全自学教程》	9787301305690	¥119.0	北京大学出版社	100	58	42	否	13.39%	4

图 4－5－1　数据排序效果图

数据筛选效果图如图 4－5－2 所示。

图书基本情况表											
图书编号	图书类别	图书名称	ISBN	单价	出版社	进货量	销量	库存	是否需进货	占销售百分比	销量排名
BKB-001	经济管理类	《经济学原理（第7版）》	23697183	¥128.0	北京大学出版社	100	41	59	否	9.47%	6
BKS-001	文学类	《老舍作品精选（套装共8册）》	9787020122196	¥275.0	人民文学出版社	100	46	54	否	10.62%	5
BKC-002	计算机类	《Office 2019完全自学教程》	9787301305690	¥119.0	北京大学出版社	100	58	42	否	13.39%	4
图书编号	图书类别	图书名称	ISBN	单价	出版社	进货量	销量	库存	是否需进货	占销售百分	销量排名
					清华大学出版社						<=5
					北京大学出版社						<=5
图书编号	图书类别	图书名称	ISBN	单价	出版社	进货量	销量	库存	是否需进货	占销售百分比	销量排名
BKC-002	计算机类	《Office 2019完全自学教程》	9787301305690	¥119.0	北京大学出版社	100	58	42	否	13.39%	4
BKC-003	计算机类	《C程序设计（第五版）》	9787302481447	¥39.0	清华大学出版社	100	98	2	是	22.63%	1
BKC-004	计算机类	《机器学习》	9787302423287	¥88.0	清华大学出版社	100	59	41	否	13.63%	3

图 4－5－2　数据筛选效果图

数据分类汇总效果图如图 4－5－3 所示。

图书基本情况表											
图书编号	图书类别	图书名称	ISBN	单价	出版社	进货量	销量	库存	是否需进货	占销售百分比	销量排名
					北京大学出版社 汇总		129	171			
					清华大学出版社 汇总		196	104			
					人民文学出版社 汇总		108	92			
					总计		433	367			

图 4－5－3　数据分类汇总效果图

数据透视表效果图如图 4－5－4 所示。

求和项:销量	列标签			
行标签	计算机类	经济管理类	文学类	总计
北京大学出版社	58	71		129
清华大学出版社	196			196
人民文学出版社			108	108
总计	254	71	108	433

图 4－5－4　数据透视表效果图

支撑知识

Excel 2016 具有强大的数据处理、数据分析、数据统计的功能，它不仅可以对数据进行增加、删除、修改、移动等操作，还可以使用排序、筛选、分类汇总等对数据进行管理。

对 Excel 中的数据采用数据库的方式进行管理，内容包括数据的排序、筛选、分类汇总、数据透视表等。

Excel 工作表中的数据是由若干行和若干列组成的，表中的第一行是数据列的标题，第二行开始为列标题下的数据。这种形式的数据与数据库的组织方式相同，所以工作表中的数据称为数据清单或者数据列表。

使用数据管理功能对工作表的数据进行管理，必须将工作表中的数据设置成数据清单的方式。表格中包括标题行、数据记录。

1. 数据排序

排序，是数据列表中的数据按照指定的字段、指定的排序方式进行重新调整，这里指定的字段称为排序关键字。如指定的字段不是一个字段，而是多个字段，则第一个指定字段为主要关键字，其他指定字段为次要关键字。

指定的排序方式有升序和降序两种。升序，是指按照关键字从小到大、从低到高进行排序；降序，是指按照关键字从大到小、从高到低进行排序。

根据排序关键字的数量划分成两种排序：简单排序和多条件排序。

（1）简单排序

简单排序，是按照一个排序关键字进行的数据排序。

简单排序，可以选中排序关键字列中的任一单元，选择【开始】选项卡中的【编辑】组【排序和筛选】下拉列表中的【升序】或者【降序】，也可以选择【数据】选项卡中【排序和筛选】组中的【降序】选项 $\frac{Z}{A}\downarrow$ 或【升序】选项 $\frac{A}{Z}\downarrow$ 。

在简单排序过程中，如果开始选中的不是排序关键字列中的任一单元格，而是选择此列的数据，则会出现【排序提醒】对话框，如图 4-5-5 所示，在【排序提醒】对话框中可以选择【扩展选定区域】选项或【以当前选定区域排序】选项，这两个选项分别表示两种数据调整的范围。

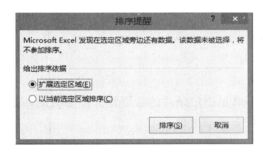

图 4-5-5　【排序提醒】对话框　　　　　图 4-5-6　【排序】对话框

① 【扩展选定区域】选项，表示对整张数据列表中的所有数据按关键字进行排序。

② 【以当前选定区域排序】选项，表示只对选定区域（关键字字段区域）的数据进行排序。由于此选项将破坏整个数据列表的结构，一般情况下，应选取【扩展选定区域】选项。

（2）多条件排序

多条件排序，是按照多个排序关键字进行的数据排序。选中要排序的数据列表区域中的任一单元格，选择【开始】选项卡的【编辑】组【排序和筛选】下拉列表中【自定义排序】选项，或者选择【数据】选项卡【排序和筛选】组【排序】选项，打开【排序】对话框，如图 4-5-6 所示。【排序】对话框中包含【添加条件】【删除条件】【复制条件】【数据包含标题】选项等。

【添加条件】选项：默认情况下，【排序】对话框只有一项【主要关键字】选项。如果排序关键字超过一个，则选择【添加条件】选项，在【主要关键字】选项下方添加【次要关键字】选项。排序过程中，先按照【主要关键字】选项的内容进行排序，出现主要关键字相同时，则按【次要关键字】选项的内容进行排序。

【删除条件】选项：删除选中的【主要关键字】或【次要关键字】选项。如果删除【主要关键字】选项，则其下方的【次要关键字】选项升级为【主要关键字】选项。

【复制条件】选项：复制选择的【主要关键字】或【次要关键字】选项。

【数据包含标题】选项：如果数据列表中包括标题行，则选中【数据包含标题】选项，数据列表中的第一行作为标题行，不参与数据的排序；如果不选，则数据列表中所有的数据都参与排序。

【列】下拉列表：选择标题行中的名称作为排序的关键字。数据列表中有多少列，则【列】下拉列表中就有多少个选项。

【排序依据】下拉列表：根据不同的关键字进行排序，包含【数值】【单元格颜色】【字体颜色】【单元格图标】选项。

【次序】下拉列表：选择不同的排序方式，包括【升序】【降序】【自定义序列】三种选项。【升序】选项，指文本按字母从 A 到 Z 的顺序、数字从小到大的顺序排序；【降序】选项，指文本按字母从 Z 到 A 的顺序、数字从大到小的顺序排序；【自定义序列】选项，指文本或数字按自定义次序排序。

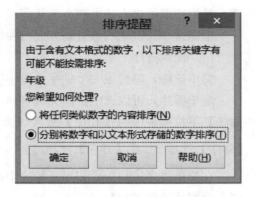

图 4-5-7　【排序提醒】对话框

选择【排序】对话框中的选项后，如果排序关键字的记录含有文本格式的数字，则出现【排序提醒】对话框，如图 4-5-7 所示。【将任何类似数字的内容排序】选项，指文本格式的数字与数字共同进行排序。【分别将数字和以文本形式存储的数字排序】选项，指文本格式的数字与数字分开进行排序，文本格式的数字大于数字，例如，文本格式的数字"1"大于数字 100，即"1"＞100。

完成排序后，数据列表中的记录按照关键字重新调整。

2. 数据筛选

数据筛选，是仅显示出满足指定条件的数据行，隐藏不满足指定条件的数据行。被隐藏的数据行并没有被删除，筛选条件变化或者取消后，被隐藏的数据行会重新出现。

Excel 2016 提供两种筛选方式：自动筛选和高级筛选。

（1）自动筛选

自动筛选是一种简单快速的筛选，常用条件较为简单的筛选操作。选择数据列表中的任一单元格，选择【开始】选项卡【编辑】组【排序和筛选】下拉列表中的【筛选】选项，或者选择【数据】选项卡【排序和筛选】组中的【筛选】选项。数据列表的标题行中每一个列标题右边出现【筛选箭头】下拉列表，选择【筛选箭头】，打开【自动筛选】对话框，如图 4-5-8 所示。自动筛选包括按颜色筛选、按文本或数字筛选、按值筛选三种。

【按颜色筛选】选项：可以筛选出不同的字体颜色、单元格底纹颜色。

【文本/数字筛选】选项：根据【文本筛选】或者【数字筛选】选项，弹出【自定义自动筛选方式】对话框，如图 4-5-9 所示，在第一个下拉列表中选择比较运算符，第二个下拉列表中选择或输入数字、文本、单元格引用。【与】选项表示两个条件同时满足，【或】选项表示任意其中条件满足。筛选完成后，【筛选箭头】由倒三角箭头变成已有筛选项图标，表示该列已存在筛选内容。

【按值筛选】选项：通过选择列中的值进行筛选。数据列的所有值显示在【按值筛选】列表中。列表中第一个复选框是【（全选）】复选框，其他值复选框按值的升序显示。筛选数据时，可以选择值的复选框来筛选对应的数据。

图 4-5-8　【自动筛选】对话框

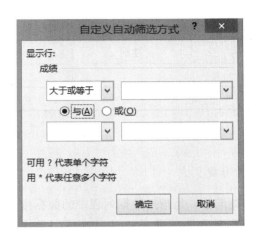

图 4-5-9　【自定义自动筛选方式】对话框

（2）高级筛选

对于条件简单的筛选，可以使用自动筛选，对于条件复杂或者不同列中的条件存在逻辑或关系的筛选，则不能使用自动筛选来完成。采用高级筛选可以将条件复杂、不同列中的条件存在逻辑或关系的筛选一次完成。

选择数据列表中任一单元格，选择【数据】选项卡【排序和筛选】组中的【高级】选项，打开【高级筛选】对话框，如图 4-5-10 所示。

高级筛选与自动筛选不同，高级筛选需要指定三个区域：列表区域、结果区域、条件区域。

【列表区域】选项：选择参与筛选的数据列表区域。

【结果区域】选项：存放筛选结果的区域。在【高级筛选】对话框中，默认选择【在原有区域显示筛选结果】，筛选的数据结果在原来的列表数据中显示；如选择【将筛选结果复制到其他位置】选项，【复制到】选项由灰色不可用状态变成可用状态，其对应文本框内输入结果存放的第一个单元格地址，筛选的数据结果将在新的位置出现。

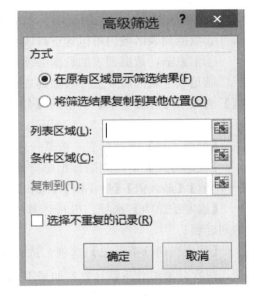

图 4-5-10　【高级筛选】对话框

【条件区域】选项：筛选条件的区域，是进行高级筛选的前提条件。设置筛选条件区域有 5 点规则：

①条件区域的位置要与数据列表区域至少隔开一行或者一列。

②条件区域的第一行是列标题，与数据列表的列标题的内容一致。

③条件关系存在逻辑与的，出现在同一行。

④条件关系存在逻辑或的，出现在不同行。

⑤条件区域单元格为空白，则表示允许任意值。

条件区域的设置在高级筛选中起到关键的作用，条件区域的设置步骤如下。

例如，数据列表中包含列标题"姓名""性别""年级""成绩""排名"，使用条件筛选出【年级】为【2020】，【性别】为【男】，或者【排名】为前 20 名的数据记录。

复制数据列表中的列标题，粘贴到条件区域的第一行位置，成为条件区域的列标题，并根据条件区域的规则要求，在条件区域的第二、三行对应列上完成条件设置，如图 4-5-11 所示。【年级】为【2020】、【性别】为【男】是逻辑与关系，条件出现在同一行；【排名】为前 20 名与其他条件是逻辑或关系，出现在不同行；其他空白单元格表示任意值。

姓名	性别	年级	成绩	排名
		男	2020	
				<=20

图 4-5-11　高级筛选的条件区域

3. 数据分类汇总

数据分类汇总，是指把数据列表中的数据按指定的字段进行分类，并对分类后的数据进行统计。

数据分类汇总是利用了"SUBTOTAL"函数和统计函数，例如"SUM""COUNT""AVERAGE""MAX"等函数，将其结合计算出结果。

分类汇总前，数据列表区域必须满足以下条件：

①数据列表区域中包含两个以上单元格。

②数据列表的列标题必须有标签名称，不能为空白。

③数据列表区域内不包含空行或者空列。

④汇总前，数据列表的数据必须按分类字段进行排序。

满足以上条件后，选择数据列表中的任一单元格，选择【数据】选项卡【分级显示】组中的【分类汇总】选项，打开【分类汇总】对话框，如图 4-5-12 所示。

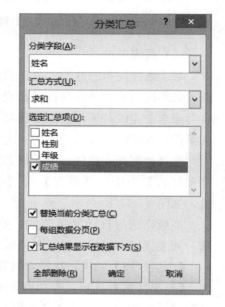

图 4-5-12　【分类汇总】对话框

【分类字段】下拉列表：按某一列数据进行分类。

【汇总方式】下拉列表：汇总方式可以选择【求和】【计数】【平均值】【最大值】【最小值】【乘积】选项。

【选定汇总项】选项：进行计算的列，可以选择数据列表中的列标题。

【替换当前分类汇总】选项：选择【替换当前分类汇总】选项，每次分类汇总重新计算；如果不选，则每次分类汇总在上一次分类汇总的基础上进行。

【每组数据分页】选项：每组数据以一页的方式显示。

【汇总结果显示在数据下方】选项：汇总结果在列表数据的下方显示，如果不选，汇总结果在列表数据的上方显示。

【全部删除】选项：删除工作表中所有分类汇总。

4. 数据透视表

数据分类汇总可以将数据列表中的数据按照分类字段进行分类，并汇总出结果。但是，分类汇总后的数据可读性降低，对数据的二次操作更加烦琐。数据透视表可以完成数据分类汇总，并且增加数据的可读性。

数据透视表，是可以快捷地对数据进行汇总，并建立交叉列表的交互式动态表格。建立数据透视表后，不仅可以转换行和列以显示数据的不同汇总结果，也可以显示不同页面以筛选数据，还可以根据自定义需要显示区域中的细节数据。

选择数据列表中的任一单元格，选择【插入】选项卡【表格】组中的【数据透视表】选项，打开【创建数据透视表】对话框，如图 4-5-13 所示。

在【创建数据透视表】对话框中，选择要分析的数据来源，可以选择【选择一个表或区域】或者【使用外部数据源】选项。如果数据来源于当前工作簿，则选择【选择一个表或区域】选项，并在【表/区域】文本框中输入或选择数据列表的区域；如果数据来源于其他工作簿，则选择【使用外部数据源】。

选择要分析的数据来源后，还要选择放置数据透视表的位置，可以选择【新工作表】或者【现有工作表】选项。如果数据透视表的位置在现有工作表，则选择【现有工作表】，并在【位置】文本框中输入或选择现有工作表的第一个单元格；如果数据透视表存放在一个新的工作表，则选择【新工作表】，获得空白数据透视表，如图 4-5-14 所示。

图 4-5-13　【创建数据透视表】对话框

图 4-5-14　空白数据透视表

在 Excel 工作区右侧出现【数据透视表字段】对话框，如图 4-5-15 所示。在【数据透视表字段】对话框，可以使用鼠标选择要添加到报表的字段，并分别拖动字段到【筛选器】【列】【行】【值】选项。

【筛选器】选项：拖动到此选项的字段作为数据透视表的分页符。

【列】选项：拖动到此选项的字段作为数据透视表的列字段。

【行】选项：拖动到此选项的字段作为数据透视表的行字段。

图 4-5-15　【数据透视表字段】对话框

【值】选项：拖动到此选项的字段作为数据透视表用于汇总计算的数据。

在拖动字段过程中，需要删除不需要的字段，选择【筛选器】【列】【行】【值】选项下的字段，在其下拉列表中选择【删除字段】选项。

如果删除数据透视表，则选中数据透视表任意位置，选择【数据透视表工具】的【分析】选项卡【操作】组【选择】下拉列表【整个数据透视表】选项，按【Delete】键删除选中的整个数据透视表。

项目实施

1. 数据排序

①打开文件“4－3. xlsx”中的【图书基本情况表】工作表，按【库存】字段值对数据清单进行简单降序排序。

选中【库存】列的任意一个单元格，例如 I5 单元格。选择【开始】选项卡【编辑】组【排序和筛选】下拉列表的【降序】选项，如图 4－5－16 所示。或者，选中【库存】列的任意一个单元格。选择【数据】选项卡【排序和筛选】组的【降序】选项 Z↓。降序后的效果图如图 4－5－17 所示。

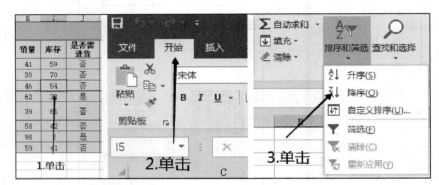

图 4－5－16 选择【降序】选项

进货量	销量	库存	是否需进货	占销售百分比	销量排名
100	30	70	否	6.93%	8
100	39	61	否	9.01%	7
100	41	59	否	9.47%	6
100	46	54	否	10.62%	5
100	58	42	否	13.39%	4
100	59	41	否	13.63%	3
100	62	38	是	14.32%	2
100	98	2	是	22.63%	1

图 4－5－17 降序后的效果图

②打开文件“4－4. xlsx”中的【图书基本情况表】工作表，按“图书类别”和“单价”字段值对数据清单进行多条件排序。要求：“图书类别”字段值为主要排序关键字，排序方式是降序；“单价”字段值为次要排序关键字，排序方式是升序。

选择进行排序的数据区域 A2:L10，单击【开始】选项卡【编辑】组【排序和筛选】下拉列表的【自定义排序】选项。

打开【排序】对话框，在【主要关键字】的下拉列表中选择“图书类别”，【排序依据】选择“数值”，【次序】选择“降序”。单击【添加条件】选项，增加【次要关键字】，并在此下拉列表中选择“单价”，【排序依据】选择“数值”，【次序】选择“降序”，如图 4－5－18 所示。

单击【确定】按钮，完成对数据清单的排序。在排序后的数据清单中，图书记录按图书类别进行降序排序，存在相同的图书类别时，再按“单价”进行升序排序，如图 4－5－19 所示（图中隐藏部分列）。

图 4－5－18 【排序】对话框

图书基本情况表			
图书编号	图书类别	单价	出版社
BKS-002	文学类	¥59.7	人民文学出版社
BKS-001	文学类	¥275.0	人民文学出版社
BKB-002	经济管理类	¥88.0	北京大学出版社
BKB-001	经济管理类	¥128.0	北京大学出版社
BKC-003	计算机类	¥39.0	清华大学出版社
BKC-001	计算机类	¥49.0	清华大学出版社
BKC-004	计算机类	¥88.0	清华大学出版社
BKC-002	计算机类	¥119.0	北京大学出版社

图 4－5－19 完成排序后的效果图

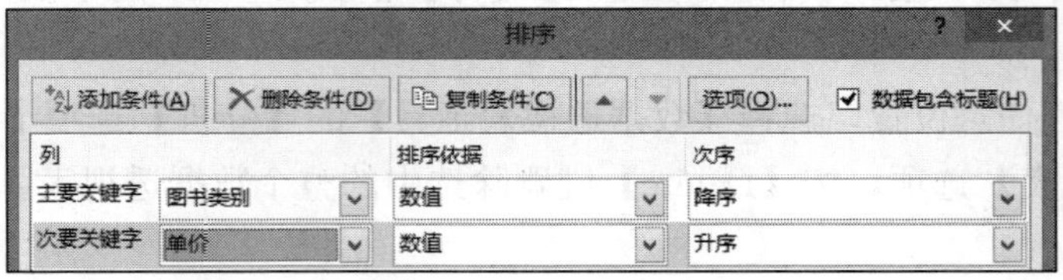

2. 数据筛选

①打开文件"4-5.xlsx"的【图书基本情况表】工作表，进行按值筛选。

使用自动筛选，显示"图书类别"是"计算机类"的记录。

选择工作表中数据清单的任意一个单元格，例如 I5 单元格。选择【开始】选项卡【编辑】组【排序和筛选】下拉列表的【筛选】选项，数据清单的标题行每个字段出现【自动筛选】选项▼，如图 4-5-20 所示。

图 4-5-20　标题行【自动筛选】选项

单击"图书类别"字段的【自动筛选】选项，打开【自动筛选】对话框，在对话框中取消【全选】，选择【计算机类】，如图 4-5-21 所示。

单击【确认】按钮，筛选出"图书类别"为"计算机类"的图书，其他类别的图书的数据已经隐藏，如图 4-5-22所示（隐藏部分列）。

图 4-5-21　【自动筛选】对话框

图书基本情况表			
图书编号	图书类别	图书名称	销量排名
BKC-001	计算机类	《Excel报表—劳永逸（数据+函数+表格）》	7
BKC-002	计算机类	《Office 2019完全自学教程》	4
BKC-003	计算机类	《C程序设计（第五版）》	1
BKC-004	计算机类	《机器学习》	3

图 4-5-22　筛选"图书类别"为"计算机类"的效果图

②打开"4-6.xlsx"文档的【图书基本情况表】工作表，进行按数字筛选。

使用自动筛选，显示"单价"大于或等于 100 元的记录。

选择工作表中数据清单的任意一个单元格。选择【开始】选项卡【编辑】组【排序和筛选】下拉列表的【筛选】选项，单击"单价"字段的【自动筛选】选项，在【自动筛选】对话框中选择【数字筛选】下拉列表【大于或等于】选项，如图 4-5-23 所示。

打开【自定义自动筛选方式】对话框，在【单价】下拉列表中选择【大于或等于】选项，在对应的文本框中输入"100"，单击【确认】按钮，完成筛选，结果如图 4-5-24所示（隐藏部分列）。

③打开"4-7.xlsx"文档的"图书基本情况表"工作表，使用高级筛选完成数据筛选。

图 4-5-23　【数字筛选】下拉列表

图书基本情况表				
图书编号	图书类别	图书名称	ISBN	单价
BKB-001	经济管理类	《经济学原理（第7版）》	23697183	¥128.0
BKS-001	文学类	《老舍作品精选（套装共8册）》	9787020122196	¥275.0
BKC-002	计算机类	《Office 2019完全自学教程》	9787301305690	¥119.0

图 4-5-24　显示"单价"大于或等于 100 元的记录的效果图

使用高级筛选，显示"出版社"为"清华大学出版社"或者"北京大学出版社"，并且"销售排名"为前 5 名的所有记录，并将结果保存在从 A16 单元格开始的区域，条件区域设置在 A12：L14 区域。

设置条件区域：选择列标题区域 A2：L2，右键单击弹出【右键快捷菜单】，选择【复制】选项。选中 A12 单元格，右键单击弹出【右键快捷菜单】，选择【粘贴】选项中的【值】，条件区域的第一行内容填写完成，如图 4-5-25 所示。选中 F3 单元格，输入"清华大学出版社"，选中 F4 单元格，输入"北京大学出版社"，分别选中 L13 和 L14 单元格，输入公式表达式"＜＝5"。

图书编号	图书类别	图书名称	ISBN	单价	出版社	进货量	销量	库存	是否需进货	占销售百分比	销量排名
					清华大学出版社						＜＝5
					北京大学出版社						＜＝5

图 4-5-25　条件区域的设置

选择【数据】选项卡【排序和筛选】组的【高级】选项，打开【高级筛选】对话框，单击【列表区域】文本框，选择参与筛选的数据清单区域 A2：L10。单击【条件区域】，选择已设置好的条件区域 A12：L14。在【方式】中选择【将筛选结果复制到其他位置】选项，【复制到】文本框由灰色不可用状态变成可用状态，单击【复制到】文本框，使用鼠标选择 A16 单元格，如图 4-5-26 所示。

单击【确定】按钮，筛选结果出现在 A16：L19 区域，如图 4-5-27 所示。

图 4-5-26　【高级筛选】对话框

图书编号	图书类别	图书名称	ISBN	单价	出版社	进货量	销量	库存	是否需进货	占销售百分比	销量排名
BKC-002	计算机类	《Office 2019完全自学教程》	9787301305690	¥119.0	北京大学出版社	100	58	42	否	13.39%	4
BKC-003	计算机类	《C程序设计（第五版）》	9787302481447	¥39.0	清华大学出版社	100	98	2	是	22.63%	1
BKC-004	计算机类	《机器学习》	9787302423287	¥88.0	清华大学出版社	100	59	41	否	13.63%	3

图 4-5-27　高级筛选效果图

3. 数据分类汇总

①打开"4-8.xlsx"文档的【图书基本情况表】工作表，使用分类汇总。

以"出版社"为分类字段，对"销量"和"库存"按照"求和"方式进行汇总，替换当前分类汇总，汇总结果显示在数据下方，显示 2 级汇总结果。

选择"出版社"字段 F 列的任一单元格，进行升序或降序排序，选中数据清单中任意一个单元格，单击【数据】选项卡【分级显示】组的【分类汇总】选项，打开【分类汇总】对话框，在【分类字段】下拉列表中选择"出版社"，在【选定汇总项】下拉列表中选择"销量"和"库存"，在【汇总方式】下拉列表中选择"求和"，选中【替换当前分类汇总】和【汇总结果显示在数据下方】选项，取消【每组数据分页】选项，如图 4-5-28 所示。

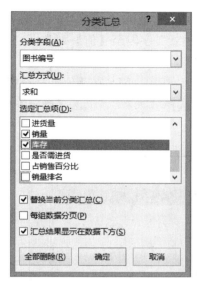

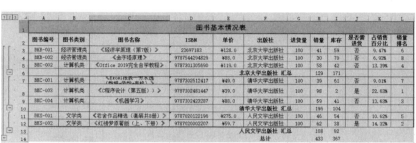

图 4－5－28　【分类汇总】对话框　　　　　　　图 4－5－29　分类汇总效果

单击【确定】按钮，分类汇总结果显示出来，如图 4－5－29 所示。单击数据表左上角的【分级显示】选项 [1][2][3]，可以显示不同的显示等级，单击【分级显示】选项等级"2"，显示 2 级分类汇总级别，保存文件。

4. 数据透视表

打开"4－9.xlsx"文档的"图书基本情况表"工作表，完成数据透视表。使用数据透视表，查看各个出版社各类图书的销售总量。

选中数据列表中任意一个单元格，例如 A3 单元格。选择【插入】选项卡【表格】组的【数据透视表】，选中【选择一个表或区域】选项，并单击【表/区域】文本框，使用鼠标选择数据列表的区域"A2:L10"。选中【现有工作表】选项，并单击【位置】文本框，使用鼠标选择当前工作表 A14 单元格，如图 4－5－30 所示。

单击【确定】按钮，A14 单元格出现空白的数据透视表，如图 4－5－31 所示。在工作表的右侧弹出【数据透视表字段】对话框。

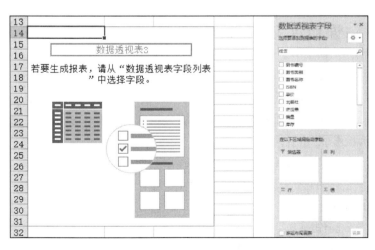

图 4－5－30　【创建数据透视表】对话框　　　图 4－5－31　空白数据透视表和【数据透视表字段】对话框

在【数据透视表字段】对话框中，从【选择要添加到报表的字段】下拉列表中选择生成数据透视表需要的字段。使用鼠标选中"出版社"字段，按住并左击拖动"出版社"字段至【行】列表框中，然后使用同样的方法，拖动"图书类别"字段至【列】列表框以及"销量"字段至【值】列表框，如图4－5－32所示。

单击【值】列表中"销量"字段，在【左键快捷菜单】里选择【值字段设置】，在【值字段设置】对话框中，选择【值汇总方式】选项卡，在【计算类型】下拉列表中选择"求和"，单击【确定】完成修改，在A14单元格中显示生成的数据透视表，如图4－5－33所示。

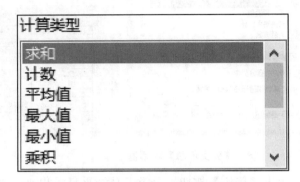

图4－5－32　【行】【列】【值】列表框　　　　　图4－5－33　【左键快捷菜单】选项

从数据透视表【行标签】下拉列表中选择"北京大学出版社"，【列标签】下拉列表中选择"计算机类"，如图4－5－34所示。

从数据透视表【行标签】下拉列表中选择"全部"，【列标签】下拉列表中选择"全部"，如图4－5－35所示，保存文件。

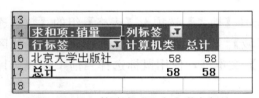

图4－5－34　筛选出"北京大学出版社，
　　　　　计算机类"分类汇总

图4－5－35　分类汇总效果图

课后练习

操作题1

打开"4－5－1.xlsx"文档，完成以下操作：

1. 打开"2012级法律成绩分析表1"工作表，以"班级"为主要关键字、升序，以"总成绩"为次要关键字、降序排序。

2. 以"班级"为分类字段，将"法律英语""立法法""总成绩"进行分类汇总。

3. 打开"2012级法律成绩分析表2"工作表，筛选出班级是"1班"，平均分大于或等于80分的各行记录。

操作题2

打开"4－5－2.xlsx"文档，完成以下操作：

1. 打开"大地公司某品牌计算机设备全年销量统计表1"工作表，以"店铺"为主要关键字、升序，以"季度"为次要关键字、升序排序。

2. 以"店铺"为分类字段，汇总出各个店铺的销售总额。

3. 打开"大地公司某品牌计算机设备全年销量统计表 2"工作表，对工作表的数据进行高级筛选，条件区域设置在 A85:F87，筛选店铺为"西直门店""上地店"，销售量大于或等于 200 的记录。

4. 在 H3 区域插入数据透视表，"店铺"为列标签，"季度"为行标签，计算销售额总计。

操作题 3

打开"4-5-3.xlsx"文档，完成以下操作：

1. 打开"费用报销管理 1"工作表，筛选出"地区"是"广东省"，"费用类别"是"飞机票"的记录。

2. 打开"费用报销管理 2"工作表，进行高级筛选，在标题前插入 4 行，A1:G3 区域为筛选的条件区域，筛选条件是"地区"为"广东省"，"费用类别"为"飞机票"。

第 5 章　PowerPoint 2016 演示文稿

项目一　初识 PowerPoint 2016

项目展示

本项目将认识 PowerPoint 2016 软件的常用功能及新增功能，熟悉界面布局等方面的内容。

支撑知识

1. 概述

演示文稿可以集文字、图片、音频、视频于一体，做成一个图文并茂的文件，伴随演讲者的演讲自主放映或手动放映，将使用者要表达给观众的内容清楚生动地展示出来。演示文稿可以用于多媒体课堂教学，以及方案介绍、项目演示等多种需要进行答辩或者公开展示的场合。

PowerPoint 2016 中部分值得注意的新改动如下：

（1）新增 6 个图表类型

可视化对于有效的数据分析及具有吸引力的内容分享至关重要，如图 5-1-1 所示。

（2）操作说明搜索框

在 PowerPoint 2016 功能区上有一个搜索框内容

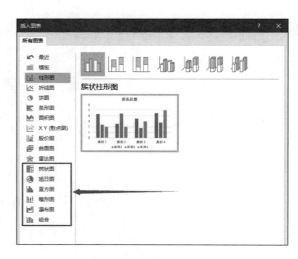

图 5-1-1　新增 6 个图表类型

为"告诉我您想要做什么",这是一个文本字段,可以在其中输入想要执行的功能或操作,对于使用者特别是入门使用者来说是一个非常实用的功能,如图 5-1-2、图 5-1-3 所示。

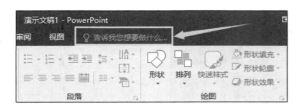
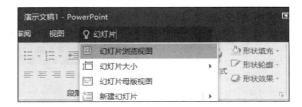

图 5-1-2　操作说明搜索框　　　　　　　　图 5-1-3　操作说明搜索框搜索幻灯片关键词

（3）墨迹公式

打开【插入】选项卡,在【符号】组下拉列表中选择最后一个【墨迹公式】选项,在这里可以将鼠标当作笔输入复杂的数学公式。如果接入触摸设备,则可以使用手指或触摸笔手动写入数学公式,PowerPoint 会将公式转换为文本。用户还可以在写入过程中擦除、选择以及更正所写入的内容,如图 5-1-4 所示。

图 5-1-4　墨迹公式窗口

（4）屏幕录制

屏幕录制特别适用于演示,只需设置想要在屏幕上录制的任何内容,然后转到【插入】选项卡,在【媒体】组中单击【屏幕录制】选项,就能够通过一个无缝过程选择要录制的屏幕部分、捕获所需内容,并将其直接插入演示文稿中,如图 5-1-5 所示。

图 5-1-5　屏幕录制选项

（5）Office 主题

PowerPoint 2016 提供彩色、深灰色和白色共三个可应用于 Office 的主题。这些主题的修改方式为打开【文件】选项卡,单击【账户】选项,然后单击 Office 主题旁边的下拉菜单,如图 5-1-6 所示。

（6）智能查找

当你选择某个字词或短语时,右键选中并单击它,然后选择智能查找,PowerPoint 2016 就会帮你打开定义,定义来源于网络上搜索的结果,如图 5-1-7 所示。

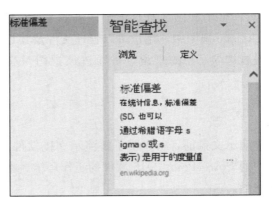

图 5-1-6　Office 主题下拉菜单　　　　　　　图 5-1-7　智能查找窗口

（7）变形切换效果

PowerPoint 2016 附带全新的切换效果类型"变形"，可帮助用户在幻灯片上执行平滑的动画、切换和对象移动，如图 5-1-8 所示。

图 5-1-8　【切换】选项卡【切换到此幻灯片】组中的【变形】选项

2. 名词解释

本节介绍 PowerPoint 2016 中的相关名词，具体如下。

（1）演示文稿

由 PowerPoint 创建的一个文件就称为一个演示文稿，由 PowerPoint 2016 创建的演示文稿扩展名为 .pptx。

（2）幻灯片

演示文稿中的每一页称为一张幻灯片，一个演示文稿可包含若干张幻灯片。

（3）主题

PowerPoint 中幻灯片的版式、格式、背景、颜色等外观设计效果的集合称为"主题"，使用主题可以快速地为演示文稿定义外观效果。

（4）模板

PowerPoint 中"主题"和内容的集合可以定义为"模板"，在 PowerPoint 2016 中，模板的扩展名为 .potx。使用模板可以快速地创建一个具有内容和外观效果的演示文稿。

（5）幻灯片版式

幻灯片中内容的位置布局称为幻灯片的版式，一般默认的有"标题幻灯片""标题和内容""节标题"等 12 个默认可选版式。

（6）占位符

在幻灯片版式中用来表示内容位置的文本框称为"占位符"。

（7）幻灯片的切换方式

幻灯片在放映时，当前幻灯片和下一张幻灯片之间的过渡效果称为幻灯片的切换方式。

（8）Backstage 视图

在 PowerPoint 2016 工作环境中，单击【文件】选项卡后，会看到 Microsoft Office Backstage 视图。在 Backstage 视图中，用户可以管理文件及其相关数据：创建、保存、检查隐藏的元数据或个人信息以及设置选项。总的来说，可通过该视图对文件执行所有无法在文件内部完成的操作，如图 5-1-9所示。

3. 窗口界面

在创建演示文稿前，首先要了解演示文稿软件的基本功能界面，也就是 Microsoft 公司的 Office 办公软件中的 PowerPoint 2016 软件的工作环境。本书讲解的 PowerPoint 2016 是安装在 Windows 10 操作系统下的。

图 5-1-9　Backstage 视图

图 5-1-10　PowerPoint 2016 **工作环境**

首先，在操作系统"桌面"上找到 PowerPoint 2016 软件的快捷方式，用鼠标双击打开；或者在【开始】菜单的【所有程序】级联菜单中找到【Microsoft Office】文件夹，展开后，单击打开【Microsoft PowerPoint 2016】选项。如图 5-1-10 所示，就是 PowerPoint 2016 的工作环境。

PowerPoint 2016 的工作环境大体分为以下几个部分：

（1）标题栏

显示演示文稿的文件名。

（2）快速访问工具栏

集合了一些常用的工具按钮，用户可以自定义。

（3）窗口管理工具栏

集合了窗口【最小化】【最大化】和【关闭】按钮。

（4）功能区选项卡与功能区

功能区旨在帮助用户快速找到完成某任务所需的命令。功能区的切换是通过功能区选项卡来完成的，每个选项卡代表了一类活动。每个选项卡所代表的功能区又分为若干组，例如【开始】选项卡的功能区中，有【幻灯片】组，集合了对幻灯片设置的相关选项。功能区可以自定义，如图 5-1-11 所示。自定义功能区的方法：在功能区空白区域右击，在弹出的快捷菜单中选择【自定义功能区】选项，打开如图 5-1-12 所示的【PowerPoint 选项】对话框，在该对话框中可以完成调整选项卡中的组及组中的命令、新建自己的选项卡等操作。

（5）工作区

工作区即 PowerPoint 2016 的视图窗口，PowerPoint 2016 提供了"普通视图""幻灯片浏览""阅读视图""备注页""幻灯片放映"共 5 种演示文稿视图供用户选择。每种视图以不同的方式展示幻灯片。其中"普通视图"多用来进行幻灯片内容的编辑，其左侧窗格可以进行幻灯片的选择。"幻灯片浏

图 5-1-11　**自定义功能区菜单**

图 5-1-12　**自定义功能区对话框**

237

览"视图多用于进行幻灯片放映方式的设置，"幻灯片放映"视图用来放映幻灯片，"备注页"视图用来编辑和浏览幻灯片与备注，"阅读视图"用来简单显示幻灯片，并提供【上一页】和【下一页】按钮，效果与"幻灯片放映"视图类似。各个视图的切换可以通过【视图】选项卡的【演示文稿视图】组的各个选项进行，如图 5-1-13 所示。

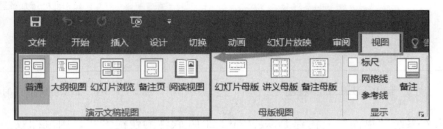

图 5-1-13　【演示文稿视图】组

图 5-1-14　状态栏上的视图快捷方式

（6）状态栏

状态栏位于应用程序窗口的最下方，为用户提供当前文档的状态及一些快捷工具按钮，如图 5-1-14 所示。另外，可以将鼠标定位于状态栏，点击鼠标右键，通过快捷菜单可自定义状态栏的内容，如图 5-1-15所示。

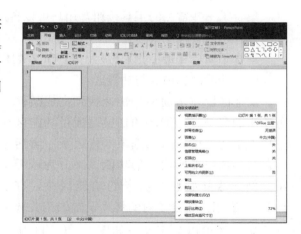

图 5-1-15　【自定义状态栏】快捷菜单

项目实施

实践 PowerPoint 2016 的三种打开方式：

①从桌面程序快捷方式打开。
②从 Windows 10【开始】菜单的【所有程序】级联菜单中打开。
③从演示文稿文件中打开。

项目二　演示文稿的创建与编辑

项目展示

通过本项目将认识 PowerPoint 2016 演示文稿与幻灯片的基础操作等方面的内容。

支撑知识

1. 演示文稿的创建

（1）创建演示文稿

演示文稿的新建有多种途径可以实现，根据具体要求的不同，可以选择不同的创建方式。单击【文件】选项卡，打开 Backstage 视图，单击【新建】选项，如图 5-2-1 所示，在右侧的窗口中可以选择适合的主题来新建演示文稿。

启动 PowerPoint 2016 后，在 Backstage 视图中（图 5-2-2）会显示最近使用的文档和程序自带的模板缩略图预览。按下【Enter】键或单击"空白演示文稿"选项都可以进入空白演示文稿页面。

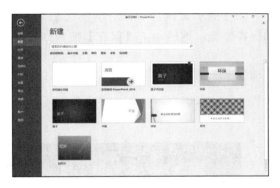

图 5-2-1　Backstage 视图中的【新建】功能

图 5-2-2　PowerPoint 2016 启动后的界面

在 PowerPoint 操作环境下切换到【文件】选项卡，在左侧列表窗格中单击【新建】选项，在右侧窗格中单击"空白演示文稿主题"即可。

在 PowerPoint 操作环境下，按下快捷组合键【Ctrl+N】默认直接创建一个空白演示文稿。

PowerPoint 2016 中提供了多种模板，允许用户根据已经设计好的模板来新建演示文稿。具体步骤为：在打开的演示文稿中，单击【文件】选项卡，在左侧列表窗格中单击【新建】选项，在该子选项卡中（图 5-2-3）选择需要的色调，最后单击色调对话框中的【创建】，见图 5-2-4。

图 5-2-3　【新建】选项子选项卡界面

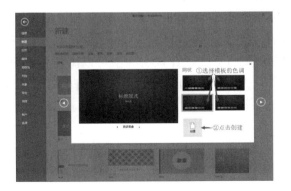

图 5-2-4　模板色调选择对话框

（2）保存演示文稿

在操作演示文稿的过程中，正确进行演示文稿的保存也是重要的一步。与 Office 其他两个主要组件 Word 和 Excel 一样，保存演示文稿的时候也分为新建演示文稿保存和已有演示文稿保存或已有演

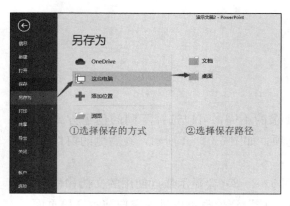

图 5-2-5　【另存为】选项子选项卡界面

示文稿操作后另存为三种操作，下面逐一介绍。

保存新建演示文稿：新建的演示文稿可以通过【快速访问工具栏】中的【保存】按钮 进行保存，或者通过【文件】选项卡中的【保存】选项将自动切换到【另存为】选项。在这个子选项卡中根据需要选择演示文稿要保存的位置进行保存，如图 5-2-5 所示。

保存已有演示文稿：对已有的演示文稿编辑后，单击【快速访问工具栏】中的【保存】按钮 进行保存，或者按下组合键【Ctrl＋S】快速实现保存操作。

另存为已有演示文稿：对已有演示文稿编辑后，单击【文件】选项卡中的【另存为】选项选择保存位置和保存类型，然后单击【保存】按钮即可。

2. 演示文稿的编辑：幻灯片的基本操作、演示文稿的编辑

（1）幻灯片的基本操作

①幻灯片的插入。

幻灯片的插入即在演示文稿中新建幻灯片。新建幻灯片有以下几种方式：

a. 根据现有主题的幻灯片版式创建一个具有某种版式的空白幻灯片。

b. 复制所选幻灯片。

c. 从大纲创建幻灯片。

d. 重用幻灯片。

插入幻灯片是通过【开始】选项卡的【幻灯片】组中的【新建幻灯片】选项完成的。单击【新建幻灯片】的下拉提示键，则弹出如图 5-2-6 所示的菜单项，在其中可以选择所要创建的幻灯片方式。

如果创建空白演示文稿，则演示文稿使用默认的【Office 主题】，用户可以将 Word 文件中的大纲内容直接复制到幻灯片中，在该窗格中可以浏览要重用的幻灯片文件，并将选中的幻灯片插入当前文件中，如图 5-2-7 至图 5-2-10 所示。

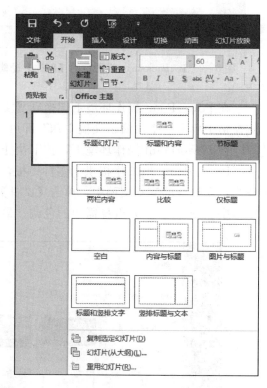

图 5-2-6　新建幻灯片

图 5-2-7　插入大纲对话框

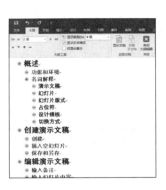

图 5-2-8　Word 大纲视图

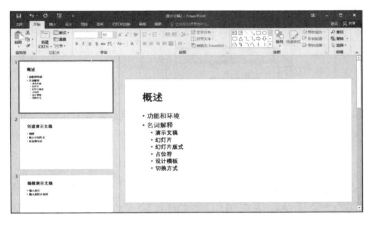

图 5-2-9　由 Word 大纲创建的幻灯片

图 5-2-10　【重用幻灯片】
任务窗格

②幻灯片的复制、移动、隐藏和移除。

在普通视图下，在左侧的大纲/幻灯片窗格中，按住鼠标左键选中要移动的幻灯片，拖动到相应位置即可完成移动操作。幻灯片的复制、隐藏、删除都可以借助快捷菜单实现。在普通视图下，右击选中要操作的幻灯片，在弹出的快捷菜单中选择相应的命令选项即可，如图 5-2-11 所示。

③幻灯片版式的设置。

为了方便使用者，PowerPoint 2016 的主题自带了包含不同内容占位符的版式设计，默认情况下使用【Office 主题】。如果要更改幻灯片的版式，可先选中要更改的幻灯片，然后选择【开始】选项卡的【幻灯片组】中的版式选项，如图 5-2-12 所示，就会弹出可选的主题版式。

图 5-2-11　幻灯片的复制、删除、隐藏

图 5-2-12　设置幻灯片版式

④使用【节】管理幻灯片

通过 PowerPoint 2016 中【节】管理幻灯片的功能可以为幻灯片分节，若干张幻灯片组成一节，通过节对包含多张幻灯片的演示文稿进行更加灵活的管理，可以给节设置标题，通过折叠或展开来查看节所包含的幻灯片，可以删除节和节中的幻灯片，还可以通过移动节的位置来快速移动若干张幻灯片，如图 5-2-13、图 5-2-14 所示。

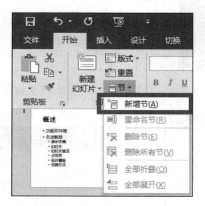

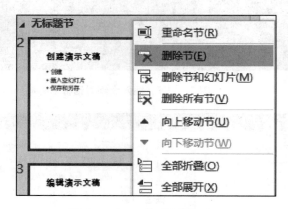

图 5-2-13　【新增节】选项　　　　　　　图 5-2-14　【删除节】选项

（2）演示文稿的编辑

①输入文字。

幻灯片中常常可以看到包含"单击此处添加标题""单击此处添加文本"等文本框，这些文本框也被称为"占位符"，文字的属性和样式已经预设，用户可以通过键盘输入内容或者通过快捷菜单粘贴从别的地方复制过来的内容

②选择和移动文本。

选择需要移动文本的幻灯片，单击幻灯片中的待移动文本，触发文本框内容的编辑功能，在目标文本文字开始的位置单击鼠标左键按住不放，并拖动到目标文本文字的结束位置释放鼠标，此时被选中的文本被一层浅灰色覆盖，提示用户所选区域。右键单击下拉快捷菜单，选择【剪切】或者按下组合键【Ctrl+X】进行剪切。被选中的文本剪切后将会保存在 Office 剪贴板中。选择文本移动的目标幻灯片，单击幻灯片中的目标文本框，触发文本框内容的编辑功能。在文本框中右键单击下拉快捷菜单，选择【粘贴】或者按下组合键【Ctrl+V】粘贴文本，完成文本的移动操作。

③复制和删除文本。

选中要复制的文本，在【开始】选项卡的【剪贴板】组中选择【复制】按钮复制文本，然后将光标定位到目标位置，单击【粘贴】按钮粘贴文本即可。选中要删除的文本，按下键盘中的【Backspace】键或【Delete】键即可完成删除。

④替换文本。

在【开始】选项卡内单击【编辑】组中的【替换】下拉按钮，在弹出的列表中选择【替换字体】选项，打开【替换】对话框，如图 5-2-15 所示。在【查找内容】下拉列表中选择要替换的文字，在【替换为】下拉列表中选择要替换为的字体，单击【替换】按钮开始替换。

⑤设置格式。

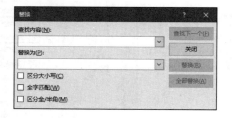

图 5-2-15　【替换】对话框

幻灯片中文本格式的修改，经常要用到的是字体和段落格式的修改。这两种格式的修改或设置可以通过【开始】选项卡的【字体】组和【段落】组来进行设置。

在如图 5-2-16 所示的【字体】组中，可以通过打开如图 5-2-17 所示的【字体】对话框设置"上标""下标""字体颜色""下划线线型""下划线颜色"等字体格式；在【字符间距】选项卡中可以设置字符间距。

图 5-2-16　【字体】组

图 5-2-17　【字体】对话框

在【段落】组中，可以通过如图 5-2-18 所示功能区的按钮对文本设置"对齐方式""项目符号""编号""行距""文字方向""分栏"等格式。也可以通过【段落】组右下角的对话框启动器打开【段落】对话框来进行段落格式设置，如图 5-2-19 所示。在该对话框的【缩进和间距】选项卡中可以设置文本段落的"对齐方式""首行缩进""悬挂缩进""段前段后间距""行距"等段落格式；还可以通过【制表位】按钮对制表位的缩进值进行设置。

图 5-2-18　【段落】组

PowerPoint 中对文本和段落的格式设置与 Word 类似，这里不再赘述。PowerPoint 中，对文本段落的设置，使用项目符号和编号较多，关于项目符号和编号的使用，也可以参考 Word 中的用法。

（3）输入备注内容

为了方便演讲者，可以在制作幻灯片时，在对应的幻灯片中添加备注页，用来在演讲时打印或者播放出来供演讲者参考。

图 5-2-19　【段落】对话框

在【普通视图】下，在幻灯片区下方的状态栏中有一个【备注】按钮 ≜ 备注，单击后幻灯片区域下方出现一个新的文本框，可以直接输入备注内容。

单击【视图】选项卡【演示文稿视图】组中的【备注页】选项，也可以切换到【备注页】视图模式，在该视图下可以对备注页进行浏览和编辑，如图 5-2-20 所示。

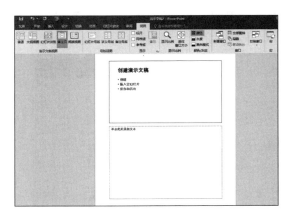

图 5-2-20　【备注页】视图

项目实施

通过本项目的学习，制作演示文稿和幻灯片。

1. 演示文稿的创建、保存

步骤 1：打开 PowerPoint 2016 后，使用下列几种方式中的一种进入空白演示文稿页面。

①按下【Esc】键。

②按下【Enter】回车键。

③按下【Ctrl+N】组合键。

④单击"空白演示文稿"。

步骤2：进入空白演示文稿后，使用下列方式中的任何一种进行保存。

①按下【Ctrl+S】组合键。

②单击【快速访问工具栏】的【保存】按钮。

③单击【文件】选项卡选择【保存】选项。

2. 幻灯片的创建、移动、删除、隐藏

打开创建好的"测试.pptx"文档，使用下列方式创建幻灯片：

①单击【开始】选项卡，在【幻灯片】组中单击【新建幻灯片】选项的下拉菜单，在菜单中单击【Office 主题】第三行第一个"空白"主题（图5-2-21），创建完成一个空白的幻灯片。

②选中刚刚创建的空白幻灯片，单击【开始】选项卡，在【幻灯片】组中单击【新建幻灯片】选项的下拉菜单，在菜单中单击下方【复制选定幻灯片】选项（图5-2-22），创建完成一张新的幻灯片。

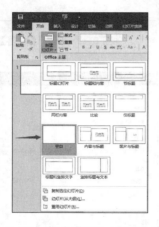
图5-2-21　新建【Office 主题】幻灯片

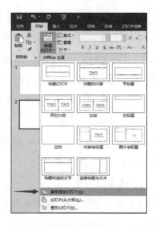
图5-2-22　【复制选定幻灯片】选项

③选中刚刚创建的空白幻灯片，单击【开始】选项卡，在【幻灯片】组中单击【新建幻灯片】选项的下拉菜单，在菜单中单击下方【幻灯片（从大纲）】选项（图5-2-23）。在弹出的对话框中选择大纲.docx。完成大纲幻灯片的新建，创建效果如图5-2-24所示，并另存为"测试2.pptx"。

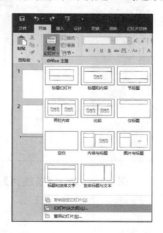
图5-2-23　【幻灯片（从大纲）】选项

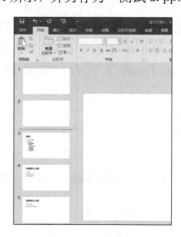
图5-2-24　从【大纲】创建幻灯片

3. 幻灯片使用节进行管理

步骤 1：打开"测试 2.pptx"文档。

步骤 2：在工作区左边幻灯片窗格中选中第 3 个幻灯片。

步骤 3：单击【开始】选项卡，在【幻灯片】组中单击【节】选项的下拉菜单，单击【新增节】选项（图 5−2−25），完成对幻灯片节的创建。

步骤 4：选中刚刚创建的节，在【右键快捷菜单】中单击【重命名节】选项（图 5−2−26），在弹出的【重命名节】对话框中输入"大纲"文本，完成对节的重命名，然后另存为"测试 3.pptx"。

图 5−2−25　【新增节】选项　　　　　图 5−2−26　【重命名节】选项

4. 文稿的编辑

步骤 1：打开"测试 3.pptx"文档。

步骤 2：在工作区左侧幻灯片窗格中单击选中幻灯片 3，工作区切换至幻灯片 3。单击幻灯片 3 中的"概述"文本即可触发编辑，在"概述"文本前输入"PowerPoint 2016"使文本变为"Power-Point 2016 概述"。

步骤 3：单击"PowerPoint 2016 概述"文本触发编辑，使用【Ctrl＋A】全选"PowerPoint 2016 概述"，单击【开始】选项卡【字体】组，单击高亮的【加粗】 B 选项取消该文本的加粗。

步骤 4：单击"PowerPoint 2016 概述"文本触发编辑，使用【Ctrl＋A】全选"PowerPoint 2016 概述"，单击【开始】选项卡【段落】组的【居中】 ≡ 选项，使得该文本居中。

步骤 5：单击【开始】选项卡，在【编辑】组中单击【替换】选项的下拉菜单，单击菜单中的【替换】远项（图 5−2−27），在弹出的【替换】对话框中【查找内容:】项输入"概述"文本，在【替换为:】项输入"编辑"文本，如图 5−2−28 所示。最终结果如图 5−2−29 所示，另存为"测试 4.pptx"。

图 5-2-27　【替换】
选项

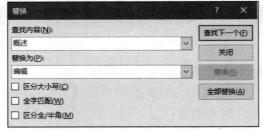

图 5-2-28　【替换】对话框

图 5-2-29　所有步骤
完成效果

课后练习

按以下要求完成题目：

1. 新建一个演示文稿，命名为"课后练习 5-2-1"。

2. 新建一张幻灯片，把版式改为"标题幻灯片"。

3. 在标题幻灯片中输入标题内容"计算机应用基础"，副标题内容为"Office 软件学习"。

4. 新建三张幻灯片，版式改为"标题和内容"，在三张新建的幻灯片标题中分别输入"Word""Excel"和"PowerPoint"。

5. 复制第四张幻灯片，把第五张幻灯片的标题改成"Office 学习"，把第二、第三和第四张幻灯片的标题内容分别复制到第五张幻灯片文本框中分成三段，并把字体改为 28 号、"宋体"。

6. 把第五张幻灯片移动到标题幻灯片后面。

7. 在第二张幻灯片输入备注"学习内容"。

8. 为第二张幻灯片内容设置"带圆圈编号"的编号。

9. 删除第三、第四张幻灯片。

10. 把第三张幻灯片的版式改为"竖排标题与文本"。

11. 隐藏第三张幻灯片。

12. 把演示文稿分成两节，分别命名为"标题"和"内容"，标题幻灯片放在"标题"节，余下的幻灯片放在"内容"节。

13. 保存演示文稿。

项目三　演示文稿的修饰

项目展示

通过本项目将认识 PowerPoint 2016 演示文稿的修饰，包括主题、背景、母版等方面的内容。

支撑知识

1. 主题设置

使用主题可以简化具有专业设计师水准的演示文稿的创建过程。不仅可以在 PowerPoint 中使用主题颜色、字体和效果，而且可以在 Word、Excel 中使用它们，这样用户的演示文稿、文档、工作表和电子邮件就可以具有统一的风格。

使用主题需首先打开【设计】选项卡，在【主题】组中浏览主题库的主题，把鼠标悬停到主题缩略图上，即可看到主题的名称，同时可以预览幻灯片应用该主题的效果，如图 5-3-1 所示，是使用名为"电路"的主题的预览效果。若想查看更多的主题或使用文件系统中存储的主题，可单击【主题】组中主题库右下角的【更多】按钮，则打开如图 5-3-2 所示菜单。

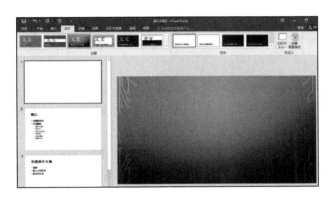

图 5-3-1　预览"电路"主题　　　　　　　　图 5-3-2　更多主题

（1）主题颜色

PowerPoint 中定义了若干套主题颜色。通过设置幻灯片的主题颜色可以统一调整所有幻灯片中同一类对象的颜色，如标题、文本、超链接、已访问的超链接等对象的颜色。其中幻灯片中某些对象的颜色，例如超链接和已访问的超链接的颜色，必须通过主题颜色来修改和设定。

在【设计】选项卡的【变体】组中，单击【其他】按钮并在下拉列表中单击【颜色】选项可以打开如图 5-3-3 所示菜单，在该菜单中可以查看系统内置的或自定义的一些主题颜色，把鼠标悬停在主题颜色上可以在幻灯片中看到应用主题颜色的预览效果，单击某个主题颜色，例如"蓝色暖调"，则把该主题颜色应用到所有幻灯片中。

除了系统提供的一些已经定义好的主题颜色，用户还可以自行编辑主题颜色。

在如图 5-3-4 所示的【新建主题颜色】对话框中，可以对幻灯片中的各种对象设置统一颜色，其中"超链接"和"已访问的超链接"可以对超链接的文本和访问过的超链接文本设置颜色。修改颜色后，单击【保存】按钮，则修改后的颜色将应用到所有幻灯片中，并且该主题颜色出现在主题颜色列表中。

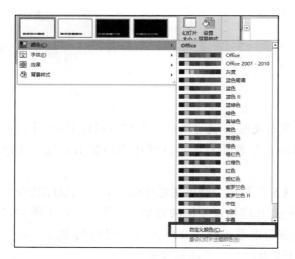

图 5-3-3　主题颜色下拉列表　　　　　图 5-3-4　【新建主题颜色】对话框

（2）主题字体

主题字体是应用于文件中的主要字体和次要字体的集合。对整个文档使用一种字体始终是一种美观且安全的设计选择，但当需要营造对比效果时，使用两种字体将是更好的选择。在 PowerPoint 2016 中，每个 Office 主题均定义了两种字体：一种用于标题，另一种用于正文文本。二者可以是相同字体，也可以是不同字体。PowerPoint 使用这些字体构造自动文本样式。更改主题字体将对演示文稿中的所有标题和项目符号文本进行更新。

在【设计】选项卡的【变体】组中，单击【其他】按钮并在下拉列表中单击【字体】选项，弹出如图 5-3-5 所示的菜单，菜单的滚动列表中显示了系统内置的主题字体图标，每个图标旁边列出了该主题字体的名称、标题的字体和正文文本的字体。单击某个字体图标将修改所有幻灯片中的标题的字体和正文文本的字体。

此外，还可以新建自定义主题字体，单击【字体】菜单中的【自定义字体】选项，弹出如图 5-3-6所示的对话框，在该对话框中可以定义主题字体的名称，标题的中、西文字体，正文的中、西文字体等。

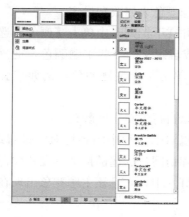
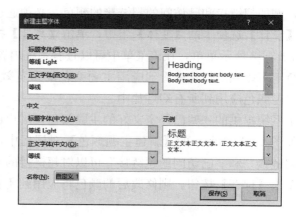

图 5-3-5　【主题字体】菜单　　　　　图 5-3-6　【新建主题字体】对话框

（3）主题效果

主题效果是应用于文件中元素的视觉属性的集合。通过使用主题效果库，可以替换不同的效果集以快速更改图标、SmartArt 图形、形状、图片、表格、艺术字和文本等对象的外观。

在【设计】选项卡的【变体】组中，单击【其他】按钮并在下拉列表中单击【效果】选项，弹出如图 5-3-7 所示的菜单列表。列表中显示了系统内置的主题效果图标。单击某个主题效果将把该效果应用到所有幻灯片对象上。

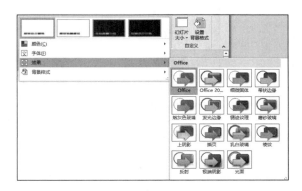

2. 背景设置

PowerPoint 2016 中每套主题都提供了浅色和深色共 12 种背景样式，通过【设计】选项卡的【自定义组】的【设置背景格式】选项可以打开一个如图 5-3-8所示的菜单，该菜单中又有 12 种背景样式可以选择，单击某个样式将应用于所有幻灯片。

图 5-3-7　主题效果库

除了使用主题的背景，用户还可以自行设置背景填充图案，背景可以是填充颜色，也可以是填充效果；可以给单张幻灯片设置背景，也可以给所有幻灯片设置相同的背景。

在【设计】选项卡的【变体】组中，单击【其他】按钮并在下拉列表中单击【背景样式】选项，弹出如图 5-3-8 所示的窗格。单击【设置背景格式】选项，右侧弹出设置背景格式窗格，如图 5-3-9所示。根据需求设置完成后即完成对当前页幻灯片的背景设置，单击【全部应用】则把背景应用于所有幻灯片，单击【重置背景】则删除当前正在设置的背景。

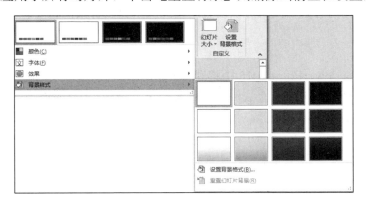

图 5-3-8　【背景样式】窗格

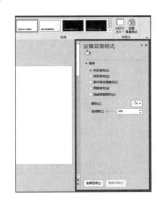

图 5-3-9　【设置背景格式】窗格

在如图 5-3-9 所示的【设置背景格式】窗格中，在【填充】下拉菜单中选中【纯色填充】单选按钮，可以设置背景颜色，并可以设置"透明度"。

在【填充】下拉菜单中选中【渐变填充】单选按钮，可以设置渐变的背景颜色及效果，如图 5-3-10所示。其中"预设渐变"是系统已经定义好的一些渐变颜色方案，单击后面的按钮可以弹出预设渐变颜色的方案库。把鼠标悬停在颜色方案上可以看到方案的名称，例如"浅色渐变—个性色 1""顶部聚光灯—个性色 1""中等渐变—个性色 1"等。选中预设方案后，还可以设置预设渐变色的"类型""方向""角度"等属性。此外，通过在"渐变光圈"的颜色条上添加或删除可以自定义渐变效果，每个"停止点"可以通过鼠标拖动调整位置，也可以设置"颜色""亮度""透明度"。通过这些属性设置，能设计出复杂的颜色渐变效果。

在【填充】下拉菜单中选中【图片或纹理填充】单选按钮，可以设置背景为纹理或图片。如图 5-3-11所示，可以通过"纹理"后的按钮选择系统已经定义好的纹理效果设置为背景，如"画布""水滴"等，同时可以设置"平铺选项"和"透明度"属性；也可以单击【文件】按钮，从文件中选择图片作为背景。

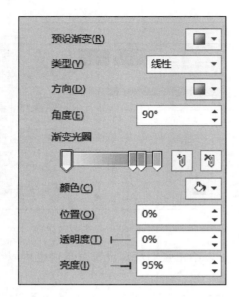

图 5-3-10　渐变填充

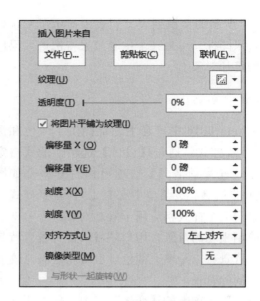

图 5-3-11　图片或纹理填充

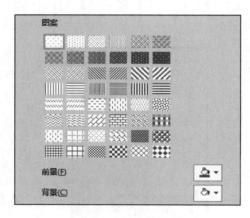

图 5-3-12　图案填充

在【填充】下拉菜单中选中【图案填充】单选按钮，可以设置背景为图案，如图 5-3-12 所示，在图案库中选择图案作为背景，同时可以设置图案的前景色和背景色属性。

3. 母版设置

PowerPoint 2016 中提供了幻灯片母版、备注母版、讲义母版来实现对这三种视图格式的统一设置。其中使用最多的是幻灯片母版。

PowerPoint 2016 中的主题已经给出了幻灯片统一格式的定义，但是如果要在主题的基础上进行某个版式中对象细节格式的修改，例如，如果要修改所有幻灯片中的项目符号，则需要编辑幻灯片母版。演示文稿中幻灯片使用的每一个主题对应一套幻灯片母版，例如，一个演示文稿由 n 张幻灯片组成，前 3 张使用了一种主题，后 5 张使用了另一种主题，则该演示文稿有两套幻灯片母版。一套完整的幻灯片母版包括系统定义好的所有幻灯片版式。

打开【视图】选项卡，在【母版版式】组中单击【幻灯片母版】选项即可打开演示文稿的幻灯片母版，同时功能区切换到【幻灯片母版】选项卡，如图 5-3-13 所示。把鼠标悬停在工作区左侧的母版缩略图上，可以看到模板的名称和使用该母版的幻灯片的编号范围。在【幻灯片母版】选项卡，可以对母版进行各种编辑，例如"插入幻灯片母版""插入版式"，以及设置"主题""背景"等。

选中工作区左侧的母版缩略图，在右侧的工作区，可以对母版各个占位符及其中的内容进行格式设置。如图 5-3-14 所示，选中"标题和内容"母版中的一级项目符号所在的位置，通过快捷菜单设置项目符号，则所有使用该主题的"标题和内容"版式的幻灯片中文本的一级项目符号都会发生改变。在母版中可以修改占位符中文字的字体、大小、颜色、填充、项目符号等。格式的修改一般通过【开始】选项卡的【字体】和【段落】组来实现，基本操作步骤是先选中要修改的内容，再选择要执行的命令。对母版占位符中内容的格式修改会影响所有使用该母版的幻灯片。

图 5-3-13　【幻灯片母版】选项卡

图 5-3-14　设置"标题和内容"母版中文本的项目符号

此外，用户还可以在母版中添加个性化的内容。例如，在幻灯片母版的右上角插入一个形状，并输入内容"计算机应用基础"，如图 5-3-15 所示，则关闭母版后，使用该母版的所有幻灯片都会出现该形状。

项目实施

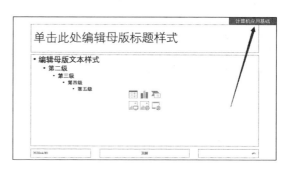

图 5-3-15　在母版中插入形状

1. 创建一个"回顾"主题的 PowerPoint 演示文稿，并设置"蓝色"颜色方案

步骤 1：新建一个空白演示文稿，保存并命名为"主题.pptx"。

步骤 2：单击【设计】选项卡，在【主题】组中单击"回顾"主题，如图 5-3-16 所示。

步骤 3：单击【设计】选项卡，在【变体】组中单击【其他】按钮触发下拉菜单，在下拉菜单中选择【颜色】选项，单击选择弹出菜单中的"蓝色"方案，如图 5-3-17 所示。

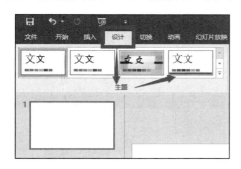

图 5-3-16　插入"回顾"主题

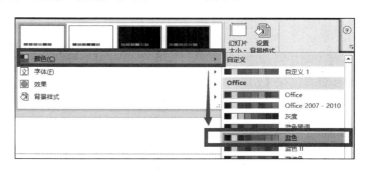

图 5-3-17　选择"蓝色"方案

2. 设置背景格式为"渐变填充"，预设方案为"线色方案—个性色 1"

步骤 1：复制一个"主题.pptx"文档，副本重命名为"背景"。

步骤 2：单击【设计】选项卡，在【自定义】组中单击【设置背景格式】选项，如图 5-3-18 所示。

图 5-3-18　【设置背景格式】选项

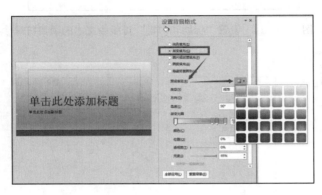

图 5-3-19　选择"线色渐变—个性色 1"

步骤 3：在工作区右侧弹出的【设置背景格式】窗格中单击【渐变填充】复选按钮，触发【渐变填充】的操作界面。单击【预设渐变】按钮，在库中选择"线色渐变—个性色 1"，如图 5-3-19 所示。

3. 在幻灯片母版中修改"标题和内容"，版式主标题为"PowerPoint 2016 母版"，居中，字体为"华文新魏"。修改完后，新建"标题和内容幻灯片"版式的幻灯片

步骤 1：复制一个"背景.pptx"文档，副本重命名为"母版"。

步骤 2：单击【视图】选项卡，在【母版视图】组中单击【幻灯片母版】选项，如图 5-3-20 所示，切换到【幻灯片母版】选项卡。

图 5-3-20　【幻灯片母版】选项卡

步骤 3：在【幻灯片母版】选项卡下，选择幻灯片窗格下第二个"标题和内容"版式，幻灯片母版如图 5-3-21 所示。

步骤 4：在工作区中，单击主标题文本编辑框触发编辑状态，键入"PowerPoint 2016 母版"，在【开始】选项卡【字体】组中将"字体"修改为"华文新魏"，【段落】组中单击【居中】按钮，如图 5-3-22 所示。

步骤 5：在【幻灯片母版】选项卡中单击【关闭】组的【关闭母版视图】选项，切换回普通视图，如图 5-3-23 所示。

图 5-3-21　"标题和内容"版式幻灯片母版

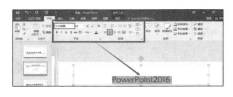

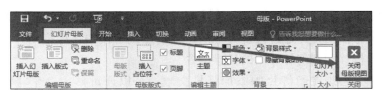

图 5-3-22　"标题和内容"版式　　　　　　图 5-3-23　【关闭母版视图】选项
幻灯片母版编辑

步骤 6：在【开始】选项卡中【幻灯片】组单击
【新建幻灯片】的下拉按钮，在 Office 主题中选择"标
题和内容"版式幻灯片，创建新的幻灯片，确认母版
编辑后新建幻灯片的效果，如图 5-3-24 所示。

课后练习

按下面要求完成习题：

1. 打开文件"课后练习 5-3-1"。

2. 修改演示文稿的主题为"回顾"。

3. 为标题幻灯片填充纹理"画布"，并隐藏背
景图形。

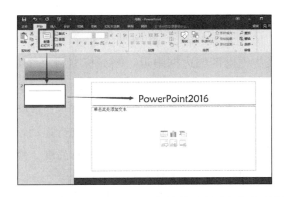

图 5-3-24　确认母版编辑后新建幻灯片效果

4. 设置幻灯片母版中的标题幻灯片版式的标题占位符的字体为黑体、加粗，对齐方式为居中；
副标题占位符的字体为 28 号、宋体，居中。

5. 设置幻灯片母版中的标题和内容版式的标题占位符字体为 50 号、黑体、加粗，内容占位符的
字体为 26 号、黑体。

6. 把第二至第六张幻灯片的背景填充为标准色橙色，透明度为 85%。

7. 保存演示文稿。

项目四　演示文稿的多媒体制作

项目展示

本项目将学习 PowerPoint 2016 演示文稿的多媒体制作，掌握在演示文稿中通过【插入】选项卡
插入文本、图像、插图、表格、艺术字、声音和影片的方法。

支撑知识

1. 插入文本

（1）插入文本框

在幻灯片中可以插入文本框。文本框类型分为横排文本框和竖排文本框两种。通过设置文本框位置信息或者使用鼠标拖动，可以把文本框移动到幻灯片内的任意位置。

若想在幻灯片中添加竖排文本，可以通过插入一个【竖排文本框】来实现，具体操作如下：在【插入】选项卡点击【文本】组的【文本框】选项，弹出如图5-4-1所示的下拉菜单，选择【竖排文本框】，把鼠标光标移动到幻灯片需要添加文字的位置，点击左键并拖动画出一个用于输入竖排文字的方框，再松开鼠标则成功添加一个竖排文本框。

插入文本框后，可以对文本框的具体格式进行设置。把鼠标移动到文本框的四周边框附近，当光标变成一个带箭头的"＋"时，点击

图 5-4-1　插入文本框

左键拖动鼠标，可以把文本框移动到幻灯片的任意一个位置。把鼠标移动到文本框左、右边界的空心圆圈时，光标会变成一个横向空心箭头，此时点击鼠标左键拖动，可以改变文本框的宽度。用同样的方法，点击上、下边框的空心圆圈进行拖动，可调整文本框的高度，点击文本框四个角的空心圆圈进行拖动，可同时修改文本框的宽度和高度。点击文本框上方的圆形空心箭头进行拖动，可以对文本框进行顺时针或者逆时针方向的旋转。

点击文本框，功能区会出现【绘图工具】选项卡，与之前 Word 中添加图片、图形等类似，此选项卡会在点击插入的对象后出现，通过点击【绘图工具】选项卡的【格式】选项卡，可以对文本框的各项格式进行详细的设置，如图5-4-2所示。此外，还可以通过点击【形状样式】组右下角的对话框启动器在右侧打开【设置形状格式】对话框，如图5-4-3所示，可以通过对话框列表的各种选项对文本框的形状选项和文字选项等进行详细的格式设置。

图 5-4-2　【格式】选项卡

图 5-4-3　【设置形状格式】对话框

图 5-4-4　艺术字样式名称

对于文本框内容的设置，与 Word 中的文本设置和段落设置类似，此处不再赘述。

（2）插入艺术字

与在 Word 中插入艺术字的操作类似，在幻灯片中也可以添加艺术字。通过点击【插入】选项卡【文本】组中的【艺术字】选项下的箭头，在弹出的下拉菜单中，把光标移动到艺术字样式上，会出现该艺术字样式的名称，如图 5-4-4 所示。此时点击鼠标左键会自动在幻灯片中插入一个占位符，该占位符为上述选择的艺术字样式，点击该占位符则可以输入文本内容。同样地，与插入文本框一样，只要点击插入的艺术字，功能区就会出现【绘图工具】选项卡，【绘图工具】选项卡中有【格式】选项卡，通过点击【格式】选项卡，可以对该样式的各项格式进行详细的设置。如图 5-4-5 所示，在弹出的【右键快捷菜单】中选择【大小和位置】或者【设置形状格式】选项，也可以通过左键点击【形状样式】右下角的对话框启动器在右侧打开如图 5-4-3 所示的【设置形状格式】对话框，对艺术字的各项格式进行详细的设置。

（3）插入页眉和页脚、日期和时间、幻灯片编号

幻灯片中可以插入页眉和页脚、日期和时间以及幻灯片编号。这三项内容的添加在幻灯片中都是通过同一个对话框进行设置的，具体方法如下：用鼠标点击【插入】选项卡【文本】组中的【页眉和页脚】【日期和时间】或者【幻灯片编号】中的一个，都可以打开如图 5-4-6 所示的对话框，在对话框中可以对幻灯片的日期和时间、页眉和页脚以及幻灯片编号进行编辑设置。

图 5-4-5　【右键快捷菜单】

图 5-4-6　【页眉和页脚】对话框

（4）插入对象

通过点击【插入】选项卡【文本】组的【对象】选项，可调出图 5-4-7 所示的【插入对象】对话框，在列表中选择所需要的文件类型，点击【确定】就会插入一个“新建”的所选文件，如果想把一些原有的文件内容作为对象插入当前的演示文稿中，可以点击对话框中的【由文件创建】选项，如图5-4-8所示，选择一个已有的文件如 Word 文档、演示文稿等进行添加。

图 5－4－7　【插入对象】对话框

图 5－4－8　【由文件创建】选项

2. 插入图像

（1）插入图片

与 Word 中插入图片的操作相似，点击【插入】选项卡【图像】组中的【图片】选项，在下拉列表中选择【此设备】会弹出【插入图片】对话框，通过对话框找到需要插入的一张或者多张图片后，点击【插入】按钮就可以在幻灯片中插入图片。点击插入的图片，功能区中会出现【图片工具】选项卡，点击【图片工具】选项卡中的【格式】选项卡，可以设置图片的背景、颜色饱和度、色调、着色、艺术效果、边框和大小等。

图 5－4－9　【屏幕截图】对话框

图 5－4－10　【相册】对话框

（2）插入联机图片

与插入图片的操作类似，点击【插入】选项卡【图像】组中【图片】选项下拉菜单的【联机图片】选项，会弹出【插入联机图片】对话框，点击搜索输入关键字，则会从网络上搜索与关键字相关的图片，单击图片即可完成联机图片的插入。

（3）插入屏幕截图

通过鼠标左键点击【插入】选项卡【图像】分组的【屏幕截图】选项，可以看到如图 5－4－9 所示的下拉列表，点击【可用的视窗】下方的不同视窗，可以直接插入对应视窗的截图，点击【屏幕剪辑】则可以对屏幕进行截图并插入图片。点击插入的截图，同样可以通过【绘图工具】选项卡的【格式】选项卡对图片格式进行设置。

（4）相册

通过点击【插入】选项卡【图像】组的【相册】选项，在下拉菜单中点击【新建相册】会弹出如图 5－4－10所示的【相册】对话框，点击对话框中的【文件/磁盘】按钮，在弹出的【插入新图片】对话框中选择制作相册需要的图片，点击【插入】按钮，此时在【相册】对话框中的"相册中的图片"区域可以看到插入的图片，通过勾选图片可以调整顺序或者删除；在"预览"区域中可以看到图片的预览情况，下方的按钮可以对图片进行旋转和亮度设置。点击【新建文本框】可以在相册中创建文本框并输入文字。【相册版式】区域中可以通过【图片版式】的下拉菜单选择适当的图

片版式，还可以设置相框形状和相册主题。当所有选项设置完毕后，点击【相册】对话框下方的
【创建】按钮，就会创建一个新的演示文稿，演示文稿的幻灯片内容为刚才插入的图片和文本框。
此时点击【插入】选项卡【图像】组的【相册】选项下拉菜单的【编辑相册】选项，可以对之前
设置的相册进行编辑修改。

3. 插入插图

（1）插入形状

在 PowerPoint 中也可以插入形状，具体操作如下：点击
【插入】选项卡【插图】组的【形状】选项，会出现如图
5-4-11所示的下拉列表，菜单中有各种类型的形状，点击需
要插入的形状，光标会变成一个"＋"形的符号，此时在要插
入形状的位置点击鼠标左键并拖动鼠标，可以大致确定插入形
状的高度和宽度，松开鼠标左键即完成形状插入操作。与插入
图像和图片类似，点击插入的形状，功能区会出现【绘图工
具】选项卡，点击【绘图工具】选项卡【格式】选项卡，可以
对插入的形状进行各项格式的详细设置。

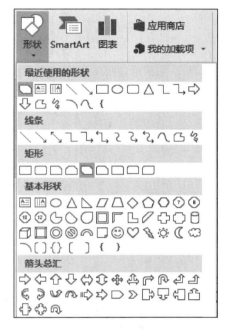

图 5-4-11　【形状】选项下拉列表

（2）插入 SmartArt

在幻灯片中，有时候需要通过列表图、流程图或层次结构
图等各类图文结合的形式来展示内容，SmartArt 是 Power-
Point 提供的一些图文结合的模版图，在适当的场合使用可以
简化幻灯片的制作过程。通过点击【插入】选项卡【插图】组
的【SmartArt】选项，可以调出如图 5-4-12 所示的【选择
SmartArt 图形】对话框，对话框左边有 SmartArt 图形的分类，
中间【列表】区域可以看到各种属于该分类的 SmartArt 图形，
把鼠标移动到图形的上方可查看名称，选定后再点击【确定】按钮即可插入 SmartArt 图形。

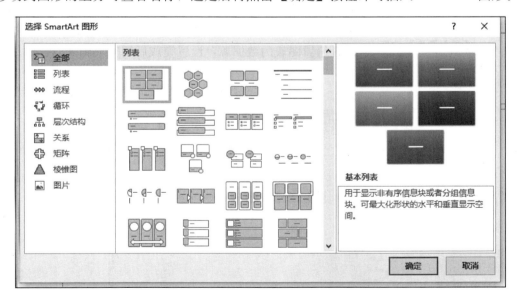

图 5-4-12　【选择 SmartArt 图形】对话框

除了直接插入 SmartArt 图形外，还可以把幻灯片原有的内容直接转换成 SmartArt 图形，只需选中要转换的内容，然后点击右键，在【右键快捷菜单】中选择如图 5－4－13 所示的【转换为 Smart-Art】子菜单，在子菜单中可以直接选择适合的 SmartArt 图形，或者点击子菜单下方的【其他 SmartArt 图形】按钮，调出【选择 SmartArt 图形】对话框进行选择。

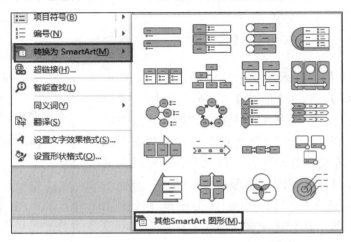

图 5－4－13　【转换为 SmartArt】子菜单

点击插入的 SmartArt 图形，功能区域会出现【SmartArt 工具】选项卡，通过该选项卡中【设计】和【格式】选项卡，可以对 SmartArt 图形进行各种格式的详细设置。

（3）插入图表

幻灯片中也可以插入图表。除通过在内容占位符中直接点击【插入图表】按钮外（图 5－4－14），还可以通过点击【插入】选项卡【插图】组中的【图表】选项调出如图 5－4－15 所示的【插入图表】对话框，进行图表插入操作。【插入图表】对话框左边【所有图表】区域是图表的分类，点击其中的选项即可在对话框右边区域查看所选图表子分类和预览图，点击【确定】按钮，即和 Word 中插入图表一样，会自动弹出一个 Excel 表格，需要在表格中选取或者编辑图表的数据源，设置完成后即完成图表的创建。

图 5－4－14　【插入图表】按钮

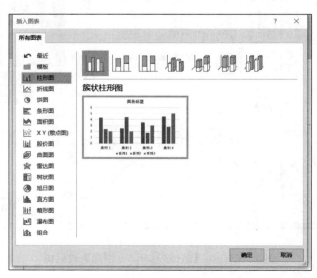

图 5－4－15　【插入图表】对话框

与在 Excel 中一样，点击图表，功能区会出现【图表工具】选项卡，通过【图表工具】选项卡【设计】选项卡和【格式】选项卡，可以对图表的布局、图表样式、数据、类型和大小等进行详细的格式设置。

4. 插入表格

与在 Word 中插入表格的操作一样，在幻灯片中也可以插入表格，具体的方法如下：点击【插入】选项卡【表格】组的【表格】选项（图 5-4-16），会弹出如图 5-4-17 所示的【插入表格】对话框，在对话框中输入对应的行数和列数也可以创建表格；点击【绘制表格】按钮后光标会变成一支笔，此时可以通过手动绘制表格来完成插入表格的操作；选择【Excel 电子表格】则会插入一个 Excel 表格。此外，还可以通过点击内容占位符中的【插入表格】按钮，在弹出的【插入表格】对话框中输入行数和列数来进行表格的插入。

图 5-4-16　【表格】选项

与在 Word 中插入表格的操作一样，在幻灯片中点击插入的表格，功能区会出现如图 5-4-18 所示的【表格工具】选项卡，通过【表格工具】选项卡中【设计】和【布局】选项卡，可以对表格的样式、边框、尺寸、对齐方式等各项格式进行详细的设置。

图 5-4-18　【表格工具】选项卡

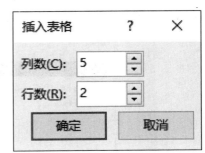

图 5-4-17　【插入表格】对话框

5. 插入媒体

幻灯片中可以插入音频文件或视频文件，这种插入方式是指将媒体文件作为内容添加到幻灯片中，另外还可以通过链接的方式把演示文稿外的文件链接到幻灯片中。

（1）插入视频

在幻灯片中可以插入视频文件，点击【插入】选项卡【媒体】组的【视频】选项，在弹出的下拉列表中点击【联机视频】选项，会弹出【插入联机视频】对话框，通过粘贴网站中的视频代码便可以插入联机视频。若点击【PC 上的视频】选项，则会弹出如图 5-4-19 所示的【插入视频文件】对话框，找到要添加的视频文件并点击【插入】按钮，即可把所选的视频嵌入当前的幻灯片中。若点击【插入】按钮旁边的三角形，在下拉列表中点击【链接到文件】，则相当于通过链接插入视频，视频文件本身没有嵌入当前的幻灯片。

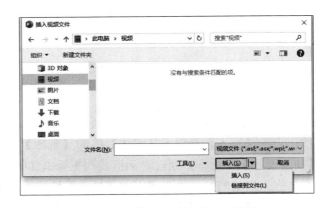

图 5-4-19　【插入视频文件】对话框

通过点击插入的视频文件，功能区会出现如图 5-4-20 所示的【视频工具】选项卡，在【格式】选项卡中有【预览】【调整】【视频样式】【排列】和【大小】组，可以对视频的亮度、颜色、形状、边框、对齐方式、旋转角度、大小和位置等进行设置。

通过【播放】选项卡，可以对视频进行与播放相关的设置。点击【播放】选项卡，可以在【视频选项】组对视频的音量进行调整，点击【开始】选项旁边的下拉菜单可以设置视频文件的播放方式为"自动"或者"单机时"，如图 5-4-21 所示。

图 5-4-20　【视频工具】选项卡

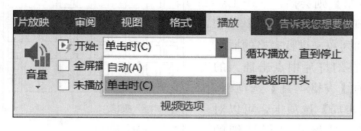

图 5-4-21　【视频选项】组

图 5-4-22　【编辑】组

点击【播放】选项卡中【编辑】组（图 5-4-22）的【剪裁视频】对话框（图 5-4-23），在对话框中可以对插入的视频进行剪辑，对话框中间的进度条的左边绿色滑块和右边红色滑块之间的区域为视频保留的内容，设置好滑块的位置之后点击下方的【确定】按钮即完成视频剪辑。

图 5-4-23　【剪裁视频】对话框

图 5-4-24　【音频】选项

（2）插入音频

幻灯片中除可以插入视频文件外，还能插入音频文件，包括系统中的音频文件和录制的音频文件。点击【插入】选项卡【媒体】组的【音频】选项（图 5-4-24），会出现如图 5-4-25 所示的【插入音频】对话框，通过对话框找到想要添加的音频文件并点击【插入】按钮，即可把所选的音频文件嵌入当前幻灯片中。若点击【插入】按钮旁边的三角形，在下拉列表中点击【链接到文件】，则相当于通过链接方式插入音频，音频文件本身没有嵌入当前幻灯片中。

图 5-4-25　【插入音频】对话框

与视频文件的格式设置类似，点击插入的音频文件，在功能区会出现【音频工具】选项卡，通过【音频工具】选项卡的【格式】和【播放】选项卡中的选项，可以对音频文件进行与格式和播放相关的设置。

点击【音频】选项下拉列表中的【录制音频】选项，若计算机已经连接好录音设备，则会弹出如图 5-4-26 所示的【录制声音】对话框，在对话框中可以设置录制的音频文件的名称，点击红色圆形按钮则开始录制，点击方形按钮则停止录制，点击三角形按钮则开始播放刚才录制的音频，点击【确定】按钮则完成录制音频文件插入操作。此时，通过鼠标右键点击插入的录音文件，在弹出的【右键快捷菜单】中选择【将媒体另存为】选项（图 5-4-27），可以对录制的音频文件进行保存。

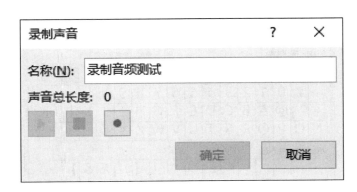

图 5-4-26　【录制声音】对话框

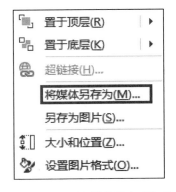

图 5-4-27　【将媒体另存为】选项

（3）插入屏幕录制

幻灯片中还能插入屏幕录制的媒体文件，通过点击【插入】选项卡【媒体】组的【屏幕录制】选项，会弹出如图 5-4-28 所示的对话框，并进入屏幕录制状态。选择好需要录制的程序窗口后，通过对话框可以选择录制的区域、是否捕获指针等选项，点击红色圆形按钮则开始录制选择区域的内容，此时录制对话框会隐

图 5-4-28　【屏幕录制】对话框

藏在屏幕的上方，只需把鼠标移动到屏幕上方即可再次调出【屏幕录制】对话框，点击蓝色方形按钮便会自动在幻灯片中插入录制的视频。和插入音频操作一样，点击插入的屏幕录制视频，也可以对视频进行各种与格式和播放相关的设置。与插入录音文件相似，右键点击录制的文件可以对文件进行保存。

6. 插入符号

（1）插入公式

点击【插入】选项卡【符号】组的【公式】选项，会弹出如图5-4-29所示的下拉菜单，直接点击即可进行公式插入，也可通过点击下拉菜单中的【插入新公式】选项，此时功能区会出现如图5-4-30所示的【公式工具】选项卡，点击【设计】选项卡可以对公式进行编辑设置。若点击【墨迹公式】，则会弹出如图5-4-31所示的对话框，在对话框中间区域可以通过鼠标书写公式进行公式插入。此处插入的公式均为数学公式的表现形式，并不会进行计算。点击插入的公式，功能区会出现【公式工具】，通过【设计】选项卡可以对插入的公式进行编辑。

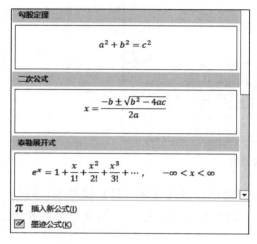

图5-4-29　【公式】下拉菜单

图5-4-30　【公式工具】选项卡

图5-4-31　【墨迹公式】对话框

图5-4-32　【符号】对话框

（2）插入符号

幻灯片中也能插入特殊符号，具体操作如下：点击【插入】选项卡【符号】组的【符号】选项，会弹出如图5-4-32所示的【符号】对话框，通过设置不同的【字体】和【子集】，可以选择不同的符号库，用鼠标点击需要的符号并点击对话框下方的【插入】按钮即可完成插入符号操作。

7．插入批注

幻灯片中也可以插入批注，选定需要插入批注的位置，点击【插入】选项卡【批注】组中的【批注】选项，此时演示文稿工作区右侧会出现如图 5－4－33 所示的【批注】对话框，在对话框中可以添加、编辑和删除批注。

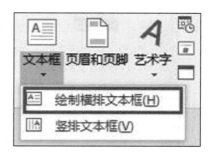

图 5－4－33　【批注】对话框

项目实施

利用通过本项目学习的知识制作多媒体演示文稿。

1．在演示文稿中插入文本、图片、SmartArt 和艺术字

步骤 1：打开文件"5－4－1.pptx"，选择第二张幻灯片，在标题栏中输入"上机课注意事项"，点击【插入】选项卡【文本】组的【文本框】选项，在如图 5－4－34 所示的下拉列表中选择【绘制横排文本框】，在幻灯片标题下方区域拖动鼠标画出文本框的范围，如图 5－4－35 所示。

图 5－4－34　【文本框】下拉列表

步骤 2：打开文件"5－4－1.docx"，选择"文本内容"下方的内容复制，返回文件"5－4－1.pptx"的第二张幻灯片，把复制的内容粘贴到刚刚添加的文本框中，如图 5－4－36 所示。

步骤 3：选取幻灯片文本框内的文本，单击鼠标右键，选择如图 5－4－37 所示【右键快捷菜单】中的【转换为 SmartArt】选项，在【右键快捷菜单】子菜单中点击【其他 SmartArt 图形】选项，在弹出的如图 5－4－38 所示的【选择 SmartArt 图形】对话框中选择【列表】选项，然后在中间找到"垂直曲形表"选项，点击对话框下方的【确定】按钮。

图 5－4－35　插入文本框

图 5－4－36　粘贴内容

步骤 4：设置 SmartArt 图形的格式。选择文本框，点击【SmartArt 工具】选项卡下【格式】选项卡【大小】组中右下角的对话框启动器，调出如图 5－4－39 所示的【设置形状格式】设置区域，在【大小】区域内把【高度】设置为"10 厘米"，【宽度】设置为"27 厘米"，点击【开始】选项卡，在【字体】组中选择"微软雅黑"。

步骤 5：设置插入图片的大小和位置。点击【插入】选项卡【图像】组中的【图片】选项下拉菜单的【此设备】，在弹出的【插入图片】对话框中选择图片"5－4－1.jpg"，点击【插入】，点击图片，在【图片工具】选项卡下【格式】选项卡【大小】组设置图片的高度为"4.31 厘米"，宽度为"5 厘米"，拖动图片到幻灯片适当的位置，如图 5－4－40 所示。

图 5-4-37　【转换为 SmartArt】选项

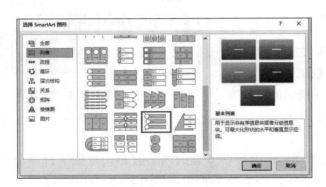

图 5-4-38　【选择 SmartArt 图形】对话框

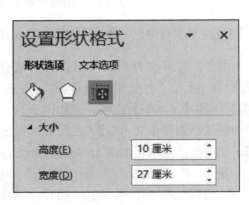

图 5-4-39　【设置形状格式】组

图 5-4-40　插入图片示例

步骤 6：插入艺术字。

选择第六张幻灯片，点击【插入】选项卡【文本】组中的【艺术字】选项，在如图 5-4-41 所示的下拉列表中选择【填充：白色；边框：橙色，主题色 1；发光：橙色，主题色 1】选项，输入内容"谢谢观看"完成艺术字插入。点击【绘图工具】选项卡下【格式】选项卡【大小】组右下角的对话框启动器，在右边出现的【设置形状格式】区域中点击【位置】设置水平位置为"从左上角""12 厘米"，垂直位置为"从左上角""7 厘米"，完成效果如图 5-4-42 所示。

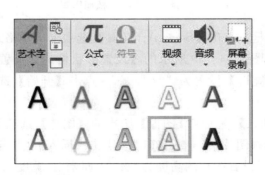

图 5-4-41　【艺术字】列表

图 5-4-42　设置艺术字【位置】

步骤 7：设置艺术字效果。点击艺术字，在【绘图工具】选项卡下【格式】选项卡【艺术字样式】组中选择【文本效果】，在下拉列表中选择【转换】，在出现的列表中选择【弯曲】分类里的【停止】选项，如图 5—4—43 所示。

步骤 8：点击【文件】选项卡的【保存】选项保存文件。

2．在演示文稿中插入图表

步骤 1：打开文件"5—4—2.pptx"，右键选择第三张幻灯片，在弹出的【右键快捷菜单】中选择【版式】，选择子菜单中的【标题和内容】选项，把幻灯片版式改成【标题和内容】。在标题处输入"模拟考试成绩"。

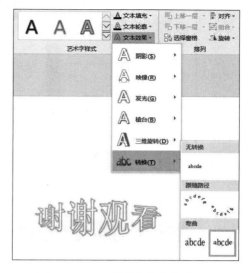

图 5—4—43　设置艺术字格式

步骤 2：点击标题下方的内容占位符，点击【插入】选项卡【表格】组中的【表格】选项，在下拉菜单中选择【插入表格】，在【插入表格】对话框中输入 5 行 5 列，并点击【确定】完成表格插入操作。点击表格，在功能区的【表格工具】选项卡下【布局】选项卡【单元格大小】组中把单元格的高度和宽度分别设置成"2 厘米"和"5.7 厘米"，如图 5—4—44 所示。

步骤 3：在表格中输入如图 5—4—45 所示的内容，点击【表格工具】选项卡下【设计】选项卡【表格样式】组中的【中度样式 4—强调 1】样式，在【布局】选项卡【对齐方式】组中把表格单元格的水平对齐方式和垂直对齐方式都设置为居中。选择表格，在【开始】选项卡【字体】组中把单元格的内容设置为 24 号"微软雅黑"字体。

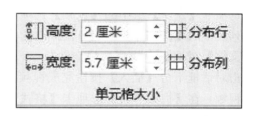

图 5—4—44　【单元格大小】组

步骤 4：选择第四张幻灯片，点击【插入】选项卡【插图】组中的【图表】选项，在弹出的【插入图表】对话框中选择【簇状柱形图】，并点击对话框下方的【确定】按钮，把步骤 3 中的表格内容复制到弹出的 Excel 文件中，使其作为图表的数据源，如图 5—4—46 所示。

模拟考试成绩

学号	计算机基础	office2016	网络及多媒体	总分
A 001	18	57	19	94
A1002	17	55	20	92
A1003	19	58	18	95
A1004	18	56	19	93

图 5—4—45　插入表格

	A	B	C	D	E
1	学号	计算机基础	office2016	网络及多媒	总分
2	A1001	18	57	19	94
3	A1002	17	55	20	92
4	A1003	19	58	18	95
5	A1004	18	56	19	93

图 5—4—46　图表数据源选择

此时图表插入完成，点击图表，在【图表工具】选项卡【设计】选项卡【图表布局】组中【添加图表元素】选项的下拉菜单中选择【图表标题】选项，把图表标题设置为"无"，效果如图 5—4—47 所示。

步骤 5：点击【开始】选项卡的【保存】选项保存文件。

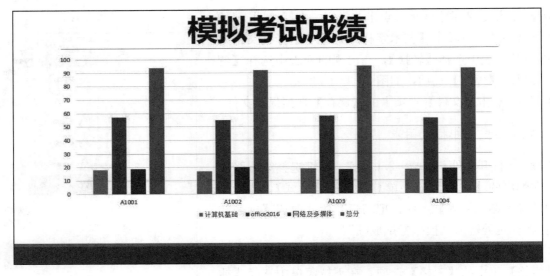

图 5-4-47　插入图表

3. 在演示文稿中插入媒体

步骤 1：打开文件"5-4-3.pptx"。

步骤 2：选择第五张幻灯片，点击【插入】选项卡【媒体】组中的【视频】选项，选择下拉列表中的【PC 上的视频】，在弹出的【插入视频文件】对话框中找到视频文件"5-4-1.mp4"，点击对话框下方【插入】按钮完成视频插入，点击视频，在【视频工具】选项卡【格式】选项卡中【调整】组的【海报框架】选项下拉列表中选择【文件中的图像】，在弹出的对话框中选择【从文件】选项，在【插入图片】对话框中找到图片"5-4-2.jpg"，点击【插入】完成修改，效果如图5-4-48 所示。

图 5-4-48　插入视频后的效果

课后练习

按照以下要求完成题目：

1. 新建一个演示完稿，命名为"PPT 练习 5-4-1.pptx"。
2. 新建一张版式为"空白"的幻灯片，把主题设置成"剪切"。
3. 在幻灯片左上角水平位置 11 厘米，左上角垂直位置 8 厘米处插入艺术字"填充：水绿色，主题色 5；边框：白色，背景色 1；清晰阴影：水绿色，主题色 5"，内容为"演示文稿练习"。
4. 把艺术字样式的文本效果设置为"转换"—"跟随路径"—"拱形"，把艺术字的字号设置为 60。
5. 新建一张版式为"标题和内容"的幻灯片，在标题输入"注意事项"。
6. 在第二张幻灯片文本框中输入以下内容：
内容简洁
突出重点

字体清晰

主题色彩统一

7. 把第二张幻灯片文本框中的内容转换为"垂直项目符号列表"SmartArt 图形。

8. 在第二张幻灯片右上角插入形状"等腰三角形"，设置"形状轮廓"颜色为"黑色"标准色，线条粗细为"6 磅"，"形状填充"为"橙色"标准色。

9. 插入一个文本框，输入一个感叹号，设置成"黑色"标准色，加粗，把文本框移动到等腰三角形上面，适当调整感叹号的大小，使文本框和等腰三角形组合成一个警示图标，如图5-4-49所示。

图 5-4-49　**警示图标效果**

10. 新建一张版式为"标题和内容"的幻灯片，标题输入"计划安排表"，并设置为居中。

11. 在第三张幻灯片内容占位符插入一个 4 行 3 列的表格，内容如下：

时间段	计划	学习时间
上午	演示文稿的编辑	1 小时
下午	演示文稿的修饰	1.5 小时
晚上	演示文稿的动画设置	1.5 小时

12. 把第三张幻灯片的表格单元格高度设置为"2 厘米"，宽度设置为"9 厘米"，单元格的内容字体设置为 24 号、宋体，对齐方式为水平和垂直都居中，表格套用"浅色样式 3—强调 3"样式。

13. 把第三张幻灯片和第二张幻灯片的位置交换。

14. 保存。

项目五　演示文稿的动画设置

项目展示

通过本项目将学习 PowerPoint 2016 演示文稿的动画设置，包括幻灯片切换时的效果设置、幻灯片播放时内容的动画效果设置以及通过超链接进行幻灯片的跳转设置等。具体的设置方式均通过演示文稿中【切换】和【动画】选项卡下各选项的功能来实现。

支撑知识

1. 设置幻灯片的切换方式

在放映幻灯片的时候，可以设置从当前幻灯片切换到下一张幻灯片过程中的动态过渡效果，此效果可以是视觉效果或者音效。

（1）设置切换方式和效果

给幻灯片设置切换方式，可以点击【切换】选项卡【切换到此幻灯片】组上效果库中 PowerPoint 软件预先设定的切换方式完成设置。已设置切换方式的幻灯片也可以通过这种方式，直接点击其他的切换方式进行更改。如果想去掉已经设置的切换方式，可以点击效果库最左边的【无】选项。设置了切换方式的幻灯片，在左边导航栏幻灯片的编号下方会出现如图 5-5-1 所示的星星图标。点击效果库右边的【其他】按钮，会出现如图 5-5-2 所示的下拉列表，列表中各种幻灯片切换方式按"细微型""华丽型"和"动态内容"分类列出，点击选择即可把它们设置成当前幻灯片的切换方式。

图 5-5-1　切换方式图标

通过点击【切换】选项卡【切换到此幻灯片】组的【效果选项】，还能对当前的幻灯片切换方式设置具体的切换效果。如图 5-5-3 所示，对于【时钟】这个切换效果，可以通过点击【效果选项】的下拉列表设置【顺时针】【逆时针】和【楔入】等不同的【时钟】切换效果。

若希望整个演示文稿的幻灯片都用当前的切换方式，可以点击如图 5-5-4 所示【计时】组中的【全部应用】选项。

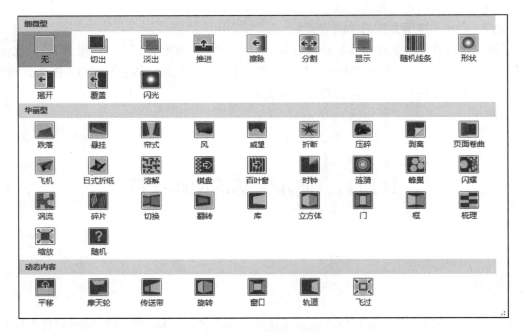

图 5-5-2　切换方式列表

（2）计时

通过【切换】选项卡【计时】组能对幻灯片的切换方式进行与音效和持续时间相关的设置，【计时】组的各选项如图 5-5-4 所示。点击【计时】组的【声音】选项旁边的下拉列表，可以给切换效果添加音效，利用【持续时间】可以设置切换效果的持续时间，如果把【设置自动换片时间】复选框勾上，在旁边输入时间，幻灯片会按设定好的时间自动切换。

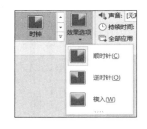

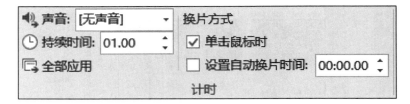

图 5-5-3　【效果选项】下拉菜单　　　　　　　　　　图 5-5-4　【计时】组

（3）添加动画

给幻灯片的内容添加动画，要先选定对象，对象可以是幻灯片中的标题、文本、图片等。选定对象后，点击【动画】选项卡【动画】组动画效果库中 PowerPoint 预先设定的动画效果即可添加动画。点击动画效果库右边的上下换行按钮可以进行翻页，选择不同的动画效果，点击效果库右下角【其他】按钮可以打开如图 5-5-5 所示的下拉列表，列表中根据"进入""强调""退出"和"动作路径"分类列出了系统预先设定好的部分动画效果。如果想要选择更多的动画效果，则需要根据分类点击下方的选项打开对应的对话框进行选择。例如想要设置"进入"类型中的"棋盘"动画效果，由于下拉列表框中"进入"的动画类型里没有"棋盘"选项，则需要点击列表下方的【更多进入效果】调出如图 5-5-6 所示的【更改进入效果】对话框，在对话框里面有更详细的"进入"类型动画效果分类选项，找到"基本型"中的"棋盘"选项，再点击【确定】按钮即可完成"棋盘"动画效果的设置。

图 5-5-5　添加动画下拉列表　　　　　　　　　图 5-5-6　【更改进入效果】对话框

与幻灯片的切换方式一样，幻灯片的动画效果也可以通过【动画】组中的【效果选项】进一步设置，在图 5-5-7 所示【缩放】的【效果选项】下拉列表中可进行进一步设置。如果想对动画的效果进行更详细的设置，可以通过点击【动画】组右下角的对话框启动器调出如图 5-5-8 所示的效果选项卡进行设置。根据不同的动画效果，可选的设置项会略有区别，如果设置动画效果的对象含有文本，还可以通过此对话框【动画文本】右边的下拉菜单选择文本的出现方式是"整批发送""按字/词"还是"按字母"。点击对话框【计时】选项卡，还可以对动画效果进行与【计时】组中各选项相同功能的设置。

图 5－5－7　【缩放】的【效果选项】　　　　图 5－5－8　效果选项卡设置

（4）高级动画

点击【高级动画】组的【添加动画】选项，也可以调出如图 5－5－5 所示的下拉列表进行动画效果添加，不同之处在于此为继续添加动画效果而不是替换原有的效果。如果幻灯片中有多个对象设置了动画效果，那么各对象会根据动画的播放顺序显示序号。点击【动画窗格】，会在工作区右边显示如图 5－5－9 所示的【动画窗格】区域，通过动画窗格可以看到所有设置了动画的对象，序号为动画的播放顺序，通过点击【向前移动】和【向后移动】按钮可以调整播放顺序。对于文本对象，还可以点击序号下方的箭头展开具体的文本内容，进一步设置文本内容的播放顺序，点击【播放所选项】可以预览选定对象的动画播放效果。右键点击其中的选项会出现如图 5－5－10 所示的【右键快捷菜单】。通过该菜单可以对动画效果进行进一步设置，【删除】选项则为删除当前动画效果。

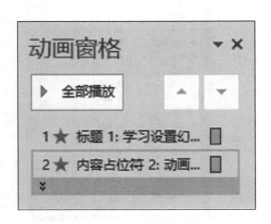

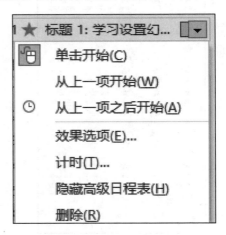

图 5－5－9　动画窗格　　　　　　　　图 5－5－10　右键快捷菜单

点击【触发】选项可以对当前选定的对象设置特殊动画的开始条件，例如幻灯片中有标题、文本框和一个矩形。若希望在放映幻灯片时，文本框的内容只有点击矩形才会播放，可按下面步骤进行设置：点击【高级动画】组中的【触发】选项，在如图 5－5－11 所示的下拉列表中依次选中【单击】【矩形 3】，此时幻灯片中文本框原来的序号变成一个闪电的图标，如图 5－5－12 所示，若希望取消触发效果，再次按上述顺序点击即可。

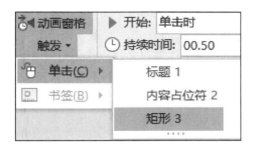

图 5-5-11　在【单击】下拉列表中选择【矩形 3】

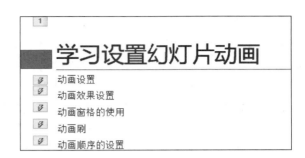

图 5-5-12　幻灯片效果示例

与 Word 中的【格式刷】类似，在幻灯片中通过【动画刷】也可以进行动画效果的复制操作。先选中已经设置动画效果的对象，再点击【高级动画】组中的【动画刷】，最后点击目标对象，此时目标对象的动画效果就会设置成和之前选中的对象一样。

（5）计时

【计时】组的各选项如图 5-5-13 所示，通过下拉列表中的选项可以设置动画播放的时机。在【持续时间】右边输入时间可以设置动画播放的持续时长，在【延迟】右边输入的时间则表示经过多长时间才开始播放当前的动画。在【开始】下拉列表中可以设置动画插放的时机，如图 5-5-14 所示。

（6）音频文件动画效果设置

在幻灯片中插入了音频文件后，音频文件就已经被系统设置成了"媒体"相关的动画效果，音频文件的"播放"效果通过"触发器"来实现。当点击插入的音频文件时，再点击【动画】选项卡会发现动画效果库上出现【播放】【暂停】和【停止】等媒体相关选项，点击效果库右下角的【其他】按钮调出动画效果列表，表中会比原来多出如图 5-5-15 所示的"媒体"分类。此时列表中的大部分动画效果变成灰色且不能选择，说明音频文件也能设置动画效果，但只有小部分可选。

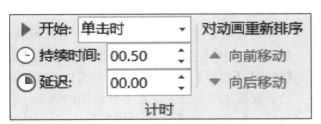

图 5-5-13　【动画】选项卡【计时】组

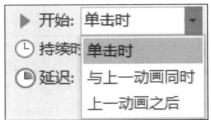

图 5-5-14　【开始】下拉列表

点击【动画】选项卡【动画】组右下角的对话框启动器可以调出如图 5-5-16 所示的【播放音频】对话框，在对话框中【开始】选项卡的"开始播放"区域可以对每一次触发"播放"特效时开始播放的方式进行设置。"停止播放"则为设置音频文件停止播放的时机，选择"单击时"则鼠标单击可停止播放；选择"当前幻灯片之后"则离开当前幻灯片的时候停止播放；选择"在□张幻灯片后"则通过输入数字，设置播放跨越的幻灯片数，如果设置的数字比剩下的幻灯片数量大，则音频在时长满足的前提下会持续播放到幻灯片放映结束，若音频的时长不足，可以通过【音频工具】选项卡下【播放】选项卡【音频选项】组中勾选【循环播放，直到停止】复选框，设置音频循环播放。

图 5-5-15　【媒体】动画效果

　　点击【播放音频】对话框中的【计时】选项卡，可以设置动画"开始"的时机，通过【触发器】下方的【单击下列对象时启动动画效果】还可以选择播放效果触发的方式，如图 5-5-17 所示。选择幻灯片中添加的"矩形"图形，则在幻灯片放映的时候，音频文件需要通过点击幻灯片中的矩形才会开始播放。按照此方法，通过"触发器"对【播放】【暂停】和【停止】动画效果进行设置，可以为音频文件在幻灯片中添加【播放】【暂停】和【停止】按钮。同样的，也可以对音频文件的【暂停】和【停止】设置动画效果，具体方法和【播放】设置相似，在此不再赘述。

图 5-5-16　【播放音频】对话框

图 5-5-17　【播放音频】的【计时】设置

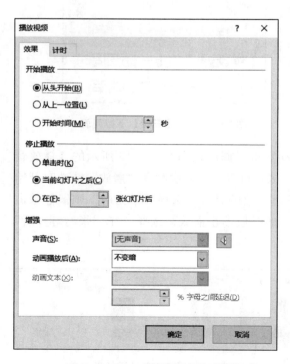

图 5-5-18　【播放视频】对话框

（7）视频文件动画效果设置

　　与音频文件相似，在幻灯片中插入视频文件后，【动画】选项卡【动画】组中的动画效果库也会多出【播放】【暂停】和【停止】等多媒体动画选项。同样的，视频文件也只能设置部分的动画效果。点击【高级动画】组中的【动画窗格】调出【动画窗格对话框】，右键点击对话框列表中的视频文件，在【右键快捷菜单】中选择【效果选项】可以调出如图 5-5-18 所示的【播放视频】对话框，与音频文件的设置相似，通过【效果】和【计时】选项卡也可以对视频文件的【播放】【暂停】和【停止】等动画效果进行设置。

2．设置幻灯片的超链接

　　在 PowerPoint 中，可以给幻灯片中的文本、图形、图像、艺术字等创建超链接，点击设置了超链接的对象，可以实现从当前幻灯片跳转到当前演示文稿或者其他演示文稿的任意一张幻灯片、链接到系统中现有的文件或者链接到网页及电子邮件地址的操作。

（1）链接

创建超链接，需要选中对象，然后点击【插入】选项卡【链接】组中的【链接】选项调出如图 5-5-19所示的【插入超链接】对话框，对话框中间是可以编辑超链接的文本内容，选择对话框左边【链接到】下方的【现有文件或网页】，可以链接到系统中现有的文件或者下方输入的网址；选择【本文档中的位置】则是链接到本演示文稿中的其他幻灯片；【新建文档】即链接到新建的文档；【电子邮件地址】则是链接到输入的电子邮件地址。

选定对象右击，在弹出的【右键快捷菜单】中选择【超链接】选项也可以调出【插入超链接】对话框，如果对已经设置超链接的对象点击右键，那么【右键快捷菜单】中则可以通过【编辑链接】和【删除链接】选项编辑和删除超链接。

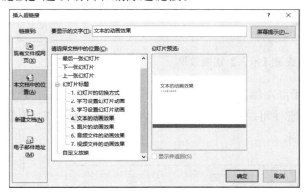

图 5-5-19　【插入超链接】对话框

图 5-5-20　【操作设置】对话框

（2）动作

还可以对幻灯片的对象设置动作，超链接其实属于动作中的一种，通过点击【插入】选项卡【链接】组中的【动作】选项可以调出如图 5-5-20 所示的【操作设置】对话框，当需要设置鼠标点击对象的动作时，可点击对话框中的【单击鼠标】选项卡进行设置，当需要设置鼠标悬停在对象上的动作时，则点击对话框中【鼠标悬停】选项卡进行设置。

若想要设置单击鼠标时的动作，则需要点击对话框中的【单击鼠标】选项卡，在【单击鼠标时的动作】区域中进行设置。选择【无动作】则表示点击对象不会有任何动作；选择【超链接到】则可以通过下方的下拉列表选择链接到特定的幻灯片或文件；选择【运行程序】则表示单击会打开指定的程序；【运行宏】和【对象动作】选项都需要当前演示文稿包含宏或者 OLE 对象时才能选择；勾选【播放声音】可以设置单击对象时播放的声音；勾选【单击时突出显示】则在单击对象时会出现突出显示的效果。【鼠标悬停】选项卡中的选项与【单击鼠标】选项卡中的类似，此处不再赘述。

点击【插入】选项卡【插图】组中的【形状】选项，出现下拉列表中如图 5-5-21 所示的【动作按钮】分类，里面有各种 PowerPoint 预先设定的一些常用的动作按钮，点击选取后在幻灯片适合的位置拖动鼠标，松开鼠标则会自动添加并弹出【操作设置】对话框，通过对话框可以对按钮的动作进一步设置。

图 5-5-21　动作按钮

项目实施

1. 设置幻灯片切换方式

步骤 1：设置幻灯片的切换效果。

打开文件"5-5-1.pptx"，在第一张幻灯片上点击【切换】选项卡【切换到此幻灯片】组中切换效果库右下角的【其他】按钮，在切换效果选项列表中选择【细微】分类中的【推入】切换效果（图5-5-22）。

图5-5-22　设置【推入】切换效果

步骤2：点击【效果选项】下拉列表中的【自左侧】选项，如图5-5-23所示；点击【计时】组中的【设置自动换片时间】复选框，并在右边把时间设置为"3"秒；点击【计时】组中的【应用到全部】选项，把刚才的设置应用到整个演示文稿。

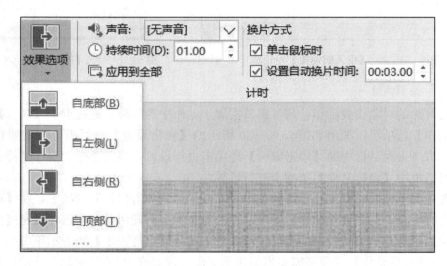

图5-5-23　【自左侧】选项

步骤3：选中最后一张幻灯片，点击【切换】选项卡【切换到此幻灯片】组切换效果库中的【随机线条】选项，把幻灯片切换方式改为【随机线条】，点击【效果选项】选择【水平】。

步骤4：点击【文件】选项卡的【保存】选项，保存文件。

2. 给幻灯片中的图片、文本等设置动画效果

步骤1：打开文件"5-5-2.pptx"。

步骤2：设置第三张幻灯片中文本框和图片的动画效果。

选中"标题占位符"，点击【动画】选项卡【动画】组中的动画效果库右下角的【其他】按钮，在弹出如图5-5-24所示的【动画】选项列表中点击【更多进入效果】，在弹出的【更多进入效果】对话框的【基本】分类里选择【棋盘】动画效果，如图5-5-25所示。

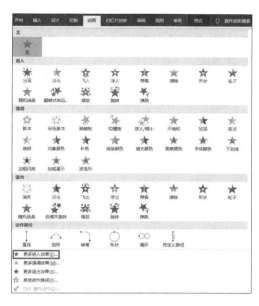

图 5－5－24　【动画】选项列表

图 5－5－25　设置【棋盘】效果

点击【动画】选项卡【动画】组中的【效果选项】，选择下拉列表中的【下】选项，如图5－5－26所示。

使用同样的方法为标题下的文本框设置效果为【自左侧】的【飞入】动画效果，为文本框右侧橙色图片设置效果为【上浮】的【浮入】动画效果。

步骤 3：动画刷的使用及动画开始时机设置。

选中标题占位符，点击【高级动画】组的【动画刷】，点击标题右边的"计算机实验中心"Logo图片；选中 Logo 图片，多次点击【计时】组【向前移动】选项使 Logo 图片播放顺序设为 2，在【开始】下拉列表中选择【与上一动画同时】，如图 5－5－27 所示。

图 5－5－26　【效果选项】

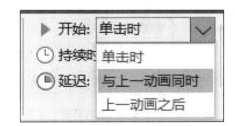

图 5－5－27　【开始】下拉列表

步骤 4：使用动画窗格更改动画播放顺序。

点击【高级动画】组中的【动画窗格】选项，在如图 5－5－28 所示工作区右侧出现的【动画窗格】区域选中编号为 8 的图片，点击动画窗格区域右上的黑色三角形"向前移动"按钮（或者点击【计时】组中的【向前移动】选项）。

步骤 5：设置文本框文本内容按词顺序播放。

选中文本框，点击【动画】选项卡【动画】组右下角的对话框启动器，调出【飞入】效果设置对话框，或者如图 5-5-29 所示直接在动画窗格用右键点击内容占位符，在弹出的【右键快捷菜单】中选择【效果选项】，同样也能调出【飞入】效果设置对话框。

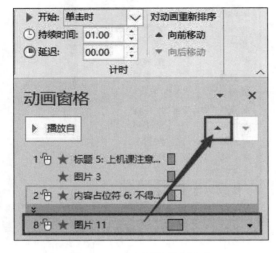

图 5-5-28　调整动画顺序

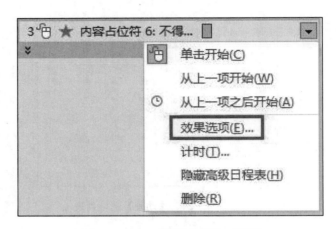

图 5-5-29　【效果选项】对话框

在如图 5-5-30 所示的【飞入】对话框【效果】中的【增强】区域的【动画文本】选项的下拉菜单中选择【按词顺序】选项，点击【确定】按钮。

步骤 6：点击【文件】选项卡的【保存】选项，保存演示文稿。

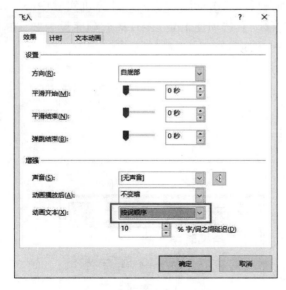

图 5-5-30　【飞入】对话框

图 5-5-31　【右键快捷菜单】

3. 设置超链接

步骤 1：打开文件"5-5-3.pptx"，选择第二张幻灯片。

步骤 2：把文本框内容转化为 SmartArt 图形。

选中文本框中的文本，点击鼠标右键，在弹出的【右键快捷菜单】（图 5-5-31）中选择【转换为 SmartArt】选项，并在子菜单中选择名为【垂直项目符号列表】的 SmartArt 图形。

选中文本框，在【开始】选项卡【字体】组选择"微软雅黑"字体，如图 5-5-32 所示。

步骤 3：设置超链接。

选中 SmartArt 图形中的"计算机基础知识"（注意此处选的是 SmartArt 图形的形状，不是文本部分），用鼠标右键单击，在弹出的【右键快捷菜单】中选择【超链接】，在弹出的【插入超链接】对话框左边【链接到】区域选择【本文档中的位置】，点击中间区域第三张幻灯片即选择"3．计算机基础知识"，点击【确定】按钮，如图 5-5-33 所示。

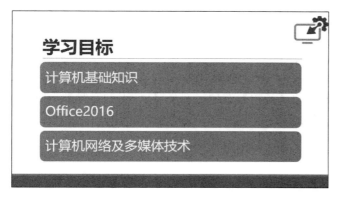

图 5-5-32　转换为 SmartArt 后效果图

图 5-5-33　【插入超链接】对话框

用同样的方法为 SmartArt 图形中的"Office 2016"和"计算机网络及多媒体技术"创建超链接，分别链接到第四和第五张幻灯片。

步骤 4：插入动作按钮，并建立超链接。

选择第三张幻灯片，点击【插入】选项卡【插图】组的【形状】选项，在下拉列表的【动作按钮】分类中选择【动作按钮：空白】选项，如图 5-5-34 所示。

图 5-5-34　插入空白动作按钮

点击后，光标会变成"+"，在幻灯片右下角位置按住鼠标左键并拖动出一个矩形按钮，松开鼠标会弹出如图 5-5-35 所示的【超链接到幻灯片】对话框，选择第二张幻灯片即"2.学习目标"，点击【确定】按钮完成超链接创建，再按【确定】完成动作按钮插入。右键选择插入的动作按钮，在弹出的【右键快捷菜单】中选择【编辑文字】选项并输入"返回"，修改字体为"微软雅黑"，最终效果如图 5-5-36 所示。

用同样的方法，在第四和第五张幻灯片的右下角插入相同的返回按钮。

步骤 5：点击【文件】选项卡的【保存】按钮，保存演示文稿。

图 5-5-35　【超链接到幻灯片】对话框

图 5-5-36　插入动作按钮的效果

4．设置媒体文件的动画效果

步骤 1：打开文件"5-5-4.pptx"。

步骤 2：为第二张幻灯片插入音频文件。

在第二张幻灯片点击【插入】选项卡【媒体】组的【音频】选项，选择【PC 上的音频】，在弹出的对话框中找到"5-5-1.m4a"音频文件，点击【确定】完成插入，拖动音频文件使其位于标题右侧，如图 5-5-37 所示。

步骤 3：设置音频文件循环播放。

选中音频文件，点击功能区出现的【音频工具】选项卡的【播放】选项卡，在【音频选项】组中勾选【跨幻灯片播放】和【循环播放，直到停止】复选框，如图 5-5-38 所示。

图 5-5-37　插入音频文件

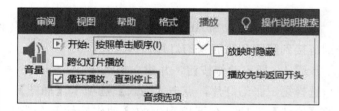

图 5-5-38　设置循环播放

步骤 4：设置音频文件的播放动画触发方式。

选中音频文件，点击【动画】选项卡【高级动画】组的【动画窗格】选项，在幻灯片工作区右侧出现的动画窗格中，用右键选择音频文件，点击【右键快捷菜单】中的【效果选项】，调出【播放音频】对话框，点击【计时】选项卡中的【触发器】，选中【单击下列对象时启动动画效果】选项，在右侧下拉列表中选择"图片 2"，如图 5-5-39 所示，点击【确定】按钮完成设置。

上述设置完成后，在放映本幻灯片时，只有在点击幻灯片右上角的 Logo 图片后，音频文件才会开始循环播放。

步骤 5：设置音频文件在放映完最后一张幻灯片后结束播放。

选中音频文件，点击【动画】选项卡【高级动画】组的【动画窗格】选项，在幻灯片工作区右侧出现的动画窗格中，用右键选择音频文件，点击【右键快捷菜单】中的【效果选项】，调出【播放音频】对话框，点击【效果】选项卡，在【停止播放】选项区域中选择【在 N 张幻灯片后】选项，在选项中填入本演示文稿最后一张幻灯片的编号"6"，如图 5-5-40 所示，点击【确定】按钮完成设置。

图 5-5-39　设置动画触发方式　　　　图 5-5-40　设置停止播放

上述设置完成后，音频文件会在放映完最后一张幻灯片时停止播放。

步骤 6：点击【开始】选项卡【保存】选项，保存演示文稿。

课后练习

按下面要求完成题目：

1. 新建一个演示文稿，命名为"PPT 练习 5-5-1. pptx"。

2. 新建一张版式为"标题"的幻灯片、四张版式为"标题和内容"的幻灯片。

3. 把文档"5-5-1. docx"的内容按编号逐一复制到演示文稿中（文档中加粗的标题为每页幻灯片的标题，标题下方的文本为内容，复制的时候不需要复制序号）。

4. 把第五张幻灯片移动到标题幻灯片之后。

5. 把演示文稿的主题设置成"肥皂"。

6. 修改幻灯片母版，设置"标题与内容"版式的标题字号为 60，内容占位符的字号为 24。

7. 为标题幻灯片的切换方式设置为"推入"，效果设置为"自顶部"，为其他幻灯片设置切换方式，使得整个演示文稿有至少四种不同的幻灯片切换效果。

8. 把第二张幻灯片的标题居中，文本框内容转换为 SmartArt 图形"基本韦恩图"，设置 SmartArt 样式的颜色为"彩色"分类中的"彩色范围—个性色 5 至 6"。

9. 为第二张幻灯片设置"飞入"动画效果，效果为"自左下部"，SmartArt 图形的动画效果设置为"自右下部"的"飞入"效果，且图形要求逐个显示。

10. 为第二张幻灯片 SmartArt 图形中的"Word 2016 文字处理"图形建立超链接，使其链接到本文档中的第三张幻灯片；按同样的方法，为其他两个图形建立超链接，使其链接到标题对应的幻灯片。

11. 在第三至五张幻灯片右下角插入一个"返回"按钮，使其链接到第二张幻灯片，按钮样式使用"彩色填充—黑色，深色 1"。

12. 在第一张幻灯片插入音频文件"5-5-1. m4a"，要求点击时开始播放，循环播放，直到第二张幻灯片放映结束时结束播放。

13. 保存文档。

第 6 章　计算机网络基础

项目一　计算机网络概述

项目展示

在通信技术高速发展的今天，计算机网络已走进了我们生活的每个角落，它的发展水平已成为衡量一个国家技术水平和社会信息化程度的重要标志之一。计算机网络是现代通信技术与计算机技术紧密结合的产物。通过本项目，我们将认识计算机网络的产生、发展、组成、分类、功能、体系结构和常见的网络设备。

支撑知识

1．计算机网络的产生和发展

计算机网络是用通信线路和通信设备将分布在不同地点的具有独立功能的多个计算机系统互相连接起来，在网络软件的支持下实现彼此之间的数据通信和资源共享的系统。

（1）早期的计算机网络

自从有了计算机，就有了计算机技术与通信技术的结合。早在 1951 年，美国麻省理工学院林肯实验室就开始为美国空军设计称为 SAGE 的半自动化地面防空系统，该系统最终于 1963 年建成，被认为是计算机和通信技术结合的先驱。

计算机通信技术应用于民用系统，最早的当数美国航空公司与 IBM 公司在 20 世纪 50 年代初开始联合研究、60 年代初投入使用的飞机订票系统 SABRE-I。美国通用电气公司的信息服务系统是世界上最大的商用数据处理网络系统，其地理范围从美国本土延伸到欧洲、澳洲和亚洲的日本。该系统于 1968 年投入运行，具有交互式处理和批处理能力，由于覆盖的地理范围广，可以利用时差达到资源的充分利用。

在这一类早期的计算机通信网络中，为了提高通信线路的利用率并减轻主机的负担，已经使用了多点通信线路、终端集中器以及前端处理机等现代通信技术。这些技术对以后计算机网络的发展有着深刻的影响。以多点线路连接的终端和主机间的通信建立过程，可以用主机对各终端轮询或是由各终端连接成雏菊链的形式实现。考虑到远程通信的特殊情况，对传输的信息还要按照一定的通信规程进行特别处理。

（2）现代计算机网络的发展

20 世纪 60 年代中期出现了大型主机，同时也出现了对大型主机资源远程共享的要求。以程控交换为特征的电信技术的发展则为这种远程通信需求提供了实现的手段。现代意义上的计算机网络是从 1969 年美国国防部高级研究计划局（DARPA）建成的 ARPAnet 实验网开始的。该网络当时只有 4 个节点，以电话线路作为主干通信网络，此后，ARPAnet 的规模不断扩大，如图 6-1-1 所示。到了 20 世纪 70 年代后期，网络节点超过 60 个，主机有 100 多台，地理范围跨越了美洲大陆，连通了美国东部和西部的许多大学和研究机构，而且通过通信卫星与夏威夷和欧洲地区的计算机网络相互连通。

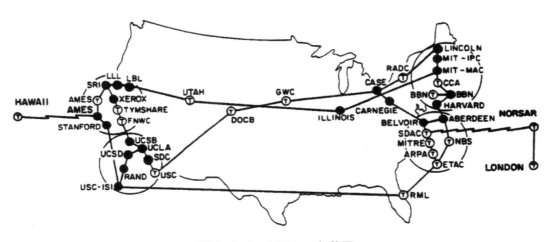

图 6-1-1　ARPAnet 拓扑图

ARPAnet 的主要特点：资源共享、分散控制、分组交换，采用专门的通信控制处理机和分层的网络协议。这些特点被认为是现代计算机网络的一般特征。

20 世纪 70 年代中后期是广域通信网大发展的时期。各发达国家的政府部门、研究机构和电报电话公司都在发展分组交换网络。这一时期的网络被称为第二代网络，以远程大规模互联为其主要特点。

（3）计算机网络标准化阶段

经过 20 世纪六七十年代前期的发展，人们对组网的技术、方法和理论的研究日趋成熟。为了促进网络产品的开发，各大计算机公司纷纷制定自己的网络技术标准。这些网络技术标准只是在一个公司范围内有效，遵从某种标准的、能够互联的网络通信产品，只是同一公司生产的同构型设备。网络通信市场这种各自为政的状况使得用户在投资方向上无所适从，也不利于多厂商之间的公平竞争。1977 年，国际标准化组织（ISO）的 TC97 信息处理系统技术委员会 SC16 分技术委员会开始着手制定开放系统互联参考模型 OSI/RM。作为国际标准，OSI 规定了可以互联的计算机系统之间的通信协议，遵从 OSI 协议的网络通信产品都是所谓的"开放系统"。今天，几乎所有的网络产品厂商都声称自己的产品是开放系统，不遵从国际标准的产品逐渐失去了市场。这种统一的、标准化的产品互相竞争的市场，进一步促进了网络技术的发展。

（4）微型机局域网的发展时期

20 世纪 80 年代初期出现了微型计算机，这种更适合办公室和家庭使用的新机种对社会生活的各个方面都产生了深刻的影响。1972 年，Xerox 公司发明了以太网，以太网与微型机的结合使得微型机局域网得到了快速的发展。处于一个单位内部的微型计算机和智能设备互相连接起来，为该单位提供了自动化的办公环境和信息共享的平台。1980 年 2 月，IEEE 组织了一个 802 委员会，开始制定局域网标准。局域网的发展道路不同于广域网，局域网厂商从一开始就按照标准化、互相兼容的方式展开竞争。用户在建设自己的局域网时选择面更宽，设备更新更快。

（5）Internet 的发展时期

1985 年，美国国家科学基金会利用 ARPAnet 协议建立了用于科学研究和教育的骨干网络 NSFnet。1990 年，NSFnet 取代 ARPAnet 成为美国国家骨干网，并且走出大学和研究机构进入了社会。从此，网上的电子邮件、文件下载和消息传输受到越来越多人的欢迎并被广泛使用。1992 年，Internet学会成立，该学会把 Internet 定义为"组织松散的、独立的国际合作互联网络""通过自主遵守计算协议和过程支持主机对主机的通信"。1993 年，美国伊利诺斯大学国家超级计算中心开发成功了网上浏览工具 Mosaic（后来发展成 Netscape），便于各种信息在网上进行交流。浏览工具的出现引发了 Internet 的发展和普及的高潮。上网不再是网络操作人员和科学研究人员的专利，而成为一般人进行远程通信和交流的工具。在这种形势下，美国总统克林顿于 1993 年宣布正式实施国家信息基础设施计划。从此，信息化社会领导权的争夺和制高点的竞争在世界范围内展开。与此同时，美国国家科学基金会不再向 Internet 注入资金，至此，Internet 完全进入商业化运作。20 世纪 90 年代后期，Internet 以惊人的速度发展，网上的主机数量、上网人数、网络的信息流量每年都在成倍增长。

2．计算机网络的组成

计算机网络由两种子网组成：资源子网和通信子网。

（1）资源子网

资源子网提供访问的能力，由主计算机、终端控制器、终端和计算机所能提供共享的软件资源和数据源（如数据库和应用程序）构成。主计算机通过一条高速多路复用线缆或一条通信链路连接到通信子网的节点上。

终端用户通常是通过终端控制器访问网络。终端控制器能对一组终端提供几种控制，因而减少了终端的功能和成本。

（2）通信子网

通信子网是由用作信息交换的节点计算机和通信线路组成的独立的数据通信系统，它承担全网的数据传输、转接、加工和变换等通信处理工作。

网络节点提供双重作用：一方面作为资源子网的接口，另一方面作为对其他网络节点的存储转发节点。作为网络接口节点，接口功能是按指定用户的特定要求而编制的。由于存储转发节点提供了交换功能，故报文可在网络中传送到目的节点。它同时又与网络的其余部分合作，以避免拥塞并提供网络资源的有效利用。

3．计算机网络的分类

计算机网络的分类方式有很多种，可以按网络的覆盖范围、交换方式、拓扑结构等分类。

（1）按网络的覆盖范围分类

根据网络的覆盖范围，计算机网络可以分为三类：局域网 LAN（Local Area Network）、城域网 MAN（Metropolitan Area Network）和广域网 WAN（Wide Area Network），如表 6－1－1 所示。

①局域网。

局域网用于将有限范围（如一个实验室、一幢大楼、一个校园）内的各种计算机、终端与外部设备互联成网。局域网按照采用的技术、应用范围和协议标准的不同可以分为共享局域网与交换局域网。局域网技术发展迅速，应用日益广泛，是计算机网络中最活跃的领域之一。

局域网的特点：限于较小的地理区域内，一般不超过 2km，通常是由一个单位组建拥有的。如一幢建筑物内、一个学校内、一座工厂的厂区内等，并且局域网的组建简单、灵活，使用方便。

表 6-1-1　网络分类比较

网络分类	传输距离（km）	范围	速度	成本
局域网	<2	同一幢建筑物或同一个园区	1Mbit/s～ 2Gbit/s	便宜
城域网	$2\sim10$	同一座城市	<155Mbit/s	昂贵
广域网	>10	跨国家或洲际	< 45Mbit/s	最贵

②城域网。

城市地区网络常简称城域网。其目标是满足几十千米范围内的大量企业、机关、公司的多个局域网互联的需求，以实现大量用户之间的数据、语音、图形与视频等多种信息的传输。城域网基本上是一种大型的局域网，通常使用与局域网相似的技术，把它单列为一类的主要原因是它有单独的标准而且已被应用。

城域网的地理范围可从几十千米到上百千米，可覆盖一个城市或地区，分布在一个城市内，是一种中等规模的网络。

③广域网。

广域网也称远程网。它所覆盖的地理范围从几十千米到几千千米。广域网覆盖一个国家、地区，或横跨几个洲，形成国际性的远程网络。广域网的通信子网主要使用分组交换技术，利用公用分组交换网、卫星通信网和无线分组交换网等将分布在不同地区的计算机系统互联起来，达到资源共享的目的。

（2）按网络的交换方式分类

按交换方式进行分类，计算机网络可以分为三类：电路交换、报文交换、分组交换。

①电路交换。

电路交换最早出现在电话系统中，早期的计算机网络就是采用这种方式来传输数据的；数字信号经过变换成为模拟信号后才能在线路上传输。

②报文交换。

报文交换是一种数字化网络。当通信开始时，源机发出的一个报文被存储在交换器里，交换器根据报文的目的地址选择合适的路径发送报文，这种方式称作存储—转发方式。

③分组交换。

分组交换采用报文传输，但它不是以不定长的报文作为传输的基本单位的，而是将一个长的报文划分为许多定长的报文分组，以分组作为传输的基本单位，具有灵活性高、传输效率高等特点。这不仅大大简化了对计算机存储器的管理，而且加速了信息在网络中的传播速度。由于分组交换优于电路交换和报文交换，具有许多优点，因此已成为计算机网络的主流。

（3）按网络的拓扑结构分类

计算机网络的物理连接形式叫作网络的物理拓扑结构。连接在网络上的计算机、大容量外存、高速打印机等设备均可看作网络上的一个节点，也称为工作站。按拓扑结构进行分类，计算机网络可以分为五类：星形网络、环形网络、总线形网络、树形网络、网状网络。

①星形网络。

星形网络是以中央节点为中心，与各节点连接组成的，各个节点间不能直接通信，而是经过中央节点控制进行通信，如图6-1-2所示。这种结构适用于局域网，是以双绞线或同轴电缆作为连接线路的。

②环形网络。

环形网络中各节点通过环路接口连在一条首尾相连的闭合环形通信线路中，环路上的任何节点均可以请求发送信息，如图6-1-3所示。请求一旦被批准，便可以向环路发送信息。

一个节点发出的信息必须穿越环中所有的环路接口，信息流中的目的地址与环上某节点地址相符时，即被该节点的环路接口所接收，而后信息继续流向下一环路接口，一直流回到发送该信息的环路接口节点为止。

这种结构特别适用于实时控制的局域网系统。

③总线形网络。

用一条称为总线的中央主电缆将相互之间以线性方式连接的工作站连接起来的布局方式称为总线形网络，如图6-1-4所示。总线形拓扑结构是一种共享通路的物理结构。在这种结构中，总线具有信息的双向传输功能，普遍用于局域网的连接。总线一般采用同轴电缆或双绞线。

图6-1-2　星形网络　　　　图6-1-3　环形网络　　　　图6-1-4　总线形网络

④树形网络。

树形网络是总线形网络的扩展，它是在总线网上加上分支形成的，其传输介质可有多条分支，但不形成闭合回路，如图6-1-5所示。树形拓扑结构就像一棵"根"朝上的树，与总线形拓扑结构相比，主要区别在于总线形拓扑结构中没有"根"。树形拓扑结构的网络一般采用同轴电缆，用于军事单位、政府部门等上、下界限相当严格和层次分明的部门。

⑤网状网络。

将多个子网或多个网络连接起来就构成网状网络，如图6-1-6所示。在一个子网中，集线器、中继器将多个设备连接起来，而桥接器、路由器及网关则将子网连接起来。

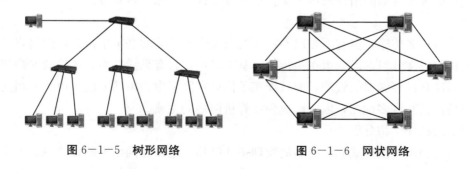

图6-1-5　树形网络　　　　图6-1-6　网状网络

4.　计算机网络的功能

计算机网络最主要的功能是资源共享和通信，除此之外还有均衡负荷、分布处理和提高系统安全与可靠性等。

（1）软、硬件共享

计算机网络允许网络上的用户共享网络中各种不同类型的硬件设备，可共享的硬件资源有高性能计算机、大容量存储器、打印机、图形设备、通信线路、通信设备等。共享硬件的好处是提高硬件资源的使用效率、节约开支。

现在已经有许多专供网上使用的软件，如数据库管理系统、各种 Internet 信息服务软件等。共享软件允许多个用户同时使用，并能保持数据的完整性和一致性。特别是客户机/服务器（Client/Server，C/S）和浏览器/服务器（Browser/Server，B/S）模式出现后，人们可以使用客户机来访问服务器，而服务器软件是共享的。在 B/S 方式下，软件版本的升级修改只需在服务器上进行，全网用户都可立即享受。可共享的软件种类很多，包括大型专用软件、各种网络应用软件、各种信息服务软件等。

（2）信息共享

信息也是一种资源，Internet 就像一个信息的海洋，有取之不尽、用之不竭的信息与数据，如图6-1-7 所示。每一个接入 Internet 的用户都可以共享这些信息资源。可共享的信息资源有搜索与查询的信息、Web 服务器上的主页及各种链接、FTP 服务器中的软件、各种各样的电子出版物、网上消息、报告和广告、网上大学、网上图书馆等。

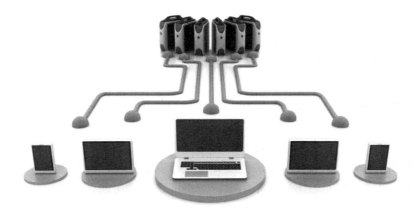

图6-1-7　信息共享

（3）通信

通信是计算机网络的基本功能之一，它可以为网络用户提供强有力的通信手段。建设计算机网络的主要目的就是让分布在不同地理位置的计算机用户能够相互通信、交流信息。计算机网络可以传输数据以及声音、图像、视频等多媒体信息。利用网络的通信功能，可以发送电子邮件、打电话、举行网上视频会议等。

（4）均衡负荷与分布处理

均衡负荷是指将网络中的工作负荷均匀地分配给网络中的各计算机系统。当网络上某台主机的负载过重时，通过网络和一些应用程序的控制和管理，可以将任务交给网络上其他的计算机去处理，充分发挥网络系统上各主机的作用。分布处理将一个作业的处理分为三个阶段：提供作业文件，对作业进行加工处理，把处理结果输出。在单机环境下，上述三步都在本地计算机系统中进行。在网络环境下，根据分布处理的需求，可将作业分配给其他计算机系统进行处理，以提高系统的处理能力，高效地完成一些大型应用系统的程序计算以及大型数据库的访问等。

（5）系统的安全与可靠性

系统的安全与可靠性对于军事、金融和工业过程控制等部门的应用特别重要。计算机通过网络中的冗余部件可以大大提高可靠性。例如在工作过程中，一台机器出现了故障，可以使用网络中的另一台机器；网络中一条通信线路出现了故障，可以取道另一条线路，从而提高网络整体的可靠性。

5. 计算机网络的体系结构

计算机网络的体系结构就是为了完成计算机之间的通信，把计算机互联的功能划分成有明确定义的层次，并规定同层次实体通信的协议及相邻层之间的接口服务。将这些同层次实体通信的协议及相邻层之间的接口统称为网络体系结构。简而言之，层和协议的集合称为网络体系结构。

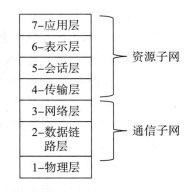

图 6－1－8　OSI 参考模型

（1）OSI 参考模型

OSI（Open System Interconnect），即开放系统互联，一般称为 OSI 参考模型，是 ISO 组织在 1985 年研究的网络模型标准。该标准定义了网络互联的 7 层框架，如图 6－1－8 所示。在这一框架下进一步详细规定了每一层的功能，以实现环境中的互联性和应用的可移植性。

①物理层。

物理层是 OSI 参考模型的最低层，它利用传输介质为数据链路层提供物理连接。它主要关心的是通过物理链路从一个节点向另一个节点传送比特流。物理链路可能是铜线、卫星、微波或其他的通信媒介。它关心的问题有：多少伏电压代表 1？多少伏电压代表 0？时钟速率是多少？采用全双工还是半双工传输？总的来说，物理层关心的是链路的机械、电气、功能和规程特性。

②数据链路层。

数据链路层是为网络层提供服务的，解决两个相邻节点之间的通信问题，传送的协议数据单元称为数据帧。数据帧中包含 MAC 地址、控制码、数据及校验码等信息。该层的主要作用是通过校验、确认和反馈重发等手段，将不可靠的物理链路转换成对网络层来说无差错的数据链接。

此外，数据链路层还要协调收发双方的速度，即进行流量控制，以防止接收方因来不及处理发送方发来的高速数据而导致缓冲器溢出及线路阻塞。数据链路层常用的设备有网桥、交换机等。

③网络层。

网络层是为传输层提供服务的，传送的协议数据单元称为数据包或分组。该层的主要作用是解决如何使数据包通过各节点传送的问题，即通过选择算法，将数据包送到目的地。另外，为避免传送中出现过多的数据包而造成拥塞，需要对流入的数据包数量进行控制。当数据包要跨越多个通信子网才能到达目的地时，还要解决网际互联的问题。

④传输层。

传输层的作用是为上层协议提供端到端的可靠和透明的数据传输服务，包括处理差错控制和流量控制等问题。该层向高层屏蔽了下层数据通信的细节，使高层用户看到的只是在两个传输实体间的一条主机到主机的、可由用户控制和设定的、可靠的连接。

传输层传送的协议数据单元称为段或报文。

⑤会话层。

会话层的主要功能是管理和协调不同主机上各种进程之间的对话，即负责建立、管理和终止应用程序之间的会话。会话层得名的原因是它很类似于两个实体间的会话概念。例如，一个交互的用户会话以登录到计算机为开始，以注销为结束。

⑥表示层。

表示层处理流经节点的数据的表示方式问题，以保证一个系统应用层发出的信息可被另一个系统的应用层读出。如有必要，该层可提供一种标准表示形式，用于将计算机内部的多种格式转换成表示层中采用的标准表示形式。数据压缩和加密也是表示层可提供的转换功能之一。

⑦应用层。

应用层是 OSI 参考模型的最高层，是用户与网络的接口。该层通过应用程序来完成网络用户的应用需求，如收发电子邮件等。

（2）ICP/IP 模型

除了 OSI 参考模型，TCP/IP 模型是目前最成功的网络通信模型，用于构筑目前最大的、开放的互联网络系统 Internet。TCP/IP 模型包含 4 个层次的功能。

①网络接口层。

该层是整个网络体系结构的基础部分，负责接收 IP 层的 IP 数据包，通过网络向外发送，或接收处理从网络上来的物理帧，抽取出 IP 数据包并向 IP 层发送。该层是主机与网络的实际连接层。

②网际层。

该层是整个网络体系结构的核心部分，负责处理互联网中各计算机之间的通信，向传输层提供统一的数据包。它的主要功能是处理来自传输层的分组发送请求，处理接收的数据包和互联的路径。

网际层的 IP 协议提供不可靠、无连接的数据传输服务。数据包从一个主机经过多个路由器到达目的主机。如果路由器不能正确地传输数据包，或者检测到异常现象影响数据包的正确传输，其就要通知源主机采取相应的措施。ICMP 协议为 IP 协议提供了差错控制、网络拥塞控制和路由控制等功能。

网际层的 ARP 协议提供地址转换服务，查找与给定 IP 地址对应的主机的网络物理地址（MAC 地址）。与 ARP 协议相反的是 RARP 协议，RARP 协议主要解决物理地址到 IP 地址的转换问题。

③传输层。

该层是整个网络体系结构的控制部分，负责应用进程之间端到端的通信。传输层定义了两种协议：传输控制协议 TCP 与用户数据报协议 UDP。TCP 是一种可靠的面向连接的协议，允许从一台机器发出的字节流无差错地发往网络上的其他机器。TCP 将应用协议的字节流分成报文段，并将报文段传输给网络层。在接收端，TCP 接收进程将收到的报文段再组装成应用协议字节流。TCP 还可用于处理流量控制，以避免快速发送方向低速接收方发送过多报文，而使接收方无法处理。UDP 是一种不可靠的无连接协议，与 TCP 不同的是，它不进行分组顺序的检查和差错控制，而是把这些工作交给上一级应用层完成。

④应用层。

该层包括所有的高层协议，并且总是不断有新的协议加入。与 OSI 参考模型不同的是，TCP/IP 模型中没有会话层和表示层。由于并不是所有的网络服务都需要会话层和表示层的功能，因此，这些功能逐渐被融合到 TCP/IP 模型中应用层的那些特定的网络服务中。应用层是网络操作者的应用接口，正如发件人将信件放进邮筒一样，网络用户只需在应用程序中单击发送数据按钮，其余的任务就都由应用层以下的各层完成。

6. 计算机网络设备

（1）调制解调器

调制解调器是由调制器与解调器组合而成的，故称为调制解调器，如图 6—1—9 所示。调制器的基本职能就是把从终端设备和计算机送出的数字信号转变成适合在电话线、有线电视线等模拟信道上传输的模拟信号；解调器的基本职能是将从模拟信道上接收到的模拟信号恢复成数字信号，交给终端计算机处理。

（2）中继器

中继器是一种简单的网络互联设备，工作于 OSI 的物理层，如图 6－1－10 所示。它主要负责在两个节点的物理层上按位传递信息，完成信号的复制、调整和放大，以此来延长网络的长度。一般情况下，中继器的两端连接的是相同的媒体。

图 6－1－9　调制解调器

图 6－1－10　中继器

（3）集线器

集线器又称"Hub"，是双绞线网络中将双绞线集中到一起以实现联网的物理层网络设备，对信号有整形放大的作用，其本质是一个多端口的中继器。集线器是一个共享设备，使网络中的所有用户可以共享带宽；集线器又是一个多端口的信号放大设备，主要用于星形以太网中。

（4）网卡

网卡是网络接口卡的简称，也称为网络适配器，是计算机网络中必不可少的基本设备，如图 6－1－11 所示。网卡是网络接入设备，是单机与网络中其他计算机之间通信的桥梁，为计算机之间提供透明的数据传输。每台接入网络的计算机都必须安装网卡。

图 6－1－11　网卡

（5）交换机

交换机是专门设计的、使计算机能够相互高速通信的独享带宽的网络设备，如图 6－1－12 所示。在计算机网络系统中，交换概念的提出主要是为了改进共享工作模式。交换机拥有一条带宽很大的背部总线和内部交换矩阵，所有的端口都挂接在这条背部总线上。在控制电路接收到数据包后，处理端口会查找内存中的地址对照表以确定目的地址挂接在哪个端口上，通过内部交换矩阵迅速地将数据包传送到目的端口。

（6）路由器

路由器是网络层的中继系统，可以在速度不同的网络和类型不同的网络之间进行数据转发。路由器工作在网络层，适用于运行了多种网络协议的大型网络，如图 6－1－13 所示。

图 6－1－12　交换机

图 6－1－13　路由器

项目实施

Windows 10 提供了强大的硬件设备管理功能，可以在系统的【控制面板】中查看和管理相应的网络设备，下面介绍查看和设置计算机网卡的方法。

在【开始】菜单中打开【控制面板】—【网络与共享中心】，在此界面可以看到计算机网络的基本情况。

点击左侧菜单【更改适配器设置】，进入网卡管理界面，如图 6－1－14 所示。显示的网卡包括计算机中的有线网卡和无线网卡、用户自己安装或者其他软件虚拟出来的逻辑网卡等。处于连接状态的网络呈绿色，处于断开状态的网络则带有红色叉号。

图 6－1－14　网卡管理界面

选择一块网卡，点击【右键菜单】—【状态】，可以查看当前网卡的工作状态，如图 6－1－15 所示。

点击【属性】按钮，打开网卡属性对话框，在【Internet 协议版本 4（TCP/IPv4）属性】中，可以为网卡设置 IP 地址和 DNS 地址，如图 6－1－16 所示。

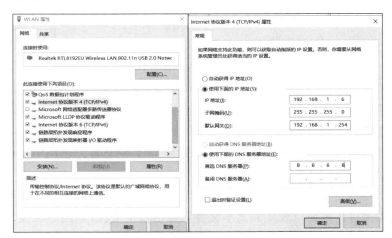

图 6－1－15　网卡的工作状态　　　　图 6－1－16　设置 IP 地址及 DNS 地址

课后练习

选择题

1. 最早建成的计算机网络是（　　　）

A. ARPAnet　　　　　　　　　　　　B. NSFnet

C. Internet　　　　　　　　　　　　D. 以太网

2. 按照网络覆盖范围进行分类，覆盖面积最小的是（　　　）

A. 区域网   B. 局域网
C. 城域网   D. 广域网
3. 在网络体系结构中，转发数据包，运行路由选择算法的是哪一层（　　　）
A. 物理层   B. 数据链路层
C. 网络层   D. 传输层

项目二　Internet 应用

项目展示

Internet 是世界上最大、覆盖面最广的计算机互联网络，它将全世界不同国家、不同地区、不同部门和机构的不同类型的计算机和各种计算机网络连接在一起，形成一个全球性网络。在本项目中，我们将学习到 Internet 的诞生、发展、相关概念以及常见的 Internet 应用。

支撑知识

1. Internet 的诞生与发展

（1）Internet 的诞生

Internet 的由来可以追溯到 1962 年。当时，美国国防部为了保证美国本土防卫力量和海外防御武装在受到苏联第一次核打击以后仍然具有一定的生存和反击能力，认为有必要设计出一种分散的指挥系统：它由一个个分散的指挥点组成，当部分指挥点被摧毁后，其他指挥点仍能正常工作，并且这些指挥点之间能够绕过那些已被摧毁的指挥点而继续保持联系。为了对这一构思进行验证，1969 年，美国国防部国防高级研究计划署资助建立了一个名为 ARPAnet 的网络，ARPAnet 就是 Internet 的雏形。

1972 年，ARPAnet 网上的网点数已经达到 40 个，这 40 个网点彼此之间可以发送小文本文件和利用文件传输协议发送大文本文件（包括数据文件），同时也发现了通过把一台电脑模拟成另一台远程电脑的一个终端而使用远程电脑上的资源的方法，这种方法被称为 Telnet。

（2）Internet 的发展

Internet 的第一次快速发展源于美国国家科学基金会的介入，即建立 NSFnet。从 1986 年至 1991 年，NSFnet 的子网从 100 个迅速增加到 3000 多个。

Internet 在 20 世纪 80 年代的扩张不仅带来量的改变，而且带来某些质的变化。由于多种学术团体、企业研究机构甚至个人用户的进入，Internet 的使用者不再限于纯计算机专业人员。新的使用者发现计算机相互间的通信对他们来讲更有吸引力。于是，他们逐步把 Internet 当作一种交流与通信的工具，而不仅仅是共享巨型计算机的运算能力。

进入 20 世纪 90 年代初期，Internet 事实上已成为一个"网际网"：各个子网分别负责自己的架设和运作费用，而这些子网又通过 NSFnet 互联起来。NSFnet 连接全美上千万台计算机，拥有几千万用户，是 Internet 最主要的成员网。随着计算机网络在全球的拓展和扩散，美洲以外的网络也逐渐接入

NSFnet主干或其子网。

1995 年，NSFnet 停止运作，Internet 已经彻底商业化了。

中国于 1994 年 3 月加入 Internet，而后中国教育与科研计算机网、中国科学技术计算机网、中国公用计算机互联网、中国金桥互联网组成了骨干网络，为中国成千上万的互联网用户提供 Internet 的各项服务。截至 2018 年底，中国网民规模达到 8.29 亿，网站总数量为 523 万个，互联网普及率达 59.6%。

2. IP 地址与域名

（1）IP 地址

网络上的两台计算机之间在相互通信时，其所传送的数据包里都会含有某些附加信息，这些附加信息就是发送数据的计算机的地址和接受数据的计算机的地址。人们为了通信的方便会给每一台计算机都事先分配一个类似日常生活中的电话号码一样的标识地址，该标识地址就是 IP 地址。根据 TCP/IP 协议规定，IP 地址是由 32 位二进制数组成的，而且在 Internet 范围内是唯一的。例如，某台计算机的 IP 地址为 11000000101010000000000100000110。显然这些数字对于人们来说不太好记忆。为了方便记忆，人们就将组成计算机的 IP 地址的 32 位二进制数分成四段，每段 8 位，中间用小数点隔开，然后将每 8 位二进制数转换成十进制数，这样上述计算机的 IP 地址就变成了 192.168.1.6。

如果把整个 Internet 网看作一个单一的网络，那么 IP 地址就是给每一个连接在 Internet 网的主机分配的一个全世界范围内唯一的标识符。Internet 管理委员会定义了 A、B、C、D、E 五类地址，在每类地址中，还规定了网络编号（net-id）和主机编号（host-id）。其中 A、B、C 三类地址如图 6-2-1所示。下面介绍的都是版本 4 的 IP 地址，称为 IPv4。

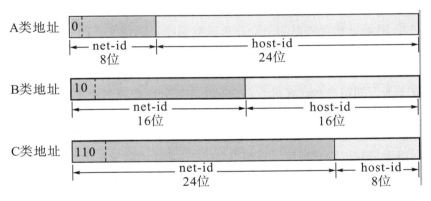

图 6-2-1　A、B、C 三类地址

A 类地址：A 类地址的网络标识由第一组 8 位二进制数表示，A 类地址的特点是网络标识的第一位二进制数取值必须为"0"。不难算出，A 类地址第一段地址是 00000001，最后一段地址是 01111111，换算成十进制数就是 127，其中 127 留作保留地址，A 类地址的第一段范围是 1～126，A 类地址允许有 $2^7-2=126$ 个网段（减 2 是因为 0 不用，127 留作他用），网络中的主机标识占 3 组 8 位二进制数，每个网络允许有 $2^{24}-2=16777214$ 台主机（减 2 是因为全 0 地址为网络地址，全 1 为广播地址，这两个地址一般不分配给主机）。A 类地址通常分配给拥有大量主机的网络。

B 类地址：B 类地址的网络标识由前两组 8 位二进制数表示，网络中的主机标识占两组 8 位二进制数，B 类地址的特点是网络标识的前两位二进制数取值必须为"10"。B 类地址第一段地址是 10000000，最后一段地址是 10111111，换算成十进制数则 B 类地址的第一段范围就是 128～191，B 类地址允许有 $2^{14}=16384$ 个网段，网络中的主机标识占 2 组 8 位二进制数，每个网络允许有 $2^{16}-2=$

65534 台主机，适用于节点数比较多的网络。Internet 有 16383（$2^{14}-1$）个 B 类地址（因为 B 类地址 128.0.0.0 是不指派的，所以可以指派的最小地址为 128.1.0.0）。

C 类地址：C 类地址的网络标识由前 3 组 8 位二进制数表示，网络中主机标识占一组 8 位二进制数，C 类地址的特点是网络标识的前 3 位二进制数取值必须为"110"。C 类地址第一段地址是 11000000，最后一段地址是 11011111，换算成十进制数则 C 类地址第一段范围就是 192～223，C 类地址允许有 $2^{21}=2097152$ 个网段，网络中的主机标识占 1 组 8 位二进制数，每个网络允许有 $2^8-2=254$ 台主机，适用于节点数比较少的网络。

IPv4 的核心技术属于美国。它的最大问题是网络地址资源有限，从理论上讲，IPv4 可编址约 1600 万个网络、40 亿台主机。但采用 A、B、C 三类编址方式后，可用的网络地址和主机地址的数目大打折扣，以至目前的 IP 地址近乎枯竭。地址的不足，严重地制约了我国及其他国家互联网的应用和发展。

一方面是地址资源数量的限制，另一方面是随着电子技术及网络技术的发展，计算机网络已经进入人们的日常生活，可能身边的每一样东西都需要连入 Internet。在这样的背景下，IPv6 应运而生。IPv6 是 IPv4 的下一代版本，单从数字上来说，IPv6 所拥有的地址容量是 IPv4 的约 8×10^{28} 倍，达到 $2^{128}-1$ 个。这不但解决了网络地址资源数量受限的问题，同时也解决了除电脑外的连入 Internet 的设备的数量限制的问题。IPv6 正处在不断发展和完善的阶段，它在不久的将来将取代目前被广泛使用的 IPv4。

（2）域名

域名（Domain Name），是由一串用点分隔的名字组成的 Internet 上某一台计算机或计算机组的名称，用于在数据传输时标识计算机的位置。应用域名的主要目的是便于记忆服务器的地址。域名由若干部分组成，各部分之间用小数点分开，可以是字母或数字等，域名前加上传输协议信息及主机类型信息就构成了网址（URL）。域名系统（Domain Name System，DNS）是互联网的一项核心服务，它作为可以将域名和 IP 地址相互映射的一个分布式数据库，能够使人们更方便地访问互联网，而不用去记住 IP 地址。

网络是基于 TCP/IP 协议进行通信和连接的，每一台主机都有一个唯一的固定标识——IP 地址，以区别在网络上成千上万的用户和计算机。一个网络在区分所有与之相连的其他网络和主机时，均采用了一种唯一的、通用的地址格式，即每一个与网络相连接的计算机和服务器都被指派了一个独一无二的地址。为了保证网络上每台计算机的 IP 地址的唯一性，用户必须向特定机构申请注册，该机构根据用户单位的网络规模和近期发展计划分配 IP 地址。网络中的地址方案分为两套：IP 地址系统和域名地址系统。这两套地址系统是一一对应的关系。IP 地址用二进制数表示，由于 IP 地址是数字标识，使用时难以记忆和书写，因此在 IP 地址的基础上又发展出一种符号化的地址方案来代替数字型的 IP 地址。每一个符号化的地址都与特定的 IP 地址对应，这样网络上的资源访问起来就容易得多了。这个与网络上的数字型 IP 地址相对应的字符型地址，就被称为域名。

可以将域名理解成上网企业的名称，它是一个通过计算机登录网络的企业在该网络中的地址。一个企业如果希望在网络上建立自己的主页，就必须取得一个域名。域名由若干部分组成，包括数字和字母。通过该地址，人们可以在网络上找到所需的详细资料。域名是上网企业和个人在网络上的重要标识，起着识别作用，便于他人识别和检索某一企业、组织或个人的信息，从而更好地实现网络上的资源共享。

域名可分为不同级别，包括通用顶级域名（GTLD）、国别域名（NTLD）与中文域名等。

①通用顶级域名。

由于 Internet 是在美国发源的，因此最早的域名并无国家标识，人们按用途把它们分为几个大类，分别以不同的后缀结尾：.com（用于商业机构）、.net（用于网络服务提供者）、.org（用于非营利组织）、.gov（用于政府机构）、.edu（用于教育机构）等。最初的域名体系也主要供美国使用，随着 Internet 向全世界发展，像.com、.org、.net、.gov 等域名则成为全世界通用，因此这类域名通常称为"通用国际域名"，如表 6-2-1 所示。

表 6-2-1 通用国际域名

域名	含义	域名	含义
.com	商业机构	.mil	军事机构
.edu	教育机构	.net	网络服务提供者
.gov	政府机构	.org	非营利组织
.int	国际机构	.firm	企业和公司
.store	商业企业	.web	从事 Web 相关业务的实体
.rec	从事休闲娱乐业的个体	.info	从事信息服务业的实体
.nom	从事个人活动的个体		

②国别域名。

国别域名是区分不同国家和地区的域名，例如.cn 代表中国，.jp 代表日本。

③中文域名。

由于互联网起源于美国，英文成为互联网资源的主要描述性文字。这虽然促进了互联网技术和应用的国际化，但也成为一些非英语文化地区人们融入互联网世界的障碍。中文域名系统的推出为中文使用者访问互联网上的资源带来了便利。包括中国互联网络信息中心（CNNIC）在内的一些研究和服务机构都在为此做着不懈的努力。

3．Internet 应用

（1）WWW 服务

WWW（World Wide Web）简称 Web，常译为"万维网"。它是目前 Internet 上最方便、最受用户欢迎的信息服务类型。借助网页浏览器，用户可以方便地浏览万维网中的文字、图像、音频、视频等多媒体资源。和万维网密切相关的主要协议如下：

URL：全称 Uniform Resource Locator，即统一资源定位符，也被称为网页地址，是万维网上资源的标准地址。

HTTP：全称 Hyper Text Transfer Protocol，即超文本传输协议，是互联网上应用最为广泛的一种网络协议。所有的 WWW 都必须遵守这个标准。设计 HTTP 最初的目的是提供一种发布和接收 HTML 页面的方法。

HTML：全称 Hyper Text Markup Language，即超文本标记语言。HTML 文本是由 HTML 命令组成的描述性文本。HTML 命令可以说明文字、图形、动画、声音、表格、链接等，即平常上网所看到的网页。

（2）FTP 服务

FTP（File Transfer Protocol，文件传输服务）是 TCP/IP 网络上两台计算机传送文件的协议，其是在 TCP/IP 网络和 Internet 上最早使用的协议之一，属于网络协议组的应用层。FTP 客户机可以给服务器发出命令来下载文件、上传文件、创建或改变服务器上的目录。

FTP 服务可以使用用户名和密码进行身份验证。匿名 FTP 允许用户从 Internet 访问文件、程序和其他数据，而无须用户 ID 或密码。

同大多数 Internet 服务器一样，FTP 也是一个客户/服务器系统。用户通过一个客户机程序连接至远程计算机上运行的服务器程序。依照 FTP 协议提供服务并进行文件传送的计算机就是 FTP 服务器，而连接 FTP 服务器、遵循 FTP 协议与服务器传送文件的电脑就是 FTP 客户端。用户要连上 FTP 服务器，就要用到 FTP 的客户端软件，通常可以使用 Windows 自带的"ftp"命令，它是一个命令行式的 FTP 客户程序。另外常用的 FTP 客户端软件还有 CuteFTP、Flashfxp 等。

（3）电子邮件

电子邮件（Electronic Mail），简称 E-mail，又称电子信箱，是一种用电子手段提供信息交换的通信方式，是 Internet 应用最广的服务之一。通过电子邮件系统（图 6-2-2），用户可以非常快速地与世界上任何一个角落的网络用户相联系，这些电子邮件可以包含文字、图像、声音等各种元素。正是由于电子邮件使用简易、投递迅速、收费低廉、易于保存、全球畅通，使得电子邮件被广泛地应用，它使人们的交流方式得到了极大的改变。

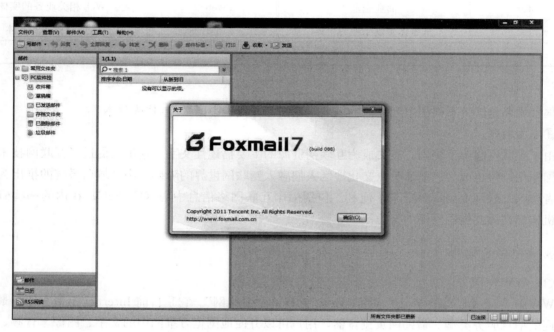

图 6-2-2　常用电子邮件客户端 Foxmail

（4）即时通信

即时通信（Instant Messaging），简称 IM，可以允许两人或多人使用网络实时地传递文字信息、文件、语音及视频信息，促成双方或者多方的交流。

近年来，即时通信服务涵盖的功能日益丰富，逐渐集成了电子邮件、博客、音乐、电视、游戏和搜索等多种功能。即时通信不再是一个单纯的聊天工具，它已经发展成集交流、资讯、娱乐、搜索、电子商务、办公协作和企业客户服务等于一体的综合化信息平台。随着移动互联网的发展，互联网即时通信也在向移动化扩张。目前，腾讯等重要的即时通信提供商都提供通过手机接入互联网即时通信的业务，用户可以通过手机与其他已经安装了相应客户端软件的手机或电脑端进行信息互动。

最早的即时通信软件是 ICQ，目前国内较流行的即时通信软件有 QQ、微信、钉钉等。

（5）搜索引擎

常用的搜索引擎一般指全文索引引擎，国外代表是谷歌搜索，国内代表是百度搜索。它们从互联网中提取各个网站的信息，建立起数据库，并能检索与用户查询条件相匹配的资源，按一定的排列顺序返回结果。

根据搜索结果来源的不同，全文索引引擎可分为两类：一类是拥有自己的网页抓取、索引、检索系统，有独立的"蜘蛛"（Spider）程序，能自建网页数据库，搜索结果直接从自身的数据库中调用，上面提到的谷歌搜索和百度搜索就属于此类；另一类是租用其他搜索引擎的数据库，并按自定义的格式排列搜索结果，如 Lycos 搜索引擎。

每个独立搜索引擎的 Spider 会顺着网页中的超链接连续地抓取网页。被抓取的网页称为网页快照。由于在互联网中超链接的应用很普遍，从理论上说能搜集到绝大多数的网页。搜索引擎抓到网页后，还要做大量的预处理工作，才能提供检索服务。其中，最重要的就是提取关键词，建立索引文件。其他还包括去除重复网页、分词、判断网页类型、分析超链接、计算网页的重要度/丰富度等。提供检索服务时，用户输入关键词进行检索，搜索引擎从索引数据库中找到匹配该关键词的网页。为了便于用户判断，除了网页标题和 URL，搜索引擎还会提供一段来自网页的摘要以及其他信息。

项目实施

1. 使用 Microsoft Edge 浏览 Internet 资源

Microsoft Edge 是微软公司为最新的 Windows 10 操作系统推出的浏览器，其具有快速、安全、轻量等特点。下面以 Edge 为例介绍浏览器的使用方法。

在 Windows 10 中，可通过【开始菜单】或者桌面底部的【任务栏】启动 Edge。Edge 启动后的界面如图 6-2-3 所示。

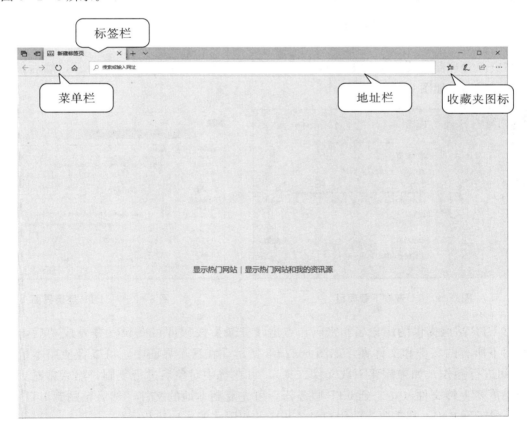

图 6-2-3　Edge 启动界面

在地址栏中直接输入网站的地址后按【Enter】键，即可打开相应网页。对于经常访问的网站，可以点击网址右边的星形图标，将其添加到收藏夹，如图 6-2-4 所示。

图 6-2-4　将网站添加到收藏夹

之后，用户就可以在收藏夹中快速访问网站。

在用户浏览网页的过程中，浏览器会为其自动保存浏览记录（历史页面、登录表单及密码等），这些浏览记录可以通过【设置】功能进行清除。

单击【菜单栏】最右侧的【设置与其他菜单】，在弹出菜单中选择【设置】，接着在【隐私和安全性】选项卡中选择【选择要清除的内容】，勾选要删除的项，点击【清除】按钮即可删除相关内容，如图 6-2-5 所示。

在【设置与其他菜单】中，还可以方便地查看浏览网页过程中下载的资料和数据，如图 6-2-6 所示，可以看到下载完成的项目和正在下载的项目。双击下载完成的项目可直接打开该文件。

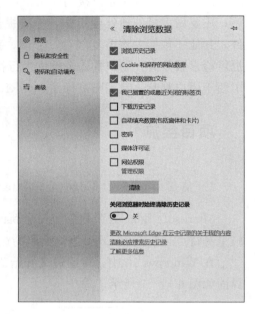

图 6-2-5　清除浏览数据

2. 使用 FTP 服务

一些公司和学校会建立专门的 FTP 服务器，为用户提供 FTP 服务。可以使用资源管理器连接 FTP 站点，进行文件的上传和下载。

首先在资源管理器的【地址栏】中输入 FTP 地址，如"ftp：∥192.168.1.6"，然后按【Enter】键，弹出登录界面，如图 6-2-7 所示。

图 6-2-6　查看下载项目

图 6-2-7　FTP 登录界面

输入由 FTP 站点提供的用户名和密码，点击【登录】按钮即可登录。登录成功后，会看到当前用户空间下所有的文件和文件夹，如图 6-2-8 所示。在这个界面中，可以像使用本机文件一样对 FTP 空间进行操作。如果需要下载文件（夹），可在选中对象后进行复制，然后粘贴到本地的目录下。如果需要上传文件（夹）到 FTP 服务器，可先复制本地的文件，然后粘贴到 FTP 空间。

无论下载还是上传，都需要当前用户具备相应的权限才能成功执行操作。

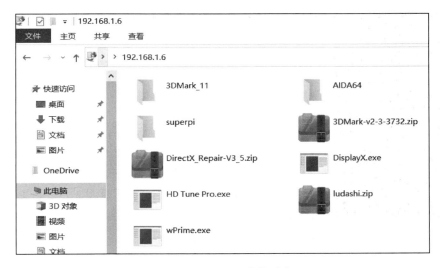

图 6-2-8 FTP 文件列表

3. 使用电子邮件

QQ 邮箱是最常见的电子邮件服务提供商，下面以 QQ 邮箱为例简单介绍电子邮件的使用。用户只要拥有一个 QQ 号码，便会自动获得一个与之关联的 QQ 邮箱，邮箱地址形式为"QQ 号码@QQ.com"。通过 QQ 软件上的电子邮箱功能按钮，或者直接登录网址"https：//mail.qq.com/"，以 QQ 号码及密码即可使用邮箱服务。QQ 邮箱主页如图 6-2-9 所示。

点击邮箱首页左上角的【写信】按钮，开始撰写电子邮件；在【收件人】中填入收件人的邮箱地址；在【主题】中填写邮件的标题；在【正文】中编辑邮件的内容。另外，通过【添加附件】按钮，还可以在邮件中附带上其他的资料或数据，如图 6-2-10 所示。

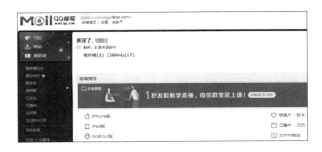

图 6-2-9 QQ 邮箱主页

图 6-2-10 为邮件添加附件

点击邮箱首页左侧的【收信】或者【收件箱】按钮，可以查看接收到的邮件。点击每封邮件的标题，可阅览详细内容，如图 6-2-11 所示。电子邮箱还有一些常用的功能，介绍如下：

通讯录：收藏常用的邮件联系人。

草稿箱：已编辑撰写但没有发送出去的邮件会存放在草稿箱中。

已发送：存放已成功发出的邮件。

已删除：存放删除的邮件。

图 6-2-11　收件箱邮件列表

课后练习

操作题 1：发送电子邮件

1. 在网易网站申请一个免费的电子邮箱。

2. 发送一封新邮件，内容如下：

收件人：jianjinyi231254566@163.com

抄送至：shandong183245667@sohu.com

主题：计算机练习

正文：您好，这是一封计算机操作练习的邮件。

操作题 2：搜索及下载资源

1. 打开 Edge 浏览器。

2. 进入必应搜索主页 http://cn.bing.com。

3. 输入搜索的关键字"迅雷"，进行搜索。

4. 在返回的搜索结果中，选择合适的迅雷软件下载链接，把文件下载到 D 盘根目录。

项目三　计算机网络安全

项目展示

随着全球信息化的飞速发展，大量建设的各种信息化系统已经成为国家和政府的关键基础设施。网络已经成为社会和经济发展的强大推动力，其地位越来越重要。在资源共享广泛用于政治、军事、经济以及科学各个领域的同时，也产生了各种各样的问题，其中安全问题尤为突出。安全不仅涉及个人利益、企业生存、金融风险，而且直接关系社会稳定等诸多方面，因此，网络安全是信息化进程中具有重大战略意义的问题。本项目将学习网络安全的概念、主要威胁及主要技术。

支撑知识

1. 网络安全的概念

国际标准化组织（ISO）对计算机系统安全的定义：为数据处理系统建立和采用的技术和管理的安全保护，保护计算机硬件、软件和数据不因偶然和恶意的原因遭到破坏、更改和泄露。建立网络安全保护措施的目的是确保经过网络传输和交换的数据不会发生增加、修改、丢失和泄露等。

网络安全的主要特征如下：

完整性：指信息在传输、交换、存储和处理过程中保持非修改、非破坏和非丢失的特性，即保持信息原样性，使信息能正确生成、存储、传输，这是最基本的安全特征。

保密性：指信息按给定要求不泄漏给非授权的个人、实体或过程，或提供其利用的特性，即杜绝有用信息泄漏给非授权个人或实体，强调有用信息只被授权对象使用的特征。

可用性：指网络信息可被授权实体正确访问，并按要求能正常使用或在非正常情况下能恢复使用的特征，即在系统运行时能正确存取所需信息，当系统遭受攻击或破坏时，能迅速恢复并能投入使用。可用性是衡量网络信息系统面向用户的一种安全性能。

不可否认性：指通信双方在信息交互过程中，确信参与者本身，以及参与者所提供的信息的真实同一性，即所有参与者都不可否认或抵赖本人的真实身份，以及提供信息的原样性和完成的操作与承诺。

可控性：指对流通在网络系统中的信息传播及具体内容能够实现有效控制的特性，即网络系统中的任何信息要在一定传输范围和存放空间内可控。除了采用常规的传播站点和传播内容监控这种形式外，最典型的如密码的托管政策，当加密算法交由第三方管理时，必须严格按规定可控执行。

2. 网络安全的主要威胁

（1）黑客的恶意攻击

黑客是一群利用自己的技术专长专门攻击网站和计算机而不暴露身份的计算机用户，黑客技术逐渐被越来越多的人掌握和发展。目前世界上约有 20 多万个黑客网站，这些网站通常会介绍一些攻击软件的使用以及系统的漏洞，任何网络系统、站点都有遭受黑客攻击的可能。尤其是现在还缺乏针对网络犯罪卓有成效的反击和跟踪手段，使得黑客善于隐蔽，攻击"杀伤力"强，这是网络安全的主要威胁。而就目前网络技术的发展趋势来看，黑客攻击的方式也越来越多地采用病毒对目标进行破坏。病毒的攻击和破坏方式多种多样，其会对没有网络安全防护设备或防护级别较低的网站和系统进行攻击和破坏．这给网络的安全防护带来了严峻的挑战。

（2）网络自身和管理存在欠缺

Internet 的共享性和开放性使网上信息的安全存在先天不足，因为其赖以生存的 TCP/IP 协议缺乏相应的安全机制，而且 Internet 最初的设计考虑的是该网络不会因局部故障而影响信息的传输，基本没有考虑安全问题，因此它在安全防范、服务质量、带宽和方便性等方面存在滞后及不适应性。网络系统的严格管理是保障企业、组织及政府部门和用户免受攻击的重要措施。事实上，很多企业、机构及用户的网站或系统都疏于这方面的管理，没有制定严格的管理制度。

（3）软件设计的漏洞或"后门"

随着软件系统规模的不断扩大，新的软件产品开发出来，系统中的安全漏洞或"后门"不可避免地存在。常用的操作系统（无论是 Windows 还是 UNIX）几乎都存在或多或少的安全漏洞，各类服务器、浏览器及一些桌面软件等都被发现曾存在安全隐患。大家已熟知的一些病毒几乎都是利用系统漏洞给用户造成巨大损失，可以说任何一个软件系统都可能会因为程序员的一个疏忽、设计中的一个缺陷而存在漏洞，不可能完美无缺。这也是网络安全的主要威胁之一。例如"熊猫烧香"病毒就是一名黑客针对微软 Windows 操作系统安全漏洞设计的计算机病毒，其出现后就依靠互联网迅速蔓延开来，数以万计的计算机先后"中招"。并且它还产生了许多变种。最终，在这名黑客提供病毒源码的情况下才终止了此种病毒的继续传播。

（4）恶意网站设置的陷阱

互联网世界中有各类网站，有些网站会恶意编制一些盗取他人信息的软件，并且可能隐藏在下载的信息中，只要用户登录或者下载相关信息就会被其控制和感染病毒，计算机中的所有信息都会被自动盗走。该类软件会长期存在于个人计算机中，操作者并不知情，如现在非常流行的"特洛伊木马"病毒，如图6-3-1所示。因此，使用网络时应格外注意，不良网站和不安全网站万不可轻易登录，否则后果不堪设想。

（5）网络内部工作人员的不良行为引起的安全问题

网络内部工作人员的误操作、资源滥用和恶意行为也有可能对网络的安全造成巨大威胁。由于各行业、各单位都在建设局域网，计算机使用频繁，如管理制度建设不完善，工作人员没有严格遵守信息安全的相关规定，就容易引发安全问题。

图 6-3-1　"特洛伊木马"病毒

3. 网络安全的主要技术

（1）防火墙技术

网络防火墙技术是一种用来加强网络之间的访问控制，防止外部网络用户以非法手段通过外部网络进入内部网络的保护内部网络操作环境的特殊网络互联设备。它对两个或多个网络之间传输的数据包按照一定的安全策略来实施检查，以决定网络之间的通信是否被允许，并监视网络运行状态。

目前的防火墙产品主要有堡垒主机、包过滤路由器、应用层网关（代理服务器）以及屏蔽主机防火墙、双宿主机等。

防火墙处于网络安全体系中的最底层，属于网络层安全技术范畴。它负责网络间的安全认证与传输，但随着网络安全技术的发展和网络应用的不断变化，现代防火墙技术已经逐步走向网络层之外的其他安全层次，不仅要完成传统防火墙的过滤任务，还要为各种网络应用提供相应的安全服务。现在已有多种防火墙产品正朝着数据安全与用户认证、防止病毒与黑客侵入等方向发展。

（2）加密技术

加密技术分为两类：对称加密和非对称加密。

在对称加密技术中，对信息的加密和解密都使用相同的秘钥，也就是说，一把钥匙开一把锁。这种加密方法可简化加密处理过程，信息交换双方都不必彼此研究和交换专用的加密算法。如果在交换阶段私有密钥未曾泄露，那么信息的机密性和报文的完整性就可以得到保证。对称加密技术也存在一些不足，如果交换一方有 N 个交换对象，那么他就要维护 N 个私有密钥。对称加密是双方共享一把私有密钥，交换双方的任何信息都会通过这把密钥加密后传送给对方的。

在非对称加密技术中，密钥被分解为一对（即公开密钥和私有密钥）。这对密钥中的任何一把都可以作为公开密钥（加密密钥）通过非保密方式向他人公开，而另一把作为私有密钥（解密密钥）加以保存。公开密钥用于加密，私有密钥用于解密，私有密钥只能由生成密钥的交换方掌握，公开密钥可以广泛公布，但它只对应于生成密钥的交换方。非对称加密技术可以使通信双方无须事先交换密钥就可以建立安全通信，因此被广泛应用于身份认证、数字签名等信息交换领域。非对称加密技术一般是建立在某些已知的数学难题之上的，是计算机复杂性理论发展的必然结果，其中最具有代表性的是RSA 公钥密码体制。

（3）虚拟专用网技术

虚拟专用网（Virtual Private Network，VPN）是近年来随着 Internet 的发展而迅速发展起来的一种技术（图 6-3-2）。现代企业越来越多地利用 Internet 资源来进行采购、销售、售后服务，以及培训、合作等活动。许多企业趋向于利用 Internet 来替代它们的私有数据网络。这种利用 Internet 来传输私有信息而形成的逻辑网络就称为虚拟专用网。

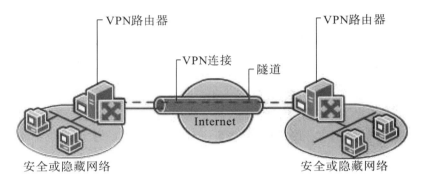

图 6-3-2　VPN 结构

虚拟专用网实际上就是将 Internet 看作一种公有数据网，这种公有数据网和 PSTN 网在数据传输上没有本质区别，从用户观点来看，数据都被正确传送到了目的地。相对地，企业在这种公有数据网上建立的用以传输企业内部信息的网络被称为私有网。

目前 VPN 主要采用四项技术来保证安全，分别是隧道技术（Tunneling）、加解密技术（Encryption & Decryption）、密钥管理技术（Key Management）、使用者与设备身份认证技术（Authentication）。

（4）安全隔离

网络的安全威胁和风险主要存在于三个方面：物理层、协议层和应用层。网络线路被恶意切断或因电压过高导致通信中断，属于物理层的威胁；网络地址伪装、Teardrop 碎片攻击、SYNFlood 等则属于协议层的威胁；非法 URL 提交、网页恶意代码、邮件病毒等均属于应用层的攻击。从安全风险来看，基于物理层的攻击较少，基于协议层的攻击较多，而基于应用层的攻击最多，并且复杂多样，难以防范。

面对新型网络攻击手段的不断出现和高安全网络的特殊需求，全新安全防护理念——"安全隔离技术"应运而生。它的目标是在确保把有害攻击隔离在可信网络之外，并保证可信网络内部信息不外泄的前提下，完成网络信息的安全交换。

项目实施

金山毒霸是国内拥有自研核心技术、自研杀毒引擎的著名反病毒软件，拥有启发式搜索、代码分析、虚拟机查毒等先进技术。下面介绍金山毒霸（以下简称毒霸）的使用。

运行毒霸后的主界面如图 6-3-3 所示。毒霸提供了全面扫描、闪电查杀、全盘查杀、自定义查杀四种查杀方式，可以根据不同的场景需求选择查杀方式。

选择全盘查杀，过程如图 6-3-4 所示，毒霸会对系统的关键设备和全部硬盘空间进行查杀。此种查杀方式耗时较长，可勾选【扫描完成后自动关机】选项，在病毒扫描完成后毒霸会自动清除风险项，并且自动关机。当扫描完成后，会弹出自动关机倒计时提示框，此时毒霸已经自动清除了发现的风险，若不干涉倒计时，即可在倒计时完成后自动关机。如果此时仍需使用电脑，可手动取消关机。

图 6-3-3　金山毒霸主界面　　　　　　　图 6-3-4　金山毒霸全盘查杀

为避免误杀（把正常的文件当作病毒），毒霸会将查杀结果转移至专门的隔离区而非直接删除。如果出现误杀，可以在【设置】选项—【恢复区】—【查看拦截的项】中，选择需要恢复的文件，然后点击【恢复】按钮即可将文件恢复至原来的路径下，如图 6-3-5 所示。执行这项操作时必须谨慎，避免误将病毒恢复。

对于一些顽固病毒或木马，毒霸还推出了专杀版本，如图 6-3-6 所示。使用此类特制版本的专杀程序，能确保最彻底地清除病毒或木马。

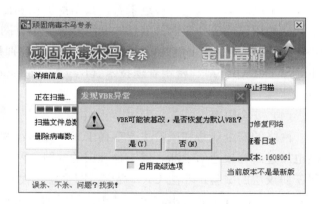

图 6-3-5　金山毒霸恢复区　　　　　　　图 6-3-6　顽固病毒木马专杀

除了查杀病毒，毒霸还可以 24 小时实时保护电脑。打开【金山安全防护中心】，可以启用需要的保护功能，默认情况下全部启用，如图 6-3-7 所示。

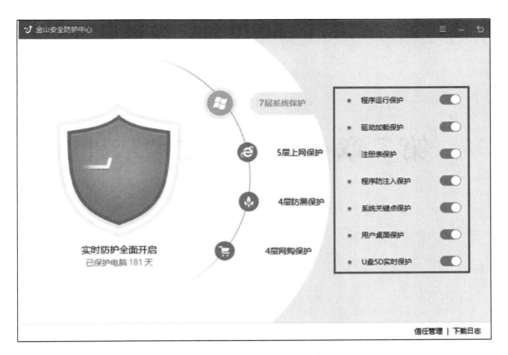

图 6-3-7 金山安全防护中心

课后练习

操作题

1. 使用金山毒霸的【闪电查杀】进行病毒查杀。
2. 使用金山毒霸对电脑进行【垃圾清理】和【电脑加速】。
3. 使用金山毒霸的系统辅助功能，进行【桌面整理】。

第7章　多媒体技术基础

项目一　多媒体技术基础知识

项目展示

多媒体技术就是把文字、图像、音频、视频等媒体通过计算机集成在一起的技术，即通过计算机把文本、图形、图像、声音、动画和视频等多种媒体信息综合起来，使之建立起逻辑连接，并对它们进行采样量化、编码压缩、编辑修改、存储传输和重建显示等处理。通过本项目，我们将学习多媒体技术的一些概念和基础知识。

支撑知识

1. 多媒体技术的概念及特点

多媒体技术是指以计算机为核心，交互地综合处理文本、图形、图像、视频和动画等多种媒体信息，并通过计算机进行有效控制，使这些信息建立逻辑连接，以表现出更加丰富、复杂效果的信息技术和方法，如图7-1-1所示。

从研究和发展的角度来看，多媒体技术具有以下特点。

可控性：多媒体技术的可控性体现在其友好的界面技术上，可以充分增强和改善人机界面功能，使其更加形象、直观、友好，能表达更多的信息。

集成性：多媒体技术的集成性主要表现在两个方

图7-1-1　多媒体概念

面，即多种信息媒体的集成和处理这些媒体设备的集成。

交互性：交互性是多媒体技术的特色之一。交互性是指用户可以与计算机的多种信息媒体进行交互操作，从而为用户提供更加有效地控制和使用信息的手段。由于交互性可以增加用户对信息的注意力和理解，延长信息保留的时间，因此，借助于交互性，人们不是被动地接受文字、声音、图形、图像、视频和动画，而是主动地进行检索、提问和回答。

数字化：从技术实现的角度来看，多媒体技术必须把各种媒体信息数字化后才能使各种信息融合在统一的多媒体计算机平台上，从而解决多媒体数据类型繁多、数据类型之间差别大的问题，这也是多媒体技术唯一可行的方法。因此，数字化是多媒体技术发展的基础所在。

2．多媒体技术的构成

（1）音频技术

音频技术主要包括 4 个方面：音频的数字化、语言处理、语音合成及语音识别。音频技术的数字化就是将连续的模拟的音频信号等价地转换成离散的数字音频信号，以便利用计算机进行处理。音频信息处理主要集中在音频信息压缩上，例如，目前最新的语音压缩算法可将语音压缩至原来的 1/6。语音合成是指将普通正文合成语音播放。

（2）视频技术

视频技术包括两个方面：视频信号数字化和视频编码技术。视频信号数字化的目的是将模拟视频信号经模数转换和彩色空间变换，转换成多媒体计算机可以显示和处理的数字信号。视频编码技术是将数字化的视频信号经过编码转换成电视信号，使其可以被录制到录像带中或在电视系统中播放。

（3）数据压缩和解压缩技术

数据压缩是指在不丢失有用信息的前提下，缩减数据量以减少存储空间，提高其传输、存储和处理效率，或按照一定的算法对数据进行重新组织，减少数据的冗余并释放存储空间的一种技术。数据压缩包括有损压缩和无损压缩。解压缩是压缩的反过程，是将经过软件压缩的文档、文件等恢复到压缩之前的样子。

（4）光学存储技术

光学存储技术是通过光学方法读出和写入数据，由于它使用的光源基本上是激光，所以又称为激光存储。

（5）超文本和超媒体链接技术

超文本是用超链接的方法，将各种不同空间的文字信息组织在一起的网状文本。超文本更是一种用户界面范式，用以显示文本及与文本之间相关的内容。超媒体链接可以从一个文档指向另一个文档，或从一个锚点指向另一个锚点，或从一个锚点指向另一种形式的媒体（例如图像、声音或动画）。

（6）媒体同步技术

媒体同步是指根据媒体的播放过程同步显示文本、图形、图像和执行其他内容，媒体可以是包含声音或数字化电影等基于时间的数据。

（7）多媒体网络技术

多媒体网络技术是多媒体技术与网络技术结合的产物，它集多种媒体功能与网络功能于一体，将文本、图形、图像、声音、动画和视频等信息进行有机组合，交互地传递，总的来说，多媒体网络技术是利用计算机对多种信息进行综合处理和传播的技术。

3．多媒体技术发展史、现状及趋势

1969 年，Nelson 和 Van Dam 在布朗大学开发出超文本编辑器。

1976 年，美国麻省理工学院体系结构机器组向 DARPA 提出多种媒体（Multiple Media）的建议。

多媒体技术实现于 20 世纪 80 年代中期。1984 年，美国苹果公司在研制 Macintosh 计算机时，为了增加图形处理功能，改善人机交互界面，创造性地使用了位映射、窗口、图符等技术。这一系列改进所带来的图形用户界面（GUI）深受用户的欢迎，加上引入鼠标作为交互设备，配合 GUI 的使用，大大方便了用户的操作。苹果公司在 1987 年又引入了"超级卡"，使 Macintosh 计算机成为更容易使用、学习并且能处理多媒体信息的机器，受到计算机用户的一致赞誉。

1985 年，微软公司推出了 Windows，它是一个多用户的图形操作环境。Windows 使用鼠标驱动图形菜单，从 Windows 1. x、Windows 3. x、Windows NT、Windows 9x 发展到 Windows 2000、Windows XP，以及最新的 Windows 10 等，是一个具有多媒体功能、用户界面友好的多层窗口操作系统。

1985 年，美国 Commodore 公司推出世界上第一台搭载 Amiga 系统的多媒体计算机。Amiga 机采用 Motorola M68000 微处理器作为 CPU，并配置 Commodore 公司研制的图形处理芯片 Agnus 8370、音响处理芯片 Pzula 8364 和视频处理芯片 Denise 8362 三个专用芯片。Amiga 机具有专用的操作系统，能够同时处理多任务，并具有下拉菜单、多窗口、图符等功能。

1985 年，Negroponte 和 Wiesner 成立麻省理工学院媒体实验室。

1986 年，飞利浦公司和索尼公司联合研制并推出 CDI（Compact Disc Interactive，交互式紧凑光盘系统），同时公布了该系统所采用的 CD-ROM 光盘的数据格式。这项技术对大容量存储设备光盘的发展产生了巨大影响，并经过 ISO 的认可成为国际标准。大容量光盘的出现为存储和表示声音、文字、图形、音频等高质量的数字化媒体提供了有效手段。

关于交互式音频技术的研究也引起了人们的重视。自 1983 年开始，位于新泽西州普林斯顿的美国无线电公司 RCA 研究中心组织了包括计算机、广播电视和信号处理三个方面的 40 余名专家，研制交互式数字视频系统。经过 4 年的研究，于 1987 年 3 月在国际第二届 CD-ROM 年会展示了这项被称为交互式数字视频的技术。这便是多媒体技术的雏形。

1985 年 10 月，IEEE 计算机杂志首次出版了完备的"多媒体通信"专辑，是文献中可以找到的"多媒体"一词最早的出处。

多媒体技术的出现，在世界范围内引起了巨大的反响，它清楚地展现出信息处理与传输技术的革命性的发展方向。1987 年，国际上成立了交互声像工业协会，该组织于 1991 年更名为交互多媒体协会时已经有 15 个国家的 200 多个公司加入。

自 20 世纪 90 年代以来，多媒体技术逐渐成熟，并从以研究开发为重心转移到以应用为重心。

1990 年，K. Hooper Woolsey 建立了 100 人的苹果公司多媒体实验室。

由于多媒体技术是一种综合性技术，它的实用化涉及计算机、电子、通信、影视等多个行业技术协作，其产品的应用目标既涉及研究人员也面向普通消费者，涉及各个用户层次，因此标准化问题是多媒体技术实用化的关键。在标准化阶段，研究部门和开发部门首先各自提出自己的方案，然后经分析、测试、比较、综合，总结出最优、最便于应用推广的标准，指导多媒体产品的研制。

1990 年 10 月，微软公司会同多家厂商召开了多媒体开发工作者会议，会上提出了 MPC 1.0 标准。1993 年由 IBM、Intel 等数十家软、硬件公司组成的多媒体个人计算机市场协会（MPMC）发布了多媒体个人机的性能标准 MPC 2.0。1995 年 6 月，MPMC 又宣布了新的多媒体个人计算机技术规范 MPC 3.0。

总的来看，多媒体技术正向两个方向发展：一是网络化发展趋势，与宽带网络通信等技术相互结合，使多媒体技术进入科研设计、企业管理、办公自动化、远程教育、远程医疗、检索咨询、文化娱乐、自动测控等领域；二是多媒体终端的部件化、智能化和嵌入化，以提高计算机系统本身的多媒体性能，开发智能化家电。

多媒体技术在网络教学上也发挥着重要作用。"多媒体"与"网络"的联姻促成了"多媒体网络教学"的产生。作为信息时代的教学媒体，多媒体网络技术所具有的集成性、交互性、可控性、信息空间主体化和非线性等特点使其与黑板、粉笔、挂图等传统媒体有本质的区别。多媒体与网络技术特有的优点使其对教学的介入不仅改变了教学手段，而且对传统的教学模式、教学内容、教学方法等产生了深远的影响，极大地冲击了机器工业时代"大批量生产"形式的教学。目前这一技术正向着交互性、非线性化、智能化和全球化的方向推进。

4. 多媒体技术的应用领域

（1）教育与培训

多媒体计算机辅助教学已经在教育教学中得到广泛应用，如图7-1-2所示。多媒体教材通过图、文、声、像的有机组合，能够多角度、多侧面地展示教学内容。多媒体技术通过视觉和听觉或视、听并用等多种方式同时刺激学生的感觉器官，能够激发学生的学习兴趣，提高学习效率，帮助教师将抽象的不易用语言和文字表达的教学内容表达得更直观、更清晰。计算机多媒体技术能够以多种方式向学生提供学习材料，包括抽象的教学内容、动态的变化过程、多次的重复等。利用计算机存储容量大、显示速度快的特点，能快速展现和处理教学信息，拓展教学信息的来源，扩大教学容量，并且能够在有限的时间内检索到所需要的内容。

图7-1-2 多媒体教室

多媒体教学网络系统在教育培训领域中得到广泛应用，其可以提供丰富的教学资源，优化教师的教学设计，更有利于个别化学习。多媒体教学网络系统在教学管理、教育培训、远程教育等方面都发挥着重要的作用。多媒体教学网络系统应用于教学中，突破了传统的教学模式，使学生在学习时间和学习地点上有了更多的自由选择的空间，并被越来越多地应用于各种培训教学、学校教学、个别化学习等教学和学习过程中。

（2）电子出版

电子出版是多媒体技术应用的一个重要方面。我国国家新闻出版总署对电子出版物曾有过如下定义：电子出版物是指以数字代码方式将图、文、声、像等信息存储在磁、光、电介质上，通过计算机或类似设备阅读使用，并可复制发行的大众传播媒体。

电子出版物的内容可以是多种多样的，当光盘出现以后，由于其存储量大，能将文字、图形、图像、声音等信息进行存储和播放，出现了多种电子出版物，如电子杂志、百科全书、地图集、信息咨询、简报等。电子出版物可以将文字、声音、图像、动画、影像等种类繁多的信息集成一体，存储密度非常高，这是纸质印刷品不能比拟的。

电子出版物中信息的录入、编辑、制作和复制都要借助计算机完成。人们在获取信息的过程中需要对信息进行检索、选择，电子出版物的使用方式灵活、方便，交互性强。

电子出版物的出版形式主要有电子网络出版和单行电子书刊两大类。电子网络出版是以数据库和通信网络为基础的一种新的出版形式，通过计算机向用户提供网络联机服务、电子报刊、电子邮件以及影视作品等，其信息传播速度快、更新快。单行电子书刊主要以只读光盘、交互式光盘、集成卡等为载体，容量大、成本低是其突出的特点。

（3）娱乐

随着多媒体技术的日益成熟，多媒体系统已大量进入娱乐领域。多媒体计算机游戏和网络游戏不仅具有很强的交互性，而且人物造型逼真，情节引人入胜，很容易使人进入游戏情景，如同身临其境一般。数字照相机、数字摄像机、DVD 播放机等越来越多地进入人们的生活和娱乐活动中。

（4）咨询服务

多媒体技术在咨询服务领域的应用主要是使用触摸屏查询相应的多媒体信息，如查询宾馆饭店、展览信息、图书情报、导购信息等。查询信息的内容可以是文字、图形、图像、声音和视频等。查询系统信息存储量较大，使用非常方便。

（5）网络通信

20 世纪 90 年代，随着数据通信技术的快速发展，计算机网络蓬勃发展，为实施多媒体网络通信奠定了技术基础。网络通信多媒体应用系统主要包括可视电话、多媒体会议系统、视频点播系统、远程教育系统、IP 电话等。

项目二　多媒体软件及应用

项目展示

多媒体软件指在多媒体创作平台上设计开发的面向应用领域的软件系统。通过本项目的学习，我们将了解一些常用的多媒体软件。

支撑知识

1．Photoshop

Photoshop 是美国 Adobe 公司开发的图像设计及处理软件，以其强大的功能倍受用户的青睐。它是一个集图像扫描、编辑修改、图像制作、广告创意、图像输入输出、网页制作于一体的专业图形处理软件。Photoshop 为美术设计人员提供了无限的创意空间，可以从一个空白的画面或从一幅现成的图像开始，通过各种绘图工具的配合使用及图像调整方式的组合，在图像中任意调整颜色、明度、彩度、对比度，甚至轮廓及图像；通过几十种特殊滤镜的应用，为作品增添变幻无穷的魅力。Photoshop 设计的所有结果均可以输出到彩色喷墨打印机、激光打印机并打印出来，当然也可以拷贝至任何出版印刷系统，是从事平面设计人员的首选工具。

从功能上看，Photoshop 可分为图像编辑、图像合成、校色调色及特效制作部分。

图像编辑是图像处理的基础，可以对图像做各种变换，如放大、缩小、旋转、倾斜、镜像、透视等（如图 7－2－1 所示），也可以进行复制、

图 7－2－1　Photoshop 图像编辑界面

去除斑点、修补、修饰图像的残损等。这在婚纱摄影、人像处理制作中有非常大的用处，可以去除人像上不满意的部分，对人像进行美化加工，以得到令人满意的效果。

图像合成是将几幅图像通过图层操作、工具应用合成为完整的、传达明确意义的图像，这是美术设计的必经之路。Photoshop 提供的绘图工具让图像与创意能够很好地融合，使图像的合成天衣无缝。

校色调色是 Photoshop 中深具威力的功能之一，可以方便快捷地对图像的颜色进行明暗、色偏的调整和校正，也可以在不同颜色间进行切换以满足图像在不同领域（如网页设计、印刷、多媒体等方面）的应用。

特效制作在 Photoshop 中主要由滤镜、通道及工具综合应用完成，包括图像的特效创意和特效字的制作，如油画、浮雕、石膏画、素描等常用的传统美术技巧都可借由 Photoshop 特效完成。而各种特效字的制作更是很多美术设计师热衷于 Photoshop 应用的原因。Photoshop 还可配合其他多媒体软件搭配使用，比如在 CorelDRAW、Illustrator 中编辑矢量图像，再将编辑了的矢量图像输入 Photoshop 中做后期处理。

总之，Photoshop 具有平面图像处理的所有功能，如色彩、亮度、尺寸、式样、效果、滤镜，可通过各种技巧实现对图像的任意组合、变形，通过层和通道方便地对图像进行处理，并对结果图像进行优化，输出各种格式的图像。新版的 Photoshop 甚至能够处理动画。目前，其最新版本为 Adobe Photoshop CC 2019。

2. 3D Studio Max

3D Studio Max，常简称 3d Max 或 3ds MAX，是 Autodesk 公司开发的基于计算机系统的三维动画渲染和制作软件。其前身是基于 DOS 操作系统的 3D Studio 系列软件。在 Windows NT 出现以前，工业级的 CG 制作被 SGI 图形工作站所垄断。3D Studio Max ＋ Windows NT 组合的出现一下降低了 CG 制作的门槛，首先被运用来制作电脑游戏中的动画，此后更进一步开始参与影视片的特效制作，例如《X 战警 II》《最后的武士》等。目前，其最新版本是 3ds MAX 2020。

3. Premiere

Premiere，常简称 "Pr"，是 Adobe 公司开发的一款常用的非线性视频编辑软件。Premiere 是视频编辑爱好者和专业人士必不可少的视频编辑工具，它可以提升用户的创作能力和创作自由度，是易学、高效、精确的视频剪辑软件。Premiere 提供了采集、剪辑、调色、美化音频、字幕添加、输出、DVD 刻录的一整套流程，并和其他 Adobe 软件高效集成，使用户足以应对在编辑、制作、工作流上遇到的所有挑战，满足用户创建高质量作品的要求。目前，这款软件广泛应用于广告制作和电视节目制作中，其最新版本为 Adobe Premiere Pro CC 2020。

4. Audition

Audition 是 Adobe 公司出品的多音轨编辑工具，支持 128 条音轨、多种音频格式、多种音频特效，可以很方便地对音频文件进行修改、合并。它既具有专业软件的全方位功能，又比其他专业软件更容易掌握。目前，其最新版本是 Adobe Audition CC 2020。

5. After Effects

After Effects，常简称 "AE"，是 Adobe 公司推出的一款图形视频处理软件，适用于从事设计和视频特技制作的机构，包括电视台、动画制作公司、个人后期制作工作室以及多媒体工作室，属于层类型后期软件。After Effects 软件可以帮助用户高效且精确地创建无数种引人注目的动态图形和震撼人心的视觉效果。利用与其他 Adobe 软件无与伦比的紧密集成和高度灵活的 2D/3D 合成，以及数百种预设的效果和动画，能够为电影、视频、DVD 和 Flash 作品增添令人耳目一新的效果。目前，其最新版本是 Adobe After Effects 2020。

6．CorelDRAW

CorelDRAW 是 Corel 公司出品的矢量图形制作工具软件，该图形工具为设计师提供了矢量动画、页面设计、网站制作、位图编辑和网页动画等多种功能。CorelDRAW 主要包含两个绘图应用程序：一个用于矢量图及页面设计，一个用于图像编辑。这套绘图软件组合给用户提供了强大的交互式工具，使用户可以创作出多种富于动感的特殊效果及点阵图像即时效果。CorelDRAW 全方位的设计及网页功能可以融合到用户现有的设计方案中，灵活性十足。目前，其最新版本为 CorelDRAW Graphics Suite 2019。